अज्ञेय
उपन्यास संचयन

सहयोग

सस्ता साहित्य मण्डल

नई दिल्ली

अज्ञेय
उपन्यास संचयन

सच्चिदानन्द हीरानन्द वात्स्यायन 'अज्ञेय'

सम्पादक
संजीव

राजकमल प्रकाशन
नयी दिल्ली पटना इलाहाबाद

ISBN : 978-81-267-2317-1

मूल्य : ₹ 500

पहला संस्करण : 2012

प्रकाशक : राजकमल प्रकाशन प्रा.लि.
1-बी, नेताजी सुभाष मार्ग, दरियागंज
नई दिल्ली-110 002

शाखाएँ : अशोक राजपथ, साइंस कॉलेज के सामने, पटना-800 006
पहली मंज़िल, दरबारी बिल्डिंग, महात्मा गांधी मार्ग, इलाहाबाद-211 001

वेबसाइट : www.rajkamalprakashan.com
ई-मेल : info@rajkamalprakashan.com

आवरण : चंचल

मुद्रक : बी.के. ऑफसेट
नवीन शाहदरा, दिल्ली-110 032

AJNEYA : UPANYAS SANCHAYAN
Edited by Sanjeev

भूमिका

वेदना में एक शक्ति है जो दृष्टि देती है। जो यातना में है, वह द्रष्टा हो सकता है।

'शेखर : एक जीवनी', जो मेरे दस वर्ष के परिश्रम का फल है–दस वर्षों में अभी कुछ देर है, लेकिन 'जीवनी' भी तो अभी पूरी नहीं हुई। घनीभूत वेदना की केवल एक रात में देखे हुए vision को शब्द–बद्ध करने का प्रयत्न है।

आप इसे शेखी समझ सकते हैं। मेरे कहने का यह अभिप्राय नहीं है कि इतना बड़ा पोथा मैंने एक रात में गढ़ डाला। नहीं, आप मेरे एक शब्द को फिर ध्यान से पढ़िए–'शेखर' घनीभूत वेदना की केवल एक रात में देखे हुए vision को शब्द–बद्ध करने का प्रयत्न है।

सम्भव है, आप जानना चाहें वह रात कैसी थी। किन्तु निजी बातों का वर्णन शक्य नहीं होता, न उसका आपके लिए कोई प्रयोजन ही है। आपके लिए तो उसका यही वर्णन और यही महत्त्व हो सकता है कि उसमें मैंने यह vision देखा था। वह रात मुझे उपलब्ध कैसे हुई, इसके सम्बन्ध में इतना बता सकता हूँ कि जब आधी रात को डाकुओं की तरह आकर पुलिस मुझे बन्दी बना ले गई और उसके तत्काल बाद पुलिस के उच्च अधिकारियों से मेरी बातचीत, फिर कहासुनी और फिर थोड़ी–सी मारपीट भी हो गई, तब मुझे ऐसा दीखने लगा कि मेरे जीवन की इति शीघ्र होने वाली है। फाँसी का पात्र मैं अपने को नहीं समझता था, न अब समझता हूँ, लेकिन उस समय की परिस्थिति और अपनी मनःस्थिति के कारण यह मुझे असम्भव नहीं लगा। बल्कि मुझे दृढ़ विश्वास हो गया कि यही भवितव्य मेरे सामने है। ऊपर मैंने कहा कि घोर यातना व्यक्ति को द्रष्टा बना देती है, यहाँ यह भी कहूँ कि घोर निराशा उसे अनासक्त बनाकर द्रष्टा होने के लिए तैयार करती है। मेरी स्थिति मानो भावानुभावों के घेरे से बाहर निकलकर एक समस्या–रूप में मेरे सामने आई–अगर यही मेरे जीवन का अन्त है, तो उस जीवन का मोल क्या है, अर्थ क्या है, सिद्धि क्या है–व्यक्ति के लिए, समाज के लिए, मानव के लिए?...इस जिज्ञासा की अनासक्त निर्ममता के, और यातना की सर्वभेदी दृष्टि के आगे मेरा जीवन धीरे–धीरे खुलने लगा, एक और अप्रासंगिक विसंगति के रूप में नहीं एक घटना के रूप में,

एक सामाजिक तथ्य के रूप में, और धीरे-धीरे कार्य-कारण परम्परा के सूत्र सुलझ-सुलझकर हाथ में आने लगे...

पौ फटने तक सारा चित्र बदल गया। अर्थ के बहुत से सूत्र मेरे हाथ में थे, लेकिन देह जैसे झर गई थी, धूल हो गई थी। थककर, किन्तु शान्ति पाकर मैं सो गया और दो-तीन दिन तक सोया रहा।

यही उस रात के बारे में कह सकता हूँ। उसके बाद महीना भर तक कुछ नहीं हुआ। एक मास बाद जब मैं लाहौर किले से अमृतसर जेल ले जाया गया, तब लेखन-सामग्री पाकर मैंने चार-पाँच दिन में उस रात में समझे हुए जीवन के अर्थ और उसकी तर्क संगति को लिख डाला। पेंसिल से लिखे हुए वे तीन-एक सौ पन्ने 'शेखर : एक जीवनी' की नींव हैं। उसके बाद नौ वर्ष से अधिक मैंने उस प्राण-दीप्ति को एक शरीर दे देने में लगाए हैं। उसी को शरीर देने के लिए, इसलिए कि वैसी 'तीव्रता' (intensity) केवल कल्पना के सहारे नहीं मिल सकती, वह जीवन में ही मिल जाए, तो कल्पना से उसे संयत ही किया जा सकता है, पूर्वापर का जामा ही पहनाया जा सकता है।

यदि आपने क्रान्तिकारियों के जीवन का कुछ भी अध्ययन किया होगा, तो आप पाएँगे कि अथक कार्यशील इन प्राणियों में उनके सारे कृतित्व के नीचे छिपी हुई एक कठोर नियति रहती है। क्रान्तिकारी अन्ततोगत्वा एक प्रकार के नियतिवादी होते हैं। लेकिन यह नियतिवाद उन्हें अक्षम और निकम्मा बनाने वाला कोरा भाग्यवाद नहीं होता, वह उन्हें अधिक निर्मम होकर कार्य करने की प्रेरणा देता है। इसमें वह गीता के कर्मयोग से एक सीढ़ी आगे होता है-क्योंकि यह कर्ता को निरा निमित्त नहीं बना देता। यदि यों कहा जाए, कि क्रान्तिकारी का नियतिवाद अटल नियति की स्वीकृति न होकर, जीवन की विज्ञान-संगत कार्य-कारण परम्परा पर गहरा (यद्यपि अस्पष्ट) विश्वास होता है तो शायद सच्चाई के निकट होगा। मेरा खयाल है कि आज के अधिकांश वैज्ञानिक भी कुछ इसी प्रकार के नियतिवादी हैं।

तो 'शेखर : एक जीवनी' के क्रान्तिकारी नायक ने अपने जीवन में इसी नियति के सूत्र को पहचानने का प्रयत्न किया है। क्योंकि उसे पहचान लेना ही जीवन को समझ लेना है, उसकी पूर्ति पा लेना है। ईश्वर जो करता है, अच्छा ही करता है, अतएव प्रत्येक घटना स्वयं अपनी सिद्धि है-यह भी एक मार्ग है, लेकिन इस तर्क-परम्परा को जो व्यक्ति स्वीकार नहीं कर सकता है उसके लिए जीवन को सह्य बनाने का दूसरा उपाय यही हो सकता है। इसीलिए आप पाएँगे कि 'जीवनी' के पहले भाग में शेखर अपने बाल्यकाल की छोटी-छोटी घटनाओं की भी जाँच कर

रहा है। बाल्यकाल का अध्ययन स्वयं अपना महत्त्व रखता है, और विदेशों के कई कलाकारों ने बाल्यमन का अध्ययन और चित्रण किया है, लेकिन 'जीवनी' में यह अध्ययन साध्य नहीं है, वह केवल उन सूत्रों को खोजने का साधन है, जो होते हैं प्रत्येक जीवन में, किन्तु जिन्हें देखने की शक्ति सदा नहीं होती–वह तो तब मिलती है जब किसी घटना की चोट से जीवन दीप्त हो उठता है या तब जब यातना की तीव्रता से व्यक्ति ही सूक्ष्म-द्रष्टा बन जाता है...अपनी रचना के बारे में कुछ कहने का अधिकार मुझे नहीं है, लेकिन 'शेखर' का और अपना सम्बन्ध ध्यान में रखते हुए मुझे लगता है कि इसी में उसके जीवन की महानता और इसी में उसकी दीनता है। महानता इसलिए कि उसकी जिज्ञासा में लगन है, निष्ठा है, दीनता इसलिए कि इस तीव्रता के कारण ही वह कई जगह सच्चा शोधक न रहकर केवल हेतुवादी रह जाता है और उसका हेतुवाद (rationalisation) करुण और दयनीय जान पड़ने लगता है...*

तो संक्षेप में यही 'शेखर : एक जीवनी' की बुनियाद की कहानी है। आप कहेंगे कि यह तो एक vision नहीं, यह एक तर्क-प्रणाली है, एक फलसफा है। लेकिन मैं मानता हूँ कि फलसफा भी अन्ततः दृष्टि है, vision है और अपनी धारणा की पुष्टि के लिए फलसफे के हिन्दी नाम की शरण लेता हूँ–दर्शन।

[2]

क्या यह 'जीवन' आत्म-जीवनी है? यह प्रश्न अवश्य पूछा जाएगा। बल्कि शायद पूछा भी नहीं जाएगा, क्योंकि पाठक पूर्व-धारणा बनाकर चलेगा। हिन्दी में जहाँ प्रत्येक कवि अपनी स्त्री को लक्ष्य करके लिखता है, जहाँ वियोग की कविता इतने भर से प्रमाणित मान ली जाती है कि उसे अमुकजी ने अपनी पत्नी के देहान्त के बाद लिखा है, वहाँ यह आशा करना व्यर्थ है कि 'शेखर' जो केवल एक जीवनी ही नहीं, एक व्यक्ति की अपने मुँह कही हुई जीवनी है, उसके लेखक की जीवनी नहीं मान ली जाएगी। मुझे याद है, तीन वर्ष पहले जब मेरी एक कविता 'द्वितीया' छपी थी, तब उसके कई एक पाठकों ने मुझे संवेदना के पत्र लिखे थे और एक ने यहाँ तक लिखा था कि 'मुझे आपसे पूरी सहानुभूति है, क्योंकि स्वयं उसी परिस्थिति

---

* उपर्युक्त कथन के बाद यह कहने की तो आवश्यकता नहीं होनी चाहिए कि यद्यपि शेखर का जीवन-दर्शन सामान्यतया उसके लेखक का भी जीवन-दर्शन है, तथापि उसमें जहाँ-तहाँ शेखर जिन rationalisations या fallacies की शरण लेता है वे शेखर की ही हैं, उसके लेखक की नहीं। तर्क की ऐसी करुण भूलें सभी करते हैं, लेकिन एक कहानी के पात्र में जो त्रुटि है, ठीक वही त्रुटि उसके लेखक में भी है, यह मानना गलती है। यह यहाँ इसलिए कहना पड़ता है कि हिन्दी का पाठक ऐसी भूल प्रायः करता है और यह मैं अनुभव से जानता हूँ।

में होने के कारण मैं आपकी अवस्था बखूबी समझ सकता हूँ।' पत्र के सम्पादक ने भी (यद्यपि कुछ मज़ाक में) पूछा था कि, 'आपका पहला विवाह तो हुआ नहीं, दूसरी पत्नी से यह झगड़ा कैसा?' ऐसे व्यक्तियों को यदि प्रमाण मिल जाए कि मैंने बिना एक भी विवाह हुए दूसरे विवाह की बात लिख दी है, तो वे समझेंगे कि उन्हें धोखा दिया गया है। यह कहते खेद होता है, किन्तु बात सच है कि आजकल का अधिकांश हिन्दी साहित्य और आलोचना एक भ्रान्त धारणा पर आश्रित है, कि आत्मघटित (आत्मानुभूति नहीं, क्योंकि अनुभूति बिना घटित के भी हो सकती है) का वर्णन ही सबसे बड़ी सफलता और सबसे बड़ी सच्चाई है। यह बात हिन्दी के कम लेखक समझते या मानते हैं कि कल्पना और अनुभूति-सामर्थ्य (Sensibility) के सहारे दूसरे के घटित में प्रवेश कर सकना और वैसा करते समय आत्मघटित की पूर्व-धारणाओं और संस्कारों को स्थगित कर सकना-objective हो सकना-ही लेखक की शक्ति का प्रमाण है। इसके विपरीत लेखकों में ऐसे अनेक मिल जाएँगे जो ऐसी अनुभूति (मैं फिर कहता हूँ कि आत्मघटित ही आत्मानुभूति नहीं होता पर घटित भी आत्मानुभूत हो सकता है यदि हममें सामर्थ्य है कि हम उसके प्रति खुले रह सकें) को परकीय, सेकंड-हैंड, अतएव घटिया और असत्य कहेंगे। ऐसे व्यक्तियों के लिए टी.एस. इलियट की उस उक्ति का कोई अर्थ नहीं होगा जो वास्तव में इसका एकमात्र उत्तर है : There is always a separation between the man who suffers and the artist who creates, and the greater the artist the greater the separation.

(भोगने वाले प्राणी और सृजन करने वाले कलाकार में सदा एक अन्तर रहता है और जितना बड़ा कलाकार होता है उतना ही भारी यह अन्तर होता है।)

लेकिन यह एक लम्बा विषयान्तर हो गया है और मुझे मानना पड़ेगा कि इलियट के कथनानुसार मैं बहुत बड़ा आर्टिस्ट हो सका हूँ। शेखर का एक भी पात्र नहीं है जो न्यूनाधिक मात्रा में एक संश्लिष्ट चरित्र (composite character) नहीं है, तथापि मेरी अनुभूति और मेरी वेदना शेखर को अभिसिंचित कर रही है और यह अभिसिंचन ऐसा है कि उससे यह कहकर छुटकारा नहीं पाया जा सकता कि अन्ततोगत्वा सभी गल्प साहित्य आत्मकथा-मूलक है, अपने ही जीवन का चित्रण नहीं तो प्रक्षेपण (Projection) है, अपने स्यात् की कहानी है। 'शेखर' में मेरापन कुछ अधिक है, इलियट का आदर्श (जिसकी महानता मैं मानता हूँ) मुझसे नहीं निभ सका है। शेखर निस्सन्देह एक व्यक्ति का अभिन्नतम निजी दस्तावेज (a record of personal suffering) है, यद्यपि वह साथ ही उस व्यक्ति के युग-संघर्ष का प्रतिबिम्ब भी है। इतना और ऐसा निजी वह नहीं है कि उसके

दावे को आप 'एक आदमी की निजू बात' कहकर उड़ा सकें। मेरा आग्रह है कि उसमें मेरा समाज और मेरा युग बोलता है कि वह मेरे और शेखर के युग का प्रतीक है, लेकिन इतना सब होते हुए भी मैं जानता हूँ कि यदि इस उपन्यास का सूत्रपात दूसरी परिस्थिति में और दूसरे ढंग से (और शायद दूसरे अधिक समर्थ हाथों से!) हुआ होता तो इस भूमिका की आवश्यकता न रहती...और न ही इसकी सम्पूर्ण उपेक्षा करते हुए पाठक के यह कहने की गुंजाइश रहती कि शेखर में घटनाओं की तो बात ही क्या स्थान भी लेखक के देशाटन की परिचर्या से मेल खाते हैं (यद्यपि यह कहने के लिए लेखक को मेरे सम्बन्ध में विशेष रूप से जानकार होना पड़ता)।

इस अन्तिम साम्य के बारे में एक बात कह दूँ। शिशु-मानस के चित्रण की सच्चाई के लिए मैंने 'शेखर' के आरम्भ के खंडों में घटनास्थल अपने ही जीवन से चुने हैं, फिर क्रमशः बढ़ते हुए शेखर का जीवन और अनुभूति-क्षेत्र मेरे जीवन और अनुभूति-क्षेत्र से अलग चला गया है, यहाँ तक कि मैंने स्वयं अनुभव किया है कि मैं एक स्वतन्त्र व्यक्ति की प्रगति का दर्शक और इतिहासकार हूँ, उसके जीवन पर मेरा किसी तरह का भी वश नहीं रहा है। एक पात्र के स्रष्टा के लिए यह कहना उचित है या नहीं, पात्र सचमुच ऐसा स्वतन्त्र अस्तित्व रख सकता है या नहीं, लेखक के हाथों की कठपुतली न रहकर स्वयं लेखक को बाध्य कर सकता है या नहीं-ऐसे गूढ़ प्रश्नों में जिनकी रुचि हो वे पिराँडेलो की साक्षी ले सकते हैं।

[3]

'जीवनी' का सूत्रपात कैसे हुआ और उसे पाठक किस रोशनी में देखे, इसके बारे में मुझे जो निवेदन करना था वह मैं कर चुका। लेकिन शायद इसके बाद भी कुछ कहने को रह जाता है क्योंकि पाठक के सामने इस भूमिका के साथ जीवनी का एक भाग ही पहुँचेगा, दो बाकी रह जाएँगे।

'शेखर : एक जीवनी' तीन भागों में विभक्त है। तीनों भाग एक ही कथा-सूत्र में गुँथे होकर भी अलग-अलग भी प्रायः सम्पूर्ण हैं। कहा जा सकता है कि जीवनी वास्तव में तीन स्वतन्त्र उपन्यासों का अनुक्रम है। ऐसा न भी होता तब उन्हें अलग-अलग छापा जा सकता है, ऐसा होने पर तो विशेष सफाई देने की ज़रूरत नहीं है। जो एक भाग पढ़ने के बाद दूसरा पढ़ना नहीं चाहेंगे, उनको यह सोचने की आवश्यकता नहीं कि उन्होंने अधूरी कहानी पर वक़्त बरबाद किया, यह एक को ही पूरा उपन्यास मान सकते हैं और उसी पर अपनी राय भी कायम कर सकते हैं, मैं पक्षपात की शिकायत नहीं करूँगा।

किन्तु जो पाठक पहला भाग पढ़ते हुए जानना चाहते हैं कि शेष भाग यह क्यों पढ़ें या उनके बारे में कैसी पूर्व–धारणा बनाकर चलें, उनके लिए कुछ निवेदन करना यहाँ अप्रासंगिक न होगा। अतः उन पाठकों के लिए मैं कहना चाहता हूँ कि अभिप्राय की–यदि उतना दम्भ कर सकूँ तो कहूँ कि सन्देश की–दृष्टि से शेखर के तीन भागों में एक एकतानता है, कालीन के रंगबिरंगे बाने को जैसे मोटे और सख़्त बटे हुए सूत का एकरंगा ताना धारणा करता और सहता है उसी तरह जीवन के तीन भागों की रंगीन गाथा में मेरे अभिप्रेत, मेरे कथ्य का एक तन्तु है, जो एक है, अविभाज्य है, मेरी ओर से जीवन की आलोचना और जीवन का दर्शन है। 'जीवनी' को गढ़ते हुए मैंने कथावस्तु गढ़ने का यत्न किया है, इसलिए वह चाहे कैसी भी हो, उसे लेकर मैं पाठक के आगे प्रार्थी के रूप में तो आ सकता नहीं, पर इतना कहूँगा कि यदि आप निर्णेता होने का हौसला करते हैं तो पहले पूरा पढ़ने की उदारता भी दिखाइए।

●

शेखर से आपका साक्षात् करा देने के बाद अब मैं अलग हट जाता हूँ–अब आप उससे स्वयं परिचय प्राप्त करें। शेखर कोई बड़ा आदमी नहीं है, वह अच्छा भी आदमी नहीं है। लेकिन वह मानवता के संचित अनुभव के प्रकाश में ईमानदारी से अपने को पहचानने की कोशिश कर रहा है। वह अच्छा संगी नहीं भी हो सकता है, लेकिन उसके अन्त तक उसके साथ चलकर आपके उसके प्रति भाव कठोर नहीं होंगे, ऐसा मुझे विश्वास है। और, कौन जाने आज के युग में जब हम, आप सभी संश्लिष्ट चरित्र हैं, तब आप पाएँ कि आपके भीतर भी कहीं पर एक शेखर है जो बड़ा नहीं, अच्छा भी नहीं, लेकिन जागरूक और स्वतन्त्र और ईमानदार है, घोर ईमानदार।

—**'अज्ञेय'**

अज्ञेय के उपन्यास : एक पुनरवलोकन

अज्ञेय हिन्दी के बहुआयामी, साथ ही विवादास्पद लेखक हैं। प्रेमचन्दोत्तर काल में गोदान के आदर्शोन्मुख यथार्थवाद के बाद मनोवैज्ञानिक यथार्थवाद का यह मॉडल इस दृष्टि से भी महत्वपूर्ण है कि इसकी प्रभावछाया में साहित्य का एक बड़ा भाग आता जा रहा है। द्वितीय विश्व युद्ध की छाया, भारतीय स्वाधीनता-संग्राम, साहित्य में पश्चिमी प्रभाव की छाया, किशोर से युवा के बीच के कालखंड, युवा मन के अन्तर्द्वन्द्व, अहंकार, विद्रोह और सेक्स के नकारने-स्वीकारने की मनःस्थितियाँ, प्रयोग, रूमानियत से लबरेज तरल लाक्षणिक विडम्बनात्मक व्यंजना में रचे-बसे हैं अज्ञेय के उपन्यास-'शेखर : एक जीवनी' (दो भाग), 'नदी के द्वीप' और 'अपने-अपने अजनबी'।

शेखर : एक जीवनी

'शेखर : एक जीवनी' में एक विद्रोही की निर्मिति उसके घात-प्रतिघात से उसके विकसित या विपर्ययग्रस्त होने की दास्तान है। शेखर को इसके सर्जक का ही प्रतिरूप समझा जाता है। स्वयं अज्ञेय ने इसे प्रचारित करने में कोई कोताही नहीं बरती-'अपने उपन्यासों में मैं स्वयं हूँ और उसमें विश्लेषण अपने ही व्यक्तित्व-विकास का विश्लेषणात्मक सिंहावलोकन है।' आत्ममुग्ध भाव भी है-'विद्रोही बनते नहीं उत्पन्न होते हैं। विद्रोही बुद्धि, परिस्थितियों से संघर्ष की सामर्थ्य, जीवन की क्रियाओं से, परिस्थितियों के घात-प्रतिघात से नहीं निर्मित होते। यह आत्मा का कृत्रिम परिवेष्टन नहीं है, उसका अभिन्नतम अंग है।'

किन्तु इस नियोजित सफलता का एक करुण पक्ष भी है और वह यह कि अज्ञेय का तथाकथित व्यक्तित्व इतना विराट हो गया कि उनका कृतित्व पीछे छूट गया और इतने प्रचार के बावजूद, अज्ञेय-साहित्य के अभिजात गौरव को आम पाठक द्वारा वह स्वीकृति नहीं मिली जो उनका और उनके प्रेमियों का अभिप्रेत था। किस्सागोई के अभ्यस्त पाठकों को इस उपन्यास में एक नया ही अस्वाद मिलेगा-स्मृतियों का

विश्लेषण, परिनिष्ठित काव्यात्मक और व्यंजनात्मक भाषा की बौद्धिकता की तप्त खुशबू।

कथानक मात्र इतना है कि शेखर बचपन से बड़ा होता है, अपनी दूर की मौसेरी बहन शशि से प्यार करता है। कांग्रेस के सेवादल में दंडित होकर जेल जाता हैं जहाँ वह कुछ क्रान्तिकारी कैदियों के सम्पर्क में आता है। शशि की शादी हो जाती है। वह जेल से छूटता है। लांक्षित और प्रताड़ित होकर शशि उसके पास लौट आती है और अपनी प्रिया, अपनी प्रेरणा को तिल-तिलकर मरते हुए देखने के सिवा शेखर कुछ नहीं कर पाता।

अज्ञेय ने स्वीकारा है कि यह उपन्यास एक रात के उनके मृत्यु के आतंक के 'विजन' का विस्तार है। एक तरह से कहें तो एक बड़ा आलाप जिसमें अपनी-अपनी रुचियों के अनुसार पाठक का आकर्षण और विकर्षण दोनों हैं।

शशि और शेखर के बीच सच की द्वन्द्वात्मकता कभी-कभी समझ से परे चली जाती है। पारम्परिक होते हुए भी शशि साहसी है, शेखर हिपोक्रेट। शेखर में शशि जैसा साहस होता तो वह एक मुकाम तो पा लेता। इसके उलट शेखर बार-बार कन्फ्यूज्ड होता है। यहाँ तक कि वह देख रहा है कि शशि मर रही है फिर भी उसे बचाने के लिए उसमें वह तड़प नहीं है जो कि ऐसी स्थितियों में स्वाभाविक होती है। वहाँ भी अज्ञेय अपनी बौद्धिकता का चोला नहीं उतार पाते। क्रान्तिकारी दल के कुछ साथियों का आगमन होता है और शेखर को एक भूमिका दी जाती है जिसका वह अनुपालन नहीं कर पाता। वे यहाँ तक कहते हैं कि चाहे तो शशि को सौंप दें, वे उसकी चिकित्सा की व्यवस्था कर लेंगे। अपने तमाम जोखिमों से घिरे होने के बावजूद ये क्रान्तिकारी कन्फ्यूज्ड और पराङ्मुख नहीं हैं।

शशि का व्यक्तित्व शेखर के सापेक्ष अपनी प्रतिभा, त्याग, सहिष्णुता और समझदारी के गौरव से दीप्त है। शशि को अज्ञेय ने शेखर की प्रेरणा बताया है लेकिन वह कभी उस तरह से शेखर को निर्देशित नहीं करती। वह उसके व्यक्तित्व पर मुग्ध है, उसके खोखलेपन से अनभिज्ञ। उसकी यही पारम्परिक कमजोरी उसके सर्वनाश का कारण बनती है। उसको सफल होते देखने की जद्दोजहद में शशि लांक्षित, परित्यक्त होकर मृत्यु तक का वरण करती है मगर शेखर 'असाध्यवीणा' है, न खुद सधता है, न किसी को साधने देता है।

शेखर मातृभक्त नहीं है। बल्कि माँ से वह सौतेलेपन की हद तक नफरत करता है। माँ कहती भी है कि उसे उस पर विश्वास नहीं है। इससे वह और भी कुंठित हो जाता है। माँ के मरने की खबर पाकर भी वह नहीं जाता। माँ के उलट, वह पिता के प्रति आकर्षित है और इसे विद्रोहियों का लक्षण बताकर खुद के बागी होने पर जैसे मोहर लगाता है। लेकिन पिता का आज्ञाकारी बालक भी नहीं है वह। माँ के प्रति,

पिता के प्रति...यहाँ तक कि शशि के प्रति शेखर का यह कन्फ्यूजन पश्चिम के एलायनेशन के फैशन, एबसर्ड नाटकों का पैशन और उत्तर आधुनिकता की आहट जैसा लगता है। समापन शेखर वैदिक ऋचाओं की तरह करता है–"प्रणाम जमुना; प्रणाम पूर्व दिशा; प्रणाम विशाख के खिले हुए फूल और बबूल; प्रणाम, दो पैरों से लाख बार रौंदे हुए रेतीले नदी-तट, प्रणाम, बही हुई मुट्ठी भर राख"...आदि आदि।

ज्यादातर विद्वानों ने अज्ञेय की भाषा का ही प्रशंसात्मक विश्लेषण किया है। उनकी दूसरी कमजोरी है प्रकृति। अज्ञेय का एक प्रिय शब्द है 'तथता', यानी सौन्दर्य के टुकड़े के जैसा है, उसी तरह शब्दों में बाँध देना। इस 'तथता' को चित्रित करते हुए नैसर्गिक प्रकृति-चित्रों में भी वे एक पल को भी नहीं भूल पाते कि उनका शेखर एक विशिष्ट चरित्र है।

"वह देख रहा था, डल से बहुत अधिक देख रहा था...उसके ऊपर एक सम्मोहन-सा छा गया। उसी सम्मोहन में उसने एक-एक करके अपने सब कपड़े उतार डाले और आँखें मूँदकर खड़ा हो गया। आकाश के सामने और उस पवित्र के, पवित्र से परिपूर्ण, उसके स्पर्श से रोमांचित।" शेखर बीच-बीच में अपनी आर्य नस्ल की भी याद दिलाता है। चाहे मानस बल के वृक्ष पर चाँदनी हो, चश्माशाही के ऊपर परीमहल हो, डल हो, महाबलीपुरम का चन्द्रोदय-सूर्योदय हो, या और कुछ। अज्ञेय ने बार-बार खुद को क्रान्तिकारी सिद्ध करने की कोशिश की है और उपन्यास को 'घनीभूत वेदना की केवल एक रात में देखे हुए विजन' कहकर संज्ञायित किया है। निश्चित रूप से अज्ञेय क्रान्तिकारियों के साथ रहे। इंडियन रिवोल्युशनरी रिपब्लिक आर्मी के सेनापति चन्द्रशेखर आजाद और शहीदे आजम भगतसिंह के साथ रहना अपने आप में एक बड़ी बात है। संयोगवश यशपाल और अज्ञेय दोनों ही पहले इस दल में थे, बाद में लेखक बने। पर आश्चर्य, दोनों की दिशाएँ अलग हो गईं। अज्ञेय में क्रान्ति और बगावत कहीं से फूटती दिखाई नहीं पड़ती। क्रान्ति के सामने कर्त्तव्य और उद्देश्य बहुत ही स्पष्ट होते हैं। शेखर को उसकी राजनीतिक गतिविधियों के चलते फाँसी होनेवाली है, मगर क्यों? उपन्यास में बहुत स्पष्ट नहीं है जबकि अन्य पात्र, दादा विद्या भूषण, मोहसिन, बाबा मदन सिंह में न सिर्फ कारण स्पष्ट हैं बल्कि चरित्र भी। वहाँ कोई फाँक नहीं है। शेखर में ऐसा कुछ भी नहीं है फिर अज्ञेय ने शेखर की किस महानता को इंगित किया है? क्या चरित्र का यह अन्तर्विरोध जान-बूझकर रखा गया है या यह अन्तर्विरोध स्वयं लेखक का है। शेखर के व्याख्यानों, आचरणों और संसर्गों से परखें तो भी साफ नहीं होता।

जेल से बाहर आने के बाद शेखर आर्य सामाजियों के साथ हो लेता है। भाषण भी वह 'विवाह-संस्था' पर देता है, जैसे विवाहेतर प्रसंगों और सामाजिक सरोकारों से उसका कोई वास्ता नहीं है। शशि का व्याख्यान भी 'नारी मुक्ति' पर केन्द्रित है

जो टोकाटाकी के चलते पूरा नहीं हो पाता। शेखर बागी है पर बगावत का माध्यम क्या है–साहित्य, शब्द! वस्तुतः शेखर की खोल में अज्ञेय ही बोलते हैं।

यह जीवन-दृष्टि उनसे दुनिया भर की यात्राएँ करवाती है–अन्दर भी, बाहर भी। यह यात्रा 'क्रान्तिकारियों के संसर्ग' से शुरू होती है और 'जय जानकी जीवन यात्रा' में रेड्यूस होती है। अज्ञेय की सारी क्रान्तिकारिता एक अच्छा लेखक बनने तक सीमाबद्ध है और यहाँ वे सफल हैं। इस लेखक की विशेषता क्या है जो उसे औरों से अलग करती है–जिज्ञासा का निषेध, बौद्धिकता की जटिल प्रस्तुति, जटिल चरित्र...यदि ऐसा न होता तो असहयोग आन्दोलन, अछूत समस्या, जाति प्रथा, वर्ग और वर्ण, छात्रावास, महँगाई, प्रकाशक, सम्पादक आदि को मात्र छू-छू नहीं निकल जाते, उनमें गहरे पैठते भी। आश्चर्य है, अज्ञेय लिखते हैं, "हमारे विशाल भवनों की नींव खोखली है और जैसा कि हमारे शास्त्र भी कहते हैं। देवताओं के पैर भूमि पर नहीं टिकते हैं...समाज की सड़ती हड्डियों को भड़कीले लाल रेशम में लपेटकर हम कहते हैं कि देखो हमारा युवक समुदाय और हम मुक्ति के लिए लड़ रहे हैं।" (शेखर : एक जीवनी, भाग-1)

शेखर के रचनाकार का जन्म और विकास द्वितीय विश्वयुद्ध की छाया में हुआ। उनके अनुसार–"घनीभूत वेदना की केवल एक रात में देखे हुए 'विजन' की दस वर्षों की प्रस्तुति है यह उपन्यास। गुम्फन के लिहाज से पहला भाग मुझे ज्यादा अपील करता है जहाँ शेखर के तन्तुओं की निर्मिति के साक्ष्य हैं। दूसरे भाग में ऐसा लगता है, अन्त और कुछ अंशों को छोड़कर वे एकाग्र नहीं हैं। शेखर का उद्घाटन बाकी ही रह गया। इसे महसूसते हुए उन्हें 'शेखर : एक जीवनी' का तीसरा भाग भी लिखना था जो नहीं लिख पाए। सत्यप्रकाश मिश्र उनकी इस रचनाशीलता को हिन्दी की तत्कालीन अन्य महती रचनाओं के सातत्य में जोड़कर देखते हैं। ये कृतियाँ हैं, 'कामायनी', 'गोदान', 'चित्रलेखा', 'त्यागपत्र' आदि। विश्व संस्कृति का मारक और मादक संगीत, फ्रायड, वाल्तेयर, नीत्शे, डारविन से प्रभावित अज्ञेय का रचनाकार तब बहुतों को चमत्कार जैसा लगा था। सत्यप्रकाश मिश्र ने प्रसाद की 'कामायनी' और अज्ञेय की 'शेखर' के प्रस्थान बिन्दु को भी चिह्नित किया है–प्रलय, दुख और यातना। 'शेखर : एक जीवनी' की प्रति जो मेरे पास है उसके आवरण पर पहाड़ की चोटी पर बैठे हुए ठुड्डी पर हाथ रखे दृढ़ मांसपेशियों वाले एक चिन्ताग्रस्त पुरुष की तस्वीर है। उनके चारों ओर गहरा, नीला रात के अन्तिम प्रहर का-सा आकाश है जिनमें सितारे तो नहीं लेकिन चारों ओर चिनगारियों के बबूके टिमटिमा रहे हैं–अथाह प्रलय प्रवाह, एक विराट स्तब्धता। इसी मनुष्य के निर्माण का विजन अज्ञेय ने उस रात्रि में देखा था, जो उनकी भूमिका के अनुसार 'अगर यह मेरे जीवन का अन्त है तो इस जीवन का मोल क्या है? अर्थ क्या है?

सिद्धि क्या है? व्यक्ति के लिए, समाज के लिए और मानव के लिए?' यह दर्शन अस्तित्ववादी दर्शन के आसपास मँडराता रहता है।

विजय मोहन सिंह ने सही लिखा है "विरोधाभासों तथा आरोपों की प्रवृत्ति के कारण शेखर के साथ हिन्दी लेखन में वह 'बाह्याडम्बर' तथा 'हिपोक्रेसी' शुरू होती है जो आज के लेखन और लेखक का चरित्र लक्षण बनी हुई है। नैतिकता और उदारतावाद का दबाव अनुभूतियों के विश्लेषण में बाधक होता है। परिणामस्वरूप वह एक मुद्रा (पोज) बनकर रह जाती है। विद्रोही बनने के प्रयास में मृत नैतिकता ओढ़कर प्रोफ़ेट बन जाता है–एक केंचुल से निकलकर दूसरे केंचुल में घुस जाता है।"

नदी के द्वीप

हिन्दी के दिग्गज विद्वानों नामवर सिंह, राजेन्द्र यादव आदि का बेहद प्रिय उपन्यास 'नदी के द्वीप' अपनी काव्यात्मक सूक्ष्म दृश्यात्मक परिनिष्ठित भाषा, प्रेम की उदात्तता, व्यंजना और बौद्धिकता के स्तर पर 'शेखर : एक जीवनी' की अगली कड़ी है जिसमें रेखा, गौरा, भुवन का या फिर इनके साथ चन्द्र मोहन का एक त्रिकोण बनता है जो गहरे झाँकने पर कामायनी के श्रद्धा, इड़ा, मनु के त्रिकोण का प्रतिबिम्ब लग सकता है। प्रेम कथाएँ चाहे अनचाहे त्रिकोणात्मक बन ही जाती हैं, जिसमें किसी–न–किसी कोण को स्थागित होना होता है।

पहले उपन्यास 'शेखर' की तरह यह उपन्यास यातना से प्रसूत विजन ही है और रूमानियत की इन्तहा यह है कि प्रेमियों के अलावा लेखक के लिए प्रायः सारी सृष्टि ओझल है और प्रेम की प्रतीति अपनी पराकाष्ठा पर इतनी गहरी है कि मृत्यु को चूमकर पूर्ण हो जाना चाहती है। यह उपन्यास सचेत रूप से पहाड़, झील, चाँदनी में भटकते हुए उत्तर आधुनिकता और अस्तित्ववाद के सहजीवन का बीज–वपन करता है।

सभी का अपना–अपना द्वीप है और अपना–अपना स्वायत्त संसार। यह द्वीप वैयक्तिकता का द्वीप है जिसमें निस्सहायता से ज्यादा वर्चस्व और अहंकार की गूँजें आती हैं। अज्ञेय इसे अन्यत्र भी, (यथा 'यह दीप अकेला' कविता) आदि में दोहराते रहते हैं। प्रयोग के स्तर पर पत्रों, चिन्दियों आदि और शीर्षकों के लिहाज से यह एक प्रयोगवादी उपन्यास है, आस्था की तरह जिसमें बहुत सारे 'किन्तुओं–परन्तुओं' को अनदेखा कर दिया गया है। पात्र तो विदेशी लगते हैं लेकिन उनका अवतरण भारत भूमि पर हुआ है जो विभाजित रचनाशीलता को अंजाम देता है। राजेन्द्र यादव के अनुसार 'नदी के द्वीप' रोमानी एकान्तों का ऐसा खूबसूरत अलबम है जहाँ प्रेमी–प्रेमियों के अलावा, कुली, बैरों की ही दुनिया है, बाकी बे–चेहरा भीड़ है लखनऊ, दिल्ली या रेलवे प्लेटफार्मों की। मगर उस सबका महत्व नौकुछिया या तुलियान के

पेड़-पौधों, पहाड़, बर्फ से अधिक कुछ नहीं है। इसलिए चन्द्रमाधव के अलावा उपन्यास के सारे पात्र सभ्य, शिष्ट, सॉफिस्टिकेटेड, रिफाइंड, कन्सीडरेट हैं : वे बौद्धिक बातें करते हैं और संवेदना के गहरे दबावों में रवीन्द्र, ब्राउनिंग, लारेंस या बाइबिल के स्मरणीय उद्धरण बोलते हैं–यानी बौद्धिक रूप से होने और बनने के अस्तित्ववादी मुहावरों या रोमांटिक कवियों के ताने-बाने से 'नदी के द्वीप' की चढ़ाई बनाई गई है। 'वरण की स्वतन्त्रता' तो उपन्यास की थीम है ही... 'द्वीप' के रूप को हर व्यक्ति, हर स्थिति और हर क्षण पर सटीक बैठाया जा सकता है।

भुवन को छोड़कर बाकी पात्रों को हलचल भरे युग की कोई हलचल प्रभावित नहीं करती। यह कैसा अमरबेलि का मनोहारी वितान है!

कई विद्वान इसे रोम्यां रोला के 'ज्यां क्रिस्तोप' और चार्ल्स मार्गन के 'फाउंटेन' की छाया मानते हैं। विजय मोहन इसे कामायनी से आगे 'ईसाई सफरिंग', आंद्रेजिंग के उपन्यास 'स्टेट इज गेट' और जैनेन्द्र की लम्बी कहानी 'एक रात' से जोड़कर देखते हैं।

अपने-अपने अजनबी

अज्ञेय का तीसरा उपन्यास 'अपने-अपने अजनबी' इस अर्थ में प्रायोगिक और प्रायोजित उपन्यास है कि वहाँ जान-बूझकर एक नाटकीय स्थिति का निर्माण किया गया है। इस स्थिति में मृत्यु की प्रतीक्षा कर रहीं दो औरतें हैं–'योके' और 'सेल्मा'। पृष्ठभूमि विदेशी। 'योके' युवा है और 'सेल्मा' वृद्धा। बर्फ का पहाड़ टूटकर उस घर पर गिरा है और दोनों औरतें एक तरह से बर्फ की कब्र में कैद हो गई हैं। आश्चर्य है, यहाँ तनहाई, स्वतन्त्रता और मृत्युबोध है, मनोवैज्ञानिक संकट के बलबले भी हैं पर उस अनुपात में स्मृतियाँ बिलकुल नहीं हैं। दोनों औरतों में क्या सम्बन्ध है, यह भी स्पष्ट नहीं है। दोनों अजनबी हैं। उस छोटे घिरे ठंडे परिवेश में पर्याप्त ईंधन, पर्याप्त भोजन और पर्याप्त ऑक्सीज़न है। सब कुछ जैसे सजाया हुआ-सा। यहाँ ऑक्सीजन दोनों की खपत से दिन-दिन चुकती जा रह रही है। नास्तिक योके का अकेलापन अपने अहम में आत्मघाती सिद्ध होता है जबकि आस्तिक सेल्मा मृत्यु को स्वीकारते हुए भी आतंकित नहीं है। बल्कि वह स्वतन्त्रता की एक नई व्याख्या देती है "न तो हम अकेले हैं न तो हम स्वतन्त्र। बल्कि अकेले नहीं हैं और न ही हो सकते हैं। इसलिए स्वतन्त्र नहीं है इसीलिए चुनने और फैसला करने का अधिकार हमारा नहीं है। मैंने तुम्हें बताया था कि मैं चाहती थी कि अकेले मरूँ। लेकिन क्या यह निश्चय करना मेरे वश का था? क्या मैं अपनी मनपसन्द परिस्थिति चुन सकी। और तुम-क्या तुम स्वतन्त्र हो कि तुम मुझे मरती हुई न देखो, ऐसी सब स्वतन्त्रताओं की कल्पनाएँ निरा

अहंकार हैं–और उसी से स्वतन्त्रता को छोड़कर कोई दूसरी स्वतन्त्रता नहीं है।" यह दर्शन उनके पूर्व दर्शन के विरुद्ध ठहरता है। इसे किस रूप में ग्रहण किया जाए? "हम राही नहीं राहों के अन्वेषी हैं।" (तार सप्तक की भूमिका)

अस्तित्ववादी दर्शन के प्रभाव में प्रयोग की यह भूमि उन्हें कहाँ ले जाती है? क्षण तक! क्षण की उनकी परिभाषा क्या कहती है? "क्षण वह है जिसमें अनुभव तो है लेकिन इतिहास नहीं, जिसका न अतीत है, न अनागत, जो है, वह वर्तमान है, शुद्ध वर्तमान–इतिहास से परे, स्मृति के संसर्ग से अदोषित संसार से मुक्त। अगर ऐसा नहीं है तो वह क्षण नहीं है। क्योंकि काल का कितना छोटा खंड क्यों न हो, उसमें मेरा काल सापेक्ष जीना है, ऐतिहासिक जीना है।" इस दर्शनवादी प्रयोग में अज्ञेय ने अपने ढंग से वैयक्तिक चेतना के स्तर पर अहम विद्रोह, वेदना, घृणा, ईर्ष्या, यौनता, प्रेम आदि की नई परिभाषा दी हैं, नए मूल्य प्रतिष्ठित किए हैं। पर अज्ञेय की कुछ स्थापनाएँ उनकी निजी हैं–(i) विज्ञान कहता है कुछ होता नहीं, कुछ होगा नहीं। जो कुछ हो चुका है भविष्य के अन्त तक रहेगा। और जो कुछ होना है वह भूत के प्रारम्भ से ही था। ...तब मैं मरकर भी जीता रहूँगा पर जीते हुए भी मर चुका हूँ।

(Law of conservation of Mass या Matter-Energy की $E=mc^2$ की अपने ढंग की व्याख्या) आगे चलकर वे इसे स्पष्ट करते हैं।

(ii) मेरा विश्वास है कि विद्रोही बनते नहीं, उत्पन्न होते हैं। विद्रोह–बुद्धि परिस्थितियों से संघर्ष की सामर्थ्य जीवन की क्रियाओं से परिस्थितियों के घात–प्रतिघात से नहीं निर्मित होती। वह आत्मा का कृत्रिम परिवेष्टन नहीं है, उसका अभिन्नतम अंग है। अज्ञेय नेचर (Nature) को तो स्वीकार करते हैं, नरचर (Nurture) से आँखें मूँद लेते हैं।

(iii) बागी लड़के पितृ भक्त होते हैं, मातृभक्त नहीं, और शेखर पितृभक्त है। (यह उनका अपना निष्कर्ष है)

(iv) 'अपने–अपने अजनबी' में दो महिलाओं द्वारा कमरों में बन्द ऑक्सीजन का तो जिक्र है, लेकिन लकड़ी या ईंधन के जलने के कारण नष्ट होनेवाले ऑक्सीजन का जिक्र नहीं है, उपरोक्त स्थापनाएँ उनकी रेशनलिटी का निषेध करती हुईं उनकी जिद को दर्शाती हैं। हद से हद इसे फंतासी मानकर संतोष किया जा सकता है।

'शेखर के प्रशंसक विद्वानों ने उनके इन विरोधाभासों की भी प्रशंसात्मक व्याख्या की है, उनकी 'हिन्दुस्तान रेवोल्युशनरी आर्मी' की 'क्रान्ति' से लेकर 'जय जानकी जीवन यात्रा' की भ्रान्ति तक की परिक्रमा को जस्टिफाई किया है। अज्ञेय सम्भवत : लियोनार्दो दा विंची और रवीन्द्रनाथ की तरह 'आल राउंडर' या 'सम्पूर्ण' (Total and complete) बनना चाह रहे थे। उनकी अन्दर की बेकली नाच कविता से स्पष्ट है–'एक तनी हुई रस्सी है जिस पर मैं नाचता हूँ/जिस तनी हुई रस्सी पर

मैं नाचता हूँ/वह खम्भों के बीच है/रस्सी पर मैं जो नाचता हूँ/वह एक खम्भे से दूसरे खम्भे तक का नाच है/दो खम्भों के बीच जिस तनी हुई रस्सी पर मैं नाचता हूँ/उस पर तीखी रोशनी पड़ती है/जिसमें लोग मेरा नाच देखते हैं/न मुझे देखते हैं जो नाचता है/न रस्सी को जिस पर मैं नाचता हूँ/न खम्भों को जिस पर रस्सी तनी है/न रोशनी को ही जिसमें नाच दिखता है/लोग सिर्फ नाच देखते हैं/पर मैं जो नाचता हूँ/जो जिन खम्भों के बीच है/जिस पर जो रोशनी पड़ती है/उस रोशनी में उन खम्भों के बीच उस रस्सी पर असल में मैं नाचता नहीं हूँ/मैं केवल उस खम्भे से इस खम्भे तक दौड़ता हूँ...'

हम यहाँ उनकी तुलना न चाहते हुए भी उनके समकालीन बांग्ला कवि काज़ी नजरूल इस्लाम से करते हैं तो अज्ञेय की सीमा स्पष्ट हो जाती है। देश, जाति, राष्ट्र और समाज ही नजरूल के लिए प्रथम और अन्तिम थे। धर्म और मजहब उनके अनुषंग मात्र! ये दो नहीं, एक थे–सिर्फ एक। इसके धनात्मक तत्वों का उपयोग वे अन्तर को उद्दीप्त करने के लिए करते थे जिसकी आभा उनकी अभिव्यक्ति में जातीय चेतना की चमक बनकर खिलती थी। उन्नीस सौ इक्कीस के दिसम्बर के अन्तिम सप्ताह, तालतल्ला लेन, कोलकाता। तिल-तिल बीतती सर्द रात, चिन्न-चिन्न उड़ती चिनगारियाँ–विवेक की, विद्रोह की, चेतना की, जागरण की...। एक-एक अग्नि स्फुलिंग जोड़ रहा था आग के एक-एक अक्षर...

'बोलो वीर, बोलो उन्नत मम सीर...'

यह थी उनकी 'अग्निवीणा'। इसके चालीस वर्ष बाद 18-20 जून, 1961 अल्मोड़ा में अज्ञेय लिख रहे थे 'असाध्यवीणा'। उन्होंने अयोध्या से जनकपुर की यात्रा तो की लेकिन आदिवासी क्षेत्रों की यात्रा की जरूरत नहीं समझी। इसलिए विज्ञान में शिक्षित होने और लाहौर यूनिवर्सिटी के बी.एससी. का टॉपर होते हुए भी एक आदिवासी वैज्ञानिक जाति 'असुर' को अकसर अपशब्द कहते रहे। कोई आश्चर्य नहीं कि वे 'अग्निवीणा' नहीं बन सके, 'असाध्यवीणा' ही बने रहे। हद से हद उनका लेखकीय अवदान एक व्यंजनात्मक आभासी यथार्थ की भाषा, शैली और मिजाज बनकर रह गया जिसकी बौद्धिकता आतंकित करती है। लेकिन यह 'हद से हद' बेहद मारक है जो परवर्तीकाल में कमोबेश अज्ञेयवादियों की एक शैली ही बन गया। नई पीढ़ी के बहुत से रचनाकार भी इस भाषा-शैली से सम्मोहित हैं। जहाँ तक भाषा का प्रश्न है शब्दों का सीधा-सादा प्रयोग वस्तुओं, अनुभवों के वैशिष्ट्य को क्षरित हो जाने देता है।

इसलिए तथता के शिल्पकार अज्ञेय इसी ऋजुता को स्पष्ट करने के लिए काव्य भाषा, व्यंजना और आत्मवाची कथा संरचना करते चलते हैं। पात्र भी उन्होंने ऐसे

ही विशिष्ट चुने हैं। हर माध्यम तनाव को व्यक्त करने का संसाधन मात्र है। उपन्यास का ढाँचा भी परम्परागत उपन्यास लेखन से विद्रोह है। अज्ञेय का लेखन असहज इसलिए है कि वह परकाया उपन्यास लेखन से विद्रोह है। अज्ञेय का लेखन असहज इसलिए है कि वह परकाया प्रवेश नहीं करते बल्कि चरित्र पर सवार हो जाते हैं। अज्ञेय का लेखक चाहे वह शिशु हो, किशोर हो, युवा हो या वृद्ध या फिर स्त्री हो या पुरुष या विद्रोही हो या समझौता परस्त, सब पर हावी रहता है। अतः वे पात्र कभी-कभी किताबी लगते हैं। अज्ञेय ने स्वाभाविक चरित्रों का अपना ही प्रतिसंसार रचा।

यह तो रहे उपन्यासकार अज्ञेय। इस उपन्यासकार अज्ञेय के वरअक्स जब हम कहानीकार अज्ञेय पर गौर करते हैं तो दुविधा में पड़ जाते हैं, खासकर उनकी पाँच कहानियाँ–'लेटर बॉक्स', 'शरणदाता', 'मुस्लिम-मुस्लिम भाई-भाई', 'बदला' और 'रमन्ते तत्र देवता'। ये पाँचों कहानियाँ विभाजन की त्रासदी पर केन्द्रत हैं। 'रमन्ते तत्र देवता' का नायक विशन सिंह सोचता है–"सारे मुसलमान अरब, फारस या तातार से नहीं आए थे सौ में एक होगा जिसको हम आज अरब, फारस या तातार की नस्ल कह सकेंगे। ...बाकी सारे मुसलमान कौन हैं? हमारे भाई, हमारे मजलूम जिनका मुँह हम हजारों बरसों से मिट्टी में रगड़ते आए हैं। वही आज हम पर मुँह उठाकर थूकते हैं तो हमें बुरा लगता है..." आदि-आदि। 'शेखर...' के पहले खंड में प्रारम्भ में भी कथाकार उपन्यासकार पर हावी है। इस कथाकार अज्ञेय को सलाम!

दुविधा और भी गाढ़ी हो जाती है–क्या ये दोनों अज्ञेय एक ही हैं!

–संजीव

अनुक्रम

शेखर : एक जीवनी

[भाग–1]

फाँसी!

जिस जीवन को उत्पन्न करने में हमारे संसार की सारी शक्तियाँ, हमारे विकास, हमारे विज्ञान, हमारी सभ्यता द्वारा निर्मित सारी क्षमताएँ या औजार असमर्थ हैं, उसी जीवन को छीन लेने में, उसी का विनाश करने में, ऐसी भोली हृदयहीनता–फाँसी!

फाँसी, क्यों? अपराधी को दंड देने के लिए। पर इससे क्या वह सुधर जाएगा? इससे क्या उसके अपराधों का मार्जन हो जाएगा? जो अमिट रेखा उसके हाथों खिंची है वह क्या उसके साथ मिट जाएगी? फाँसी, दूसरों को शिक्षा देने के लिए। पर यह कैसी शिक्षा है कि जीवन के प्रति आदर-भाव सिखाने के लिए उसी की घोर हृदयहीन उपेक्षा का प्रदर्शन किया जाए। और, इससे भी कभी कोई सीखा है...मुझे तो फाँसी की कल्पना सदा मुग्ध ही करती रही है...उसमें साँप की आँखों-सा एक अत्यन्त तुषारमय, किन्तु अमोघ सम्मोहन होता है...एक सम्मोहन, एक निमन्त्रण, जो कि प्रतिहिंसा के इस यंत्र को भी कवितामय बना देता है, जो कि उस पर बलिदान होते हुए अभागे-या अतिशय भाग्यशाली!- को जीवन की एक सिद्धि दे देता है, और उसके असमय अवसान को भी सम्पूर्ण कर देता है...

फाँसी!

यौवन के ज्वार में समुद्र-शोषण। सूर्योदय पर रजनी के उलझे हुए और घनी छायाओं से भरे कुन्तल। शारदीय नभ की छटा पर एक भीमकाय काला बरसाती बादल! इस विरोध में, इस अचानक खंडन में निहित अपूर्व भैरव कविता ही में इसकी सिद्धि है...

सिद्धि कैसी-काहे की? मेरी मृत्यु की क्या सिद्धि होगी-मेरे जीवन की क्या थी?

यवनिका उठती है और गिर जाती है। परदे आते हैं और बदल जाते हैं। किन्तु यवनिका का प्रत्येक आक्षेप, परदे का प्रत्येक परिवर्तन, अपने अवसान में लीन होकर भी, नाटक के प्रवाह में एक बूँद और डाल जाता है, एक बूँद जो स्वयं कुछ नहीं है किन्तु जिसके बिना उस प्रवाह में गति नहीं आ सकती-जिसके बिना उसका अस्तित्व ही नहीं हो सकता।

मैं अपने जीवन का प्रत्यवलोकन कर रहा हूँ, अपने अतीत जीवन को दुबारा जी रहा हूँ। मैं जो सदा आगे ही देखता रहा, अपनी जीवन-यात्रा के अन्तिम पड़ाव पर पहुँचकर पीछे देख रहा हूँ कि मैं कहाँ से चलकर किधर-किधर भूल-भटककर, कैसे-कैसे विचित्र अनुभव प्राप्त करके यहाँ तक आया हूँ। और तब दीखता है कि मेरी भटकन में भी एक प्रेरणा थी, जिसमें अन्तिम विजय का अंकुर था, मेरे अनुभव-वैचित्र्य में भी एक विशेष रस की उपभोगेच्छा थी जो मेरा निर्देश कर रही थी और जीवन-यात्रा के पथ में जो पहाड़, तराइयाँ, नदी-नाले, झाड़-झंखाड़, आँधी-पानी आए उन सब में मेरे और केवल मेरे सम्बन्ध में एक ऐक्य था, जिसका ध्येय था किसी विशेष काल में, विशेष परिस्थिति में विशेष स्थान पर, विशेष साधनों और उपायों से मेरे जीवन का विशेष रूप से समापन, जिससे उसे अपनी सिद्धि, अपनी सफलता और अपनी सम्पूर्णता प्राप्त हो जाए...अब मैं अधूरा हूँ पर मुझमें कुछ भी न्यूनता नहीं है, अपूर्ण हूँ, पर मेरी सम्पूर्णता के लिए कुछ भी जोड़ने को स्थान नहीं है।

सिवाय इस प्रत्यवलोकन के। शायद, जीवन-पथ के अन्तिम पड़ाव का पाथेय ही यही है, क्योंकि मुझे इससे, और इस मात्र से, तृप्ति मिलती है...

सबसे पहले तुम, शशि।

इसलिए नहीं कि तुम जीवन में सबसे पहले आईं या कि तुम सबसे ताजी स्मृति हो। इसलिए कि मेरा होना अनिवार्य रूप से तुम्हारे होने को लेकर है–ठीक वैसे ही जैसे तलवार में धार का होना सान की पूर्वकल्पना करता है। तुम वह सान रही हो, जिस पर मेरा जीवन बराबर चढ़ाया जाकर तेज़ होता रहा है, जिस पर मँज-मँजकर मैं कुछ बना हूँ जो संसार के आगे खड़ा होने में लज्जित नहीं है–लज्जित होने का कोई कारण नहीं जानता।

तुम जीवित नहीं हो। मेरे शेखर के बनने में ही तुम टूट गई हो–शायद स्वयं शेखर के हाथों ही टूट गई हो। और मैं अपने मन में बार-बार यह दुहराकर कि 'शशि नहीं है, शशि मर गई है, शशि नहीं है,' भी यह समझ नहीं पाता कि क्या हुआ–अपनी क्षति का कोई अनुमान नहीं लगा सकता, कोई अनुभव नहीं कर पाता!

क्यों? क्यों...तेज़ तलवार कैसे यह जान पाए कि सान अब टूट गई है, जब तक कि वह स्वयं भोंड़ी न हो जाए या टूट न जाए...और मैं अभी जीता हूँ। अभी जल रहा हूँ, अभी 'हूँ'–

पर, तब मैं क्यों कहूँ कि तुम नहीं हो? जो सान तलवार को बनाती है, वह तब तक नहीं टूटती, जब तक कि तलवार नहीं टूटती। मुझे मरना है, फाँसी पर मरना है, पर अभी मैं जीता हूँ।

मैं तुमसे माँगता हूँ कि मुझे आज्ञा दो, मैं तुम्हें याद करूँ। जहाँ तुम हो वहाँ 'याद' शब्द को लाना पूजा को भ्रष्ट करने-सा है, फिर भी मैं तुमसे माँगता हूँ, यह भी अधिकार मुझे दो। तुम मर गई हो, अत्यन्त न-कुछ हो गई हो, यही मुझे अपने आपको समझाने दो और इसके लिए उसे सामने लाने दो जिसे मैं 'कुछ' समझूँ-तुम्हारी छायाएँ, जिन्हें कभी मैं सच समझता था...

नहीं, वह क्षण नहीं जिसमें कि मैंने घबराकर पूछा था कि, 'क्या होता है शशि?' और तुमने भर्रायी हुई, बेहोश होती हुई आवाज़ में कहा था, 'सुख, शेखर, सुख...' उस क्षण को क्षण ही भर से अधिक सामने आने देने की क्षमता मुझमें नहीं है।

मुझे याद आता है, कभी ऐसा भी था कि हम सहज भाव से मिलते-जुलते थे। स्नेह हम में था, मोह हम में था, लेकिन वह स्नेह नहीं जो कि विघ्नों के सहारे बहता है, वह मोह नहीं जो कि पीड़ा की नींव पर ही अपना घर खड़ा करता है...

जब मैं जेल से आकर पहले-पहल तुम्हें मिला था, तब तुम्हें देखकर एक गहरा आघात मेरे मन पर हुआ था। तभी मैंने कहा था, 'बाहर आकर मेरा बहुत-कुछ खो गया है। भीतर मैं तुम्हें अपने से एक ही देखता था, अब लगता है कि मुझे तुम्हें दुबारा पहचानना है।' और तब तुम रोई थीं...

तब तुमने सहसा कहा था, 'मेरा घर देखने न चलोगे?' क्योंकि तुम्हारी शादी हो चुकी थी, तुम्हारा घर था...

मैंने तुम्हारा घर देखा, उन्हें भी देखा, जिनके आधार पर वह घर तुम्हारा घर हुआ था। और मुझे लगा, तुम सन्तुष्ट बैठी हो, तुम्हारे जीवन के चलने के लिए एक पटरी निश्चित हो गई है और उस पटरी के इधर-उधर कहीं कोई नहीं है। तब मेरा संकोच और भी दृढ़ हो गया कि मुझे दुबारा पहचानना है-तुम मेरी परिचित नहीं हो...

मैंने कहा, 'शशि कुछ गाओ।'

'अब मैं नहीं गाती-वाती।'

'क्यों, अब बहुत बुज़ुर्ग हो गई हो क्या?'

तुम हँसी। और उस हँसी की ध्वनि के आसरे ही मुझे एकदम वह क्षण प्राप्त हुआ जो जीवन में कभी-कभी ही आता है। बहुत ही स्पष्ट, अचूक दृष्टि से मैंने देखा, मेघाच्छन्न आकाश, प्रकाशहीन सायंकाल, पवन अचंचल, चंचला भी अदृश्य और उड़ते-उड़ते सहसा पंख टूट जाने से विवश गिरता हुआ अकेला ही अकेला एक पक्षी, जो गिरता है और फिर अपनी उड़ान, अपना स्थान पा लेने के लिए छटपटा रहा है, छटपटा रहा है...

मैंने एकदम से तुम्हें पहचान लिया...तब मुझसे नहीं हो सका कि मैं वहाँ बैठा रहूँ-मैं विदा माँगकर चल पड़ा।

तुम द्वार तक छोड़ने आईं।

'देख लिया मेरा घर।'

'हाँ, देख लिया। बहुत कुछ देख लिया।' कहकर मैं जल्दी से बढ़ गया और तुम उस अपने घर की परिधि में घिरी खड़ी रहीं।

बन्दावीर के समय में बने हुए मकानों के खँडहर और उनके आसपास बने हुए, उनसे नए, किन्तु फिर भी बहुत पुराने मकान। ऐसे एक मकान में शेखर बैठा है। 'कमरे' में वह बैठा है, वह वास्तव में रसद की कोठरी के एक ओर बनी हुई पुराने ढंग की खिड़की की चौखट है, चौड़ी और बेडौल, प्राचीनता से काला पड़ा हुआ, किन्तु कामदार। इसी चौखट पर वह बैठा है, हाथ दोनों ओर लटक रहे हैं और सिर दाईं ओर बाहर को झुका हुआ है।

कमरे की दीवारों में और खिड़की की चौखट में अनेक गोलियों के निशान हैं। दीवारों में दो-चार जगह भीतर से गोलियाँ चलाने को मोरचे बने हुए हैं। ये गोलियों के निशान और ये मोरचे उस मकान के इतिहास का एक परिच्छेद है, जिसे अब कोई नहीं पढ़ता। वह भी खिड़की में बैठा इन्हें नहीं देख रहा है, उसकी आँखों के सामने जो दृश्य है उसका इससे दूर का भी सम्बन्ध नहीं है।

टूटी हुई दीवारों से घिरा हुआ एक छोटा-सा आँगन। उसके एक कोने में, छोटा-सा बेरी का वृक्ष जिसकी छाया में एक टूटा-सा अन्धा कुआँ। कुएँ के पास पुराने ढंग की छोटी-छोटी ईंटों का एक ढेर, कुछ पीले-पीले, उड़कर आए हुए, पीपल के पत्ते आँगन के दाईं ओर, दीवार के बाहर एक पीपल जिसके नीचे एक गाय बँधी है, उससे कुछ दूर एक छोटे-से मन्दिर का छत्र और सिरिस के पेड़ की कुछ फुनगियों की झाँकी। और यह सब दुपहर की प्रशान्त नीरवता में।

वह बैठा इसी को देख रहा है। शशि के पिता हृदयरोग से बीमार पड़े हैं, इस कारण सारा कुटुम्ब किसी अनिष्ट की प्रतीक्षा से भरा रहता है, यह काली छाया घर पर मँडराती रहती है और ऐसा जान पड़ता है कि घर के विभिन्न कमरों की नीरवताएँ आपस में बहुत दबी हुई कानाफूसी किया करती हैं।

इसी विचित्र काँपती हुई नीरवता से बचकर वह यहाँ आकर बैठ जाता है, और इस दृश्य को देखकर उसमें घर के वायुमंडल की गन्ध को भुलाने की चेष्टा करता है। क्योंकि वह उस कुटुम्ब के प्रत्येक व्यक्ति से स्नेह करता है, पर उससे यह उपालम्भपूर्ण-सा मौन सहा नहीं जाता।

उस घर की देवी है शशि, उसकी बहिन। यह शशि के ही कारण है कि कॉलेज के सजीव और उन्मुक्त वातावरण से भागकर यहाँ आ जाता है, इस छाया में भी सान्त्वना पाता है।

वह उसकी सगी बहिन नहीं है। पर उस सम्बन्ध से उसे यदि कोई अन्तर जान पड़ता भी तो दूरी का नहीं, बल्कि और अधिक समीपत्व का, एक निर्बाध सखा भाव का। वह भाव जैसे प्रात:कालीन शारदीय धूप की तरह है जिसमें वह उस घर की ही नहीं, अपने अन्तर की भी छायाओं को सुला लेता है।

वह सगी नहीं है। इसलिए शेखर उसे कभी 'याद' नहीं करता, कभी 'देखता' नहीं, अधिकार उसने नहीं पाया। पूजा ही पूजा उसने दी है। वह वहाँ बैठा स्वप्न देखा करता है और शशि स्वयं चित्र की तरह न आकर उसे आलोकित करने वाले प्रकाश की तरह आती है, विचार न होकर अनुभूति रहती है।

वह अनुभूति कभी एक प्रखर कम्पन में व्यक्त हो उठती है। शशि गाती है। उसकी आवाज़ में अलंकार नहीं है, कलावान की बारीकियाँ और उसकी मनमोहक छलना नहीं है, पर उसमें है एक प्रकम्पमय दीप्ति, शरत्काल में सेंकी हुई आग की मीठी गरमाई, उसमें है बेला के स्वर-सा घनत्व, उसमें है उषा के समय दूर पहाड़ पर बजती हुई बीन की खिंची हुई वेदना, उसमें है बरसात की घोर अँधेरी रात में सुनी हुई वंशी का मर्मभेदी आग्रह और इन सबके साथ-साथ है यौवन के गहरे और टूटने की सीमा तक आकर न टूटने वाले स्वर की ललकार-सी।

और वह गाती है-क्या? एक गान जिसे शेखर ने कई बार, कई मुखों से सुना है, कई बार एक-एक हजार व्यक्तियों के समवेत स्वर में भी सुना है, पर जिसमें उसने वह अर्थ, वह ऊर्ध्वमुखी ज्वाला कभी नहीं पाई...

क्या था जो मुझमें जागता था उस गान को सुनकर? प्रेम या व्यथा या युयुत्सा या तीनों? जो कुछ भी हो, वह एक सम्मोहन की तरह छाकर मुझे दिखाता था वीरत्व के और रणप्रांगण के उन्मत्त स्वप्न, जिनमें खोलकर मैं अपने को अपनी ही शक्ति की, अपने ही बलिदानों की, अपने ही आग्नेय आत्म-विसर्जन की कहानी सुनाने लगता-कहानी जिसका हेतु, जिसकी आन्तरिक प्रेरणा शशि ही होती है और उससे मेरे भीतर जागती थी एक पवित्रतम वस्तु की चेतना, जिसके लिए मैं जिहाद करने को प्रस्तुत होता, मुझे लवलीन कर लेती थी एक रहस्मय भावना...

शशि के व्यक्तित्व की यह पुकार, यह 'अपील' थी मेरे मन के एक खंड के लिए जो कि जीवन में क्रियाशीलता की उफान से छलका पड़ता है, जो विद्रोही है। किन्तु मेरे मन का दूसरा खंड, जो कि सृष्टि के सौन्दर्य को ही प्रतिबिम्बित कर सकता है, जो वास्तव में मेरे मस्तिष्क का हृदय है और इसलिए कवि है, वह जागता था शशि की हँसी से। उस हँसी में कुछ था जो चौंका देता था, पर साथ ही वाणी की शक्ति को भी छीन लेता था, वह हँसी कविता से भी परे थी,

उसे सुनकर चुप ही होना पड़ता था। कल्पना देखती थी नदियों के, जल-प्रपातों के, चन्द्रोदय के, समुद्र के, व्योम गंगा के दृश्य और फिर चुपचाप लौट आती थी उसी हँसी को सुनने।

मेघाच्छन्न आकाश। प्रकाशहीन सायंकाल। पवन अचंचल। चंचला भी अदृश्य। और आज वह पक्षी भी नहीं है जो उड़ते-उड़ते पंख टूट जाने से विवश गिरता जा रहा था, पर अपना स्थान पाने के लिए छटपटा तो रहा था, छटपटा तो रहा था...

एक तापसी का स्वर एक छोटे-से नरक में मुझे एक पवित्र तपोवन दिखाकर उस विराट् वंचना का एक कण भर कम कर देता है और परिस्थिति को और उपयुक्तता को भूलकर, किन्तु एक दिव्य संवेदना से कहता है, 'चक्रवाकवधुके! आमन्त्रयस्व सहचरं। उपस्थिता रजनी!'

आह रजनी!

पता नहीं, किस सुदूर देश से यात्रा करते आए हैं हम! हमारा बजरा, (house-boat) अभी श्रीनगर से कुछ एक मील ही आया है, किन्तु ऐसा जान पड़ता है, इस यात्रा में युगों बीत गए हैं-कि यह यात्रा अनन्त काल से चली आई है और अनन्त काल तक चली जाएगी-कि इसके यात्री नारद का शाप पाए हुए हैं, और कभी कहीं रुक ही नहीं सकते।

बजरा जेहलम की नहर में से होकर अब मानसबल झील में प्रवेश कर रहा है। जेहलम का गँदला पानी पार किया जा चुका है, चिनार वृक्षों की घनी छाया भी बहुत दूर रह गई है। अब तो झील की निर्मलता, आकाश की अनभ्रता को प्रतिबिम्बित कर रही है और झील के अन्तर में उगती हुई लम्बी-लम्बी घास सूर्य की ज्योति को प्रतिबिम्बित करती हुई, अनेक रंगों में चमक रही है-कहीं सुनहरी, कहीं लाल, कहीं एक प्रोज्ज्वल हरापन लिये हुए। और उनकी उलझन को चीरकर कभी-कभी कोई किरण तल पर पड़े किसी पत्थर को चमका देती है।

बजरा तीव्र गति से नहीं जा रहा है। वह बह रहा है। ऐसे क्षीण प्रवाह में, मानो उसे चलानेवाली शक्ति उसे धकेलकर समाप्त हो गई हो और वह उसी धक्के की पिनक में चला जा रहा हो, अभी रुक न पाया हो। उसकी अगली नोक मानो नींद से जागकर अपने सामने नाचते हुए किरण-जाल को देखकर उसे पकड़ने को एक अलसाया हुआ हाथ बढ़ा रही हो।

और उसके अग्रभाग में दो व्यक्ति बैठे हैं। बालक निकर पहने हुए, किन्तु सारा शरीर नंगा, उलझे हुए भूरे बाल और हाथों में एक लम्बी-सी छड़ी लिये जिसके

आगे एक काँटा बाँधकर लग्गा बनाया गया है। यह बालक झील में से श्वेत कमल तोड़ रहा है, तोड़-तोड़कर अपने आगे ढेर जमा करता है, पर सन्तुष्ट नहीं होता। तोड़ता भी है वह तो अधखिली ६७कलियाँ ही तोड़ता है, पूरा खिला हुआ, न जाने क्यों, उसे अच्छा नहीं लगता।

उससे, कुछ ही दूर पर, एक लड़की बैठी है। किन्तु मनसा, वह सैकड़ों-हजारों मील दूर है। उसके पास एक अंग्रेज़ चित्रकार के बनाए हुए काश्मीर के अनेक चित्र पड़े हैं, और उसकी गोद में एक किताब-कालिदास का रघुवंश। पर वह चित्र भी नहीं देख रही, पुस्तक भी नहीं पढ़ रही है। वह उस बालक की ओर एक शून्य दृष्टि से देख रही है, मुँह से कुछ गुनगुना रही है और मनसा पता नहीं क्या सोच रही है।

बालक की आयु है कोई आठ-एक वर्ष, बालिका की कोई तेरह वर्ष। बालक स्वयं मैं हूँ और वह बालिका मेरी बहन।

बजरे में और भी अनेक लोग हैं किन्तु इस दुपहर के संसार में स्नेह की धूप का आनन्द लेने वाला कोई और नहीं है। वे अलग हैं, खोए हुए हैं और बजरा अपनी धीर गति से उनके स्वप्नों का पीछा करता जा रहा है।

बालक फूल तोड़ते-तोड़ते थक गया है और जब फूलों का वह बाहुल्य भी नहीं रहा, अब कहीं दूर पर एक-आध फूल मिल जाता है। अब वे झील की गहराई में आ रहे हैं। बालक उन फूलों की लम्बी-लम्बी नाल को टुकड़ों में चीरकर मालाएँ बना रहा है। नाल दो होकर मालाकार हो जाती है, और प्रत्येक माला के नीचे एक फूल का लोलक रह जाता है। वह मालाएँ बनाता जाता है और जब-जब एक तैयार हो जाती है, तब-तब दबे पाँव अपनी बहिन के पास जाकर, धीरे से उसके गले में डाल देता है। वह निश्चल बैठी रहती है, प्रत्येक बार एक स्वप्निल-सी मुस्कान देती है और फिर खो जाती है। भाई ने उसे फूलों से लाद दिया है, पर उसकी तृप्ति नहीं हुई और वह भी उसे मना नहीं करती।

फूल भी समाप्त होने को आए-कुछ एक रह गए जिनकी एकाध पत्ती टूट गई है। बालक सोच रहा है कि ये माला उपयुक्त नहीं हैं। पर साथ ही उसे जान पड़ता है कि मालाएँ थोड़ी रह गईं-अभी तो कई और लादी जा सकती हैं...तब यह अप्रतिभ-सा होकर, अपराधी-सा बहिन के पास जाकर कहता है, 'बाकी तो अच्छे नहीं हैं।'

उसका असन्तोष देखकर बहिन हँसती है और कहती है, 'बहुत हैं-और क्या कुचल दोगे?'

और फिर खो जाती है। बालक उसके पास बैठ जाता है, पूजा के भाव से उसकी गुनगुनाहट सुनता हुआ मानो देवी उसे वरदान दे रही हो-

वे शब्द मुझे आज भूले नहीं। उन दिनों मैं उनका अर्थ नहीं जानता था, आज जानता हूँ। पर उन दिनों जो स्वप्न देखे थे, जो भाव जगाए थे, उनका अर्थ नहीं जान पाया–वे अर्थ से परे हैं...

स्रगियं यदि जीवितापहा हृदये किन्निहिता न हन्ति माम्?

बहिन को गाते सुनते-सुनते, एकाएक कोई अज्ञात भाव बालक के मन में जागता है वह एकाएक उत्पन्न नहीं हुआ, कई दिनों से धीरे-धीरे उसके हृदय में अंकुरित हो रहा है, किन्तु इसकी यह व्यंजनीय सम्पूर्णता नई है, आज ही मालाएँ पहनाते समय और गायन सुनते समय, उसके मानसिक क्षितिज के ऊपर आई हैं। एक अत्यन्त कोमल स्पर्श से बहिन के कपोल को छूकर बालक कहता है, 'कितनी अच्छी लगती हो तुम!'

उसकी शब्दावली में सुन्दर और असुन्दर, अच्छे और बुरे, सत्य और असत्य के लिए अलग-अलग संज्ञाएँ नहीं हैं, वह अबोध बालक है, पर 'सत्यं शिवं सुन्दरम्' के तथ्य को भली-भाँति समझता है। इसीलिए अपने हृदय के अप्रस्फुट भाव को व्यक्त करने के लिए, यही कह पाता है, 'कितनी अच्छी लगती हो तुम!'

और बहिन भी उसे समझती है। वह फिर हँसती है, और एक बहुत क्षीण-सी लज्जा से अधिक सुन्दर हो उठती है और मुँह फेरकर पानी में देखने लगती है।

क्या उसमें अपना अलक्ष्य प्रतिबिम्ब देखने के लिए? मैं नहीं जानता, वह भी शायद ही जानती हो। और वह अब एक अज्ञात परिवर्तन से बदल रही है। मैं अब भी उसे अपने सारे रहस्य कह डालता हूँ, किन्तु उसे अब ज्ञात हो रहा है कि उसके अधिकार में एक स्वतन्त्र रहस्यागार है–उसका हृदय?

जैसे मोतियों की माला टूट गई हो, और बिखरे मोतियों को फिर एक बेतरतीब लड़ी में पिरो दिया जाए, उसी तरह मेरी स्मृतियों की तरतीब उलझ-सी गई है। इसी दृश्य के साथ मुझे दीखता है एक और दृश्य। जिसमें पात्र भी वही हैं, उपकरण भी वही हैं, पर जिसकी आन्तरिक प्रेरणा बिलकुल विभिन्न है। वह दृश्य की दृष्टि से बिलकुल इसके साथ हैं, किन्तु मेरे जीवन के प्रभाव में, ऐसा जान पड़ता है कि उसका इससे कोई सम्बन्ध ही नहीं, और यदि कोई है भी तो यही कि ये दोनों दृश्य दो अत्यन्त विभिन्न भावनाओं के समकालीन विकास के चिह्न हैं...

वही झील, वही बजरा, वही दिन। सन्ध्या हो चुकी है, सब लोग अन्दर चले गए हैं। मैं ही अकेला बजरे की छत पर बैठा हूँ। झील पर आकाश के गाढ़े और सम्मिश्रित रंग का प्रकाश पड़कर उसे ऐसा बनाए है, जैसे प्रकृति की वह निश्छल आँख नींद से अलसाई हो और उसे घेरे हुए बरौनियों की तरह सब और लम्बी-लम्बी घास क्षितिज-रेखा को जहाँ-तहाँ चीर रही है। मैं मुग्ध होकर भी इसी घास के श्याम छायाचित्र को देख रहा हूँ। वह काली है, स्वत: सौन्दर्य-विहीन है, किन्तु कितने सौन्दर्य को घेरे हुए!

और इतना ही नहीं, मैं किसी प्रतीक्षा में बैठा हूँ। पूर्व की ओर, घास की बरौनियाँ और भी काली दीख पड़ रही हैं, क्योंकि उनके ऊपर आकाश में एक चिकना-सा सफेद प्रकाश छा रहा है। मैं कल्पना ही में यह देखने का प्रयत्न कर रहा हूँ कि चन्द्रोदय से किस वस्तु में क्या परिवर्तन आ जाएगा, कौन-सा आकार दीखने लगेगा। मैं नहीं जानता कि वास्तविकता मेरी कल्पना से कितनी बढ़कर हो सकती है...

नीचे, बजरे के अन्दर, कोई गा रहा है। मैं कान देकर सुनता हूँ-दो स्वर एक साथ ही गा रहे हैं। एक मेरी बहिन का है और एक हमारी मौसी का। उस गायन के शब्द मुझे याद नहीं है, पर स्वर दोनों मेरे कानों में गूँज रहे हैं...

मैं कल्पना करता हूँ, ये स्वर दो तेज़ तैराक हैं, जो झील की छोटी-छोटी अदृश्य लहरों पर सवार होकर चले जा रहे हैं क्षितिज की ओर, चन्द्रोदय की ओर, चन्द्रमा की किरणों से मिलने, क्योंकि ये किरणें उनकी बहिनें हैं, और वे इन्हें कुमुदिनियों के हार पहनाएँगे...

आह! वे किरणें तो यहीं चली आ रही हैं-वे झील की काली बरौनियाँ अब क्षितिज की पलक में सुरमे की रेखा बन गई हैं, उनके ऊपर एक बड़ी-सी पथराई हुई आँख की भाँति चाँद निकल आया है...

मेरे मन में एक विचित्र भाव उठता है। चाँद एक कन्या है, और यह पृथ्वी का काला सौन्दर्य उसका आवरण। किन्तु चाँद इतना सुन्दर है कि इस आवरण को उसे ढक रखने का अधिकार नहीं है, इसीलिए चाँद ने उसे उतार फेंका और निरावरण होकर क्षितिज के ऊपर आ गया है। और वह सौन्दर्य बिखरकर उस परित्यक्त आवरण को भी कितना सुन्दर बनाए डालता है!

ये भाव उस समय सचमुच इसी रूप में मेरे हृदय में जागे थे, यह मैं निश्चयपूर्वक नहीं कह सकता। किन्तु मेरी स्मृति में जो चित्र आता है, उसमें वह बालक इसी भावना से भरा हुआ खड़ा है। व्यक्त रूप से यदि यह भाव उसके मस्तिष्क में नहीं था, तो इसका अंकुर अवश्य वहाँ था, अवश्य ही उस दिन उसे इस बात का अप्रत्यक्ष ज्ञान हो गया था कि सौन्दर्य कितना नग्न और नग्नता कितनी सुन्दर है...

बालक के स्वप्न को चीरती हुई एक आवाज़ आई, 'शेखर, अब उतर आओ?' यह भी उसी बहिन की आवाज़ है। क्या तभी से, जब भी मैं किसी अत्यन्त सुन्दर दृश्य को देखकर, एक ऊर्ध्वगामी उन्माद में अपने आपको भूल जाता हूँ, तब एक तीखी आवाज़ पुकारकर कहती है–शेखर, अब उतर आओ!

Dead, long dead;
Long dead!
And my heart is a handful of dust,
And the wheels go over my head,
And my bones are shaken with pain.
For into a shallow grave they are thrust,
Only a yard beneath the street.
And the hoofs of the horses beat, beat,

युकलिप्टस वृक्षों के एक कुंज की आड़ में 'गरुड़ नीड़' नाम का वह बँगला अधछिपा खड़ा था। जिस दिन शेखर एक दुर्दम भाव से भरकर, अपने ऊपर छाई हुई शारदा को सह सकने में असमर्थ, फूलों से लादकर उसे छोड़ गया था, उस दिन वह इसी बँगले में रहती थी। आज शेखर इतने दिनों के अवकाश के बाद दौड़ा हुआ उस नीड़ की ओर चला जा रहा था और अतीत की स्मृतियाँ उसके मन में दौड़ी जा रही थीं...और यौवन के आरम्भ का ज्वार भी उसके भीतर कहीं उमड़ता आ रहा था।

*The hoofs of the horses beat...**

वही शारदा, जो उसे हँसाती थी। वही शारदा, जिसकी बजाई हुई वीणा के स्वर में वह बह गया था, उसे चिढ़ाते-चिढ़ाते ही उसकी सखी बनी थी। जो उसके लिए सब कुछ हो गई थी, जो उसका अपना घर नहीं था, और जिसके लिए आज वह इस आग्रह से भर रहा था...जो स्वयं उससे सहा नहीं जाता था...

नीड़ के बिलकुल पास आकर वह रुका। क्या उसे आशा थी कि वह शारदा को द्वार पर खड़ी पाएगा और वह उसे सामने देखकर पुलक उठेगी, वैसा नहीं हुआ–वह द्वार पर नहीं थी। द्वार बन्द थे। और बहुत दूर से जिसे देख-देखकर दिन काटा करता था, वह 'गरुड़ नीड़' की चिमनी से उठने वाला धुआँ भी आज नहीं था...

शेखर सहमा हुआ-सा मकान के दरवाज़े पर गया। उसमें ताला पड़ा हुआ था। शीशे में से भीतर झाँककर देखा–मकान बिलकुल खाली था...

---

* मृत-चिरातीत! और मेरा हृदय मुट्ठी-भर राख हो गया। पहिए मेरे ऊपर से गुज़रते हैं, मेरी अस्थियाँ पीड़ा से काँपती है, क्योंकि वे एक तंग कब्र में बन्द हैं, पथ की सतह के गज-भर नीचे! और घोड़ों की अनवरत टाप-टाप-टाप...

थोड़ी देर तक उसे समझ ही नहीं आया कि क्या उसके सामने है। फिर धीरे-धीरे ज्ञान होने लगा, और

The hoofs of the horses beat, beat,
The hoofs of the horses beat...

वह लड़खड़ाकर वहीं सीढ़ियों पर बैठ गया।

जब वह उठकर चल दिया, तब उसका मन शून्य था। उसके बाद उसे इतना समय ही नहीं मिला कि वह इस चोट से घायल हो या इसे समझे।

जिस प्रकार घोंघे के भीतर रहने वाला जीव तभी बाहर निकलता है, जब वह भूखा होता है या जब वह एक प्रणयी खोजता है और तृप्त होकर फिर घोंघे के भीतर घुस जाता है, उसी प्रकार असन्तुष्ट और अतृप्त होकर शेखर भी बाहर निकला हुआ था। अभागा होकर, कदम-कदम पर आहत होकर, वह यदि लौटना चाहता था, तो उसके भीतर की भूख उसे लौटने नहीं देती थी, वह आघातों के लिए खुला था, कवचहीन था और जीवन उसे उसके सुरक्षित घर से दूर-दूर खींचे लिये जा रहा था...

वह चुपचाप बैठा हुआ रोटी खा रहा था। साथ-साथ सोचता जा रहा था। माँ पास ही रसोई में बैठी थी, पिता उससे बात कर रहे थे। उसका जो बड़ा भाई कॉलेज से भाग गया था, उसी का कुछ समाचार तार द्वारा आया था। पता लगा था कि वह कलकत्ते में पुलिस की नौकरी करने की कोशिश में है। यही पिता माँ को बता रहे थे और शेखर भी अनमना सुन रहा था।

भाई ने कलकत्ते में कॉलेज का पता तो दिया था, पर माँ-बाप का नाम गलत बताया था। कॉलेज में जाँच होने पर वहीं से पिता को तार आया।

पिता को सबसे अधिक आघात इसी बात से पहुँचा था कि पुत्र ने अपनी वल्दियत गलत बतलाई। ऐसा ही कह रहे थे।

माँ ने कहा, 'मैं तो हमेशा से ही कहती हूँ। भला ऐसे लड़के का कोई क्या विश्वास करे?'

पिता ने कहा, 'हूँ-'

माँ फिर बोली, 'और सच पूछो तो'-उनका स्वर एकाएक धीमा पड़ गया, 'सच पूछो तो मैं इसका भी विश्वास नहीं करती।'

इसका?

शेखर ने कुछ देखा नहीं, लेकिन वहाँ बैठे भी उसकी कल्पना को वह पूरा दृश्य देखते देर नहीं लगी, वह सम्भ्रान्त-सा, ठहर गया-सा भाव, वह शेखर की ओर उठा हुआ अँगूठा-'इसका!'

शेखर रोटी छोड़कर उठ गया, कमरे से बाहर ही उसका सारा शरीर शिथिल पड़ गया। उसके आगे अन्धकार छा गया।

शाम तक वह वहीं वैसा ही पत्थर-सा बैठा रहा। खाया-पिया कुछ नहीं। माँ आईं झिड़कती रहीं, फिर अपने को कोसती रहीं, रोईं, चली गईं। पिता आए, डाँट-डपट कर चले गए। रात हुई, सब सो गए, सन्नाटा हो गया। शेखर ने अपने कमरे के द्वार बन्द करके कुंडी चढ़ा दी, बत्ती बुझाई और चारपाई पर बैठकर सुलगने लगा...

बहुत रात गए उसने अपनी डायरी उठाई और उसमें अपना उफान उतारने की कोशिश करने लगा...

'अच्छा होता कि मैं कुत्ता होता, चूहा होता, दुर्गन्धमय कीड़ा-कृमि होता-बनिस्बत इसके कि मैं वैसा आदमी होता, जिसका विश्वास नहीं है...'

वह उठ खड़ा हुआ। दीवार की ओर उन्मुख होकर, अंग्रेजी में बोला, 'आई हेट हर, आई हेट हर! (मैं उससे घृणा करता हूँ)' और फिर कपड़े पहनकर खिड़की की राह बाहर कूदकर घूमने चल दिया।

कुछ मील दूर एक बाग में पहुँचते-पहुँचते उसने प्रतिज्ञा कर ली कि वह माँ की नहीं मानेगा, उससे कोई सम्पर्क नहीं रखेगा, कोई ऐसा काम नहीं करेगा जिसमें माँ को बाध्य होकर उसका रत्ती-भर भी विश्वास करना पड़े-

यह प्रतिज्ञा उसने जबानी नहीं की, एक काग़ज़ पर लिख डाली। पर तभी उसके भीतर एक और परिवर्तन हुआ, उसने उस काग़ज़ के चिथड़े किए, उन्हें गीली ज़मीन पर फेंका और पैरों से रौंदने लगा, तब तक जब तक कि वे कीच में सनकर, दबकर अदृश्य नहीं हो गए...

'मैं योग्य हूँ, योग्य रहूँगा! उसमें विश्वास की क्षमता नहीं है, तो मैं क्यों पराजित हूँगा?'

सबेरा होते-होते वह घर लौट आया।

एक असम्बद्ध दृश्य मुझे दीखता है। वह अत्यन्त सजीव है, मैं उसे प्राय: बिलकुल प्रत्यक्ष देख सकता हूँ, किन्तु उसका ठीक अनुक्रम मुझे नहीं मिलता। चित्र में, अपना जो रूप मुझे दीखता है, उससे मैं अनुमान करता हूँ कि उसी वर्ष का है, पर इस अनुमान को पुष्ट करने में स्मृति सहायक नहीं होती।

मैं बैंक से पिता का चेक भुनाकर उनके मासिक वेतन का रुपया लाया हूँ। पिता दफ्तर गए हुए हैं, मैं माँ को वह रुपया अपनी जेब से निकालकर दे रहा हूँ। कई तरह के बहुत-से नोट हैं और बहुत से चाँदी के रुपए, इसलिए माँ के बढ़ाए हुए हाथ को देखकर मैं कहता हूँ, 'माँ, आँचल में लो-बहुत हैं।'

माँ धीरे-धीरे आँचल फैलाती है, पर हँसती हुई कहती है, 'आँचल तो तब फैलाऊँगी, जब तुम कुछ कमा के लाओगे, इसके लिए क्या?'

मैं रुपया डालने को हुआ हूँ पर रुक जाता हूँ। एक विचित्र दृष्टि से माँ की ओर देखता हूँ, जिसे वह नहीं समझती, शायद मैं भी नहीं समझता। फिर उसके फैले हुए आँचल की उपेक्षा करते हुए मैं तिपाई खींचकर उस पर रुपया रख देता हूँ, 'गिन लो।' और वहाँ से हट जाता हूँ।

जब कभी मुझे विचार आता है कि मेरे आज यहाँ होने के कारणों में से एक कारण यह भी हो सकता है, यह अविश्वास की प्रतिक्रिया, तब न जाने क्यों माँ को इस विराट् परिवर्तन के लिए, इस इतने गहरे प्रभाव के लिए, श्रेय देने की इच्छा नहीं होती? न जाने क्यों मेरा जी चाहता है, उसके इतने भी उपकार का भागी न होऊँ, उसके इस अनिच्छित सत्प्रभाव के लिए भी उसका आभारी न रहूँ।

उस दिन के बाद सोते-जागते, चैतन्य में और सुषुप्ति में, संग्राम और पलायन में, जितनी अधिक बार विश्वास के उस भयंकर आकस्मिक ज्ञान का चित्र मेरे सामने आया है, उतनी बार कोई चित्र नहीं आया। मुझे याद है, अपनी गिरफ्तारी के बाद पहले-पहल जब मुझे घर का विचार आया तब यही था कि जब माँ सुनेंगी तब इस समाचार के प्रति उसका पहला भाव तो विजय का ही होगा, जैसे-'मैं तो जानती ही थी, मैंने कभी उसका विश्वास ही नहीं किया!' फिर वह दुखी होगी, रोएगी भी, जलेगी भी, पर उसका पहला विचार, चाहे वह कितना भी क्षणिक क्यों न हो और तत्काल ही कितनी ग्लानि क्यों न उत्पन्न करे, पहला विचार तो यही होगा कि उससे यही आशा होनी चाहिए थी...और न जाने क्यों, इस विचार ने मुझे बड़ी सान्त्वना दी थी, एकदम शान्त कर दिया था और पुलिस के अत्याचारों के प्रति सर्वथा निरपेक्ष बना दिया था!

क्षमा हृदय का धर्म है, लेकिन वह कर नहीं पाता। इस घटना से जो कुछ मुझ पर बीता, उसी के कारण मैं क्रुद्ध होऊँ, ऐसा नहीं है। कम से कम अब नहीं है। मैं जानता हूँ कि यह घटना न भी हुई होती तब भी मैं इस दिशा में अग्रसर होता, यही बनता जो अब बना हूँ। मेरे भीतर जन्मत: ही कोई शक्ति थी या शक्ति का अंकुर था, जो मुझे अरुद्ध गति से इधर ही प्रेरित कर रहा था और करता रहता, चाहे माँ मुझसे या मेरे सम्बन्ध में, कभी बात ही न करती। यह ज्ञान जहाँ एक ओर मुझे क्रोध नहीं करने देता, वहाँ दूसरी ओर कृतज्ञ भी नहीं होने देता...

मुझे विश्वास है कि विद्रोही बनते नहीं, उत्पन्न होते हैं। विद्रोहबुद्धि परिस्थितियों से संघर्ष की सामर्थ्य, जीवन की क्रियाओं से, परिस्थितियों के घात-

प्रतिघात से नहीं निर्मित होती। वह आत्मा का कृत्रिम परिवेष्टन नहीं है, उसका अभिन्नतम अंग है। मैं नहीं मानता कि दैव कुछ है, क्योंकि हममें कोई विवशता, कोई बाध्यता है तो वह बाहरी नहीं, भीतरी है। यदि बाहरी होती, परकीय होती, तो हम उसे दैव कह सकते, पर वह तो भीतरी है, हमारी अपनी है, उसके पक्के होने के लिए भले ही बाहरी निमित्त हो। उसे हम व्यक्तिगत नियति–'Personal destiny' कह सकते हैं...

मेरा यह अभिप्राय नहीं है कि कार्ल मार्क्स ही उत्पन्न हुआ था या कि शैली ने संसार से कुछ नहीं सीखा या कि त्रात्स्की अपने संसार द्वारा उतना ही निर्मित नहीं हुआ जितना कि उसने संसार को बनाया। विद्रोही हृदय की एक विशेषता है कि वह अपने विकास में फैलते हुए इसीलिए विचारों को अपनाकर भी विद्रोही ही रह जाता है, क्योंकि वह अपने काल के अग्रणी लोगों से भी आगे ही रहता है। इसीलिए तो प्रतिक्रियावादी जर्मनी में उत्पन्न होकर और पलकर भी आइनस्टाइन विद्रोही हैं, और संसार की सबसे विराट्, सबसे अधिक आग्नेय घोरतम युग-प्रवर्तक रूसी क्रान्ति की गोद में पलकर भी स्टालिन विद्रोही नहीं हो पाया। जूठन बीनने वाला ही रह गया है...

यदि ऐसा है, तब तो विद्रोही विचारों का प्रचार करना व्यर्थ है? नहीं, यदि प्रचार इस आशा से किया जाए कि उसके द्वारा नए विद्रोही बनाए जा सकेंगे, विद्रोह-सामर्थ्य उत्पन्न की जा सकेगी, तब तो वह निष्फल होगा ही, किन्तु यदि उद्‌देश्य यह रखा जाए कि इसके द्वारा पहले से विद्यमान क्रान्ति-शक्ति का, will to revolution का संचय किया जा सकेगा, उसे पथनिर्देश दिया जा सकेगा, तब अवश्य ही यह आशा फलीभूत होगी।

और फिर, विद्रोही स्वाभाविक नेता है। उसके अनुयायी सभी विद्रोही ही हों, यह क्यों आवश्यक है। मैं बढ़ई हूँ, बसूले-बटाली के प्रयोग से कुछ बनाता हूँ, तो बसूला और बटाली भी मुझ ऐसे स्वयंचालित, अन्त:प्रेरित हों, यह बाध्यता क्यों?

मैंने अनेक व्यक्ति ऐसे देखे हैं, जो कहते हैं और समझते हैं कि किसी विशेष मानसिक प्रतिक्रिया ने उन्हें क्रान्तिकारी बना दिया है, जैसे तिलक की अन्त्येष्टि ने या मार्शल ला के दृश्यों ने या जतिन दास की भूख हड़ताल ने। वे झूठ बोलते हैं! या उन्होंने इतनी गहरी आत्मविवेचना ही नहीं की, जिससे इस बाह्य कारण के पीछे अपनी सच्ची विद्रोहेच्छा को देखें या फिर उनमें इच्छा है ही नहीं और विद्रोही ही नहीं हैं। वे हैं क्रान्ति के डरौने जिनमें विद्रोह का बाह्य आकार और भावुक क्षमता तो है, किन्तु उसे स्थायित्व और सार देने वाली अनिवार्य आग्नेय आन्तरिक प्रेरणा नहीं। किसी भी घोर खिंचाव के काल में वे नंगे हो जाते हैं, उनका आन्तरिक छूँछापन, दिवालियापन, प्रकट हो जाता है, नृसिंह की शक्ति और प्रभावशीलता का

आडम्बर करने वाले इन लोगों की गहराई में छिपी हुई भेड़ निकल पड़ती है और मिमियाने लगती है!

आज हमारे नेता बार-बार कहते हैं, हमारा विद्रोह केवल मात्र आर्थिक है। हमारे घर में रोटी नहीं है, रोजी हमें मिलती नहीं, हम भूखे हैं, इसलिए हम विद्रोही हैं। मैं समझता हूँ कि यह कहना क्षुद्रता है, अपना घोरतम अपमान है।

दिन था जब धर्म की सत्ता थी। तब हमारे ढोंगी नेता विद्रोह को छोटा दिखाने के लिए कहा करते थे, प्रजा का द्रोह धार्मिक नहीं, सामाजिक है। हमें समाज सुधारने का अधिकार होना चाहिए। फिर समाज की सत्ता हुई, तब वे ढोंगी उसका सामना करते हुए डरे और कहने लगे कि हम राजनीतिक पुनर्संगठन माँगते हैं, तब राज-शक्ति की सत्ता हुई और वे कहने लगे, हम राजनीतिक अपराध कब करते हैं, हम तो केवल अर्थ-संकट के विरोधी हैं। क्षुद्र, क्षुद्र, क्षुद्र! मैं कहता हूँ, ओ विद्रोहियो, आओ, पहले इसी दम्भ को काटो! जानो, समझो, घोषित करो कि हम इस या उस दुर्व्यवस्था के नहीं, हम इस ऐसेपन के ही, एतादृशत्व मात्र के विरोधी हैं, हम सभी कुछ बदलना चाहते हैं, हमारी विद्रोही-प्रेरणा धर्म के, समाज के, राजसत्ता के, अर्थसत्ता के और अन्त में अपने व्यक्तित्व के प्रति विद्रोही है!

मूर्ति का निर्माण हो सकता है, मृत्तिका का नहीं। उसी मिट्टी से अच्छी प्रतिमा भी स्थापित की जा सकती है, बुरी भी, पर जहाँ मिट्टी ही न हो, वहाँ कितने ही प्रचार से, कितनी भी शिक्षा से, कितने भी जाज्वल्यमान बलिदान से मूर्ति नहीं बन सकती।

विद्रोही हृदय को विद्रोही गढ़न की आवश्यकता है, उसी प्रकार जैसे मृत्तिका को कलाकार के स्पर्श की। विद्रोही को सम्पूर्ण करने के लिए, एक मानव विभूति बनाने के लिए, मनःशक्ति की, घोरतम नियंत्रण की, अथक परिश्रम की आवश्यकता है, वैसे ही जैसे मृत्तिका से एक कला की वस्तु तैयार करने के लिए उनकी आवश्यकता होती है...

किन्तु सब शिक्षा पाकर, सब कृत्रिम योग्यताएँ प्राप्त करके उस आन्तरिक शक्ति से हीन व्यक्ति उतना ही क्रान्तिकारी हो सकता है जितना कि सब अलंकारों से अलंकृत, किन्तु प्रतिभा (Inspiration) से हीन चित्र एक कला की वस्तु हो सकता है...

इसीलिए मैं कहता हूँ, मैं विश्वास करता हूँ कि जिस प्रकार एक लियोनार्डो दा विंची को या एक रवीन्द्रनाथ ठाकुर को उत्पन्न करने के लिए सहस्र वर्ष का परिश्रम भी अधिक नहीं है उसी प्रकार एक सम्पूर्ण और आदर्श विद्रोही को उत्पन्न करके ही एक समूची शताब्दी, बल्कि एक समूची संस्कृति सफल हो जाती है!

कलाकार के लिए कला की अन्त:शक्ति के उद्‌बोध के बाद सबसे महत्त्वपूर्ण विभूति है कला के प्रति एक पवित्र आदरभाव, उसी प्रकार क्रान्तिकारी के लिए क्रान्ति की अन्त:शक्ति के बाद सबसे महत्त्वपूर्ण वस्तु है क्रान्तिकारिता के, विद्रोह-भावना के प्रति एक पूजाभाव। इसी के द्वारा उसमें इतनी सामर्थ्य आती है कि वह अपने कार्य में अपने को खोकर, उसमें अपने व्यक्तित्व (subjectivity) को सम्पूर्णत: लवलीन करके भी उसकी तटस्थ (objective) विवेचना कर सकता है, इसी के द्वारा, वह बहता है तो अपनी इच्छा से बहता है, मरता है तो आत्म-बलिदान की भावना से मरता है, संसार में अपने को भुलाता है तो अपने व्यक्तित्व को पहचानकर...

और इसी के द्वारा, केवल इसी के द्वारा, वह अनेक 'अनैतिक' कार्य करके भी उनके दाग से बचा रहता है, 'पाप' करके भी पवित्र रहता है।

और इन्हीं निष्कलंक पापों में क्रान्तिकारी के लिए एक अत्यन्त करणीय पाप है घृणा।

क्रान्तिकारी की बनावट में एक विराट्, व्यापक प्रेम की सामर्थ्य तो आवश्यक है ही, साथ ही उसमें एक और वस्तु नितान्त आवश्यक, अनिवार्य है-घृणा की क्षमता, एक कभी न मरने वाली, जला डालने वाली, घोर मारक, किन्तु इतना सब होते हुए भी एक तटस्थ सात्त्विक घृणा की क्षमता, यानी ऐसी घृणा जिसका अनुभव हम अपने सचेतन मस्तिष्क से करते हैं, ऐसी नहीं जो कि हमें भस्म कर डालती है और पागल करके अपना दास बना लेती है।

निहिलिस्ट लोग इस बात को समझते थे। उन्होंने अपने सर्वभंजक आग्नेय उत्साह में घृणा को बहुत अधिक महत्त्व दे दिया था, वे उसे एक तेज़ शराब की तरह पीकर उसमें अपने व्यक्तित्व को भुलाकर उसे ही एक ज्वलन्त आदर्श मान बैठे थे। यह उनकी गलती थी, उनके उत्साह का ज्वार था, जो एक ऐसी लहर में उठकर आया था जो पहले तो बहुत दूर तक तीर पर चढ़ जाती है और फिर धीरे-धीरे फेन के एक उपद्रव में छिपकर अपनी स्वाभाविक सीमा पर लौट आती है। किन्तु फिर भी उन्होंने इस प्रखर बौद्धिक घृणा का महत्त्व समझा था और उन्होंने इसकी प्रेरक शक्ति का पूरा प्रयोग किया था, पूरा लाभ उठाया था...

और संसार इसे नहीं समझता, सामान्य जनता का सामान्य नैतिक विधान इसे अत्यन्त गर्हणीय गिनता है। उसके लिए घृणा hatred-एक अधोमुखी प्रवृत्ति है जो मानवता का विनाश करती है, जो इसके अतिरिक्त कुछ कर नहीं सकती। वे नहीं जानते कि इस एक भावना में कितनी शक्ति है, कितनी युगान्तकारी शक्ति, यदि उसका उचित और बुद्धियुक्त प्रयोग किया जाए!

मैं उस दिन की कल्पना करता हूँ जिस दिन हमारे देश के-हमारे संसार के-क्रान्तिकारी कहाने वाले व्यक्तियों में ऐसी प्रखर किन्तु शीतल बौद्धिक घृणा जागेगी

और वे उससे डरेंगे नहीं, उसे अपनाएँगे और उसकी प्रेरणा स्वीकार करके संसार पर अपनी छाप बिठा जाएँगे, युगान्तर कर जाएँगे और फिर भी एक नए युगान्तकारी विद्रोह का बीज बो जाएँगे...

क्योंकि विद्रोह अनन्त है, नित्य है, क्योंकि उसके उपकरणों में प्रेम के बाद सबसे बड़ा और सबसे अमोघ अस्त्र है यही बौद्धिक घृणा।

सिवाय यातना के–घोरतम यातना के। क्योंकि यातना भी एक उच्च कोटि का और बहुत पवित्र अस्त्र है।

पर, मैं यातना की बात क्यों लिखूँ?

किसी भवन का और विशेषत: लैंडस्केप में उस भवन की स्थिति का वर्णन करने के लिए, उसे देखना पड़ता है। केवल समीप खड़े होकर बाहर से ही नहीं, किन्तु उससे बहुत काफ़ी दूर हटकर भी...तब मैं कहीं जाकर यातना को देखूँ, कहाँ से उसे माप-तोलकर, परखकर उसका मूल्य और महत्त्व आँकूँ!

तब से मुझे जान पड़ता है कि मेरे मन के दो टुकड़े हो गए हैं। कभी-कभी तो दो से भी अधिक जान पड़ते हैं, किन्तु दो तो अवश्य हो गए हैं और जहाँ तक मैं स्वयं सोच पाता हूँ, इस न मरने वाली दरार का कारण वह एक कल्पित चित्र ही है, जो मेरे मन ने उस रसोईघर की दीवार को भेदकर देखा था, उस समय जब कि माँ कह रही थीं–'मैं तो इसका भी विश्वास नहीं करती।'

इस दरार का कोई कारण हो सकता है, कोई और समाधान हो सकता है, इसका निर्णय मनोविज्ञानवेत्ता ही कर सकते हैं। किन्तु इतना मैं जानता हूँ कि उसका अस्तित्व है ज़रूर। क्योंकि कभी-कभी मुझे स्वयं ज्ञात होता है कि मेरे मन के वे दोनों खंड घोर युद्ध कर रहे हैं, मेरी चेतना पर राजस्व पाने के लिए लड़ रहे हैं...और ऐसा भी होता है कि कभी किसी का प्रभाव बढ़ जाता है, कभी किसी का और इसके फलस्वरूप मेरे कार्यों में एक प्रतिकूलता, एक असम्बद्धता आ जाती है, जिसे मुझे बाह्यरूप से जानने वाले नहीं समझ सकते, किन्तु जो मेरे व्यक्तित्व में आकर एकभूत हो जाती है, हल हो जाती है। कभी ऐसा होता है कि किसी भी खंड की प्रधानता नहीं होती, तब वे मनक्षेत्र के विभिन्न केन्द्रों पर अधिकार करते हैं और यदि हाथ एक के नियंत्रण में होते हैं, तो मुख दूसरे के, या चेतना एक के, तो शारीरिक परिचालन दूसरे के। तब मैं ऐसा ही दीखता हूँगा जैसी कोई मशीन जिसके पुर्जे उलझ गए हों, किन्तु जिसकी गति बन्द न हुई हो!

मैं पागल तो नहीं हूँ! किन्तु कभी-कभी सोचता हूँ कि मुझे पागलपन के इस ओर रखने वाली, सीमित कर देने वाली रेखा कितनी पतली है!

शायद उतनी ही पतली जितनी घृणा और प्रेम में या क्रूरता और यातना में या स्नेह और वैराग्य में होती है।

क्योंकि ये कभी अलग नहीं किए जा सकते, जहाँ प्रेम जितना उग्र होता है, वहाँ वैसी ही तीखी घृणा भी होती है, क्रूरता में केवल यातना दी ही नहीं जाती, स्वयं पाई भी जाती है और स्नेह में स्नेही अपने को ही नहीं भूलता, स्नेह के पात्र को भी भूल जाता है।

स्नेह एक ऐसा चिकना और परिव्यापक भाव है कि उसमें व्यक्तित्व नहीं रहते। स्नेही अपने स्नेह-पात्र को कभी 'याद' नहीं करता, क्योंकि यह उसे कभी भूलता नहीं, वह उससे इतना अभ्यस्त हो जाता है कि उसे कभी ध्यान नहीं होता कि इसे भी देखूँ, इसे देखने के लिए एक अलग, एक विशिष्ट प्रयत्न करूँ। जैसे एक भली-भाँति प्रकाशित दृश्य को देखकर हम प्रकाश को अलग नहीं देखते, किन्तु एक अँधियारे दृश्य को देखकर हठात् पूछ बैठते हैं कि इसका कौन-सा अंश प्रकाशमान है...

किसी ने मुझे फूल भेजे हैं।

यदि धूप और छाँह एक-दूसरे के परिपूरक हैं, तो क्यों इन फूलों को देखकर यह भावना नहीं जागती, क्यों इस कोठरी के पाँच कदम लम्बे और तीन कदम चौड़े, लोहे की कड़ियों से घिरे हुए अन्धकार के टुकड़े में, मुझे इन फूलों को देखकर सम्पूर्णता का भान नहीं होता, क्यों इनके बिखरे-बिखरे सफेद सौन्दर्य में खुली-खुली सी पीली आँखें देखकर मुझे अत्यन्त अपूर्ति, अखंड शून्यता का अनुभव होता है! क्यों मेरे अन्दर एक उत्कट विद्रोह, एक सर्वनाशक जिज्ञासा जागती है...

भाङ् भाङ् भाङ् कारा
आघाते आघात कर
अरे आज कि गान गेये छे पाखी
एशेछे रविर कर!

जिसने ये फूल भेजे हैं, वह क्या समझती होगी कि उसने मुझे क्या भेज दिया, क्या मुझे झुलसाए डालता है, पर जिसके लिए मैं फिर भी उसका कृतज्ञ हूँ!

वह मेरी शिष्या थी, पर मैं उसका गुरु नहीं था। मैं उसे केवल पढ़ाता ही था, पर वह मुझे कभी गुरु नहीं समझ पाई, उसके लिए मैं था एक बड़ा-सा भाई-किन्तु ऐसा भाई जिससे प्रेम किया जा सके, जिस पर झुका जा सके, जिसके आधार पर स्वप्न बुने जा सकें-

और जो उपेक्षा से उन्हें तोड़ दे!

मैं पढ़ाता था, बड़ी मेहनत से पढ़ाता था। पर वह कुछ भी नहीं सीख पाती थी! नित्य मैं उससे पूछता, 'पिछला सबक याद किया है?' तब वह सिर झुकाकर एक निरर्थक-सी मुस्कुराहट लेकर चुप रह जाती थी। तब मैं बार-बार पूछता था, फिर डाँट देता था, और कहता था, 'ऐसे पढ़ाई नहीं हो सकती।' और पुराने सबक को दुहराने बिठा देता था।

तब वह बिलकुल नहीं पढ़ती थी। किताब सामने रखकर बड़ी मननशीलता से उसे देखती रहती थी, उन आँखों से जो बड़ी-बड़ी बूँदों से भरी हुई होती थीं और कुछ भी नहीं देख सकती थीं...

तब मैं स्नेह के (किन्तु बहुत थोड़े से स्नेह के!) स्वर में कहता था, 'अच्छा आज आगे पढ़ा देता हूँ। कल दोनों सबक याद कर लेना!' और वह पढ़ती थी। और दूसरे दिन फिर वही हाल!

एक दिन मुझे बहुत क्रोध आया। तब उसकी आँसू-भरी आँखें देखकर मैंने झुँझलाए स्वर में कहा, 'पढ़ती-लिखती तो कुछ हो नहीं, और कुछ कहता हूँ तो रो पड़ती हो! हटो कल से मैं नहीं आऊँगा।'

मैं उठ खड़ा हुआ। तब वह दीन स्वर में बोली, 'मुझे फुरसत कहाँ मिलती है? अम्माँ सारे दिन तो पचीसों काम बताती रहती हैं?'

गुरु कैसे मान जाए! अम्माँ भी आई। उनसे भी पूछा, 'इसे कितना समय पढ़ने के लिए मिलता है?'

'सारा दिन तो किताब लिये बैठी रहती है। मैं तो पढ़ाई के डर से कभी कुछ कहती भी नहीं! क्यों, ठीक नहीं पढ़ती क्या?'

मुझे कहना सच ही चाहिए था, पर मैंने कहा, 'नहीं, पढ़ती तो है, पर थोड़ी देर और पढ़ा करे तो-'

वे चली गईं। तब मैंने फिर उससे पूछा, 'क्यों?' वह क्या कहती? किताब सामने रखकर कितनी देर स्वप्न देखे जा सकते हैं, इसकी भी कोई सीमा है!

मैंने और कठोर स्वर में कहा, 'क्यों, अब?'

'अब ध्यान से पढ़ूँगी?' तब मैं पढ़ाने लगा।

तब एक दिन ऐसा आया कि मैं उसे पढ़ाने नहीं गया। दो दिन नहीं, तीन दिन नहीं। चौथे दिन मैंने उसके पिता को पत्र लिख दिया कि मैं नहीं पढ़ा सकूँगा। उन्होंने दूसरे ही दिन एक चेक मेरे नाम भेज दिया।

कहानी समाप्त हो गई। पर दूसरे दिन उनका नौकर, एक छोटा लड़का, मेरे पास आया और बोला, 'बीबीजी पूछती हैं, पढ़ाने नहीं आइएगा?'

मैंने डपटकर कहा, 'कौन बीबीजी?'

'छोटी। उन्होंने बुलाया है।'

मैंने फिर पूछा, 'शीला ने?'

'हाँ।'

उसे शायद पता नहीं था कि पढ़ाई कैसे समाप्त हो चुकी है। मैंने कहा, 'उनसे कहना, नहीं आ सकता। उनके पिता ने पढ़ाई बन्द कर दी है।'

वह चला गया। मुझे यह विचार नहीं हुआ कि मैं कैसी कायरता से झूठ बोला हूँ। मैं यही सोचता रहा कि मैंने विजय पा ली है!

उस विजय ही में मेरी हार हुई। यदि मैं उसे सच ही कहला देता कि मैंने ही इनकार किया है, तब शायद वह अपने को अन्याय का भागी समझकर ही कुछ सान्त्वना पाती, मैंने उसके लिए भी स्थान नहीं छोड़ा और तब से उसकी उलहना भरी छाया मेरे साथ-साथ आती है और रोती सी कहती है-झूठे! झूठे!

मैं इससे बचकर भागता हूँ। भागता आया हूँ और अब भी फूलों की ओर देखकर सोच रहा हूँ, इन मुरझाए हुए फूलों से कहाँ भागूँ?

पर क्यों भागूँ?

शीला, मैंने तुम्हें धोखा नहीं दिया। अपने को अब तक अवश्य धोखा देता आया हूँ। मैं जो झूठ बोला था, उसने तुम्हें नहीं भुलाया, मैं ही उसमें भूला था। पर आज मैं अपनी भूल जाना गया हूँ। आज मैं तुम्हें कष्ट देने वाला तुम्हारा भाई, जो तुम्हारी श्रद्धा को कृतज्ञता से स्वीकार करता है, जो अपनी लज्जा भुलाकर कहता है कि उसने झूठ बोलकर अपने को तुमसे नहीं, अपने आपसे छिपाया था। यही उसका प्रतिदान है जो तुम्हें अब तक नहीं मिला, जो शायद अब तुम्हें कभी नहीं मिल सकता, किन्तु जिसे यह आज चुकता कर चुका है।

जब तक फूल ताजे थे, तब तक यह नहीं दीखता था कि ये कैसे बँधे हुए हैं। मैंने इन्हें अपनी कोठरी के जँगले से बाँध दिया था, पर उन्हें बाँधने वाला फीते का टुकड़ा नहीं दीखता था, काले लोहे के सीखचों के साथ लगे हुए ये सफेद कोमल फूल, एक बड़े अमधुर सत्य की याद बड़े मधुर ढंग से दिला देते थे...

आज वह फीता दीखता है। उसके अपरिवर्त्त फन्दे में फूल सूख चुके हैं, अपना स्मारक भर रह गए हैं और विवश-से लटक रहे हैं। याद दिला रहे हैं किसी चीज़ की-जाने किसकी! कह रहे हैं, वासना नश्वर है, मुरझा जाती है और तब प्रेम-तन्तु ही जीवन की स्थिरता बनाए रखता है...या शायद इससे उलटा! कह रहे हैं, जब प्रेम मर जाता है, तब वासना उसके शव को उठाए-उठाए फिरती है और उससे अपने को धोखे में छिपाना चाहती है...कह रहे हैं, और कुछ याद दिला रहे हैं, किसी ओर इंगित कर रहे हैं...

'रम्य तटी रावी' का एक तट, जो और कैसा भी हो रम्य नहीं है। तट पर छोटी झाड़ियों और ठूँठे वृक्षों का घना जंगल। खिंची हुई आह की तरह गर्म और निस्तब्ध रात। ऊपर पेड़ों की सूखी शाखों में उलझा हुआ एकाध तारा, नीचे मरे हुए और धूल हुए पत्तों की सूखी आहों की भाप और सामने...

एक बिखरा हुआ शव। उसके दोनों हाथ कटे हुए हैं। एक पैर कटा हुआ है, पेट खुल-सा गया है और उसमें से अँतड़ियाँ बाहर गिरी पड़ रही हैं। फटी-फटी आँखें, ऊपर शाखों के जाल को भेदकर देख रही हैं किसी तारे को, और मुँह एक बिगड़ी हुई दर्द भरी मुस्कुराहट लिये हुए हैं...

उसे मरे देर हो गई। जिस वक़्त एक भयानक विस्फोट से वह मानव-विभूति टूटे हुए स्तम्भ की तरह गिरी, उस वक़्त वहाँ एक-दो दर्शक थे किन्तु जब वह मरा, तब जीवन की उलझन को सुलझाने में उसका सहायक कोई नहीं था। वे गए थे साहाय्य प्राप्त करने-एक को वहीं छोड़कर। पर रात होने को आई और उसके रुके हुए प्रतीक्षमान प्राण और अधिक नहीं सह सके...तब वह अन्तिम प्रहरी ढूँढ़ने चला...

और जब उन्हें ढूँढ़कर लाया, जब वे सब वहाँ पहुँचे उसे उठा ले चलने के लिए, तब वह खो गया था? अपने दुख और दर्द की, और अपने आशा और क्रियाशीलता की स्मृति-स्वरूप वह विकृत मुस्कान छोड़कर चला गया था।

वे चार-पाँच जन उस शरीर के पास खड़े हैं। वे रो नहीं रहे हैं, आँसू नहीं बहा रहे हैं। वे अपने चिरसंचित अरमान बहा रहे हैं, क्योंकि उनका उद्देश्य एक विस्फोट का धुआँ बनकर उड़ गया है। घने जंगल की शाखों के उलझे जाल में से धीरे-धीरे छनकर निकल गया है, तड़प-तड़पकर किन्तु चुपचाप, एक भरी हुई मुस्कान छोड़कर उस निविड़ एकान्त में जब कि अन्तिम प्रहरी भी उसे छोड़कर चला गया था और उसकी अपनी अन्तर्वेदना ही एकमात्र प्रहरी बनकर उस निविड़तम हताशा के क्षारपुंज पर एक व्यर्थ पहरा दे रही थी...

उस बीहड़ में उस फटी हुई आँख के अन्धेपन ने क्या देखा, यदि हम जान पाते...

वे चार-पाँच उसके पास खड़े हैं। कतार बाँधे, सावधान मुद्रा में, सिर झुकाए हुए। किसी आदर की भावना से वे सब एक साथ ही उसे हाथ उठाकर नमस्कार करते हैं और बहुत देर तक वैसे ही रह जाते हैं...

वे सब चुप हैं, इस दृश्य को पूरा करने वाली भैरवी उनके अन्तस्तल में कहीं मूक स्वर में बज रही है...

यही है उस कवि-हृदय सिपाही की अन्त्येष्टि, उस विद्रोही के विद्रोह का अन्तिम उफान।

दृश्य फीका पड़ जाता है। एक निस्सीम श्वेत आकाश में पड़ा हुआ रह जाता है केवल वह शरीर जमते हुए रक्त के एक छप्पड़ में...

उसके दोनों ओर दो आकार–एक स्त्री और एक पुरुष। वे एक–दूसरे को देख रहे हैं, उनकी आँखें नीचे पड़े उस शव को नहीं देखतीं, उनके हृदय नहीं अनुभव करते कि वे किसी भव्य पवित्रता की समाधि भ्रष्ट कर रहे हैं। वे मिलते हैं, बाँहों से एक–दूसरे को घेरकर बाँधते हैं, आलिंगन करते हैं किसी दानवी भूख से और उसी शव के आर–पार! फिर–

भ्रम! मैं देख रहा हूँ जँगले से लटके हुए सूखे हुए नरगिस के गुच्छे को और उसे घेरे हुए फीते के टुकड़े को।

मानव के लिए झूठ, छल और मक्कारी अत्यन्त सहज है, क्योंकि ईश्वर ने मानव को अपना प्रतिरूप बनाया और ईश्वर हमारे ज्ञान में सबसे बड़ा झूठ और छलिया और मक्कार है...

नहीं तो जो चित्र मुझे दीखता है, उसका क्या कारण है? क्या मानव इतनी नीचता और इतने ज्वलन्त आत्मत्याग के आगे इतनी नीचता कर सकता है?

जब मुझे याद आता है कि कैसी परिस्थिति में वह विस्फोट और वह मृत्यु हुई और जब सोचता हूँ कि उस समय जब वह वीर अपने बुझे हुए स्वप्नों को अपनी बुझती जीवन–ज्योति से फूँक–फूँककर कुछ देर और जीवित रखने की चेष्टा कर रहा था, तब उसके आसपास कैसे–कैसे षड्यंत्र हो रहे थे, मानव हृदय की ओछी–ओछी कमजोरियों की आड़ लेकर कैसी–कैसी नग्नताएँ नाच रही थीं, तब एकाएक अपने पर से और अपने किए हुए पर से विश्वास उठ जाता है...कि क्या इस सबके भी प्रेरणास्त्रोत ऐसे ही थे!

मैं सोचता हूँ कि यद्यपि हमारा सिद्धान्त इस बात को स्वतः मान लेता है कि मानव की प्रत्येक प्रेरणा किसी भौतिक ज़रूरत से उत्पन्न होती है, तथापि हम इस बात में भी अखंड विश्वास करते हैं कि मानव में कोई ऊर्ध्वगामी शक्ति है, कोई नैसर्गिक सत्प्रेरणा! इन दो परस्पर विरोधी मूलतत्त्वों का हल करना ही हमारी सबसे बड़ी समस्या है। इसके हल हो जाने के बाद अन्य प्रश्नों का तो कोई विशेष महत्त्व रहता ही नहीं। पर यह एक प्रश्न ही इतना बड़ा, इतना गूढ़ और इतना व्यापक है कि हमें पद–पद में इसके उदाहरण मिलते हैं, हम सारा जीवन ही इसके हल में बिता देते हैं, और फिर भी समस्या वैसी ही रह जाती है।

Alas for all the loves that youth lets fall
*Like the beads of a told rosary!**

---

* माला के दानों की तरह यौवन के हाथ से कितने प्रणय एक–एक करके गिर जाते हैं।

किन्तु इतने सब बिखरे हुए प्रणयों की याद कर-करके न जाने क्यों दुख नहीं होता? क्यों विफलता और वंचना की भावना नहीं जागती? मुझमें उठता है एक क्रुद्ध विद्रोह इसलिए नहीं कि मैंने क्या कुछ खोया है या कितना कष्ट उठाया है, बल्कि इसलिए कि मैंने कितना दुख दिया है, किन-किन भोले हृदयों को कैसी कठोर चोटें पहुँचाई हैं...

क्या है मेरे इस जीवन की सिद्धि? क्या है इसकी सम्पूर्ति? हर झूठ-शून्य, शून्य, शून्य! बल्कि शून्य से भी कम, एक ऋण, जिसे मैं पूँजी समझे बैठा हूँ!

पर यह मैं क्या कर रहा हूँ? क्या इतनी बड़ी-बड़ी चोटों पर यह क्षुद्र दया दिखाकर मैं उनकी पीड़ा को और नहीं बढ़ा रहा हूँ? क्योंकि बहुत गहरी चोट का एकमात्र मरहम होता है चोट पहुँचाने वाले की उपेक्षा-दृष्टि, दया तो उसके घावों को खरोंचकर खोल देती है...

मैं क्या हूँ? मेरा ममत्व क्या है? जिसके अन्त के लिए इतनी शक्ति व्यय की जा रही है, इतना आयोजन हो रहा है, उस जीवन की सत्यता क्या थी? वायु में उड़ती धूल पर खिंची रेखा, और बस?

नहीं हो सकता! मेरे इतने सब स्वप्न, उतने नगण्य नहीं हो सकते, भले ही मेरा जीवन नगण्य रहा हो! मैं कुछ नहीं, मेरा कार्य कुछ नहीं, मेरा स्थायित्व कुछ नहीं, पर मेरी यह विद्रोहचेष्टा कहाँ जाएगी! मैं जो इतने अनवरत यत्न से संसार की-या संसार में जहाँ तक मेरी पहुँच हो सकी है, उसकी-प्रत्येक वस्तु में घोर परिवर्तन, एक मौलिक क्रान्ति का आदर्श लेकर आया हूँ, वह क्या एक फाँसी के फंदे में ही घुटकर मर जाएगा? मैं न रहूँ, मेरा कोई चिह्न भी न रहे, पर क्या यह शक्ति भी नष्ट हो जाएगी, क्या इसकी दीप्ति का कम्पन भी खो जाएगा?

विज्ञान कहता है, कुछ होता नहीं, कुछ होगा नहीं। जो कुछ हो चुका है, वह भविष्य के अन्त तक रहेगा, और जो होना है, वह भूत के प्रारम्भ से ही था। क्योंकि भूत और भविष्य कुछ नहीं है, क्योंकि काल भी कुछ नहीं है, लम्बाई, चौड़ाई और ऊँचाई की भाँति गति की एक दिशा, एक प्रकार है। तब मैं मरकर भी जीता रहूँगा, पर जीते हुए भी मर चुका हूँ...

मुझे जीवन का मोह नहीं करना चाहिए। पर मैं ऐसा मोह करता कहाँ हूँ? मोह तो जब होता, जब इस जीवन की कोई सिद्धि होती और मैं सोच रहा हूँ कि मृत्यु ही इसकी सिद्धि है!

पर क्या? विज्ञान यह भी तो कहता है कि जीवन एक ही बार मिलता है, और मानव-जीवन का कोई भी अंश नित्य नहीं, मृत्यु में उसका सम्पूर्ण अवसान हो जाता है, कुछ भी नहीं रहता जो पुनर्जन्म पा सके...

और शक्ति? शक्ति भी नष्ट हो जाती है? नहीं, शक्ति नहीं नष्ट होती, केवल रूप बदलती है। पर शक्ति तो अकर्तृक (impersonal) होती है, और शक्ति और पदार्थ विभिन्न नहीं, एक ही कुछ के दो आकार हैं, तब क्या आज जो मेरी विद्रोही शक्ति है, वही कल किसी को बाँधने के लिए लौह-शृंखला होगी-किसी विद्रोही को, जो कि मेरी ही भाँति भविष्य को बदलना चाहता होगा, और जो स्वयं अपने भविष्य के लिए बन्धन हो जाएगा!

हाय, मानव के छोटे-से मस्तिष्क और हाय, भव के विराट् सत्य!

पर क्या इसी विचार में सान्त्वना नहीं है, इसी में हमारी सारी गति और सारे विकास का तत्त्व, उसकी सिद्धि, उसकी सफलता नहीं है? इसी अनन्त नश्वरता, अनन्त पुनर्जन्म, अबाध परिवर्तन में, इसी सिद्धान्त में कि कोई दो क्षण एक से हो ही नहीं सकते, कि प्रत्येक छोटे से छोटे विपल में उसकी मृत्यु और उससे अगले विपल का उद्भव अवश्यम्भावी है...मैं मरता हूँ क्योंकि मेरा जीवन केवल उस मरण की भूमिका है, जिसमें लाखों और करोड़ों आगामी जीवन निहित हैं!

मैं अपने पहले बीते हुए असंख्य युगों का निचोड़ हूँ। एक निर्जीव धूम्रकेतु से इस पृथ्वी के जन्म की, उस पर अत्यन्त प्राथमिक जीवन के उद्भव की, और उससे उत्पन्न अनेक विभिन्न जातियों के उद्भिज, अंडज, स्वेदज और पिंडज जीव-जन्तुओं की वसीयत की छाप मुझ पर है, पिछले करोड़ों वर्षों से निरन्तर उन्नत होती हुई नृजाति के उच्चतम आदर्शों का केन्द्रीभूत पुंज भी मैं ही हूँ। इस दृष्टि से, मैं जो कुछ हूँ, अपना कुछ नहीं हूँ, नया कुछ नहीं हूँ। मैं किसी अत्यन्त प्राचीन ग्रन्थ का एक नया संशोधित, संवर्धित और सटीक-सटिप्पण संस्करण हूँ, जिसके मूल लेखक का पता नहीं।

और मैं नया हूँ, अपूर्व हूँ। मेरे जीवन का एक क्षण भी पहले कभी नहीं हुआ। मैं एक नई वस्तु हूँ, एक नई प्रतिज्ञा हूँ जिसे भविष्य पूरा करेगा, एक शिक्षा हूँ जो भविष्य के लिए रह जाएगी।

नित्यता क्षणों की है, पर क्षण, क्षण-भंगुर हैं। मैं भी हूँ, मुझमें जो कुछ नूतनता है, उसे मुझे इसी क्षण में कह डालना है, क्योंकि वह भविष्य की वस्तु है, मैं उसे कहे बिना रुक नहीं सकता और सोचने का समय नहीं-क्षण का अस्तित्व कितना?

कह डालूँ अन्तःकथा को, बहा डालूँ अन्तर्वेदना को, बिखेर दूँ अन्तःज्वाला को, लुटा दूँ आन्तरिक अनुभूतियों को, दान कर जाऊँ अपनी अन्तःशक्ति की चिर-संचित शिक्षाओं को, अपने अन्तःकरण के उन्माद को!

चला जाऊँ। थका हूँ, सो जाऊँ। पर, पहले इस एकमात्र अपने रहस्य को कह जाऊँ-जो नृवंश-विकास की मेरे नाम और मेरी नृवंश-विकास के नाम वसीयत है-अपनी विद्रोह-शक्ति की, अपने will to revolution की गाथा...

मौन में, कैसी-कैसी स्मृतियाँ!

ओ रे कवि, तोरे आज करेचे उतला
झंकारमुखरा एइ भुवनमुखला
अलक्षित चरणेर अकारण अवारण चला।
नाड़ीते नाड़ीते तोर चंचलेर शुनि पदध्वनि
वक्ष तोर उठे रनरनि
नाहि जाने केउ
रक्ते तोर उठे आज समुद्रेर ढेउ,
काँपे आज अरण्येर व्याकुलता।
मने आज पड़े सेई कथा
युगे युगे एसेचि
चलिया,
स्खलिया स्खलिया,
चुपे चुपे
रूप ह'ते रूपे,
प्राण ह'ते प्राणे।
निशीथे प्रभाते
जा किछु पेयेचि हाते,
एसेचि करिया क्षय दान ह'ते दाने,
गान ह'ते गाने!

कहूँगा!

ज्यों-ज्यों मैं अपने जीवन की कहानी को सोचता हूँ, उसकी एक-एक बात को नाप-तौलकर उसकी विवेचना पर एक विद्रोही के जीवन में उसके महत्त्व पर विचार करता हूँ, त्यों-त्यों उसके प्रति मेरा आदर-भाव बढ़ता जाता है। इस जीवन में भी कुछ है। एक उत्ताप, एक ऊर्ध्वगामी दीप्ति, जो यदि विद्रोह की शक्ति नहीं, तो विद्रोह-शक्ति की उपासना-सामर्थ्य अवश्य है!

मुझे बहुत दिनों की बात याद आती है, कोई दस-एक बरस पूर्व की। तब मेरी आयु कोई चौदह वर्ष की थी, शायद पन्द्रह की। तब मेरे अन्दर सुलगता हुआ विद्रोह-भाव, अनेक स्थानों पर भटककर घर लौट आया था। मैं अपने घर के विरुद्ध ही विद्रोह का आयोजन किया करता और अपनी विवशता पर और अपनी अकिंचनता पर दाँत पीस-पीसकर रह जाता था।

एक दिन, न जाने किस कारण मैंने घर छोड़ दिया। यह निर्णय मैंने कैसे किया, किन प्रेरणाओं से बाध्य होकर किया, मुझे याद नहीं, किन्तु जिस भावना को लेकर

मैं घर से निकला वह मुझे अभी याद है। मेरा अन्तर उबल रहा है, मानो बाह्य दबाव को उठाकर फूट निकलेगा, मैं एक आहत अभिमान को लिये सोच रहा हूँ कि क्या इतने बड़े संसार में मेरे लिए ठौर नहीं होगा और मैं मुड़-मुड़कर घर की ओर ऐसे देखता हूँ जैसे उसे भस्म कर डालूँगा।

इस दर्प से, और ऐसी आशा से भरा हुआ, मैं घर से निकला हूँ। मेरी पूँजी क्या है? एक छोटा बिस्कुटों का पैकेट, एक डबलरोटी और अपने साधारण वस्त्रों के अलावा एक पुराना ओवरकोट जिसकी जेब में ये दोनों वस्तुएँ रखी हैं।

मैं घर से घूमने निकला हूँ, और एक पहाड़ी पर खड़ा सोच रहा हूँ, किधर चलूँ? 'कहाँ जाऊँ' की भावना अभी नहीं जागी, क्योंकि यह तो मुझे सूझा ही नहीं कि कभी ऐसा भी हो सकता है कि कहीं जाने को ठौर ही न हो। मैं बाध्य होकर किसी एक स्थान को नहीं जा रहा हूँ, मैं तो अनेक गमनीय दिशाओं में से स्वेच्छापूर्वक एक चुन रहा हूँ...

मेरे पाँव एक ओर चल पड़े–मैं उनकी प्रेरणा पर चलता रहा। पहले सात–आठ मील तक तो मुझे स्वयं नहीं ज्ञात हुआ कि किधर जा रहा हूँ, मेरा ध्यान ही इधर नहीं गया, वह अभी तक पीछे घर की ओर देख रहा था और कुढ़ रहा था। पर दस–एक मील आकर घर मेरे ध्यान के लिए भी बहुत दूर रह गया। तब उसने पथ की ओर देखा और पथ के आगे की ओर मुझे सूचित किया कि वह मुझे एक जल–प्रपात की ओर ले जा रहा है, जिसको मैंने मानचित्र में और कल्पना में कई बार देखा है।

मैं आजीवन न लौटने का निश्चय करके घर से निकला हूँ, किन्तु यह तो विचार किया नहीं कि आजीवन इसी बिस्कुट के पैकेट पर और एक डबलरोटी पर गुज़र करना है। और धूप बहुत निकल आई है, और भूख बहुत लगी है...

मुझे पहला ही झरना जो मिला मैंने उसी के किनारे कपड़े उतारकर रखे और उसमें लेट गया। और जब शरीर कुछ ठंडा हुआ तब मैंने जल में ही औंधे होकर बिस्कुटों को पानी में भिगो–भिगोकर खाना आरम्भ किया, इसी प्रकार अपनी आधी पूँजी उसी समय समाप्त करके मैं फिर स्वप्न देखने लगा, उस समय का जब किसी को भी किसी प्रकार का अत्याचार नहीं सहना पड़ेगा, चाहे घर में, चाहे बाहर...

मैं पानी में से बाहर निकला और कुछ देर सुस्ताने के लिए कपड़े पहनकर और डबलरोटी सिरहाने रखकर लेट गया।

जब नींद खुली तब दिन ढल रहा था। मैं घबराकर उठा और जल्दी–जल्दी चलने लगा, मानो कहीं जाना ही हो!

चलते–चलते अँधेरा हो गया, तारे निकल आए। मैंने देखा, मैं कहवे के एक बागान में होकर जा रहा हूँ, पर जिस जल–प्रपात की ओर जा रहा हूँ उसका कहीं चिह्न भी नहीं है...

मैं मील भर और चला। अभी बागान समाप्त नहीं हुआ था। एक छोटे-से झरने के पास पहुँचकर मैंने सोचा कि यहीं पड़ाव करना चाहिए और साथ ही याद आया कि मेरे पास एक डबलरोटी भी है।

पूँजी समाप्त हुई। मैंने ओवरकोट भूमि पर बिछाया और कॉफी के वृक्ष की एक उभरी हुई जड़ का तकिया बनाकर झींगुरों का शोर सुनते हुए सोने की चेष्टा करने लगा।

पता नहीं, शोर पहले बन्द हुआ था या मैं पहले सो गया। पर आधी रात में कहीं मेरी आँख खुली। मेरा शरीर ठिठुर गया था। मैंने कोट को निकालकर ओढ़ लिया, और सोने की चेष्टा करने लगा, झींगुर चुप थे, मैंने सुना, कहीं दूर पर समुद्र-सा गम्भीर शब्द हो रहा है। यह जल-प्रपात का शब्द था।

कोट ओढ़ लेने से, ठंड और अधिक लगने लगी। तब मैंने उसे आधा बिछाया और आधा ओढ़ा और इस विभाजन को पूरा रखने की निरन्तर चेष्टा में किसी तरह सबेरा कर दिया...

जब जल-प्रपात का दृश्य मुझे दूर ही से दीखा तब मैं सड़क पर ही बैठ गया और बहुत देर तक उसे देखा किया। सोचता रहा कि जीवन ऐसा होना चाहिए, शुभ्र, स्वच्छ, संगीतपूर्ण, अरुद्ध, निरन्तर सचेष्ट और प्रगतिशील घरबार के बन्धनों से मुक्त और सदा विद्रोही...फिर धीरे-धीरे उठकर उसके नीचे चला गया।

उस दिन भर में, मैंने न जाने कितनी बार उस प्रपात का फेनिल पानी पिया। क्योंकि पानी से भूख मिटती तो नहीं, और जितनी बार मुझे भूख की याद आती पानी पी लेता...

वह रात मैंने जल-प्रपात के नीचे ही बिताई। एक चिकनी और समतल और दिन भर धूप से तपी हुई चट्टान खोजकर उस पर सो रहा और जब रात में किसी समय वह चट्टान मुझे धोखा देकर ठंडी हो गई, तब फिर मैंने उस बुड्ढे ओवरकोट को खींच-तानकर लम्बा करने की चेष्टा में सवेरा कर दिया। सवेरा हो जाने के बाद भी मैं उठा नहीं, सिकुड़कर पड़ा ही रहा, जब तक कि धूप ने आकर मेरे अकड़े हुए शरीर में एक स्निग्ध गरमाई नहीं फैला दी...

उस समय तक, मेरा वह क्रोध मिट चुका था, उफान शान्त हो गया था। मैं एक विचारपूर्ण मुद्रा में उस समय प्रपात को देख रहा था और उसके जीवन में एक शून्यत्व पा रहा था...सोच रहा था कि इसकी परिवर्तनशीलता में एक प्रगूढ़ एकस्वरता है, इसकी निश्चिन्त उन्मुक्तता में एक परवशता, एक भूखापन...और बार-बार पानी पी-पीकर अपने को अपने से छिपाए जा रहा था!

दुपहर तक, वह विचारशीलता भी चली गई। मुझमें एक ग्लानि उत्पन्न हुई, एक झुँझलाहट-सी। वह उस भावना से बहुत कुछ मिलती-जुलती थी,

जिससे प्रेरित होकर मैं घर से चला था। किन्तु यह आज मुझे घर की ओर प्रेरित कर रही थी।

उसमें क्षोभ था, पराजय थी और मैं उसे अपने से छिपा न सका, भूख ने छिपने नहीं दिया। मैं उठा और घर की ओर चल पड़ा! रात कहीं राह में कटी और सवेरे घर पर पहुँच गया–उस क्षोभ और पराजय को भी भुलाकर जीवन के प्रति एक नया आदर-भाव लेकर, जो कि व्यथा और अनुभूति से उत्पन्न और पुष्ट हो गया था।

मेरी तलाश सर्वत्र हो चुकी थी, केवल उस प्रपात की ओर जाने का किसी को ध्यान ही न हुआ था। पिता ने मुझे कुछ नहीं कहा, यह भी नहीं पूछा कि मैं कहाँ गया था। उन्होंने मेरे प्रत्यागमन को चुपचाप स्वीकार कर लिया। उनमें एक विशालता थी जो अपनी ही नहीं, दूसरे की पराजय को भी सह सकती थी, और जिसे मैंने बहुत दिन बाद पहचाना...

उसी दिन के से आदर भाव को लेकर, मैं अपनी कहानी कहूँगा। उस आदर भाव को, जिसमें अनुभव की प्रशान्ति है, व्यथा की पवित्रता है, और शायद, थोड़ी-सी पराजय की जलन भी है...क्योंकि यद्यपि मेरे जीवन ने एक प्रकार की सम्पूर्ति पा ली है, वह तृप्ति नहीं है। वह वैसी ही है जैसे किसी ने भोजन पाकर भूख तो मिटा ली हो, किन्तु प्यास न मिटा पाया हो। उसी तड़पती हुई सम्पूर्ति-अपूर्ति की कहानी मैं कहूँगा।

ओ दीप्ति! ओ ज्वाले! इस आदर भाव को, इस पवित्रता को और इस जलन को स्थायित्व दे, ताकि मैं अपनी प्राण-शक्ति को पूर्णत: उस सन्देश पर केन्द्रित कर सकूँ, जो मेरे जीवन-पट पर लिखा है, जो मैं विकास के अन्धकारमय भूत से लाया हूँ और प्रोज्ज्वल भविष्य के लिए छोड़ जाऊँगा...

कभी-कभी तो एक विचार उठता है कि मैं क्या सन्देश छोड़कर जा सकता हूँ, सिवाय एक भयानक शाप के–क्योंकि मेरा जीवन ही तो एक शाप-सा है!

Cursed be the social wants that sin against
the strength of youth!
Cursed be the social lies that warp us
*from the living truth!**

* धिक्कार समाज की उन न्यूनताओं को, जो यौवन की शक्ति के खंडन का अपराध करती हैं! धिक्कार समाज के उस मिथ्या को, जो जीवित सत्य से हमें भ्रष्ट करता है!

कैसे लिखूँ?

अपनी कहानी में अपने व्यक्तित्व की पूरी इच्छा-शक्ति डालकर, सब्जेक्टिव दृष्टि से विवेचना करते हुए, एक दर्द और आग की भरी ललकार दूँ या अपने को अपनेपन से बाहर खींचकर एक बाह्य ऑब्जेक्टिव दृष्टि से अपने कर्मों की और उनके प्रेरणा-स्रोतों की परीक्षा लेते हुए, एक शान्त, अनासक्त बौद्धिक संदेश सुनाऊँ, या अपने जीवन को किसी नैसर्गिक शक्ति की दी हुई थाली समझकर, एक ऋणी की भाँति, उसे लौटाते समय पूरा हिसाब चुकाते हुए, किसी भूल-चूक के लिए सफाई देते हुए, एक ब्योरेवार क्षमा-प्रार्थी बयान पेश करूँ?

अपने व्यक्तित्व को 'मैं' समझूँ, या 'वह' या 'तू'?

मैं एक कर्तव्य भावना से आया हूँ, एक दायित्व मेरे सिर पर है। इसलिए, उचित तो यही है कि जिस प्रकार एक अपराधी किसी न्यायकर्ता के आगे खड़ा होकर अपने चरित्र का उत्तरदाता होता है और फिर न्यायकर्ता के मुख से, फर्द जुर्म के रूप में, अपने चरित्र की नपी-तुली और निष्पक्ष आलोचना सुनता है, उसी प्रकार मैं भी अपने को 'तू' के स्थान में रखकर उसकी आलोचना करूँ या फिर अपनेपन का स्मारक छोड़ जाने के लिए, अपने व्यक्तित्व, अपनी शक्ति की छाप बिठा जाने के लिए, अपने को 'मैं' कहूँ और उसे व्यक्त कर जाऊँ।

पर मुझे ये दोनों कार्य नहीं करने हैं। अपना दायित्व मैंने खुद अपने ऊपर लिया है, इसलिए मैं यदि 'तू' हूँ तो केवल अपने आगे और मेरा अपनापन कुछ है ही नहीं, जिसकी छाप बिठाने की मुझे इच्छा हो, मैं तो गति की एक कला हूँ जो गति में ही लीन हो जाएगी, मैं स्वयं एक छाप हूँ!

मैं एक सन्देश लाया हूँ, जो कि मेरा अपना नहीं है, जो मैंने अपने वंश-विकास से पाया है और जिसे मैं एक बाह्य प्रेरणा से बाध्य होकर कहूँगा। मेरे सब कर्म उसी प्रेरणा के फल हैं जो मुझसे बाह्य हैं, जिससे मैं विभिन्न हूँ। मैं चाहता हूँ, उसी प्रेरणा के भविष्य को इंगित कर जाऊँ-उसे अपने व्यक्तित्व से अलग एक शक्ति, एक विभूति समझकर।

अत: जिसकी कहानी में निहित सन्देश को मैं प्रकट करूँगा, वह 'वह' ही है। उसका नाम है शेखर। वह इस समय मृत्यु की प्रतीक्षा कर रहा है। उसी प्रतीक्षा में वह अपना अपनापन व्यक्त किए जा रहा है और मैं उसके जीवन के सत्यों को पढ़कर, उनका निष्कर्ष निकालकर और शब्दबद्ध करके छोड़े जा रहा हूँ।

जा रहा हूँ। कहाँ? जहाँ वह जा रहा है, जहाँ हम दोनों अपरिचित हैं। क्योंकि हम अभिन्न हैं, अत्यन्त एक हैं और हमारा एकत्व मृत्यु की प्रतीक्षा कर रहा है...

कह डालूँगा एक ही उत्तप्त, भस्म कर देने वाले विश्वास में, सब कुछ कह डालूँगा। भले ही उसकी ज्वाला को व्यक्त करने में उसके जीवन की कोमलता नष्ट हो जाए, भले ही वह शून्य से टकराकर खो जाए, किसी तक पहुँच न पाए!

नश्वरते!

काँटों पर जब होगा क्रुद्ध प्रभंजन का आघात,
तब उनमें उलझे फूलों की कौन सुनेगा बात?
जब मेरा अपनापन होगा चिरनिद्रा में मौन,
मुझमें जो है रह:शील वह कह पाएगा कौन?

नश्वरते, कौन!

जीवन की गहनतम घटनाएँ किसी अनजान क्षण में ही हो जाती हैं। घोर पीड़ा का उद्भव सदा ही रहस्यपूर्ण होता है, उसकी अनुभूति स्पष्ट होती है किन्तु उसका अंकुर कब, कहाँ, कैसे फूटा, यह पता नहीं चलता, क्योंकि इसके लिए हम उस समय चौकन्ने नहीं होते...

उसका जन्म भी इसी प्रकार अनजाने में हो गया था। देहात से भी बाहर एक वीरान भूमि में बहुत-से टूटे-फूटे खँडहरों के पास लगे हुए एक खेमे में उसका जन्म हुआ था। उस समय उसका पिता वहाँ उपस्थित नहीं था, उस समय उसकी माँ भी बेहोश थी...

दाई थी। पर ऐसे तो प्रत्येक घटना को, प्रत्येक पीड़ा के उद्भव को देखने वाला कोई-न-कोई, कहीं-न-कहीं होता है, प्रगति के प्रत्येक उफान का रहस्य कोई-न-कोई तो समझता ही है, पर जब हम 'किसी' का परिचय नहीं जानते, जब हम उस 'द्वारा' प्राप्त ज्ञान और अनुभूति का प्रत्यक्ष अनुभव नहीं कर पाते, तब हम कहते हैं कि 'वह' है ही नहीं...

उस नवजात शिशु ने अपने जन्म का अनुभव किया था या नहीं, यह कोई नहीं जानता। वह उस समय सचेत भी था या नहीं इसका भी निर्णायक कोई नहीं है, क्योंकि प्रसूति-बेला का कोई निश्चित वृत्तान्त कहीं नहीं मिलता। सुनी-सुनाई इतनी बात का पता अवश्य है कि उस समय के लगभग सन्ध्या हो चुकी थी, पक्षी चिल्ला-चिल्लाकर घोंसलों में सिमटकर किसी समाधिस्थ जिज्ञासा में, किसी क्रियाहीन विस्मय में, चुप हो गए थे और उन खँडहरों पर पहरा देने वाले चौकीदारों ने, कोई बेसुरा-सा राग अलापते हुए, इधर-उधर घूमना आरम्भ कर दिया था...

पर जैसे पीड़ा की स्पष्ट अनुभूति के बाद उपचार होने लगते हैं, वैसे ही जब उसकी माँ ने जागकर थके हुए स्वर में कहा, 'हाय!' तब सब ओर चहल-पहल मच गई...तब उस नवजात शिशु को धोकर और साफ करके ब्राह्मणकुमार के उपयुक्त शरीर दिया जाने लगा, तम्बू में बसने वाले पाँच-चार प्राणियों की दौड़-धूप होने लगी, इधर-से-उधर, उधर-से-इधर, निरर्थक, निरुद्देश्य...

तब उसके पिता भी आए। उसे देख-भालकर उनका खिंचा-खिंचा शरीर कुछ ढीला हो गया, उनके मुख पर किसी अनिष्ट-निवारण की इच्छा में सिमटी हुई झुर्रियाँ बिखरकर खो गईं और वे किसी आधे सुखपूर्ण, आधे सन्तोषपूर्ण विचार में चुप खड़े रहे। तब पंडित-पुरोहित भी आए और एक बौद्ध भिक्षु भी और सभी

अपने-अपने संसार में उस नवजात शिशु का स्थान निर्दिष्ट करने में अपने जीवन-विधान की शृंखला में एक कड़ी उनके लिए जोड़ने में जुट गए...

जिन खँडहरों के मध्य में उसका जन्म हुआ था, वे एक बौद्ध विहार के खँडहर थे। वहाँ उसी दिन गौतमबुद्ध की अस्थियों की एक मंजूषा निकली थी, जिसकी उपासना करने वे भिक्षु उसके पिता के पास अतिथि होकर आए थे। वहाँ आकर जब उन्होंने देखा कि उसी दिन इस शिशु का जन्म हुआ है तब उन्होंने पिता से कहा-यह शिशु बुद्ध का अवतार है। इसको बौद्ध धर्म की दीक्षा देना।

पिता ने कहा, 'अच्छा।'

जो पुरोहित आए हुए थे, उन्होंने कहा, 'यह लड़का ब्राह्मण-कुल में उत्पन्न हुआ है, इसके संस्कार भी कुल के उपयुक्त होने चाहिए और बुद्ध के प्रभाव से यह अहिंसा का पुजारी होगा और ब्राह्मणत्व का नाम उज्ज्वल करेगा।'

माँ ने कहा, 'ठीक है।'

पिता ने कुछ सोचते-सोचते कहा, 'इसका नाम 'बुद्धदेव' रखना चाहिए।'

माँ ने मन-ही-मन कहा-मैं तो इसे टाऊँ कहूँगी, और प्रत्यक्ष बोली, 'मैं इसकी और से प्रण करती हूँ कि इसे आजन्म निरामिषभोजी रखूँगी।'

पिता ने मन-ही-मन निश्चय किया-मैं इसे इंजीनियर बनाऊँगा, ताकि यह नए नगरों का निर्माण करे।

माँ ने मन में कहा-मेरा टाऊँ बैरिस्टर होगा और प्रपीड़ियों का रक्षक होगा।

इस प्रकार बोध होने से पहले ही बालक का जीवन एक रूढ़ि में बँध गया, बहुत-से अनुभूत किन्तु सुदृढ़ बन्धन उसके जीवन में छा गए, वह बिक गया।

कहते हैं कि मानव अपने बन्धन आप बनाता है, पर जो बन्धन उत्पत्ति के समय से ही उसके पैरों में पड़े होते हैं, और जिनके काटने भर में अनेक के जीवन बीत जाते हैं, उनका उत्तरदायी कौन है?

पंडितों से पूछा, भिक्षुओं से पूछो, क्योंकि उन्होंने भी क्या-क्या बन्धन मन-ही-मन निर्दिष्ट किए थे, कोई नहीं जान पाया!

एक स्वर पूछता है-यह सब तुमने कैसे जाना?

हम शायद कभी इस बात का ध्यान नहीं करते कि शिशु में एक सम्पूर्ण मानवीय चेतना का उदय कब से होता है, तब इस बात का ध्यान कौन करता होगा कि शिशु में मानवीय चेतना से नीचे किसी दर्जे की अनुभूति, जो केवल अंकित करती है, अनुलेख को समझती नहीं, उसके सम्बन्ध में कोई इच्छा नहीं करती, कब उत्पन्न होती है।

पर शिशु शायद जिस समय एक आकारहीन मांसपिंड भर होता है, तभी से वह एक अमिट छाप ग्रहण करने लगता है, जो उसको उत्पन्न करने वाली तात्कालिक शक्तियों की ही नहीं होती, वरन् उससे पहले हुई असंख्य घटनाओं और बाद में होने वाले असंख्य परिवर्तन की भी होती है...यह छाप पड़ जाती है, और पड़ी रहती है, व्यक्त नहीं होती, हमारी चेतना में नहीं आती, तब तक जब तक किसी आकस्मिक प्रेरणा की चोट से किसी न समझ आने वाले आघात से वह स्पष्ट होकर लहर की तरह हमारे जीवन में नहीं फैल जाती...

ये सब जन्म के समय की बातें, स्वयं उसके अपने मस्तिष्क के अनुलेख तो शायद नहीं हैं। किन्तु वह नहीं कह सकता कि ये उसने कहाँ से पाए, कैसे पाए, पाए भी या नहीं। क्योंकि ये शायद असंख्य विभिन्न मौकों पर विभिन्न असम्बद्ध वाक्यों को सुनकर, टूटी-टूटी मुद्राओं को देखकर, टूटे-टूटे अव्यक्त विचारों को किसी प्रगूढ़ अन्तःशक्ति से भाँपकर, एकत्रित किए हुए मनश्चित्रों का पुंज है...

किन्तु कुछ बातें ऐसी भी हैं, जो ऐसे प्राप्त की हुई नहीं हो सकतीं, जो कभी कोई कहता नहीं, कोई सोचता नहीं। ये बातें उसके मन में कैसे आती हैं, ये चित्र उसके स्मृति-पटल पर कैसे दीखते हैं?

कभी-कभी वह स्वयं सोचता है, तब उसे इसका कोई समुचित उत्तर नहीं मिलता। ये सब चित्र सुनी हुई बातों का फल है या उसकी अपनी स्मृति के या उसने सोचते-सोचते ही, आत्म-सम्मोहन की शक्ति से अपने को विश्वास दिला लिया है कि उसने ये दृश्य देखे, ये अनुभव प्राप्त किए?

यह प्रश्न अब भी प्रश्न ही है, और प्रश्न ही रहेगा। पर वे चित्र और वे दृश्य, उसके लिए वास्तविक हैं, वह उनका अब भी अनुभव कर सकता है...

स्निग्ध गर्मी से भरे हुए छोटे-छोटे हाथ...एक समुद्र में तैरती-सी, अनुराग-भरी आँखें, काले-काले तारे, स्तन, नाक की नोक पर एक कोमल हल्की गर्म रगड़...एक लम्बी-सी साँस की गति, जिस पर वह धीरे-धीरे उड़ता है और गिरता है, जैसे समुद्र की बिछलन पर तैरती हुई कोई वस्तु उठे और गिरे...वे सब क्या है? श्रुतियाँ? स्मृतियाँ? या आत्मव्यामोह-जनित भावनाएँ जिनकी सत्यता कुछ नहीं?

ऐसी-ऐसी स्मृतियाँ या अर्द्धस्मृतियाँ तो अनेक हैं, किन्तु यह एक विचित्र बात है कि उसके जीवन की जो सबसे पहली दो-एक घटनाएँ उसे ठीक तौर पर अपनी अनुभूति-सी याद हैं, वे उन तीनों महती प्रेरणाओं का चित्रण करती हैं जो प्रत्येक मानव के जीवन का अनुशासन करती हैं...अहन्ता, भय और सेक्स...

क्यों? इन तीनों शक्तियों का इतना शीघ्र उद्भास, जीवन की पहली-पहली स्मृतियों में उनका विद्यमान होना यह जताता है कि ये कितनी महत्त्वपूर्ण हैं कि मानव उन्हें अपनी मानवता के साथ ही पाता है, बाद की परिस्थिति या व्यवहार से नहीं...

उन स्मृतियों में कौन पहली है, कौन बाद की, इनका निरूपण करना कठिन है, क्योंकि वे लगभग एक ही काल की हैं, इसलिए उन्हें एक ही स्मृति के दो परदों की भाँति साथ-साथ दिखा देना ही ठीक है, क्योंकि वे मिलकर किसी बात को दिखाती हैं...

उसका नामकरण हो चुका है। उसने बड़ी-बड़ी आँखों से होम की अग्नि भी देख ली है और अपने भोले कानों में कोई फुसफुसाकर कहा हुआ मन्त्र भी सुन लिया है। उसकी आयु होगी करीब तीन वर्ष, किन्तु उसका भोला विजयी दर्प ऐसा है जैसा नेपोलियन लाख वर्ष तक विजयी रहकर भी नहीं प्राप्त कर पाता!

वह अपने को उत्तरदायी समझने लगा है और गम्भीर रहता है, इसलिए उसे अपने बड़ों से भी सम्मान और यह विश्वास मिलता है कि वह वास्तव में काफ़ी बड़ा हो गया है। उसे कभी-कभी काम भी बताए जाते हैं जिन्हें वह अभिमान-भरी प्रसन्नता से करता है। आज भी उसे एक काम देकर भेजा गया है, उसका भाई बीमार है, अतः उसे कहा गया है कि जाकर डॉक्टर को लिवा लाए और वह इसलिए घर से चलकर इतनी दूर डॉक्टर के घर के पथ पर आया है।

किन्तु उसकी उत्तरदायित्व भावना यहीं तक है कि उसे कोई महत्त्व का काम सुपुर्द किया जाए। उसे करने ही के विषय में वह अपने को बाध्य नहीं समझता। कई बार काम मिलने की प्रसन्नता में वह उसे करना ही भूल जाता है, जैसे आज? इतनी दूर आकर वह अब कर्तव्यनिष्ठ दूत नहीं, फिर एक बालक बन गया, उसके मन की हँसी जाग उठी है और उसे खेल के लिए बुलाती है, उस स्वर से जिसकी उपेक्षा कोई भी आत्माभिमानी बालक (और कौन बालक आत्माभिमानी नहीं होता?) नहीं कर सकता...

सड़क की ओर जो गोल-सा लाल-लाल लेटरबक्स है, उसी ने बालक का ध्यान आकृष्ट किया है। वह किसी तरह उस पर चढ़ गया है, ऐसे सवार है जैसे घोड़े की पीठ पर ही हो, और उसकी चोटी पर लगी हुई खूँटी को एक हाथ से रह-रहकर ऐसे खींचता है जैसे वह लगाम हो। दूसरे हाथ से वह अपने 'घोड़े' की 'गरदन' थपथपा रहा है जैसे उसने पिता को करते देखा है...

वह सम्राट् है। अपने विजयी घोड़े पर बैठा है और संसार को ललकार रहा है। जब भी कोई राही उसके पास से होकर निकलता है, तब वह उसे मुँह चिढ़ाता है और पुकारकर जो मन में आता है, कह डालता है। वह अपने मन में सम्राट है और

राहियों के मन में एक उद्धत शिशु, इसलिए कोई उसका उत्तर नहीं देता, रुष्ट नहीं होता, उसकी ओर देखकर चला जाता है।

वह संसार से एक लेटरबक्स की ऊँचाई भर ऊँचा है। अपने इस आसन से वह सारा संसार देखता है, उसकी क्षुद्रता पर हँसता है।

तभी डाकिया–क्षुद्र संसार का क्षुद्र डाकिया! –आकर उसके स्वप्न को तोड़ देता है, उसे वहाँ से उतर जाने को कहता है, और उसके तत्काल न मानने पर झटक कर फिर कहता है...तब हतवैभव शिशुसम्राट् अपना बदला भी लेते हैं कि उतरते समय डाकिए की उँगलियों पर गिरते हैं, उन्हें कुचल देते हैं और भाग जाते हैं, घर पहुँचकर ही दम लेते हैं, और फूले हुए श्वास को शान्त करते-करते अपने को विश्वास दिला देते हैं कि अब वे विजयी हैं।

जबकि सहसा पिता की हथेली का आघात उन्हें याद दिलाता है कि वे एक छोटे-से पराधीन शिशु-भर हैं जिसे डॉक्टर को बुलाने भेजा गया था और जो उसे बिना बुलाए ही, बिना उसके घर गए ही लौट आया है और वह भी घंटा भर लगाकर...

और दूसरी स्मृति। वह अकेला अजायबघर में फिर रहा है, उस कमरे में जिसमें वन्य और हिंस्र पशु प्रदर्शित किए गए हैं। एकाएक वह देखता है, उसके सामने एक भीमकाय बाघ प्रकट हो गया है। एक पंजा झपटने के लिए उठा–भयंकर दाँत–वह जीभ–आरक्त आँखें...और चीख वह उठता है, भय से विकल होकर...और भागता है...

वह बाघ केवल एक चर्म के अन्दर भरा हुआ फूस है, यह बात बालक नहीं जानता। वह भागता है, उसे जान पड़ता है कि वह बाघ उसके पीछे चला आ रहा है, क्षण-भर में उसे पा लेगा, वह घूमकर देखता भी नहीं क्योंकि वह उन दाँतों को, उस जीभ को, उन आँखों को फिर नहीं देखना चाहता...

और वह अकेला है, कोई उसका डर दूर करने वाला नहीं...वह किसी तरह बाहर तक आ पाता है और सड़क पर भागता है। तभी एक चपरासी उसे पहचानकर पकड़ लेता है, गोद में उठा लेता है और वह अपने को भागने में असफल पाकर बड़े ज़ोर से चीख उठता है कि अब वह बाघ झपटा–!

जो नहीं झपटता। काफ़ी देर तक नहीं। तब शिशु डरते-डरते घूमकर देखता है, उसे वहाँ न पाकर आश्वासन की साँस लेता है...

वह डर उस समय दब गया, किन्तु उसने शिशु के मन में घर कर लिया। उस दिन के बाद उसे भयंकर स्वप्न आने लगे, रात को वह चीख-चीख उठता और कभी जागकर यदि पाता कि कमरे में अँधेरा है तब तो वह अन्धकार एक नहीं, असंख्य बाघों से सजीव हो उठता, एक-से-एक खूँखार...उस दिन से उसके कमरे

में रात भर प्रकाश रहने लगा, किन्तु किसी ने जाना नहीं कि उसे क्या हो गया है, क्यों उसे ऐसे भयंकर स्वप्न आने लगे हैं, क्यों वह दुबला और चिड़चिड़ा होता जा रहा है...

वह डर अपने-आप ही मिटा। एक बार वैसा ही बाघ उसके घर लाकर रखा गया और बहुत मुश्किल से अपने भाइयों की देखादेखी वह उसके पास भी गया, उसकी पीठ पर भी बैठा और उसे निर्जीव पाकर साहस करके उसके मुँह में हाथ भी डालकर देखा। तब डर एकाएक उड़ गया, तब शिशु ने चाकू लेकर उस खाल को फाड़ डाला, उसके भीतर के घास-फूस को बिखेरकर हँसने लगा...

इसका एक और गहरा असर भी हुआ। शिशु ने जाना, डर डरने से होता है। संसार की सब भयानक वस्तुएँ हैं, केवल एक घास-फूस से भरा निर्जीव चाम, जिससे डरना मूर्खता है।

और यही वह आज तक समझता है। यही उसका विश्वास अब भी है कि जब कभी कोई भयानक वस्तु देखो, तब डरो मत, उसका बाह्य चाम काट डालो, उसके भीतर भरी हुई घास-फूस निकालकर बिखरा दो और हँसो। इतने उसे उद्धत बनाया है, लोग कहते हैं कि विध्वंसक और हिंस्र भी बना दिया है, पर वह जानता है...

उस चाम को फाड़ देने पर उसे दंड मिला था और उसके बाद, कई बार ऐसे मिथ्या डर का नाश करने पर उसे दंड मिला, क्योंकि डर के बिना समाज का अस्तित्व नहीं ठहर सकता और आज भी, वह एक बड़े भीमकाय डर का भीतरी खोखलापन दिखाने के अपराध में पकड़ गया है, और दंड की प्रतीक्षा में है और चूँकि उसने संसार के सबसे बड़े डर-शासन के डर-पर आघात किया है, इसलिए उसका अपराध सबसे कठोर दंड माँगता है...

किन्तु वह हँसता है क्योंकि उसने विजय पायी है...

और तीसरी स्मृति...

वह भद्दी, वीभत्स है। उसका ठीक-ठीक रूप, उसका मूल कारण मुझे याद नहीं है, याद केवल उस समय की मन:स्थिति, वह भावना जिसे लिये मैं खड़ा हूँ...

मैं-वह शिशु-कोई दृश्य देख रहा हूँ, याद नहीं कि क्या, किन्तु इतना याद है कि उसमें कुछ अनुचित, कुछ वर्जित, कुछ घृणास्पद, कुछ जुगुप्सा-जनक है और इसी के अनुकूल भावना उसे देखकर उसके मन में उठ रही है...

वह अवर्ण्य है। उसे वे ही समझ सकते हैं, जो कभी वासना से उत्पन्न हुए पाप-कर्म के किनारे तक पहुँचकर लौट आए हैं-किसी बाह्य रुकावट या नियम या असामर्थ्य या डर से नहीं, एक आन्तरिक, स्वत: उत्पन्न ग्लानि के कारण...

और, जीवन भी उन्हीं का है। नियमों के अनुसार चलना आसान है और संसार ऐसे व्यक्तियों का आदर भी करता है जो नियमानुसार चलते हैं। किन्तु जीवन बाध्य

नहीं है कि वह आसान हो या आदर की पात्रता दे! जीवन इससे परे है, नियमों में नहीं बँधता और यशोलिप्सा से ऊँचा है...

जो नियमों से नहीं चलते, किन्तु नियमों की मूल प्रेरणा को समझकर अपना नियम स्वयं बनाते हैं, जीवन तो उन्हीं का है...

प्रेम ने मनुष्य को मनुष्य बनाया!

भय ने उसे समाज का रूप दिया!

अहंकार ने उसे राष्ट्र में संगठित कर दिया।

शिक्षा देना संसार अपना सबसे बड़ा कर्तव्य समझता है, किन्तु शिक्षा अपने मन की, शिष्य के मन की नहीं। क्योंकि संसार का 'आदर्श व्यक्ति' व्यक्ति नहीं है, एक 'टाइप' है, और संसार चाहता है कि सर्वप्रथम अवसर पर ही प्रत्येक व्यक्ति को ठोक-पीटकर, उसका व्यक्तित्व कुचलकर, उसे उस टाइप में सम्मिलित कर लिया जाए, उसे मूल रचना न रहने देकर एक प्रतिलिपि-मात्र बना दिया जाए...

और यह शिक्षा दी कैसे जाती है? जो निर्धन होते हैं वे बचपन से ही ठुकते-पिटते हैं, केवल घर में नहीं, केवल बाहर नहीं, सर्वत्र, सबसे। सारा संसार ही उनके लिए एक शिक्षणालय हो जाता है, जहाँ नीरस हृदयहीनता से उन्हें शिक्षा दी जाती है और जो कुछ अधिक सम्पन्न होते हैं, उन्हें एकाएक इस भाँति शिक्षित नहीं किया जाता, उनकी शिक्षा का आरम्भ घर में या स्कूल में होता है और संसार वाली शिक्षा का समय जहाँ तक हो सकता है, स्थगित किया जाता है।

लोहे के कड़े बनते हैं तो लोहा भट्ठी में पिघलाकर एकदम साँचे में ढाल दिया जाता है। किन्तु सोने के कड़े बनाने के लिए पहले उसे नर्म किया जाता है फिर उसका तार बनाया जाता है फिर उसे गोल करके टाँका जाता है, फिर उस पर काम किया जाता है, फिर अन्त में पॉलिश किया जाता है, तब कहीं वह तैयार होता है...ऐसी ही है निर्धन और धनिक बालकों की शिक्षा...

इसे सौभाग्य कहूँ कि दुर्भाग्य? वह एक सम्पन्न घर में उत्पन्न हुआ था, उसकी शिक्षा भी इसके अनुरूप एक कॉन्वेंट स्कूल में आरम्भ हुई।

एक यूरोपियन कॉन्वेंट स्कूल की लताओं से आच्छादित दीवारों द्वारा घिरे हुए छोटे-से उद्यान में लड़के और लड़कियों का एक समूह।

उस समूह के एक ओर कॉन्वेंट की सिस्टर-उस समूह की अध्यापिका-खड़ी है। उसका मुख वात्सल्यपूर्ण है, बाल पकने लगे हैं, और उसकी आँखों में एक विनोद का-सा भाव है। वह थोड़ा-सा तुतलाती है और यह विशेष रूप से तब प्रकट होता है, जब वह हिन्दी बोलने का प्रयत्न करती है।

वह समूह उद्यान के मध्य में स्थित है और उसके बालक–बालिकाएँ गम्भीर भाव से मनोरंजन कर रहे हैं। एक लड़का मध्य में खड़ा है, उसके हाथ में लकड़ी का एक हथौड़ा है और सामने लकड़ी का ही एक अहरन! अन्य बालक–बालिकाएँ उसको घेरे हुए हैं। वह बालक लोहार का अभिनय कर रहा है और ज्यों–ज्यों वह अहरन पर हथौड़ा मारता है, त्यों–त्यों अन्य बालक–बालिकाएँ समवेत स्वर में पुकारकर गाते हैं, 'दे मार! दे मार! हथौड़ा–लोहा है तैयार!' और वृत्ताकार घूमते जाते हैं...

सिस्टर बहुत प्रसन्न हो रही है, क्योंकि बच्चे उस खेल में तल्लीन जान पड़ते हैं। उनके चेहरे गम्भीर हैं अवश्य, किन्तु यह शायद उसकी उपस्थिति के कारण ही है। वह हट जाएगी, तो बच्चे अधिक स्वच्छन्द होंगे और अधिक आनन्द पाएँगे! यह सोचकर वह चुपचाप उद्यान से निकल जाती है।

चुपचाप, किन्तु इतनी चुपचाप नहीं कि बच्चे न जान पाएँ। उसके बाहर निकलते ही प्रत्येक को पता लग गया कि वे स्वच्छन्द हैं और इस स्वच्छन्दता का उपयोग भी तत्काल ही हो गया, क्योंकि एक मिनट के भीतर ही दो बालक लड़ पड़े, भिड़ गए और बाकी सबने पक्ष ले लिये। लगभग दस मिनट तक घमासान रहा, फिर एकाएक ही शान्ति फैल गई। क्योंकि किवाड़ खुल गया था और सिस्टर ने प्रवेश किया था और अब उसके चेहरे पर वह वात्सल्य–भाव नहीं था, न आँखों में वह विनोद...

उस कॉन्वेंट में छात्र पिटते नहीं थे...

उस दिन लगभग चार बजे शेखर घर की ओर चला जा रहा था। धीरे–धीरे किसी विचार में लीन। उसकी जॉकेट के बटन में एक टाइप किया हुआ कार्ड लगा हुआ था। वह पढ़ नहीं सकता था कि उस पर क्या लिखा है, किन्तु अनुमान कर सकता था, क्योंकि सिस्टर ने उसे कहा था कि इसे अपने पिता को अवश्य दिखावे और उत्तर लेकर आवे और फिर बोली थी, 'तुमने बहुत शरारत की है।'

वह इतना गम्भीर इसलिए था कि वह किसी निश्चय पर पहुँचना चाहता था। उसने सिस्टर के शब्दों में 'शरारत' की थी अवश्य, किन्तु यह कोई कारण नहीं था कि वह घर जाकर पिटे। उसकी न्याय–बुद्धि कह रही थी, मैंने दूसरों को मारा, स्वयं भी मार खा ली। अब घर पहुँचकर दुबारा दंड क्यों पाऊँ?

उसने निश्चय कर लिया। कार्ड उतारा, फाड़कर चिथड़े कर दिया। फेंक दिया। घर पहुँचकर पिता से बोला कि मैं अब लड़कों के स्कूल में जाना चाहता हूँ, काफ़ी बड़ा हो गया हूँ, उस कॉन्वेंट में लड़कियों के साथ नहीं पढ़ूँगा...पिताजी ने हँसकर कहा, अच्छा। उसे सिस्टर की विनोद–भरी आँखें बार–बार याद आने लगीं। जो उसकी और कार्ड के उत्तर की प्रतीक्षा कर रही होंगी और वह याद उसके लिए

कितनी आह्लादकर थी! वह चिल्ला-चिल्लाकर कहने लगा, 'उसे करने दो प्रतीक्षा! मैं जाऊँगा स्कूल-स्कूल!'

यद्यपि वह तब तक स्कूल भी नहीं गया।

ऊपर कहा गया कि सोने को धीरे-धीरे नर्म किया जाता है, एकदम ढाला नहीं जाता। जब शेखर ने कॉन्वेंट छोड़ दिया, तब उसकी पढ़ाई का कोई और प्रबन्ध सोचा जाने लगा और, जब तक यह निश्चित नहीं हुआ, उसे स्वच्छन्दता मिली...

बालक को जब 'पढ़ाया' जाता है तब वह विद्रोह करता है, किन्तु जब विद्रोही को छोड़ दिया जाता है तब उसकी स्वाभाविक जिज्ञासा उसे बाध्य करती है...उसके बड़े भाई जब अपने मास्टर से पढ़ने बैठते, तब वह स्वयं जाकर उनकी मेज़ के पास खड़ा हो जाता क्योंकि कोई उसे वहाँ खड़ा रहने पर बाध्य नहीं करता था। यह इतना छोटा था कि मेज़ तक पहुँच न पाता, तब वह पंजों पर खड़ा होकर हाथों से मेज़ का किनारा पकड़ लेता और उस पर ठोड़ी टेककर सुना करता...उसके भाई और उनका मास्टर हँस देते, किन्तु उसे कुछ कहते नहीं। उसकी ओर ध्यान भी नहीं देते।

ऐसे ही कई दिन रहा। एक दिन पिता पढ़ाई देखने आए। भाइयों को अष्टाध्यायी पढ़ते देखकर बोले, 'आज का पाठ सुनाओ तो, कुछ याद है?' उन्होंने आरम्भ तो अच्छी तरह किया, किन्तु बीच में भूल गए, घबरा गए, चुप रह गए। पिता ने वात्सल्य-भरी हँसी हँसकर कहा, 'पढ़ो, पढ़ो, ध्यान से पढ़ा करो', और जाने को हुए। तभी उसने अपनी किंचित् बैठी हुई आवाज़ में, जो व्यग्रता से काँप रही थी, कहा-मैं सुनाऊँ।

सब हँस पड़े, पर पिता एक अनुमति-सूचक मुस्कराहट से उसकी ओर देखने लगे।

वह बहुत देर नहीं रही, थोड़ी ही देर में उन सबके चेहरे पर विस्मय छा गया। क्योंकि उस छोटे-से बालक ने उस दिन का ही नहीं, उससे पहले और उससे पहले, और उससे एक कई पहले दिनों के पाठ जबानी सुना दिए। बिना क्षण भर भी रुके हुए!

उसके पिता ने प्रसन्न होकर, ऐसे जैसे पुरस्कृत कर रहे हों, कहा, 'कल से तुम भी पढ़ो। तुम्हारे लिए अलग मास्टर रख देते हैं।'

हाय रे पुरस्कार!

हाँ, तो दूसरे दिन उसका नया मास्टर आया। किन्तु आया ही, रहा बहुत दिन नहीं। आरम्भ के तीन-चार दिन बाद ही मास्टर साहब ने आकर देखा, उनका शिष्य एक कुर्सी की पीठ पकड़े वज्रवत् अपना सिर उस पर पटकता जा रहा है, बार-बार, बार-बार...मास्टर साहब ने पूछा, 'यह क्या कर रहे हो?'

'अपने को पक्का कर रहा हूँ,' कहकर वह फिर अपने काम में लग गया।

मास्टर साहब ने यह नहीं जाना कि बालक ने कहीं किसी बात में सुना था, 'वह बड़ा पक्का निकला' और इस कथन में प्रशंसा की ध्वनि पाकर उसने निश्चय किया था कि मैं भी पक्का होऊँगा। मास्टर साहब ने हँसकर कहा, 'देखूँ तो कितने पक्के हो! मुझसे टक्कर लड़ाओगे?'

आह्वान? उसने कहा, 'आइए!'

एक ही टक्कर हुई। जब बालक ने दूसरी के लिए सिर पीछे झुकाया, तो देखा, मास्टर साहब की हँसी उड़ गई है। वे हाथ से माथा थाम लेते हैं, जैसे अपने को सहारा दे रहे हों और फिर उठकर बाहर चले जाते हैं...

और फिर नहीं आते। क्योंकि ऐसे कितने मास्टर हैं जो यह नहीं समझते कि पढ़ाई तभी तक सम्भव है जब तक शिष्य पर गुरु का रोब रहे...

कुछ दिन बाद एक और नया मास्टर आया। लखनऊ का और उसके अंग-अंग पर लिखा था कि वह लखनऊ का है। वह पढ़ाने बैठा मुँह में पान लेकर और जब बालक डिक्टेशन लिखने लगा तब बार-बार भूमि पर थूककर उसका ध्यान भंग करने लगा।

बालक ने उद्धत स्वर में कहा, 'मास्टर साहब, आप पढ़ाते हैं कि थूकते ही जाते हैं?'

मास्टर साहब ने पिता से रिपोर्ट की। पिता ने बालक को डपटकर कहा, 'क्या शैतानी करते हो? पढ़ना है कि नहीं?'

बालक उसी स्वर में बोला, 'पढ़ूँ कैसे, कोई पढ़ाए भी! मास्टर साहब तो थूकते ही जाते हैं।'

पिता ने समझा तो कि बालक की बात में कुछ सार है। किन्तु वे बालक से ऐसा उत्तर पाने के अभ्यस्त नहीं थे। क्रुद्ध होकर बोले, 'बको मत। जाकर पढ़ो। अब मैंने कोई शिकायत सुनी तो–'

बालक चला गया। उसने देखा, न्याय कहीं नहीं है। किन्तु वह अन्याय के आगे झुकने को भी तैयार नहीं हुआ। सिर झुकाए ही पढ़ने के कमरे में गया, किन्तु वहाँ पहुँचते ही, मास्टर को देखकर उद्धत और ललकार-भरे स्वर में बोला, 'थुक्कू मास्टर!'

मास्टर साहब ने चौंककर कहा, 'क्या?'

'थुक्कू मास्टर! थुक्कू मास्टर! थुक्कू मास्टर!' बालक बार-बार ऐसे कहने लगा, जैसे हथौड़े से किसी चीज़ पर चोट कर रहा हो।

उस दिन इतनी ही पढ़ाई हुई–कम-से-कम मास्टर साहब के सामने। जब मास्टर साहब चले गए, तब उसे कमरे में बन्द कर दिया गया, रोटी नहीं दी गई, कहा गया वचन दो कि ऐसा नहीं होगा...

पर नहीं। बालक थककर सो गया। वहीं रहा, तब तक जब तक कि दूसरे दिन फिर पढ़ाई का समय नहीं हो गया और उसे मास्टर साहब के सामने नहीं उपस्थित किया गया और उसने फिर उसी प्रकार कहना आरम्भ नहीं किया, 'थुक्कू मास्टर! थुक्कू मास्टर! थुक्कू–!'

उसे ले गए, और दूसरी प्रकार की शिक्षा दी जाने लगी...पर मास्टर साहब फिर नहीं आए।

यों समाप्त हुआ उसकी शिक्षा का पहला परिच्छेद।

इसके बाद, उसकी बहिन उसे पढ़ाने लगी। किन्तु उसका ढंग कुछ और ही था।

और बालक ने देखा, शिक्षा भी ग्राह्य हो सकती है और शिक्षक भी उपास्य हो सकता है और वह अपनी बहिन की पूजा करने लगा, और सीखने लगा, बिना किसी के जाने...

किन्तु वह तो बाद में हुआ, उसकी बात यथास्थान होगी...

ऐसा ही था उसका मन। उसमें सहज बुद्धि की कमी नहीं थी। किन्तु उस बुद्धि की प्रवाह गति का निर्देश करने वाली शक्ति संसार में नहीं थी। वह बुद्धि उसकी थी, उसके उपयोग के लिए थी, यह उसका मनचाहा उपयोग करता था और वह जानता है, जहाँ उसने अपनी सहज बुद्धि की प्रेरणा मानी, वहाँ उसने उचित किया, और जहाँ उसकी बुद्धि को दूसरों ने प्रेरित किया, वहीं वह लड़खड़ाया...

यह बुद्धि बाँधी जा सकती, तो क्या नहीं सम्भव था? किन्तु, यदि बुद्धि बाँधी जा सकती!

यही थी उसकी शिक्षा, जिससे उसने सीखा–क्या? शिक्षण का तिरस्कार, अवज्ञा...!

पर उन दिनों भी उसने बहुत–कुछ सीखा और सीखा इतने दृढ़ मनोनियोग से कि उस शिक्षा की छाप उसके मानस–पट के रेशे–रेशे पर पड़ी हुई है और मिट नहीं सकती, उस शिक्षा के तन्तु उसके जीवन के ही ताने–बाने में मिल गए हैं और वैसे ही चमकते हैं जैसे शिलाखंड में किसी श्रेष्ठ धातु की रेखा।

उस स्वत: प्राप्त होने वाली शिक्षा का रहस्य क्या था?

शेखर अपने घर के बरामदे में खड़ा था। घर में सब लोग अपने–अपने कार्य में व्यस्त थे, उसके भाई तक अपनी पढ़ाई में निरत थे, पिता तो दफ्तर का काम देख ही रहे थे और माँ उसके छोटे भाई को गोद में सुलाए रोटी पका रही थीं।

वह अकेला था, अनुभव कर रहा था कि मैं अकेला हूँ और यह भी अनुभव कर रहा था कि मैं अकेला इसलिए हूँ कि मैं उस प्रकार का नहीं हूँ, जिसे लोग

अच्छा कहते हैं, मैं पढ़ता नहीं हूँ, किसी का कहना नहीं मानता हूँ, ढीठ हूँ, लड़का हूँ, शैतान हूँ। नहीं तो आज इस समय पिता के पास हँस रहा होता या माता के पास कुछ मिठाई खा रहा होता या भाइयों के साथ ही कोई सचित्र पुस्तक पढ़ रहा होता, जिसके स्थान में सबका भुलाया हुआ यहाँ अकेला खड़ा हूँ...

जब वह वहाँ आकर खड़ा हुआ था, उसके कुछ ही देर बाद पिता के कोई मित्र उनसे मिलने आए थे और उन्होंने उससे पूछा था, 'पिताजी हैं?' और उससे उत्तर न पाकर, उसका ध्यान आकृष्ट करने में भी असफल होकर, यह सोचते हुए भीतर चले गए थे कि क्या ऐसे भी बालक हो सकते हैं जिन्हें नए आदमी को देखकर कौतूहल न हो। इस बात को घंटे भर से अधिक हो चुका था और बालक वहीं उसी मुद्रा में खड़ा था और अपने छोटे-से अनुभव की बात को लेकर सोच रहा था...

तभी वे मित्र बाहर आए और उसे वैसे खड़े देखकर भीतर लौट गए, उसके पिता को साथ लेकर आए और उसे मालूम नहीं हुआ कि वे कई मिनट तक उसे देखते रहे हैं, इस विस्मय से भरे कि जो शरीर चांचल्य के लिए बना है, वह इतना स्थिर कैसे खड़ा है और जो बालक सामान्य बालकों से भी अधिक दुर्निवार है, वह इतना प्रशान्त कैसे है।

एकाएक वह पिता का प्रश्न सुनकर चौंका, 'शेखर, क्या सोच रहे हो?' और कुछ सकपकाकर बोला, 'कुछ नहीं।'

किन्तु पिता को शायद उसकी निश्चलता देखकर कुछ परिताप हुआ था या दया आई थी, वे क्रुद्ध नहीं हुए, आग्रह से पूछने लगे...

जिसे वह नहीं टाल सका, वह एक इतनी नई चीज़ थी...बोला, 'मैं सोच रहा था कि बुरे के बगैर अच्छा नहीं होता!'

वे एकाएक समझे नहीं। बोले, 'क्या मतलब?'

'लोग बुरे को देखते हैं, तभी उन्हें पता लगता है कि क्या अच्छा है! बुरा नहीं हो, तो क्या पता लगे कि अच्छा क्या है।'

वे दोनों क्षण भर स्तब्ध रह गए, एक-दूसरे की ओर देखते रहे। फिर पिता ने, शायद यह सोचकर कि छोटे मस्तिष्क के लिए बड़ी समस्या का आकर्षण अच्छा नहीं हो सकता, उससे कहा, 'चलो, अन्दर चलकर खेलो-कूदो। बड़े होकर ये बातें सोचना।' यद्यपि यह डाँटकर नहीं, किंचित् सराहना के स्वर में।

पर, बालक सोचने लगा, 'अगर बड़ा होने पर ही सोचना होता है, तो मैं आज ही सोचकर बड़ा क्यों न हो जाऊँ...'

इसके बाद उसके पिता उसके विषय में चौकन्ने रहने लगे। जब भी उसे अकेला या विचारशील पाते, तो उसे खेल में लगाने या और किसी बात की ओर

आकृष्ट करने लगते। उसने अब देखा, उसे एकान्त बहुत कम मिलता है, यद्यपि वह यह भी समझता रहा कि वह है अब भी अकेला ही, बल्कि इस अनभ्यस्त सजगता ने उस अकेलेपन को और भी विशिष्ट कर दिया है...

इसके दो-चार दिन बाद ऐसी घटना फिर घटी। वह फिर वैसे ही, वहीं खड़ा था। सामने के कमानों की ओर देखकर एक और समस्या पर विचार कर रहा था जो उसी दिन प्रातःकाल उठी थी, जब उसे प्रार्थना करना सिखाया गया था। वह उन मकानों को देखकर सोच रहा था-ये सब ईश्वर ने क्यों बनाए होंगे, कैसे बनाए होंगे?

तभी उसके पिता ने आकर पूछा, 'फिर क्या सोच रहे हो?' उनके पीछे माता भी थीं, वे भी उत्तर की प्रतीक्षा करने लगीं।

उसने गम्भीर स्वर में कहा, 'ये सब मकान किसने बनाए?'

माता हँसी। बोली, 'लोगों ने, और किसने?' उन्होंने शायद सोचा, यह बालक खब्ती है, पर इसको बहलाए रखना ठीक है।

'तब, ईश्वर ने तो नहीं बनाए?' बालक ने कहा तो प्रश्न के तौर पर, किन्तु इसमें एक अविकल्पता थी, मानो वह किसी पहले पूछे जा चुके प्रश्न का उत्तर है...

माता-पिता ने सम्भ्रान्त दृष्टि से एक-दूसरे की ओर देखा, बालक ने वह दृष्टि भी देखी। तब पिता बोले, 'आओ मैं समझाऊँ। ईश्वर ने ही बनाए हैं।'

बालक उनका अनुसरण करता हुआ भी यह सोचता रहा कि अगर इस प्रश्न का हल इतना सुगम और निश्चित है, तब उस सम्भ्रान्त दृष्टि का कारण क्या है, वह क्यों...

उसका मनोरंजन करने के लिए, उसे व्यस्त रखने के लिए, पक्षी खरीदे गए। एक जोड़ा मरालों का, एक चकोरों का, एक तोता...और इन पक्षियों का चार्ज उनमें बाँट दिया गया, मराल बड़े भाई को, चकोर दूसरे को और तोता उसके हिस्से में आया।

वह बड़े मनोयोग से, तोते को सिखाने लगा। उसे आदेश मिला था, तोते को 'सीताराम' कहना सिखाए और उसके माता-पिता कभी तोते के पास आते, कहते, 'पढ़ सीताराम!' और वह भी उनके सामने यही कहता। किन्तु जब भी एकान्त पाता, तोते के सामने खड़ा होकर हँसता, बार-बार रुक-रुककर एक कृत्रिम हँसी इस इच्छा से कि तोता भी हँसना सीख जाए...

पर तोते ने न सीताराम पढ़ना ही सीखा, न हँसी ही। एक दिन उसके पिता ने तोते को पिंजरे से बाहर निकाला, और उसे हाथ में लेकर मिर्च खिलाने लगे। बालक ने पूछा, 'क्यों?' तो बताया कि जब तोते को मिर्च लगती है, तब बोलता है...

बालक ने कहा, 'लाइए मैं खिलाऊँ।' पिता ने तोता उसे दे दिया।

तोते ने उसके हाथ से भी मिर्च नहीं खाई। इधर-उधर घूमकर उसके हाथ से अपने पंख निकाल लेने की चेष्टा करने लगा।

बालक धैर्य खोकर मिर्च उसकी चोंच में जबरदस्ती ठूँसने का यत्न करने लगा।

तोते ने उसकी उँगली में काट लिया और उँगली छोड़ी नहीं।

बालक ने तोते को छोड़कर हाथ को ज़ोर से झटककर उँगली छुड़ा ली।

बालक अपनी आहत उँगली देखता रहा, तोता उड़कर घर के सामने एक पीपल के वृक्ष पर जा बैठा।

जब बालक को तोते का ध्यान आया, तब उसकी आँखें उसे खोजने लगीं। और थोड़ी ही देर में उन्होंने उसे पा लिया और मुग्ध होकर उसकी ओर देखने लगीं।

बालक का तोते के प्रति क्रोध हट चुका था। उसकी ओर हाथ बढ़ाकर उसे बुलाने लगा, 'मियाँ मिट्ठू!' तोते ने ध्यान नहीं दिया।

बालक ने देखा, तोता धीरे-धीरे डरते-डरते पीपल की एक डाल से उड़कर दूसरी पर बैठता है, दूसरी से तीसरी पर। ऐसा जान पड़ता था मानो पंख डरकर इसलिए फड़फड़ाता है कि कहीं पिंजरे की परिधि से टकराएँ न, आहत न हों और जब उसने देखा, वे हिल-डुलकर भी पिंजरे से नहीं टकराते, तब वह पेड़ पर से उड़कर बिजली के खम्भे पर बैठ गया, जो घर से अधिक दूर था और फिर यहाँ से दूसरे खम्भे पर। बालक को जान पड़ा, वह अपने को विश्वास दिला रहा है कि अब पिंजरे के सीखचों से घिरा नहीं हूँ, बाहर हूँ, स्वच्छन्द हूँ और फिर वह एकाएक आह्लाद और अभिमान से भरकर उड़ा और उड़ गया दृष्टि की सीमा से परे...

बालक ने एक लम्बी साँस लेकर गम्भीर स्वर में पिता से कहा, 'तोता उड़ गया।'

पिता ने उस स्वर की गम्भीरता को लक्ष्य करते हुए कहा, 'तो क्या हुआ, तुम्हें और ले देंगे।'

पर वह बोला, 'नहीं, और तोता नहीं पालूँगा...'

पिता हँसकर बोले, 'क्यों उँगली में काट खाया इसलिए? और अनेक पक्षी हैं, कोई पाल लेना। मेरे साथ चलकर चुन लेना, खरीद...'

'नहीं, अब कोई पक्षी नहीं पालूँगा...'

तब कभी-कभी उसे विचार आता, इन मरालों और चकोरों को भी भगा दिया जाए। पर शायद यह विचार कि ये पिंजरों में बन्द नहीं हैं, उड़कर जा सकते हैं, फिर भी इच्छा से यहीं रहते हैं, उसे रोक देता था।

एक बार उसका मँझला भाई बीमार हुआ, और बहुत बीमार हुआ। बहुधा दिन में ज्वर के कारण वह प्रलाप करने लगता और तब सदा ही कहा करता, 'मेरे चकोर! लाओ मेरे चकोर! कहाँ हैं मेरे चकोर...' और चकोर लाकर उसके पास बिठा दिए जाते, वह उनके ऊपर हाथ रखकर शान्त हो जाता...सो भी जाता...

वह काफ़ी क्षीण हो गया था। एक दिन उसके ज्वर का ताप इतना अधिक हुआ, कि उसका प्रलाप भी बन्द हो गया, वह शून्य-सा, अर्धमूर्च्छित-सा छत की ओर देखता पड़ा रहा। उसने चकोर नहीं माँगे...

पर वे स्वयं आए। उसके माता-पिता उसके पास चिन्तित खड़े थे, उन्होंने देखा, एक चकोर आकर उसके सिरहाने बैठ गया और एक धीरे-धीरे चारपाई के चक्कर काटने लगा...और उन्हें ऐसा जान पड़ा, उस कमरे के वातावरण में किसी अपूर्व खिंचाव का अनुभव चकोर भी कर रहे हैं और साथ ही अपनी माँग न होने के कारण दुखी हैं...

जो चकोर रोगी की चारपाई के चक्कर काट रहा था, उसकी गति धीरे-धीरे उद्भ्रान्त होती जा रही थी, पैर लड़खड़ा-से रहे थे और उसका जोड़ा-चकोरी-जो रोगी के सिरहाने बैठी थी, चिन्तित-सी उसे देख रही थी, पर अपने स्थान से हटती नहीं थी...

चकोर थककर रोगी के पैताने बैठ गया। उसकी ग्रीवा मानो निद्रा में झुक गई, उसका शरीर ढीला पड़ गया।

थोड़ी देर बाद सबने देखा, उसका शरीर लुढ़ककर एक ओर गिर गया है और अकड़ने लगा है...

उसके थोड़ी देर बाद ही रोगी ने मूर्च्छना से प्रलाप की अवस्था में आकर कहा, 'मेरे चकोर?'

कुछ दिन बाद रोगी अच्छा हो गया। न जाने क्यों, तब तक वह एक चकोर से तुष्ट रहता, दूसरे का उसे ध्यान ही नहीं हुआ। किन्तु जब वह चारपाई से उठा तभी उसने माँगा, 'दूसरा चकोर कहाँ है?'

किसी को उसे बताने का साहस नहीं हुआ। थोड़े दिन बाद चकोरी भी चुपचाप वहाँ से हटा दी गई, दे दी गई।

उसे कभी-कभी याद आ जाता और वह पूछ बैठता, 'मेरे चकोर?' खिन्न भी हो जाता...किन्तु वह धीरे-धीरे उन्हें भूल गया और उनके विषय में सत्य को भी जान गया...

शेखर के पास इसका कोई सन्तोषजनक हल नहीं है और वह इसके बारे में कोई राय नहीं बना सका है। वह इतना ही जानता है, उसने कुछ सीखा और बड़ी गहरी स्वीकृति से सीखा। क्या सीखा, यह भी वह नहीं बता सकता। शायद विश्वास, शायद निष्ठा, शायद-पता नहीं क्या...

मरालों का क्या हुआ उसे याद नहीं। शायद वे दे दिए गए, क्योंकि वे उन चकोरों के स्मारक थे...

वे पक्षी शेखर के जीवन से निकल गए। उसके बाद घर में और पक्षी भी नहीं लाए गए। किन्तु क्या शेखर के मन से भी वे निकल गए?

शेखर ने देखा, उसके संसार के अलावा एक और संसार है, जिसमें पक्षी रहते हैं, जिसमें स्वच्छन्दता है, जिसमें विश्वास है, जिसमें स्नेह है, जिसमें सोचने की या खेलने की अबाध स्वतन्त्रता है, जिसका एकमात्र नियम है, 'वही होओ जो कि तुम हो'...और वह संसार उसके लिए एक स्वर्ग, एक अत्यन्त वांछित स्वप्न हो गया, उसकी कुल यंत्रणाओं से उन्मुक्ति का द्वार, उसके अकेलेपन में उसका सहारा।

इससे क्या कि उसकी सभी धारणाएँ झूठी थीं? इससे क्या कि उस दूसरे संसार में भी वे सब कठोरताएँ, वे सब उत्पीड़न, वे सब असत्य विद्यमान थे जिनके कारण उसका मन पहले संसार से परे भागता था? इससे क्या कि जो वस्तुएँ पहले संसार में स्वप्नमात्र थीं, वे इस दूसरे संसार में स्वप्न का भी अस्तित्व नहीं रखती थीं, थीं ही नहीं? उसे एक सहारा चाहिए था और वह उसे इस काल्पनिक संसार से मिला, इसलिए यह कल्पना सच्ची है, सात्त्विक है, इसलिए वह संसार है और रहेगा...

एक दिन वह सन्ध्या समय एक बाग में गया। उस समय वह मानो पक्षियों से भर रहा था और वे सब अनियन्त्रित वाणियों से अपने प्राणों का आह्लाद कर रहे थे–कितना मधुर आह्लाद! बालक ने पूछा, 'क्या यही जंगल है?' क्योंकि उसने सुना था, पक्षियों का घर जंगल है। उत्तर मिला, 'नहीं, यह बाग है।'

'जंगल क्या होते हैं?'

'वे भी ऐसे ही होते हैं, बहुत बड़े-बड़े बाग से। पर जैसे इनमें पेड़ और फूल सजाकर लगाए हैं, ऐसे नहीं होते, अपने-आप उलटे-सीधे लगते हैं।' बालक ने सोचा, कितना उन्मुक्त होगा वह स्थान जहाँ सब कुछ तो स्वतन्त्र होगा ही, ये पौधे भी स्वच्छन्दता से उग-फूल-फल सकेंगे...और तब उसकी कल्पना के स्वर्ग को एक मूर्त आकार भी मिला और एक नाम भी मिला–जंगल...

और आज तक वन उसके लिए वह हैं जो नगर कभी नहीं हुए, न होंगे...आज उसका वह पहला स्वप्न उस उच्च शिखर से उतर आया है, जंगल अब स्वर्ग नहीं रहे हैं, किन्तु उस वन-प्रेम को पुष्ट करने वाली भी बहुत-सी बातें हुई हैं और आज भी वह इस पिंजरे में बद्ध होकर वनों का ध्यान करता है, जहाँ...

उस तोते की तरह, वह भी पंख नहीं फड़फड़ाता कि पिंजरे से चोट न लगे। क्योंकि वह भी अनुभव से सीख चुका है कि चोट लगती है। पर क्या उसकी आत्मा भी बद्ध है, क्या उसके भी चोट लग सकती है, क्या वह भी पंख नहीं फड़फड़ा सकती?

वह आत्मा विचरती है अपने वनों में, जहाँ उसका स्वर्ग है, अबाध...

किन्तु वह सब उसके शिक्षण–स्वत: प्राप्त शिक्षण–का एक पहलू ही था, उसकी शिक्षा उससे कहीं विस्तृत क्षेत्र में हो रही थी। यों कहा जा सकता है कि यह उसकी शिक्षा का मूल था, वह अंश था जो कि भूमि के नीचे–अदृश्य रहता है इसने उसके चरित्र को स्थायित्व दिया था किन्तु उस चरित्र की बनाने वाली शिक्षा, उसकी शिक्षा का वह अंश जो भूमि के ऊपर दृश्य होकर काम करता था, वह और था...पहली शिक्षा उसे स्थायित्व देती थी तो यह उसे गति देती थी, पहली ने उसमें गौरव जगाया तो दूसरी ने प्रवाह की दिशा इंगित की...

उसके खेल के साथियों में एक लड़की भी थी–जिसका नाम कोई नहीं जानता था–सब उसे फूलाँ कहकर सम्बोधन करते थे। वह उसके पड़ोस में रहने वाली एक विधवा की लड़की थी। फूलाँ उसके सब खेलों में शामिल होती थी और खेल–ही–खेल में वे दोनों एक–दूसरे के घर में भी प्रवेश कर जाते थे। उसमें बालकोचित पूर्ण स्वच्छन्दता थी...किन्तु एक दिन उसे घर से आज्ञा मिली कि वह यदि पड़ोस वाले घर में चला भी जाए, तो वहाँ कुछ खाए–पीए नहीं, कुछ भी ग्रहण न करे, क्योंकि वे छोटी जात के हैं...उसने पूछा (अभी उद्धतता से नहीं, केवल जिज्ञासावश) कि क्या और लोग भी उनके साथ नहीं खाते? तो उत्तर मिला, 'नहीं, अच्छी जात का कोई नहीं खाता!' 'तो फिर उनके साथ खेलते क्यों हैं, बोलते क्यों हैं?' तो उत्तर नहीं मिला। उसने फिर पूछा, तो उत्तर मिला, 'सिर मत खाओ। तुम्हें जो कहा जाए, मान लिया करो, बहुत बातें मत बनाया करो।'

बालक चला गया। उस दिन से वह खेल में कुछ अलग–सा रहने लगा, विशेषत: जब फूलाँ उपस्थित होती थी। इसलिए नहीं कि वह विशेष आज्ञाकारी हो गया था, केवल इसलिए कि वह चाहता था, पहले कोई हल कर लिया जाए, किसी निश्चय पर पहुँच जाया जाए और इसी के लिए वह खेल में भी (और विशेषत: खेल में क्योंकि उसी समय यह समस्या साकार होकर उसके आगे आती थी) सोचता रहता था...

इस समस्या का हल चार–पाँच हजार वर्ष में भी नहीं हो पाया है, किन्तु बालक के आत्मविश्वास के आगे चार–पाँच हजार वर्ष क्या चीज़ है? वह काल की गति

पहचानता ही नहीं, उसके लिए केवल दो अवस्थाएँ हैं, प्रकाश और अन्धकार, जागृति और निद्रा, इसलिए उसके वास्ते काल की गति का अस्तित्व ही नहीं है, उसके लिए है केवल प्रकाश और अन्धकार का संघर्ष...

उन दिनों तक वे घर के भीतर सोते थे। किन्तु तब से उन्होंने कोठे पर सोना आरम्भ कर दिया, क्योंकि गर्मी आ गई थी। उनके कोठे के साथ ही सटा हुआ उस विधवा के घर का कोठा था और बीच की दीवार भी अधिक ऊँची नहीं थी, अत: उसके ओर की बातें दूसरी ओर सुन पड़ती थीं। बालक जब सोने आता, तब कभी-कभी फूलाँ का खिलखिलाकर हँसना उस तक पहुँचता, और वह समस्या उसके आगे फिर आ जाती...कभी जब वह सुनता, फूलाँ की माँ उसे पुकारकर कहती है, 'फूलाँ, आ रोटी खा ले' तब उसे जान पड़ता, वे अत्यन्त दुखी होकर खाने बैठे हैं, क्योंकि कोई उनके साथ खाने को तैयार नहीं होगा, उसे लगता, वे मानो छिपकर, चोरी से खा रहे हैं क्योंकि वे किसी के सामने बैठकर खाने के हकदार नहीं हैं, वह सोचता ये खाना खा कैसे सकती होंगी...

वह अकसर सुनता, खाना खाने के बाद माँ-बेटी हँसती-खेलती थीं और खेल में एक अंश यह भी था कि कभी-कभी माँ बेटी से पूछती, 'फूलाँ, हम लोग कौन हैं?' और उसके हँसने पर या 'पता नहीं!' कहने पर उसे समझाती, 'तू कह, हम-हैं।'

बालक ने एक दिन माँ से पूछा था, 'क्या होता है?' तो माँ ने उसे बताया था कि एक छोटी जात का नाम है और फिर अँगूठे से साथ वाले घर की ओर इशारा करके कहा था, 'ये लोग हैं न!' और उस दिन से बालक सोचा करता-यदि यह छोटी जात है, तो वे इसे छिपाते क्यों नहीं? क्या कारण है कि माँ अपनी बेटी को बार-बार याद दिलाती है? और, और माँ के स्वर में अभिमान भी होता है।

बालक के मन में यह प्रश्न ही रहा। वह दूर बैठे उस विधवा की पूजा तक करने लग गया जो इस बात का अभिमान कर सकती है, फूलाँ भी उसके लिए एक पददलित देवी-सी हो गई, किन्तु उसका उनके घर जाना नहीं हुआ। वह नित्य रात को उनकी हँसी सुनकर सोचता-मैं भी इनके खेल में शामिल हो सकूँ, किन्तु दिन में वह उस घर के बाहर ही रुक जाता और लौट आता, न जाने क्यों!

आज वह समझोता है उस भाव को, आज वह उस भयंकर यंत्रणा का भी कुछ अनुमान कर सकता है, जिसे भोग चुकने के बाद ही उस विधवा माँ ने एक स्वरक्षात्मक अस्त्र की तरह यह अभिमान प्राणों में भरा होगा, वह यह भी समझ सकता है कि किस दृप्त अवमानना के भाव से वह फूलाँ को भी यह अभिमान करना सिखाती होगी-आज जब वह जानता है कि इस प्रकार यह समस्या दूर नहीं हो सकती, यह अभिमान अनुचित है, किन्तु यह जानकर भी उसकी विवशता से

सहानुभूति और संवेदना का अनुभव करता है! आज वह समझता है कि कैसे यहूदी लोग संसार की सबसे अपमानित और प्रपीड़ित जाति होकर, उसी अपमान और प्रपीड़न से अपनी जीवन-शक्ति पाते हैं, अवज्ञा से भरकर झुकते हैं और नष्ट नहीं होते...किन्तु आज जो फल वह ज्ञान के वृक्ष से तोड़ रहा है, उसका विष-बीज वहीं बोया गया था, उसी दिन...

उसके बहुत दिन बाद की–बीस वर्ष बाद की–एक बात मुझे याद आती है। उन दिनों जब मैं भागा फिरता था आत्मरक्षा के लिए। एक दिन, ज्येष्ठ की कड़ाके की धूप में, मैं और एक और व्यक्ति बीस मील चलकर आए थे। प्यास बहुत लगी थी, पानी कहीं दीख नहीं पड़ता था। हम सड़क पर चुपचाप चले जा रहे थे।

एकाएक हमें सामने आता हुआ एक व्यक्ति दिखाई दिया। मैंने उससे पूछा, 'क्यों भाई, यहाँ कहीं पानी मिलेगा?'

'यहाँ पास तो नहीं, वह उधर नदी है वहाँ होगा।'

'कितनी दूर?'

'यही कोई तीन-एक मील है–'

मुझे एक विचार आया। मैंने पूछा, 'तुम कहाँ रहते हो?'

उसने एक ओर इशारा करके कहा, 'यहाँ पास ही मेरा घर है–उस झुरमुट के पीछे।'

'तो, वहाँ तो पानी होगा।'

'नहीं जी।'

'ऐं? घर में पानी नहीं होगा? तो तुम्हारा काम कैसे चलता है?'

वह चुप।

मैंने फिर कहा, 'चलो, पानी पिला दो न? बहुत प्यासे हैं।'

वह फिर चुप।

मैंने कहा, 'तुम नहीं आते तो न सही। हम वहीं माँग लेंगे। वहाँ कोई है?'

वह फिर भी चुप। किन्तु थोड़ी देर बाद बोला, 'बाबूजी, आप कौन जात हैं?'

'हम जात-पाँत तो मानते नहीं, पर वैसे अगर तुम्हें कोई डर है, तो हैं हम ब्राह्मण ही, तुम्हारे बर्तन भ्रष्ट नहीं होंगे।'

'नहीं, वह बात नहीं,' कहकर वह चुप रहा, फिर बोला, 'आप आगे ही जाकर पी लीजिएगा।'

हमें कुछ आशा हुई थी, मिट्टी में मिल गई। मैंने कहा, 'आख़िर तुम पानी क्यों नहीं पिलाते?'

तब उसने विवश होकर उत्तर दिया, 'बाबूजी, हम छोटी जात के हैं...'

मैं एकाएक हँस पड़ा। 'बस यही बात थी? हम जात नहीं मानते, तुम हमारे बराबर हो–'

'नहीं बाबूजी, ऐसा नहीं हो सकता–'

'अच्छा, तुम नहीं पिलाओगे तो हम खुद पी लेंगे। बताओ, रास्ता किधर से है?'

'नहीं बाबूजी, यह–'

मेरे साथी को कुछ क्रोध आ गया, शायद प्यास बहुत अधिक थी। वह बोला, 'कैसा आदमी है! दिन भर तो मैला ढोता होगा, अब इतनी अकड़ कि पानी नहीं पिलाएगा!'

मैं उसे रोकने ही को था कि वह व्यक्ति एकाएक तनकर बोला, 'बाबूजी, आप हमें जो चाहे समझें, हमारे काम को बुरा मत कहें। हम ईमान का पैसा खाते हैं...'

मैंने सोचा, एक साथ ही इतनी दीन विनय और इतना अभिमान! और मैंने सोचा कि यह उचित ही है...

हमें पानी नहीं ही मिला। हम आगे चल पड़े...

पर यदि सर्वत्र ऐसा ही होता, तो भी कुछ बात थी। मैं जानता हूँ कि यह नहीं है, कई जगह ऐसी अवज्ञा, यह आत्माभिमान नहीं है। वहाँ है केवल दैन्य, सम्पूर्ण दासत्व, वहाँ माता-पिता अपने बच्चों को बोध कराते हैं, अवज्ञा के लिए नहीं, स्वीकृति के लिए, झुकना सिखाते हैं अभिमान से नहीं, दासत्व-भाव से। आत्माएँ इस सम्बन्ध में इस तरह जकड़ी गई हैं कि वे स्वयं नहीं जानते वे किस शृंखला में बँधे हैं और स्वयं उसकी कड़ियाँ पक्की करने में सहायक होते हैं...

वह अभिमान-भरी अवज्ञा इस समस्या का सर्वोत्तम हल तो नहीं है, किन्तु एक हल अवश्य है, निश्चित और स्वाभाविक भी...

एक और पाठ।

उनके घर में कोई रसोइया नहीं था, यद्यपि एक की खोज बहुत दिनों से हो रही थी।

एक दिन एक आदमी आया और पूछने लगा कि रसोइया तो दरकार नहीं है?

पूछताछ के बाद उसे नौकर रख लिया गया।

शेखर और उसके भाई, रसोईघर में नया विधान देखने गए। देखा कि चौका-चूल्हा सब धोया गया है और महाराज ने चूल्हे के पास बैठकर, अपने हाथ भर दूर चूने से एक लकीर खींच दी है। इस लकीर के भीतर जो बर्तन भी जाता है, पुनः धुलकर और महाराज जब उसके बाहर आते हैं तब भीतर जाते पुनः पैर धोते हैं और

एक पैर से उछलकर भीतर जाते हैं, ताकि बाहर की छूत भीतर न लग जाए और महाराज थोड़ी-थोड़ी देर बाद बालकों से कहते, 'इधर मत आना? इधर मत आना...'

बालक देखभाल कर चले गए। बाहर जाकर उन्होंने एक लकीर खींची और जैसे महाराज को करते देखा था, वैसे ही एक पैर पर उछलकर उसे पार करने लगे और हँसने लगे...

खैर! जब भोजन का समय हुआ, तब एक मुश्किल पेश हुई। अगर परोसने के लिए महाराज आते हैं तब उन्हें मिनट में दस बार पैर धोने पड़ेंगे और मिनट भर तो पैर धोते ही लग जाता है, तब रोटी बेलेगा कौन, चुपड़ेगा कौन, खिलाएगा कौन...निश्चय हुआ कि महाराज बाहर न आवें, एक भाई ही परोसे और खिलाए। पर जो पात्र एक बार बाहर आ जाए, वह फिर भीतर तो जा नहीं सकता! जब पाँच-सात पात्र इस प्रकार 'भ्रष्ट' हो गए, तब बालक को शरारत सूझी। उसने अपने हाथ का पात्र लकीर के पार रख दिया-

'हैं, हैं, यह क्या किया, सारी रसोई भ्रष्ट कर दी!' कहकर महाराज उछल पड़े। बालक हँस पड़ा...

शिकायत हुई। फिर फैसला हुआ कि महाराज सबको खिलाकर अपनी रसोई फिर करेंगे।

जब सब खा-पी चुके, तब फिर चौका हुआ, महाराज नहाए और अपने लिए खाना पकाने लगे।

बालक फिर गया। एक बर्तन उठाकर उसने लकीर के बाहर ही रखा और उसे भीतर धकेलते हुए बोला, 'महाराज, थोड़ा नमक-मिर्च इसमें रख देना-'

फिर शिकायत हुई। बालक से पूछा गया, तो बोला, 'मैंने चौके के भीतर बर्तन नहीं रखा, बाहर ही रखकर धकेल दिया था, चौका कैसे जूठा हुआ-'

महाराज ने निश्चय किया, तीसरी बार खाना पकेगा! तब दो बज चुके थे। माँ ने कहा तीन बजे चाय तैयार होनी चाहिए और चाय के साथ-इत्यादि।

महाराज ने एक लम्बी साँस ली।

शाम को महाराज ने पहले अपने लिए खाना पकाया। जब खा चुके, तब पिता से बोले, 'बाबू साहब, हमसे यह नौकरी नहीं निभेगी,' और चले गए।

सब लोगों ने भी मुक्ति की एक लम्बी साँस ली। महाराज चले गए।

लोहा या सोना भी-एक चोट से नहीं बनता। उस पर कई चोटें होती हैं, चोट पर चोट, चोट पर चोट...

वैसे ही शिक्षण है। एक या दो चोट में नहीं हो जाता, असंख्य चोटें होती हैं। किन्तु उनमें इतना विभेद नहीं होता, वे एक ही चोट की पुनरावृत्ति मात्र होती हैं...

केवल, कभी जब धातु का आकार टेढ़ा हो जाता है, तब उसे आड़ी-तिरछी चोट भी दे दी जाती है। बस सारा निर्माण, सारा शिक्षण, इन्हीं दो-तीन प्रकार की चोटों का बना होता है, उनकी असंख्य आवृत्ति में और उन्हीं दो-तीन प्रकार की चोटों को देखकर सारी क्रिया का अनुमान हो जाता है...

एक तीसरा पाठ भी है...

गोमती में बाढ़ आई हुई थी-बहुत बाढ़...

शेखर अपने पिता के साथ घूमने निकला है। घूमने, यानी एक छोटी-सी नाव में बैठकर, उसे बाँसों से निकलवाकर इधर-उधर फिरने क्योंकि सड़कों तक पर दो-दो हाथ पानी आया हुआ है, रास्ते बन्द हैं या अगर खुले हैं तो सिर्फ नावों के लिए।

नाव बड़ी-बड़ी सड़कों पर हो आई है। वहाँ पर तो ऐसी रौनक लग रही है मानो वेनिस का एक छोटा-सा संस्करण भारत में आ गया हो, क्योंकि नावों में व्यापारी लोग अनेक प्रकार के खाद्य-अनाज, शाक, तरकारी, फल इत्यादि-बेचते फिर रहे हैं, कोई-कोई पुस्तक और अख़बार की फेरी दे रहा है, बाढ़ के फोटो और-हाँ, खिलौने तक बिक रहे हैं...नावें घरों के दरवाज़ों पर ऐसी जा लगती हैं मानो घाट पर लगी हों और व्यापारी लोग अपने माल का नाम, दाम पुकारते हैं...

पर वह था बड़ी-बड़ी सड़कों पर, जिन्हें वे पार कर आए हैं। अब वे जा रहे हैं शहर के निर्धन अंश में-देखने के लिए। यह अंश बाकी नगर से नीचा है (होना ही था) इसलिए इसमें अधिक पानी भरा हुआ है और नाव मजे में चलती है। मजे में! वह मज़ा! इधर की गलियाँ बिलकुल सुनसान हैं और दुर्गन्धमयी और अधिकांश घरों में मातम-सा छाया हुआ है-यदि उसके मौन को कोई भंग करता है तो किसी बच्चे के रोने का स्वर ही...वह अपने पिता से पूछता है, 'वे बेचने वाले इधर क्यों नहीं आते?'

'इधर क्या करने आएँ? यहाँ कुछ बिक्री नहीं होती।'

'क्यों?'

'ये गरीब लोग हैं, खरीद नहीं सकते।'

बालक दयाभाव से भरकर उन बेचारे बच्चों की बात सोचता है जिनके माता-पिता 'गरीब लोग' हैं और उनके लिए खिलौने नहीं खरीद सकते और न फल।

बालक पूछता है, 'इनके बच्चे खेलते कहाँ होंगे?'

'नहीं खेलते।'

'क्यों?'

'...'

क्या उत्तर दें कि शरीर में इतनी शक्ति ही नहीं है कि खेल सकें? ये वे हैं, जो खेलते नहीं, जो स्वयं खिलौने हैं, जिनसे विधि खेलती है।

इन्हें स्मृतियाँ कहना 'स्मृति' के अर्थ को कुछ खींचना ही है। क्योंकि ये सब मुझे ठीक इस रूप में याद नहीं हैं, बल्कि इनके तथ्य याद ही नहीं हैं, जब मैं भूत की ओर देखता हूँ तब वे चित्रों के रूप में मेरे सामने नहीं आते। मुझे याद आते हैं केवल वे भाव जो मैंने अनुभव किए हैं, वह विशेष मन:स्थिति जिसे लेकर मैं किसी दृश्य में कभी भागी हुआ था और ये जो चित्र मैं खींचता हूँ ये उन्हीं मन:स्थितियों को लेकर उन पर निर्मित हुए छायापट मात्र हैं। यदि ये स्मृतियाँ हैं तो मन की स्वतन्त्र स्मृतियाँ हैं, वैसी स्मृतियाँ नहीं जिनकी मूल छाप बिठाने के लिए आँखें साधन हुई होती हैं...

किन्तु, शिक्षा क्या है? चित्रों का अनुक्रम नहीं। वह भावों का अनुक्रम है–उन भावों का जो उत्तरोत्तर उन्नति पाते जाते हैं। अधिक विस्तीर्ण और गहन होते जाते हैं और जिनके ऊपर ही चित्रों का आश्रय होता है। वे चित्र एक तरह से भावों की समाधियाँ मात्र हैं, और जीवन ऐसी समाधियों का विस्तीर्ण क्षेत्र...

स्थिरता और सामर्थ्य।

उसकी शिक्षा में ये दोनों कहाँ से आईं यह तो दीखता है। किन्तु वह पाता है कि उसमें एक और भी गुण है, एक गति, एक प्रेरणा, एक सशक्त आकर्षण–वह कहाँ से आया?

वह समझता है, वह कुछ है। विकास-गति का एक बुलबुला है, क्षण-भंगुर है पर फिर भी कुछ स्वतन्त्र, कुछ गतिमान, कुछ प्रेरक, कुछ उत्कर्षपूर्ण, कुछ अमर है। क्या?

यह एक विचित्र बात है कि जो घटनाएँ या विचार जीवन का पथनिर्देश करते हैं, उसे किसी एक दिशा की ओर प्रेरित करके उसके भविष्यत् मार्ग का अमिट निर्णय कर देते हैं, वे घटनाएँ या विचार स्वयं अत्यन्त उलझे हुए और अस्पष्ट होते हैं, उनकी मूल प्रेरणा का, उनका निर्देशन करने वाली शक्ति का, कोई पता नहीं लगता।

इसी तरह जब मैं विचार करता हूँ कि मैंने यह निरन्तर ऊर्ध्वमुखी प्रेरणा कहाँ से पाई कि वह क्या है जो सदा मेरी जीवन-गति को निर्दिष्ट करता रहा, उसका उत्कर्षण करता रहा, किसी ऐसे शिखर की ओर जो पाया नहीं जा सकता, जो कल्पना में भी दिखता नहीं, उच्चतम बादलों के ऊपर कहीं छिपा रहता है–तब उत्तर स्पष्ट नहीं मिलता...

दीखते हैं, अनेक असम्बद्ध चित्र...!

पिछली कुछ एक घटनाओं ने शेखर को कुछ विचलित कर दिया था, उसके जो कुछ एक स्थिर विश्वास थे, उसकी जो निष्ठाएँ थीं, वे टूट-सी गई थीं। उसे सब ओर सब कुछ मिथ्या-सा लगने लगा था। वह अपने को किसी वस्तु में इस डर से आसक्त नहीं कर पाता था कि यह भी झूठ न निकले, हाथ से फिसल न जाए! और इसी कारण वह कुछ अलग-अलग रहने लगा था, अलग ही घूमने जाता था।

इस समय के जितने भी चित्र याद आते हैं, उनकी मुख्य उल्लेखनीय बात है उनकी शान्ति। सम्भवत: इन दिनों वह शान्ति की इतनी उग्र खोज में था कि जहाँ वह प्राप्त हुई, चाहे क्षण भर के लिए ही, वही स्थल उसकी स्मृति में बैठ गया। इसलिए उस समय की स्मृतियाँ बड़ी सुखद हैं...

गोमती का तट। सन्ध्या। शेखर अकेला धीरे-धीरे टहल रहा है, पेड़ों की ओर देखता हुआ। कुछ पेड़ों पर पीली-सी आकाशबेल के जाल के जाल, ढेर के ढेर पेड़ पड़े हुए हैं, उन्हीं को देखता हुआ और यह सोचता हुआ कि इन्हीं को क्यों यह अधिकार प्राप्त हुआ कि इनकी उत्पत्ति भूमि से न हो, पैर भूमि पर न टिकें, ये सदा ऊँची रहकर ही, दूसरों के सहारे पृथ्वी से अपना जीवन-रस खींचा करें। पर वह बहुत देर तक यह नहीं सोच सकता, उसका मन हटकर गोमती की लहरों पर काँपते हुए ताम्रवर्ण प्रकाश की ओर जाता है और वहीं रह जाता है। उसे लगता है कि उस प्रकाश में कुछ है जो उसे बुलाता है, खींचता है, सुख देता है, पर वह उसे नाम नहीं दे पाता, 'सौन्दर्य' शब्द उसके मन:क्षेत्र में अभी तक नहीं आया है...

लखनऊ की बारादरी में शेखर अकेला बैठा है।

एक अत्यन्त सुन्दर घोड़ा तीव्र गति से दौड़ता हुआ उसके सामने से जाता है। उसकी गति में कहीं चेष्टा नहीं है, कहीं रुकावट नहीं है, मानो कहीं भी इच्छा की प्रेरणा ही नहीं है, वह स्वत: सम्पूर्ण, सुन्दर, अच्छे संगीत की तरह ताल-विशिष्ट एक गति है।

शेखर एकाएक खड़ा हो जाता है। यह एक नई बात थी उसके जीवन में और यह विद्युत की तरह उसके मन में तड़प गई...

Rhythm...लय...

वह फिर बैठ गया। आकाश की तरह शान्त, पहाड़ी झील की तरह स्वच्छ।

शायद तभी से, यह जीवन सर्वत्र उस वस्तु को खोजने लगा और शायद उसने उसे पाया भी, क्योंकि बहुत वर्षों बाद, अपने जीवन के घोरतम अन्धकारमय दिनों में, जब वह अपने सब ओर के विरोधों से त्रस्त हो उठता। तब एकाएक कोई आलोक-किरण उस अन्धकार को चीर जाती है और वे सब वैपरीत्य, उलझनें इस हद तक हल हो जातीं कि एक ही महान एकत्व के विभिन्न अंग जान पड़ने लगतीं...

एक दिन शेखर के पिता उसे अजायबघर में ले गए और जिस कमरे में मूर्तियाँ रखी थीं वहाँ पहुँचाकर अपने काम पर चले गए।

शेखर कुछ सहमा हुआ इधर-उधर देखने लगा। उसके सभी ओर मूर्तियाँ थीं, कुछ साबुत, कुछ टूटी, कुछ शरीर-हीन सिर, कुछ सिर-हीन शरीर, कुछ काली, कुछ श्वेत, कुछ पत्थर की, कुछ मिट्टी की, कुछ चमचमाती हुई धातु की, कुछ जंग से खाई हुई।

शेखर की दृष्टि एक प्रतिमा पर जाकर ठिठक गई।

यों कहें कि प्रतिमा के पैरों पर ठिठक गई, क्योंकि वह प्रतिमा बहुत बड़ी थी, और शेखर की आँखों के तल पर उसके पैर ही आरम्भ होते थे।

शेखर धीरे-धीरे दृष्टि उठाता गया। वह छत तक पहुँच गई, जहाँ मूर्ति का सिर था।

शेखर ने फिर उसे ऊपर से नीचे तक देखा। पैरों के नीचे लगी हुई लकड़ी की तख्ती तक, जिस पर बड़े अक्षरों में लिखा था, 'महाबीर जिन।'

शेखर के मन में किसी भाव ने जागकर कहा, 'मूर्ति बिलकुल नंगी है।'

वह नंगी थी। शेखर नहीं समझ सका कि कैसे उसकी विशाल, भीमकाय, प्रकांड नग्नता का चित्रण करते, उसे गढ़ते समय मूर्तिकार का हाथ नहीं काँपा, उसकी कल्पना नहीं लज्जित हुई। नग्नता का सत्य, सत्य की तरह नंगा, उसके जगत में नहीं था, आने नहीं दिया गया था, उसके लिए नग्नता झूठी थी, भद्दी थी, अवांछनीय और अदर्शनीय थी। किन्तु या इसीलिए वह स्थिर और अकम्प दृष्टि से उसे देखता रहा, बहुत दूर तक देखता रहा।

मानो उसके मन ने उस नग्नता को स्वीकार कर लिया, वह उसकी दृष्टि में अत्याज्य, अनस्वाभाविक, सुन्दर हो उठी!

वह धीरे-धीरे लौट पड़ा। शान्ति की मधुर, शीतल साँस मानो उसके मन पर एक हलका-सा परिमल बिखेर गई।

कुछ ही दिन बाद, जब उसके पिता सारनाथ गए और बौद्ध-विहार में ठहरे, तब वह अवसर पाकर चोरी से निकला और एक बड़े पोखर के किनारे से होता हुआ सारनाथ के अजायबघर की ओर बढ़ता चला। पोखर में कुछ लोग सिंघाड़े बटोर रहे थे, किनारे पर या कीच में कुछ अधनंगे लड़के शोर मचा रहे थे, उनकी ओर उसने आँख उठाकर देखा भी नहीं। किसी समय जो दृश्य आह्लादमयी आत्मविस्मृति में डुबा देता वह आज उसके लिए देखने की वस्तु ही नहीं रही, क्योंकि वह अजायबघर की ओर जा रहा था...

सारनाथ के अजायबघर को बहुत कम लोग देखने आते थे और जिस समय शेखर वहाँ पहुँचा, उस समय उसके बन्द होने का समय भी था।

शेखर ने देखा, दरवाज़े पर या चरखड़ी के पास, कोई चपरासी नहीं था। वह चुपचाप चरखड़ी के नीचे से होकर भीतर हो लिया।

दाईं ओर मूर्तियाँ पड़ी थीं। शेखर कुछ देर उन्हीं की ओर देखता घूमता रहा फिर तारा की एक मूर्ति की चौड़ी पीठिका पर बैठ गया।

एकाएक उसे लगा, वहाँ एक अनभ्यस्त नीरवता छाई हुई है। इतनी अधिक कि वह ध्यान देकर सुनने लगा, कहीं कोई तनिक-सा भी शब्द हो, पर नहीं। वह अखंड थी।

वह जल्दी से उठा और बाहर की ओर गया।

द्वार बन्द था, अजायबघर के भीतर वह अकेला था। वह धीरे-धीरे लौट आया। आकर फिर उसी स्थान पर बैठ गया।

जब हम साथ चाहते हैं, ध्वनि चाहते हैं, तब नीरवता हमें खटकती हैं, हम उसे सुनते हैं और वह हमें बोलती हुई जान पड़ती है, उस शब्द से बोलती हुई जान पड़ती है, जिसके लिए प्राचीनकाल में किसी मनस्तत्त्वविद् साहित्यकार ने 'साँय-साँय करना' वाक्य प्रयुक्त किया था। शेखर को यह नहीं जान पड़ता कि वहाँ की नीरवता साँय-साँय कर रही है, उसे काटने को आ रही है। मैं रात भर बन्द रहूँगा, भोजन नहीं मिलेगा, सो नहीं सकूँगा, पिता ढूँढ़ते फिरेंगे ये सब चिन्ताएँ उसके मन में आईं ही नहीं, वह एक भव्य, सुन्दर, आनन्दमयी, विह्वल, शान्तियुक्त, आत्मविस्मृत स्वीकृति में बैठा रहा, बैठा रहा, बैठा रह गया...

अब कभी वह उस क्षण का चिन्तन करता है, तो सहम-सा जाता है, इतनी व्यापक थी वह शान्ति, वह नीरवता! पर उस समय उसे कुछ भी विचित्र नहीं लगा, विचित्र लगा एक किवाड़ खुलने के शब्द द्वारा उस शान्ति का खंडन...एक शब्द जिसमें वह विश्वास ही न कर सका, इतनी दूर चला गया था वह! विचित्र लगी उसके नाम की पुकार-'शेखर!'

वह चौंककर उठ बैठा और जल्दी से उस तारा की मूर्ति से परे हट गया। उसे यह असह्य जान पड़ा कि लोग यह भी जान पाएँ कि वह कहाँ था, इतनी देर कहाँ रहा, क्या करता रहा, उसे लगा कि यदि लोग यह जान जाएँगे कि वह किस विशेष स्थान पर बैठा था तो वह लज्जा से डूब मरेगा...

बुद्ध ने जिस स्थान पर बैठे-बैठे दिव्य ज्ञान पाया था, वह उनकी दृष्टि में वैसा ही पवित्र, संसार की दृष्टि से गोपनीय हो गया होगा...

उससे पूछा गया कि वह कैसे वहाँ आया, क्या करता रहा-क्यों, क्यों, कब-प्रश्न जो सदा पूछे जाते हैं, किन्तु उसका उत्तर कुछ महत्त्व नहीं रखता-सिवाय इसके कि जैसे वे प्रश्न अनिवार्य होते हैं, वैसे ही उनके उत्तर भी सदा एकरूप होते हैं!

शेखर का लज्जित मौन ही उसका उत्तर था।

जब वह अपने आपसे कहता है कि उसमें विश्व-शान्ति का, विश्वात्मा का एक अंश है, तब क्या वह झूठ बोलता है, अपने आपको धोखा देता है?

उसके चारों ओर दुख है, दारिद्र्य है, पीड़ा, रोग, मृत्यु, सब कुछ है। देश-विदेश के धर्म के ठेकेदारों ने अपनी कुल आविष्कार-शक्ति को खर्च करके नरक में जिन बुरी-से-बुरी और भयंकर-से-भयंकर यातनाओं का सृजन किया है, वे सभी संसार में, उसके संसार में मौजूद हैं और वह उन्हें स्वीकार नहीं करता, उनके विरुद्ध विद्रोह करता है, लड़ता है। किन्तु क्या वह इसीलिए नहीं कि उसकी आत्मा ऐसे किसी स्थान को देख या अनुभव कर सकती है जिसमें ये सब कुछ नहीं है, कि उसकी आत्मा पर पारलौकिक शान्ति की झलक पा चुकी है, इस नरक में रहकर भी एकात्म है उस नरक से नहीं बल्कि उस विश्वशान्ति से?

धोखा? एक धोखा क्या एक समूची जीवनी को, एक समूचे संघ को अनुप्राणित कर सकता है? धोखे में क्या शक्ति हो सकती है? धोखे के लिए मर सकते हैं, किन्तु क्या धोखे के लिए जिया भी जा सकता है?

लोग कहते हैं, विद्रोही के विचार संकुचित हैं, उसका मस्तिष्क कमज़ोर है, उसका हृदय टेढ़ा है। लोग यह भी कहते हैं कि उसके स्वप्न छूँछे, आदर्शवादी, असम्भव हैं। यह सब शायद ठीक है लेकिन वह पतितों और असहायों को समानता की दृष्टि से देख सकता है, उसका हृदय गिरे हुओं को उठा सकता है, उसका मस्तिष्क एक समूचे राष्ट्र को चला सकता है और अपने स्वप्नों के लिए सच्चाई और दृढ़ता के साथ लड़ सकता है और उसके स्वप्न सच्चे भी हो जाते हैं।

क्या वह भी धोखा है।

मैं अपने आपको एक पाँच वर्ष के बालक के रूप में देखता हूँ, जो केवल एक नीला निकर पहने हुए नंगे पैर घास पर भागा जा रहा है। बालक ने अपने कन्धे पर बहुत-से कमल लादे हुए हैं, कुछ खिले हुए, कुछ अधखिले, कुछ अभी बन्द। जिस पथ पर वह चला जा रहा है, वह चिनार के वृक्षों की छाया में होता हुआ जाता है और खिले हुए पत्तों और चिनार फूलों से प्रायः बिलकुल ढका हुआ है। कहीं-कहीं किसी अँधेरे और ठंडे कोने में रोएँदार पत्तों वाली बिच्छू-बूटी लग रही है, जिससे बालक डरता नहीं क्योंकि वह उसका इलाज भी जानता है।

यह दृश्य मेरी दृष्टि के सामने बिलकुल साफ है, फिर भी मैं इसे ठीक स्थान पर नहीं रख पाता—जीवन-क्रम में इसका कोना मुझे याद नहीं आता। बात अवश्य काश्मीर की है, लेकिन यह मुझे समझ नहीं आता कि यह क्यों स्मृति के पट पर इतने

गहरे अक्षरों से लिखी है, विशेषत: जबकि इसका न कोई कारण याद आता है, न कोई फल।

शेखर के पिता की बदली एकाएक हो गई थी और वे कुछ-एक दिन अपना फालतू सामान नीलाम करके, दोस्तों से विदा लेकर सकुटुम्ब वहाँ पहुँच गए थे और जेहलम के किनारे एक बँगला लेकर वहाँ रहने लगे थे। महासमर के दिनों की बात है, जब महँगी बहुत थी, लेकिन मकान-कोठियाँ सस्ती हो गई थीं।

शेखर लगभग छह वर्ष का था, जब उसने निश्चय किया कि अब समय आ गया है कि वह एक पुस्तक लिखे और प्रसिद्धि प्राप्त करे।

वह जानता था कि उसके पिता पुस्तक लिखते हैं। एक दिन उसने पिता से पूछा था कि वह पन्ने पर पन्ने क्यों लिखते जाते हैं, तब उन्होंने बताया था कि वे एक पुस्तक लिख रहे हैं। उन्होंने यह भी बताया था कि वे उसमें एक चित्र भी रखेंगे, और यह भी एक प्रेस में काग़ज़ मशीन में डालकर घुमाए जाएँगे जिससे एक पुस्तक की सैकड़ों-हजारों पुस्तकें बन जाएँगी और प्रत्येक में वैसे ही चित्र होंगे। यह सब उसके लिए ऐसी अद्‌भुत बात थी कि उसने भी एक चित्र-भरी पुस्तक लिखने का निश्चय किया था।

लेकिन चित्र आएँ कहाँ से? पिता की सहायता वह माँगना नहीं चाहता था, उसे डर था कि वे ईर्ष्यावश विघ्न न डालें। तभी सोचते-सोचते यह विचार आया-फूल! उसने स्थान-स्थान से फूल एकत्र किए हैं, उन्हें पुस्तकों में दबाकर सुखाया। उसने माली से उनके नाम पूछे। इस प्रकार सामग्री तैयार कर लेने के बाद, उसने पुस्तक आरम्भ करने की ठानी।

पहली कठिनाई हुई काग़ज़ की। एक दिन जब पिता दफ्तर गए हुए थे, तब उसने उनकी चाभी चुराकर मेज़ का दराज खोला और उसमें पिता के चिट्ठी लिखने के सबसे अच्छे काग़ज़ निकाले, कार्ड-से मोटे, चिकने-चमकदार और कोने में लाल सरकारी चिह्न 'शेर-गढ़ी' से विभूषित। शेखर ने देखा कि चित्रों के लिए सभी पुस्तकों में मोटा और चिकना काग़ज़ लगता है।

बीस-एक काग़ज़ लेकर, शेखर ने अपनी बहिन से उन्हें सिलवा लिया। बहिन प्रत्येक आयोजन में उसकी सचिव और संगिनी थी-यद्यपि कॉपी सीने की मजदूरी में उसने पाँच काग़ज़ स्वयं ले लिये। अब शेखर को अपनी पुस्तक की जिल्द की चिन्ता हुई और इसका जो हल उसने निकाला, वह इतना साहसिक था कि उसने अपने धड़कते हुए हृदय को सँभालकर, पुस्तक की अलमारी में से सुनहरी चमड़े की जिल्द वाली बाइबिल निकाली, एक ही झटके में जिल्द को पुस्तक से अलग किया, पुस्तक को रसोई के पीछे कूड़े के ढेर में छिपाया और जिल्द के अन्दर अपनी कॉपी रख ली। यह सब क्षण भर में हो गया।

शाम को जब सब लोग लौटे, तब उसे एकान्त में पाते ही उसकी बहिन ने पहला प्रश्न किया, 'आज क्या किया!' और शेखर की दोषी आत्मा ने उसे सब कह डाला–छिपाने का साहस उसने नहीं पाया। तब अपना रहस्य सुरक्षित रखने के लिए शेखर को दूसरे दिन की अपने हिस्से की मिठाई का भी त्याग करना पड़ा और इस सौदे में उसने बहिन से कॉपी भी जिल्द के अन्दर सिलाकर फिट कर ली।

दूसरे दिन भाई और बहिन पुस्तक लिखने बैठे। शेखर ने गोंद से प्रत्येक पन्ने पर अलग-अलग फूल चिपका दिए। बहिन अपने वनस्पति विज्ञान की पुस्तक लाई और शेखर उसे देखकर, उसी ढंग से फूलों का वर्णन करने लगा, पहले फूलों के रंग-रूप का वर्णन, फिर उनके उपयोग, फिर–लेकिन यह 'habitat' क्या चीज़ है?

बहिन ने कहा, 'हमें नहीं मालूम। स्कूल में यह नहीं पढ़ाते–छोड़ जाते हैं!'

शेखर ने जाकर पिता से पूछा, ' 'habitat' किसे कहते हैं?'

'habitat' का मतलब है जहाँ कोई चीज़ रहे या पाई जाए। क्यों?

'कुछ नहीं–बहिन ने पूछने को भेजा है,' कहकर सकपकाया हुआ शेखर भाग गया। पीछे से पिता का स्वर आया, 'वह खुद क्यों नहीं पूछने आती?'

शेखर लगभग एक महीने के परिश्रम के बाद पुस्तक तैयार कर सका। जब उसकी बहिन ने उसे देखकर पास कर दिया, तब शेखर ने निश्चय किया कि वह भी अपनी पुस्तक को प्रेस में घुमाकर सैकड़ों बनवाएगा। इसीलिए, एक दिन जब उसके पिता विशेष प्रसन्न जान पड़ते थे तब उसने जाकर अपनी पुस्तक उनके हाथ में रख दी।

लेकिन तत्क्षण ही शरमाकर वह भाग गया। केवल इतना भर देख पाया कि पिता की त्यौरियाँ बदल गईं, फिर उन्होंने पुस्तक खोली।

कुछ ही मिनट में शरम और डर पर कुतूहल ने विजय पाई। पिता और माता की ठठाकर गूँजती हुई हँसी सुनकर वह लौट आया और देखने लगा, उसे देखते ही पिता की हँसी दुगुनी हो उठी। उन्होंने कमर से पकड़कर उसे उठा लिया और बोले, 'इतना मैं बरसों से नहीं हँसा होऊँगा। गज़ब की किताब है तुम्हारी!'

शेखर कुछ घबरा-सा गया, क्योंकि उसे ठीक समझ नहीं आया कि यह प्रशंसा है या और कुछ। अपने जाने वह एकदम प्रशंसा का पात्र था–क्योंकि पुस्तक बड़े सुन्दर अक्षरों में लिखी गई है, और चित्र कितने सुन्दर हैं, और इनके नाम लाल रंग से लिखे गए हैं...'फूशिया' और 'आयरिस' का भला इससे बढ़कर क्या वर्णन होगा–

Fushia, Vylet flower with fore red small leaves very pretty Kashmiri girls put it in their hair nurse Zinnia puts it in her ears to dance in the kitchen. Habitat. Shalimar Gardens and Chashma Shahi.

(फूशिया–छोटी लाल पत्तियों वाला बैंगनी रंग का फूल बहुत सुन्दर, काश्मीरी लड़कियाँ बालों में लगाती हैं। जिनिया आया कानों में पहनकर रसोईघर में नाचती हैं।

पैदाइश शालीमार बाग और चश्माशाही)।

Iris, very beautiful some are blue some red and some white, there is a yellow stick inside the flower.

Habitat, Mr. Chatterjis house near Gupkar the best were in our house but the flood took them away.

(आयरिस–बड़े सुन्दर, कुछ नीले होते हैं, कुछ लाल और कुछ सफेद, फूल के अन्दर एक पीली डंडी होती है।

पैदाइश गुपकार के पास मिस्टर चटर्जी के घर में–सबसे अच्छे हमारे घर में होते थे, पर बाढ़ में बह गए।)

लेकिन जाने क्यों, वह किसी को भी हँसने लायक से अधिक पसन्द नहीं आई। शेखर का जी बैठ गया, और पिता के अनुग्रह-भरे वाक्य 'कुछ परवाह नहीं, बेटा अबकी बार अच्छी लिख लोगे, लेकिन मेरी पुस्तकें खराब मत करना!' से वह अधिक खिन्न ही हुआ।

यों उसके पहले साहित्यिक प्रयास का अन्त हुआ या यों कहें कि अन्त का आरम्भ, क्योंकि असली अन्त तो दो वर्ष बाद तब हुआ जब उसे कूड़ेखाने में दीमक और अन्य प्रकार के कीड़े खा गए।

साहित्य का निर्माण, मानो जीवित मृत्यु का आह्वान है। साहित्यकार को निर्माण करके और लाभ भी तो क्या, रचयिता होने का सुख भी नहीं मिलता, क्योंकि काम पूरा होते ही वह देखता है, 'अरे, यह तो वह नहीं है जो मैं बनाना चाहता था', वह मानो क्रियाशीलता का नारद है, उसे कहीं रुकना नहीं है, उसे सर्वत्र भड़काना है, उभारना है, जलाना है और कभी शान्त नहीं होना है, कहीं रुकना नहीं है। शायद इसीलिए उसके पथ के आरम्भ में ही विधि उसे रोककर कहती है, 'देख, इस पथ पर मत जा, यह तेरे पैरों के लिए नहीं है।' और यदि वह ढीठ होकर बढ़ा ही जाता है, तो वह कहती है, 'अच्छा, तो तू समझ–अपना जिम्मा सँभाल?' और निर्मम अपने खाते में से, अपने पोष्य और रक्षणीय बच्चों की सूची में से उसका नाम काट देती है।

शेखर ने कोई छह मास बाद दूसरा प्रयास किया। अबकी बार यह पद्य में था।

वसन्त के दिन थे–शेखर जम्मू में था। काश्मीर की सड़क भी बन्द थी। धूप काफ़ी पड़ने लगी थी, फिर भी शेखर नंगे सिर और नंगे पैर बाहर फिर रहा था। कुछ ही देर बाद जब उसके पैर तप जाते थे, तब वह उस कमरे में भाग जाता था, जहाँ

कुछ ही देर में उसकी पढ़ाई शुरू होने वाली थी। जो कुछ मिनट उसके बाकी थे, उन्हें वह किसी प्रकार के शारीरिक उद्योग में बिताना चाहता था। तभी उसके भाई ने आकर सूचना दी कि मास्टर साहब आ गए हैं।

मास्टर साहब, जान गैस नामक एक अमरीकन थे और शेखर उन्हें सदा मिस्टर गैस कहता था। आज यह देखकर कि मास्टर साहब के आने से उसके मनोरंजन में विघ्न पड़ा है, उसे मास्टर साहब पर क्रोध आया।

कमरे की ओर जाते-जाते उसको एक शरारत सूझी। दूसरे शब्दों में, उसे कविता की दिव्य प्रेरणा प्राप्त हुई।

जब से शेखर की पुस्तक का निरादर हुआ था, तब से उसके मन में वह अपमान और उपहास खल रहा था और उसका निश्चय था कि कभी अवसर पाकर वह किसी विराट् काव्य-चेष्टा से अपनी खोई हुई इज्जत दुबारा पाएगा। आज एकाएक उसे विचार हुआ कि वह अवसर आ गया है, उसने जाना कि वह कवि है।

मास्टर के सामने पहुँचकर शेखर ने सीखे हुए तोते की तरह, नम्रता से कहा, 'गुड मार्निंग, मिस्टर गैस।'

'गुड मार्निंग' कहकर मास्टर साहब बैठ गए। शेखर, जिसकी धूप से चौंधियायी हुई आँखों के भीतर अँधेरा मालूम हो रहा था, धीरे-धीरे टटोलकर स्टूल पर बैठा और बैठते ही बोला, 'मिस्टर गैस, मैंने आपके लिए एक कविता लिखी है।'

मिस्टर गैस ने मुस्कुराकर कहा, 'अच्छा? सुनें तो!'

शेखर ने तत्काल कुछ गाती-सी आवाज़ में कहा :

"My teacher's name is Mister Gass,
If G is gone then he is an ass."

(मेरे गुरु का नाम मिस्टर 'गैस' है, यदि 'G' हटा दिया जाए तो वे 'ऐस'-गधा-हो जाएँगे)।

लगभग आध घंटे बाद घर से मील भर दूर एक मौलसिरी के बाग में बैठा हुआ शेखर अपने आरक्त गाल मल रहा था और संसार की न्याय-हीनता को रो रहा था। पिता से पिटता हुआ वह यहाँ तक भागता आया था और जब वे पीटकर लौट गए थे, तब यहीं बैठकर सोचने लगा था।

विवश क्रोध के बाद जब उसे याद आता था कि वह कहाँ है, तब वह एक-आधा फूल तोड़कर सूँघने लगता था और फिर विचार में डूब जाता था।

भाई और बहिन, भाई-बहिन होकर भी बहुत देर तक अपरिचित रह सकते हैं, बल्कि जीवनभर अजनबी रह सकते हैं। शेखर ने भी अपनी बहिन को बहिन की

तरह लगभग छह वर्ष की आयु में जाना था और वह भी तब, जब उसकी एक और शिशु सखी ने उसे सिखाया था कि बहिनापा होता क्या है। वह सखी थी शशि।

शेखर ने शशि को पहले-पहल तब देखा था जब उसकी आयु कोई चार वर्ष की थी और शशि की तीन से कुछ अधिक। शशि की माँ विद्यावती शेखर की माँ की बहिन लगती थीं और इसी नाते अपनी लड़की के साथ उनसे मिलने आई थीं और उनके पास ठहरी थीं।

जिस समय वे पहले-पहल आईं उस समय शेखर सोया हुआ था। सवेरे उठकर उसने देखा, उसकी खाट से कुछ ही दूरी पर एक दूसरी खाट पर एक लड़की बैठी है और जिज्ञासा-भरी आँखों से उसकी ओर देख रही है। तभी उसकी माँ ने आकर कहा, 'शेखर, यह तुम्हारी बहिन है।'

शेखर ने नहीं माना, यद्यपि वह कुछ बोला नहीं। भला यह भी कोई बात है कि कोई कह दे 'यह तुम्हारी बहिन है' और वह बहिन बन जाए? यह सरस्वती है, वह शेखर की बहिन है। जब से वह जानता है, तब से उस घर में रहती है, उसके साथ खेलती है, पिता से डाँट खाती है और गुस्से में आकर उसे पीटती है।

और यह? शेखर ने मन में अपने को शशि से मार खाते हुए कल्पना करने की चेष्टा की और फौरन मन-ही-मन बोला, 'हुँह?'

और उसने जान लिया कि कोई लाख कहे, शशि शशि है, उसकी बहिन नहीं।

थोड़ी देर बाद शेखर की माँ ने कहा, 'आओ तुम दोनों नहाओ।' और उन्हें स्नानागार में ले जाकर बिठा दिया।

शेखर का नहाने का ढंग यह है कि स्नानागार में पानी बहने के लिए जो नाली है, उसे कपड़े से बन्द कर देता और जब दहलीज तक पानी भर जाता है, तब उसमें उछल-कूद करता है। आज भी उसने इसी प्रकार पानी भरना आरम्भ किया। शशि एक कोने में खड़ी उसे देखने लगी-शेखर ने उस पर ध्यान भी नहीं दिया।

पानी भर गया। शेखर नहाने लगा। शशि फिर भी वहीं खड़ी रही।

तभी शेखर की माँ फिर आई, और शशि को एक छोटा-सा पीतल का लोटा देते हुए बोली, 'ले, तू इससे नहा।' और चली गईं।

शशि जब अपने छोटे-छोटे हाथों में लोटा थामकर नल से भरने लगी, तब शेखर उसके पास आकर रुष्ट स्वर में बोला, 'यह लोटा मेरा है!'

शशि अपनी बड़ी-बड़ी आँखें खोलकर उसकी ओर देखने लगी, न बोली, न हिली पानी भरती रहती।

शेखर ने और आगे बढ़कर कहा, 'मेरा है, दे दो।'

शशि ने कुछ पीछे हटते हुए कहा, 'नहीं, मैं नहाऊँगी।'

'दो!' कहकर शेखर उस पर झपटा। लोटा छीन लिया और बात-की-बात में शशि के माथे पर दे मारा। शशि चिल्लाई 'माँ!' और रोने लगी।

शशि की माँ ने आकर देखा और सब समझ गई। शेखर से बोली, 'तुमने मारा है?'

शेखर ने शशि के माथे से खून बहता देखकर झट लोटा भूमि पर रख दिया, सहमा खड़ा रहा।

शेखर की माँ भी हाथ में एक सोटा लिये दौड़ी आईं और शशि से बोलीं, 'इसने मारा है न?'

पता नहीं, शेखर का मुँह देखकर या सोटा देखकर या किसी और कारण से, शशि ने लोटे की ओर इशारा करते हुए कहा, 'लोटा लग गया।'

'कैसे? शेखर ने मारा?'

'आप ही लग गया।' कहकर वह फिर रोने लगी।

शेखर की माँ उसे (शेखर को) डंडा दिखाकर घूरती हुई चली गईं। विद्यावती ने एक बार शशि की ओर देखा। फिर धीरे-धीरे शशि का माथा धोने लगीं।

शेखर और नहाया नहीं। चुपचाप कपड़े पहने, फिर क्षण भर खड़ा रहा, फिर शशि की ओर देखते हुए झपटकर लोटा उठाकर बाहर चला गया।

उसके बाद वह शशि से बोला नहीं। पर जब वे खाना खाने बैठे, तब उसने चुपचाप अपने लोटे में पानी भरा और उसे शशि की थाली के पास रख दिया, फिर स्वयं खाने लगा।

जब शशि ने बिना उसकी ओर देखे ही लोटा उठाकर उसमें से पानी पी लिया तब शेखर को लगा, उसने संसार के सब लोटों से बढ़कर एक चीज़ पा ली है!

उसी शाम को शशि चली गई और शेखर ने फिर दस वर्ष तक उसे नहीं देखा।

शेखर की बहिन का नाम था सरस्वती। वह शेखर से पाँच वर्ष बड़ी थी, उसके बाद शेखर से बड़े दो भाई थे, ईश्वरदत्त और प्रभुदत्त। शेखर का जन्म नाम तो बुद्धदेव ही रखा गया था, पर विद्यावती ने उसे देखते ही जाने क्या सोचकर उसकी माँ से कहा था, 'बहिन इसका नाम चन्द्रशेखर रखो।' औरों के विरोध करने पर भी वह उसे बराबर शेखर ही कहती थी और उसके इस आग्रह से धीरे-धीरे सभी ऐसा करने लग गए थे।

तो, सरस्वती और शेखर साथ खेलते थे, लेकिन उनके खेल में उनके साथ की अपेक्षा सरस्वती के हाथ और शेखर के गालों का साथ अधिक रहता था और जब से शेखर के पिता ने सरस्वती को आज्ञा दी थी कि वह शेखर को पढ़ाया करे, तब

से तो शेखर ने समझ लिया था कि 'बहिन' उस जन्तु का नाम है जो खेल में झगड़ा करे, अपनी गलती होने पर भी पीट डाले, तंग करे, सीधे अक्षर पढ़ाकर संयुक्ताक्षर (यद्यपि शेखर तब उन्हें 'संयुक्ताक्षर' नहीं कहता था) पढ़ाए, न पढ़ने पर पिता से कहे और कभी किसी बात में विरोध होने पर माँ से यह फतवा प्राप्त कर ले कि वह बड़ी है, इसलिए शेखर को उसका कहना मानना चाहिए। जब वे काश्मीर गए, तब शेखर को इस बात में बड़ा मज़ा आता था कि कभी वर्षा के दिनों में वह रात में चुपचाप खिड़की खोल दे, ताकि खिड़की के पास सोई हुई सरस्वती भीग जाए। (शेखर ने आग्रह किया था कि खिड़की के पास वह सोएगा क्योंकि वहाँ से चाँद दीखता था, पर माँ की आज्ञा हुई कि वह नहीं सो सकता, उसे ठंड लग जाएगी क्योंकि वह छोटा है।) लेकिन वहीं काश्मीर में, उन्हीं वर्षा के दिनों में, एक दिन सरस्वती उसके मन में एकाएक 'सरस्वती' से 'बहिन' और बहिन से 'सरस' हो गई थी–यद्यपि इस अन्तिम अन्तरंग नाम का उसने कभी उच्चारण नहीं किया, इसे मन में ही छिपा रखा।

आठ दिन से लगातार वर्षा हो रही थी। जेहलम नदी का मधुर कल-कल शब्द बढ़ता हुआ अब एक अनवरत गम्भीर घोष हो गया था। शेखर के पिता ने घर का सब कीमती सामान उठवाकर बँगले की ऊपरी मंजिल में मँगा लिया था। सब लोग वहीं रहते थे और पिता प्रायः खिड़की के पास बैठे चिन्तित आँखों से बाहर देखते रहते थे। मुँह में सिगार पड़ा रहता था, कभी-कभी जब उसका ध्यान आ जाता तब एक-आध सूटा लगाकर वे फिर किसी चिन्ता में लीन हो जाते थे।

बँगला नदी के किनारे एक बाग के बीचोबीच में था, जो कि चारों ओर दस फीट ऊँची मिट्टी की भीत से घिरा हुआ था। भीतर प्रवेश करने के लिए चारों भीतों के बीचोबीच दीवार के दोनों ओर सीढ़ियाँ बनी हुई थीं, दीवार नीचे से बारह-तेरह फीट चौड़ी थी, ऊपर बिलकुल पतली। बाहर नदी का पानी बढ़ता हुआ भूमि से समतल हो गया था और अब सब ओर फैलने लगा था–धीरे-धीरे दीवार के भीतर की भूमि से ऊँचा बढ़ता जा रहा था। भीतर बँगले में फूलों को लाँघते हुए, मानो स्वच्छन्दता से उन्मत्त, उत्क्रुद्ध पानी का घोष साफ सुन पड़ रहा था...

बँगले के भीतर एक खिंची हुई प्रतीक्षा थी। शेखर स्थिर दृष्टि से पिता की ओर देखता हुआ सोच रहा था कि वे क्यों इतनी स्थिर, पलकहीन, चिन्तित दृष्टि से नदी वाली दीवार की ओर को देख रहे हैं, और समझ नहीं रहा है। न उसे यही समझ आ रहा था कि माँ क्यों आँसू-भरी आँखों से कभी उसकी ओर, कभी उसके भाइयों की ओर, और कभी सरस्वती की ओर देख रही हैं। लेकिन कुछ न समझते हुए भी

वह विद्युत्मय वातावरण मानो उसे भी लील गया था, वह भी किसी अकथ आकारहीन चिन्ता से सबकी ओर देख रहा था।

एकाएक उसने देखा, उसकी बहिन के मुख पर किसी भीतरी क्रिया की छाया स्पष्ट भासित होती थी। वह धीरे-धीरे सरककर उसके पास पहुँचा और दबे स्वर में बोला, 'क्या है?' सरस्वती ने उसे उँगली के साथ आने का इशारा किया और दबे पाँव सीढ़ियों की ओर बढ़ी। दोनों चुपचाप नीचे उतर गए, किसी ने उन्हें देखा नहीं।

नीचे पहुँचते ही शेखर ने पूछा, 'क्या है?'

सरस्वती ने तीखे स्वर में कहा, 'चूहों की बिलें!'

'चूहों की बिलें क्या? मैं नहीं समझा।'

'मूरख हो न! वह पानी बाहर बढ़ रहा है, अभी बिलों में से भीतर आने लगेगा–तब? उन्हें बन्द करना है।'

शेखर समझ गया। अब दोनों सबसे निकट की दीवार पर पहुँचे और कीच से बिलों के मुँह बन्द करने लगे। कभी-कभी वे साथ ही अपने प्रिय आयरिस के पौधे भी खींच लेते और उन्हें भी बिलों में ठूँसकर कीचड़ से दबा देते। एक बार शेखर ने सिर उठाकर सरस्वती की ओर देखा, वह उस समय एक आयरिस का पौधा लिये अनिश्चित-सी खड़ी थी। क्षण ही भर में पौधे में से उसका एकमात्र बड़ा-सा सुन्दर फूल तोड़कर अपनी चोटी में खोंस लिया और फिर पौधे को बिल में दबा दिया। शेखर को यह बात अजीब सी लगी कि यह विचित्र लड़की चीज़ भी वही बात सोच सकती थी जो वह स्वयं सोच रहा था–पर क्षण-भर में वह यह बात भूलकर फिर काम में जुट गया। उसके, और सरस्वती के भी, मन में यह स्पष्ट था कि वे तभी तक अपना काम कर सकेंगे, जब तक भीतर उनकी अनुपस्थिति का पता नहीं लगेगा। वे यह भी अनुभव कर रहे थे कि कुछ ही देर में कुछ होने वाला है (पता नहीं क्या) और पिता कभी उन्हें बाहर नहीं रहने देंगे और इसलिए, वे अत्यन्त शीघ्रता से काम कर रहे थे। किसी आसन्न विपत्ति के डर से नहीं, भीतर बुला लिये जाने के डर से।

उनकी कमर दुखने लगी थी, पर काम अभी उतना ही पड़ा था। वे एक बिल बन्द नहीं कर पाए होते थे कि दूसरी फूट पड़ती थी और निरन्तर बढ़ती जाती थी, पानी का फव्वारा-सा भीतर छूट पड़ता था। इन फव्वारों की ऊँचाई से शेखर ने अनुमान किया कि बाहर पानी भीतर की भूमि से चार फीट ऊँचा चढ़ गया है। अभी यह प्रश्न उसके मन में नहीं आया था कि जब वह दीवार वे समतल हो जाएगा, तब क्या होगा...

तभी पानी की गर्जन के ऊपर, उन्होंने पिता की पुकार सुनी जिसमें एक नया, उनका अपरिचित, स्वर था। वे रुककर एक-दूसरे की ओर देखने लगे–सहसा यह

निश्चय नहीं कर पाए कि भीतर जाएँ या अपना काम जारी रखें (अपने खतरे को समझे बिना भी वे अनुभव कर रहे थे कि जो काम कर रहे हैं, वह अभिमान का विषय है)। उनके निश्चय करने से पहले ही एक 'छड़प्' हुआ मानो पानी में कुछ गिरा हो। उन्हें दीखा–कुछ एक उखड़े हुए आयरिस और दीवार में फटी हुई एक दरार में से भीतर घहराता हुआ मैला प्यासा पानी...

निश्चय हो गया। वे दोनों साथ-साथ भीतर भागे। अभी वे द्वार तक पहुँचे भी नहीं थे कि पानी का गर्जन असह्य हो गया और उन्होंने पाया कि वे घुटने-घुटने पानी में दौड़ रहे हैं।

आख़िर–द्वार! वहाँ पिता खड़े थे, जिनके मुख की ओर एक बार देखकर वे भीतर चले गए। उनके मुख पर वह था जो दो बार नहीं दीखता–न किसी को दीखे।

क्षण भर बाद, सब लोग ऊपर की मंजिल में इकट्ठे हो गए थे। कुछ मिनट में निचली मंजिल में पानी भर गया। पानी अपने साधारण तल से पचीस फीट चढ़ आया था...

उस समय तो इतना ही। लेकिन उसके बाद बार-बार शेखर को उस क्षण का ध्यान आने लगा जब पिता की पुकार सुनकर उसकी और सरस्वती की आँखें मिली थीं, जब दीवार टूट गई थी, जब किसी मूक समझौते में दोनों साथ-साथ घर की ओर दौड़े थे क्योंकि वास्तव में वह एक ही क्षण था, काल की गति का एक अविभाज्य टुकड़ा, अनुभूति का एक ही झोंका, हृदय का एक ही स्पन्दन और उसे लगने लगा कि सरस्वती ने उसे कुछ कहा था, कुछ बताया था, कुछ सिखाया था–क्या?

इतना तो उसे याद है। फिर कब वह सरस्वती नहीं रही, बहिन हो गई, कब उसे शेखर ने 'सरस' नाम देकर उसे प्यार से अपने मन में दुहराया, यह उसे याद नहीं।

शान्त-निश्चल झील पर एक शिकारा धीरे-धीरे चला जा रहा है। झील इतनी शान्त है कि जान पड़ता है कि शिकारा भी वहीं खड़ा ही है, उसकी गति का कोई प्रमाण नहीं दीख पड़ता है। शेखर और उसके भाई 'स्वप्नों' के द्वीप की सैर करने जा रहे हैं।

वहाँ पहुँचकर शेखर के भाइयों ने स्नान करने का प्रस्ताव किया, जो उसी क्षण पास हो गया, क्योंकि शेखर को तो वोट का अधिकार ही नहीं था। तीनों भाइयों ने कपड़े उतारे और पानी में घुस गए।

ईश्वर और प्रभुदत्त तैरने लगे। शेखर तैरना नहीं जानता था, मुग्ध नेत्रों से दोनों भाइयों की ओर देखने लगा। कितनी भली थी पानी को चीरती हुई उनकी भुजाओं की गति, कैसा असह्य आकर्षक था उनका पंख-युक्त काँपते हुए बाण की तरह

अग्रसरण। शेखर की मुग्धता उस दर्जे तक पहुँच गई जब उसकी क्रियाओं पर से उसका नियंत्रण हट गया, जब वह हृदय में इतना तन्मय हो गया कि उसका अनुकरण एक अनैच्छिक क्रिया हो गई...वह भी आगे कूद पड़ा, उसके हाथ भी उसी तरह चलने लगे जैसे वह भाइयों के हाथ चलते देख रहा था...

पर क्षण ही भर में वह डूबा, बड़ी चेष्टा से उझककर बाहर आया, किन्तु साँस लेने से पहले ही फिर बैठ गया। उसके हाथ अभी तक उस मुग्ध अनुकरण में चलते ही जा रहे थे...

उसने देखा, प्रगाढ़ नीलिमा का एक सुन्दर स्वप्न, फिर उसे लगा, वह बड़ा प्यासा है। फिर दम घुटने लगा, फिर शून्य...

जब उसे होश आया, तब वह औंधा लेटा हुआ था और भाई उसकी पीठ दबा रहे थे। आसपास वे माँझी खड़े हुए थे जिन्होंने उसे खींचकर बाहर निकाला था।

जब वे घर पहुँचे तब उसके एक साँस लेते-लेते भाइयों ने सारी कहानी अपने ढंग से कह डाली। पिता ने उसे डाँटकर कहा, 'क्या बेवकूफी सूझी थी? तैरना नहीं जानते तो अकड़ क्यों दिखाई थी! भाइयों का कहना माना होता?'

भाइयों ने कहानी कही थी, इसलिए 'भाइयों का कहना' भी भाइयों ने कहा था, पर शेखर ने यह बात नहीं कही। चुपचाप पिता की ओर देखता रहा। पिता ने फिर कहा, 'देखते क्या हो-शर्म तो नहीं आती? अगर डूब जाते तो!'

शेखर को नहीं लगा कि डूबने से बच जाने पर शर्म आनी चाहिए, न यही कि डूबना कोई बड़ी भयंकर बात होती।

मृत्यु का डर वास्तव में बड़ों की चीज़ है।

लेकिन उसके कुछ दिन बाद जब तीनों भाई पड़ोस के कुछ लड़कों के साथ खेल रहे थे, तब शेखर ने देखा कि उसके बचने की बात सुनकर सभी बड़े प्रभावित हुए हैं। इससे उसको कुछ अभिमान-सा हुआ, वह उन सबसे छोटा होने के कारण कुछ दबता था, अब अवसर पाकर उन पर रोब डालने का लोभ नहीं छोड़ सका। बोला, 'अरे, अभी हुआ क्या है, अभी तो मैं फिर किसी दिन यह करूँगा। डूबकर देखूँगा, मरना क्या होता है। मैं ज़रूर किसी दिन ऐसे ही मरूँगा।'

लड़के एकाएक सहमकर उसकी ओर देखने लगे, फिर चुपचाप चले गए।

पिता की बात ने जो नहीं किया था, वह इस बात ने किया। शेखर गम्भीर होकर सोचने लगा-क्या सचमुच मृत्यु डरने की चीज़ है?

इसी विचार की कोई अज्ञात छाया थी जिससे दबकर शेखर ने एक दिन माँ से पूछा, 'माँ तुम कब मरोगी!'

माँ एक बोतल हाथ में लिये सीढ़ियाँ उतर रही थी जब यह प्रश्न हुआ। उसके हाथ से बोतल छूटकर गिर पड़ी, उसने अचकचाए से स्वर में कहा, 'क्या?'

बोतल गिरने की आवाज़ सुनकर पिता भी आए। बात सुनकर क्षण भर वह भी सहमे रहे, फिर तड़ातड़ तीन-चार थप्पड़ उन्होंने शेखर के जमा दिए। फिर माँ को साथ लेकर ऊपर कमरे में चले गए।

थोड़ी देर बाद शेखर ने खिड़की में से झाँककर देखा, वे दोनों चुपचाप, अत्यन्त गम्भीर बैठे हुए थे और कहीं देख नहीं रहे थे, एक-दूसरे की ओर भी नहीं, यद्यपि आँखें स्थिर थीं...

और उसने फिर अधिक गम्भीर, अधिक सन्दिग्ध स्वर में पूछा, 'क्या मृत्यु इतनी भयानक है?'

एक दिन शेखर पिता के साथ बाजार गया, तो उसने देखा, पंसारी जिन काग़ज़ों में सौदा लपेटकर देता है वे सचित्र हैं और चित्र कई रंगों में छपे हुए हैं, कोई नीला, कोई हरा, कोई ब्राउन। चित्र थे भी सिपाहियों के, जहाजों के, हवाई जहाओं के, तोपों के, धुएँ के-यों कह लीजिए कि उथल-पुथल के-और उन दिनों उथल-पुथल के कामों में उसे विशेष रुचि थी। उसने पिता का पल्ला पकड़कर कहा, 'हमें ये ले दीजिए।'

'क्या?'

'ये काग़ज़।'

पिता ने हँसकर कहा, 'अच्छा!' फिर दुकानदार से बोले, 'भाई, ये पुराने अख़बार कुछ इसे दे देना।'

शेखर ने जोड़ा, 'अच्छी-अच्छी। फटी-सटी हम नहीं लेंगे।' और जब उसने देखा कि दुकानदार उसकी बात पर विशेष ध्यान नहीं दे रहा है, तब उसने स्वयं बढ़कर आठ-दस चुन लीं।

घर आकर अपने भाई-बहिनों को जुड़ाकर वह भूमि पर एक-एक अख़बार फैलाकर देखने लगा और उनके चित्रों के नीचे लिखे हुए वर्णन पढ़ने लगा।

'-में हमारी जीत : शत्रु के असंख्य आदमी मारे गए। हम आगे बढ़ रहे हैं।'

'हमारे हवाई जहाज-पर गोले बरसा रहे हैं।'

'...'

शेखर ने पूछा, 'हम कौन हैं?'

ईश्वरदत्त बोला, 'अंग्रेज़, जो जर्मनों से लड़ रहे हैं।'

तब शेखर ने एक चित्र देखा जिसमें सिख सिपाही बन्दूकों पर संगीनें चढ़ाए बढ़ रहे थे। उसके पास भी लिखा था, 'हमने-में संगीनों का चार्ज किया, शत्रु के-आदमी मरे, हमारे पक्ष में भी कुछ मरे और कुछ घायल हुए हैं।'

शेखर ने कहा, 'ये तो अँगरेज नहीं हैं?'

भाई ने बताया, सिख सिपाही भी अँगरेजों की ओर से लड़ रहे हैं। अँगरेज भारत में राज्य करते हैं, इसीलिए भारतीय सिपाही उनकी तरफ़ से लड़ने भेजे जाते हैं और पिता कह रहे थे कि कई लाख भारतीय मारे गए हैं।

शेखर ने सरस्वती से पूछा, 'मरते कैसे हैं?'

'मर जाते हैं, और क्या?'

'मर कर क्या होता है?'

'पागल! जान नहीं रहती, चल-फिर-बोल नहीं सकते, तब ले जाकर जला देते हैं।'

'डूबने से ऐसे ही मर जाते हैं?'

'हाँ।'

'क्यों मरते हैं?'

'साँस बन्द हो जाती है, तब जान निकल जाती है।'

शेखर थोड़ी देर इस बात को सोचता रहा। फिर एकाएक उसने पूछा, 'जान क्या होती है?'

'होती है, बस!'

उसने फिर आग्रह किया, 'क्या होती है?'

'मुझे नहीं मालूम, पिताजी से पूछो!'

थोड़ी देर बाद शेखर ने फिर पूछा, 'जान आती कहाँ से है?'

'ईश्वर से।'

'जाती कहाँ है?'

'ईश्वर के पास।'

'ईश्वर ले लेता है?'

'हाँ।'

शेखर ने सन्देह के स्वर में कहा, 'हूँ।'

थोड़ी देर बाद उसने फिर पूछा, 'इतनी सब जानें ईश्वर के पास गई होंगी?'

'हाँ।'

'जर्मनों की भी?'

'हाँ।'

'सब कुछ ईश्वर करता है?'

'हाँ।'

'तब लड़ाई भी ईश्वर ने कराई होगी?'

'हाँ।'

'तब–' कहकर शेखर रुक गया। उसे याद आया, उसने अख़बार में ही पढ़ा था कि जर्मन लोग बड़े क्रूर होते हैं, कैदियों को पीटते हैं, भूखा मारते हैं, औरतों को कोड़े लगाते हैं, सड़कों पर घसीटते हैं इत्यादि। क्या यह सब भी ईश्वर के करने से ही होता है?

भाइयों के साथ शेखर ताँगे में बैठा हुआ सैर करने जा रहा था। तभी उसने देखा सामने से एक टुटियल-से छकड़े में एक अधमरा घोड़ा लगा आ रहा है। छकड़ा लदा हुआ है, घोड़ा उसे खींच नहीं सकता, पर गाड़ीवान उसे चाबुक लगाता जाता है और गाली देता जाता है।

शेखर ने मन-ही-मन सोचा, 'हमारा ताँगा कैसा शानदार है!'

गाड़ीवान ने चाबुक रखकर डंडा निकाला। तड़ातड़ घोड़े को पीट दिया। घोड़े ने एक बार किसी तरह सिर उठाकर झटका, फिर पूर्ववत् झुक गया, मार पड़ती रही, उसका बदन काँपता रहा, लेकिन वह आगे नहीं बढ़ा।

एक बार उसने और ज़ोर किया और शेखर के देखते-देखते उसके घुटने लड़खड़ाए, वह गिरा–गिरा और फिर नहीं उठा।

ताँगे वाले ने बताया कि ऐसा कई बार होता है, घोड़ों को दाना नहीं मिलता, भूखे रह-रहकर वे कमज़ोर हो जाते हैं, तब उन्हें भंग और गुड़ खिलाकर काम निकाल लिया जाता है। उसने ताँगे में जुते हुए घोड़े को बताकर अभिमान से कहा, 'इसे भी मैंने ऐसे ही एक बार चालीस मील दौड़ाया था, ताँगे समेत!'

ईश्वरदत्त ने पूछा, 'घोड़े इससे मरते नहीं?'

'इससे कैसे मर सकते हैं, इससे तो ज़ोर आता है। वह घोड़ा तो भूखा था, इसलिए मर गया।'

ताँगा चलता रहा।

लौटती बार उसी स्थान के पास आते हुए शेखर ने पूछा, 'जो आदमी भूखे मरते हैं, वे भी ऐसे ही मरते हैं?'

किसी ने उत्तर नहीं दिया।

शेखर को एक बड़ी खतरनाक आदत पड़ गई, वह अकेला बैठ-बैठकर सोचने लगा।

और उसने देखा, जो बातें उसने अपने जाने देखी भी नहीं थीं वे भी उसे याद आने लगीं। उसे याद आया–

एक दिन पिता असमय दफ्तर से लौट आए थे। आते ही उन्होंने देखा शेखर की माँ बरामदे में बैठी धूप सेंक रही थीं। उन्होंने फीके स्वर में कहा, 'शुरू हो गई है।' और भीतर चले गए। माँ भी उठकर चली गईं और शेखर नहीं सोच सका कि किससे माँगे उस खा डालने वाले प्रश्न का उत्तर–क्या शुरू हो गई है।

उसे याद आया–

एक दिन माँ के नाम एक चिट्ठी आई। माँ ने उसे पढ़ा, पढ़कर चुप बैठी रह गई आँखों में आँसू भर आए। पिता ने चिन्तित स्वर में पूछा, 'क्या है?' तो चिट्ठी उन्हें पकड़ा दी। पिता भी पढ़कर पहले चुप ही रहे, फिर जैसे कुछ सोचते हुए बीच-बीच में ज़ोर-ज़ोर से पढ़ने लगे, 'रामचन्द्र भरती हो गया है और लाम पर जा रहा है।' शेखर कुछ समझा नहीं।

इसके वर्ष-भर बाद जब उसे मालूम हुआ कि भरती क्या चीज़ होती है, तब विचारों की किसी अज्ञात कड़ी ने उसे रामचन्द्र मामा की याद दिला दी और उसने माँ से पूछा, 'माँ, मामा कब आएँगे?'

माँ ने एक बार पीड़ित आँखों से उसकी ओर देखा, कुछ उत्तर नहीं दिया।

मामा उन दिनों फ्रांस में किसी अस्पताल में पड़े थे, अन्धे, एक बाँह से वंचित, और बेहोश।

एक दिन शेखर ने बाहर खेल से आकर देखा, माँ धीरे-धीरे रो रही हैं। वह उलटे पाँव लौट गया। घंटे भर बाद जब फिर वह आया, तब भी माँ रो रही थीं और रोते-रोते काम करती जा रही थीं, कभी आँसुओं से आँखें भर आती थीं तो एक हाथ से झटक देती थीं।

शेखर ने कुछ डरते-डरते दूर ही खड़े कहा, 'माँ-'

माँ ने उसकी ओर देखा। आँसू पोंछ डाले। फिर मुँह फेरकर कहा, 'बेटा, तेरे मामा अब नहीं आवेंगे।'

शेखर नहीं पूछ सका कि क्यों।

जब एक दिन पिता ने आकर सूचना दी कि लड़ाई समाप्त हो गई है, हम जीत गए हैं, सन्धि हो गई है, अब सब ठीक है, तब सबसे पहला प्रश्न जो शेखर के होंठों पर आया था और जिसे वह पूछ नहीं सका, वह था, 'तो क्या मामा वापस आवेंगे?'

शेखर ने सुना कि पंजाब में दंगा-फसाद हुआ है, गोली चली है, बहुत लोग मारे गए हैं, फौजें आ रही हैं। कई स्टेशन जला दिए गए हैं, लाइनें टूट गई हैं...इन सब बातों को सुलझाकर, जोड़कर वह पिता के पास गया और बोला, 'पंजाब में भी लड़ाई होगी।'

पिता ने कहा, 'ऐसी बात नहीं कहते। अभी पहले से तो छुट्टी मिल ले।'

'पहली तो कभी की खत्म हो गई।'

‘पर उसका असर तो बाकी है। अभी चीज़ें इतनी महँगी हैं, और...’

शेखर ने उद्धत स्वर में कहा, ‘इससे क्या? अगर ईश्वर की मर्जी हुई तो और होगी ही।’

पिता ने घूरकर उसकी ओर देखा और कहा, ‘भाग जाओ!’

पिता ने देखा कि शेखर बहुत पूछने लगा है और घर की पढ़ाई से उसकी यह आदत हटती नहीं, भला सरस्वती की पढ़ाई का क्या रोब? उन्होंने शेखर को बुलाकर कहा, ‘शेखर, तुम्हें स्कूल जाना होगा। कल चपरासी ले जाकर दाखिला करा आएगा।’

स्कूल में कैसी पढ़ाई हुई, वह बाद की बात है। पहले तो यह हुआ कि शेखर को बताया गया, कुछ दिनों में भारत के वायसराय यहाँ आने वाले हैं, उनके स्वागत के लिए लड़कों को कवायद सीखनी होगी।

शेखर ने वर्दी बनवाई, ड्रिल की और सोच लिया कि वह आजीवन स्कूल में रहेगा। सरस्वती से पढ़ते तो युग हो गए, कभी वायसराय नहीं आया, न वर्दी पहनने को मिली।

वायसराय अगनबोट में बैठकर चले आ रहे थे। अगनबोट के आगे शेखर के स्कूल के दो शिकारे चल रहे थे जिन्हें स्कूल के ही लड़के खे रहे थे। उनकी लाल पट्टीदार सफेद वर्दियाँ बड़ी सुन्दर लग रही थीं।

शेखर स्वयं किनारे पर था, जिस घाट पर वायसराय को उतरना था, उसके रक्षकों में से एक वह भी था। बोट अभी दूर था, बहुत कोशिश करने पर भी वायसराय महोदय नहीं दीख सकते थे इसलिए शेखर नदी के दोनों ओर जुटी हुई काश्मीरियों की भीड़ को देख रहा था।

नदी के दोनों किनारे पैरहन और कुल्ला पहने काश्मीरियों से खचाखच भरे थे। कहीं-कहीं साफ-सफेद पैरहन के ऊपर सफेद पगड़ी भी दीख जाती थी और कई स्थानों पर झुंड-के-झुंड स्त्रियों की लाल पगड़ीनुमा टोपी के भी थे।

एकाएक नदी के दोनों ओर, मानो बादल गरज उठे और गर्जन ताल पर चलने लगा। भौचक शेखर ने देखा, दोनों ओर जुटी हुई तमाम प्रजा, पुरुष और स्त्री (सिवा उन सफेद पगड़ी वाले पंडितों के) ताल से छाती पीटने लगी और मानो हाँफ-हाँफकर कुछ कहने लगी, जो वह कुछ यत्न से ही समझ सका।

‘भत्त खुदाया! भत्त खुदाया!’

अगनबोट निकट आ गया। शेखर ने चेष्टा की, वायसराय को पहचाने, लेकिन उस भयंकर घोष ने मानो सारा वातावरण ऐसा छा लिया था, उसका दबाव इतना

हो गया था कि वायसराय उसे दीख ही नहीं पाए। दीखा कुछ तो वही असंख्य मुख और भुजाओं से आकारयुक्त हाहाकार...

घर आकर शेखर ने पिता से पूछा, 'वे लोग चिल्ला क्यों रहे थे?'

पिता ने बताया कि युद्ध के कारण महँगाई बहुत हो गई है और वे लोग भूखे मर रहे हैं। वायसराय सम्राट् का प्रतिनिधि है, सब कुछ कर सकता है, इसलिए वे लोग उसी के पास फरियाद करने आए थे–भात के लिए।

'वायसराय ने क्या कहा!'

'वायसराय हरेक की बात थोड़े ही सुनते हैं।'

'अब लड़ाई तो खत्म हो गई, फिर चीज़ें क्यों महँगी हैं?'

'...'

'जर्मनों ने महँगी कर दी हैं?'

'नहीं।'

'वायसराय सस्ती क्यों नहीं कर देते?'

'वायसराय कैसे कर सकता है?'

शेखर को यह अच्छा नहीं लगा कि उसके प्रश्न का उत्तर प्रश्न से दिया जाए। पर बिचारे का वश नहीं था। उसने फिर पूछा, 'ईश्वर कर सकता है?'

'हाँ, ईश्वर सब कुछ कर सकता है।'

'महँगाई भी उसी ने की है!'

'हाँ, अब भाग जाओ। अपनी पढ़ाई नहीं करनी?'

शेखर ने मुख पर जो प्रश्न था वह भी उसके साथ ही भागा, 'क्यों?'

युद्ध गया तो उसकी सखी आई। सब ओर लोग चारपाइयों पर पड़ने लगे और वह दिन भी आया कि माता, पिता और भाइयों के पास ही एक चारपाई पर शेखर भी पड़ गया। केवल सरस्वती बची रही।

सरस्वती को आज्ञा हुई कि जहाँ तक हो सके, वह सबसे अलग रहे। वह सब को दवा पिलाकर कभी शेखर की चारपाई पर बैठती तो फौरन आवाज़ आती, 'जाओ, यहाँ मत बैठो, नहीं तो तुम बीमार हो जाओगी।' शेखर इस आज्ञा पर मन-ही-मन कुढ़ा करता और सोचा करता–'क्या हुआ हो जाएगी बीमार तो? यहीं पास पड़ी रहेगी। या कभी उसे उस युद्ध पर क्रोध आया करता जिसने उसे चारपाई पर लिटा दिया। कभी जब माँ कहतीं, 'बेटा, घबराओ नहीं, ईश्वर सब अच्छा करेंगे,' तब वह चाहता, फट पड़े, बरस पड़े, पूछे कि क्या युद्ध अच्छा हुआ है? भूख अच्छी हुई है? मामा नहीं आए, वह अच्छा हुआ है? वह जो घोड़ा मर गया, अच्छा हुआ

है? इतने लोग बीमार पड़े, अच्छा हुआ? मरे, अच्छा हुआ है? सब कुछ ईश्वर करता है जिसमें उसे आपत्ति नहीं, वह सब कुछ अच्छा करता है, यह झूठ उस पर अत्याचार है, इसे वह किसी तरह नहीं सह सकता...

सब लोग अच्छे हो गए। पिता दफ्तर भी जाने लगे। केवल शेखर पड़ा रह गया। उसे इसका विशेष दुख नहीं हुआ, क्योंकि उसे अलग कमरा दे दिया गया और सरस्वती जब-तब बेधड़क आने लगी।

एक दिन शेखर के सिरहाने बैठे हुए सरस्वती ने कहा, 'आज मेरा सिर बहुत दुख रहा है।'

शेखर बोला, 'अब तुम बीमार पड़ोगी।'

'नहीं, अभी नहीं। पहले तुम अच्छे हो जाओ, फिर मैं बीमार पड़ भी गई तो कोई बात नहीं।'

'मैं नहीं अच्छा होता,' जाने क्या सोचकर शेखर ने कहा। शायद सहानुभूति पाने के लिए। 'मैं तो अब मर जाऊँगा।'

'धत् पागल! ऐसी बात नहीं कहा करते!'

शेखर ने देखा, सरस्वती बात तो वही कह रही है जो और सब कहा करते हैं, लेकिन उसमें वह भाव, वह आशंका, वह सहमा हुआ डर नहीं है। उसे अच्छा-सा लगा, लगा कि वह सरस्वती से कुछ पूछ सकता है जो और किसी से नहीं पूछ सकता। बोला, 'तुम मरने से डरती नहीं?'

'नहीं।'

'मरना बहुत डरावना होता है?'

'नहीं।'

'सब लोग क्यों डरते हैं?'

'इसलिए नहीं डरते कि मरना बहुत खराब होता है, इसलिए डरते हैं कि जीना अच्छा लगता है।'

यह इतनी सीधी, इतनी सच बात उससे किसी ने क्यों नहीं कही थी?

थोड़ी देर बाद शेखर ने सरस्वती की ओर हाथ बढ़ाते हुए कहा, 'मैं नहीं मरूँगा।'

सरस्वती ने उसका हाथ पकड़कर उसकी छाती पर ला रखा फिर धीरे से कान के पास एक चपत लगाकर चली गई।

शाम को इसी कमरे में दूसरी चारपाई पर सरस्वती भी लेट गई।

पिता ने कहा, 'अब सब अच्छे हो गए हैं, अब कुछ सैर करने चलना चाहिए और कुछ यात्रा भी हो जाएगी-खीर भवानी भी हो आएँगे।'

दूसरे दिन उन सबको लिये हुए एक हाउसबोट अमीरा कदल के नीचे से निकल गया।

जीवन का प्रोग्राम कुछ बदल गया। नित्य शाम को खा-पी चुकने के बाद, हाउसबोट की बैठक में या कभी छत पर, सारे परिवार की मीटिंग होती जिसमें कभी-कभी लड़कों से कहानियाँ सुनी जातीं, पर बहुधा पिता या माँ ही कहानियाँ कहा करते। कहानियाँ वही होतीं जो भारत में बच्चों को सुनाई जाती हैं-देवताओं की कहानियाँ, पुराण-गाथाएँ, कहानियाँ जिनमें नैतिक उद्देश्य का पुछल्ला अवश्य लगा रहता था। ईश्वर की बड़ाई के छोटे-छोटे दृष्टान्त, सचाई का महत्त्व सिद्ध करने के लिए लम्बे लेक्चर, मितव्ययिता के बारे में कोई चुटकुला, उस लड़के के कमीनेपन पर लम्बी फटकार जिसने सवेरे मुरब्बा चुराया था और स्वीकार नहीं किया (चाहे कोई हो)...कभी-कभी ये कहानियाँ मनोरंजक होतीं, लेकिन जब 'नैतिक उद्देश्य' सिद्ध होने लगता तब शेखर ऊब उठता। अपने मन में उसने इन दैनिक मीटिंगों को एक नाम दे रखा था-'माँ की डाँट।'

कहानियाँ सुनते-सुनते शेखर सोचा करता-यदि ईश्वर है तो क्यों नहीं मुझ पर प्रकट होता? कभी उसके मन में यह सन्देह उठता कि मैं बहुत निर्बल और अयोग्य हूँ तभी मुझे ईश्वर का अनुभव नहीं होता, कभी उसका छोटा-सा व्यक्तित्व अपना सारा साहस एकत्र करके पूछता-कहीं ऐसा तो नहीं है कि ईश्वर है ही नहीं?

यह निरन्तर दबा हुआ अविश्वास या अविश्वास की अनुपस्थिति, यह निरन्तर चौकसी कि कहीं इस सन्देह का कोई शब्द भी किसी पर प्रकट न हो जाए, उसे खाए डालती थी, इसका बोझ उसके अविकसित मस्तिष्क के लिए असह्य था। उसे जान पड़ रहा था कि शीघ्र ही कोई ऐसा अवसर आने वाला है जब कि वह दबा हुआ सन्देह फूट पड़ेगा और न मालूम क्या रूप धारण करेगा...पर बाहर से वह शान्त था और हाँ, सुखी भी था...

मानसबल का वक्ष, रात।

बजरे की छत पर, चन्द्रमा के प्रकाश में, शेखर थका हुआ बैठा है। आज दिन भर वह क्या कुछ करता रहा है! वह सौन्दर्य को ठीक-ठीक नहीं समझता, लेकिन उसका सामने पाकर जाने क्यों चंचल हो उठता है, स्फूर्ति से भर जाता है, और भूत की तरह किसी काम में लग जाता है, सौन्दर्य को देखकर वह तन्मय नहीं होता, लेकिन उसके प्रत्येक कार्य में मानो जीवन का ज़ोर बढ़ जाता है...

आज उसने असंख्य कमल तोड़कर उनके हार बहिन को पहिनाए हैं, उसे देवी बनाकर पूजा है, सन्ध्या को आरक्त सूर्य को विदा दी है, झील में चन्द्रोदय देखा है, और सबसे बढ़कर-आज उसने सरस्वती को आत्म-विस्मृति में गाते सुना है...गीत

के शब्द क्या हैं, उसे नहीं याद, वे कुछ नहीं हैं, उसका भाव भी कुछ नहीं है, वह तन्मयता, गीत की निर्गुण गीतमयता ही सब कुछ है...

मानसबल का वक्ष, रात। बजरे की छत पर, चन्द्रमा के प्रकाश में शेखर थका हुआ बैठा है।

नीचे बहिन का स्वर बुला रहा है, 'शेखर, अब उतर आओ!' पर वह उतरता नहीं, उतर सकता नहीं और वह जानता है कि कोई चिन्ता भी नहीं उतरने की, बहिन स्वयं लिवाने आएगी।

वह आती है। आकर चारों ओर देखती है और स्वयं चुपचाप बैठ जाती है।

हम लोग काल का मापन निष्प्राण घड़ियों से करते हैं-कितने मूर्ख हैं हम। क्षण में ही जो युग-युग बीत जाते हैं और युगों तक जो क्षण वैसा ही बना रहता है, उसको अनुभव से मापने की सामर्थ्य क्या घड़ियों में है?

दोनों चुप हैं। निश्चल हैं, जीवन खड़ा है और खड़े होने में ही कितनी तीव्र गति से भागा जा रहा है, न आगे न पीछे, किन्तु एक नाम-हीन अपरिमेय दिशा में...

रात इतनी अतिशय सुन्दर है कि शेखर उसके अतिरिक्त कुछ भी नहीं सोच सकता। उसकी इस अवर्णनीय सुन्दरता ने, विशेषणहीन रात्रिता ने, यह प्रमाणित कर दिया है कि ईश्वर नहीं है, क्योंकि भूख और लड़ाई बनाने वाला कौन-सा ऐसा ईश्वर हो सकता है जो इतनी सुन्दरता बना सके? और यदि वह ईश्वर ने नहीं बनाई तो बाकी संसार ही क्यों उसकी कृति है?...

सरस्वती भी शायद, ऐसा ही कुछ सोच रही थी। शायद वह भी रात से पूछ रही थी वह उत्तरहीन प्रश्न-'ईश्वर, तू है?'

दिन फट रहा है।

फट रहा है, क्योंकि सोकर उठे हुए शेखर को जान पड़ रहा है कि दिन का प्रकाश कुरेद-कुरेदकर प्रत्येक कन्दरा और गह्वर पर से उस सौन्दर्य को उखाड़ फेंक रहा है जो रात में सर्वत्र छाया हुआ था, जीता था, उस पर इतना हावी हो रहा था कि वह और कुछ देख ही नहीं सकता था...झील कहीं पीछे रह गई है, बजरा खीर-भवानी के मन्दिर के पास एक गँदले नाले में खड़ा है, आगे-पीछे डोंगियों की कतार लग रही है और धुआँ दे रही है...

शेखर को और उसके भाइयों को सफेद कपड़े पहिनाए गए हैं, और सब लोग मन्दिर की ओर जा रहे हैं। पिता के हाथ में कुछ बेलपत्र और कुछ ताजे कमल के फूल हैं, माँ के हाथ में चन्दन और कुछ सामग्री। शेखर सबसे आगे-आगे चला जा रहा है।

मन्दिर से कुछ दूर खड़ा शेखर कुतूहल से मन्दिर की ओर देख रहा है। बाकी सब लोग इकट्ठे होकर मन्दिर की प्रदक्षिणा कर रहे हैं। पिता शेखर को अलग खड़े देखकर साथ आने का इशारा करते हैं, पर वह अपने स्थान से नहीं हिलता। पिता दुबारा नहीं बुलाते, लेकिन शेखर जानता है कि बात यहाँ समाप्त नहीं हुई है।

बजरे में लौटते ही पिता कठोर स्वर में पूछते हैं, 'शेखर, तुमने मेरा कहा क्यों नहीं माना?'

एक क्षण शेखर चुप रहता है, एक लम्बी साँस खींचता है। फिर वह स्वयं नहीं जानता कि क्या हो रहा है, वह क्या कह रहा है, लेकिन बड़े दिनों की संचित हुई शक्ति राह पाकर फूट पड़ती है :

'मैं ईश्वर को नहीं मानता! मैं प्रार्थना भी नहीं मानता! भवानी झूठी है। ईश्वर झूठा है! ईश्वर नहीं है!'

नाऽस्ति।

यह कहने के लिए शेखर सबके सामने बेंत से पिटा, लेकिन आह, वह इस वाक्य को कह सकने की सामर्थ्य का अभिमान, वह किसी ध्रुव निश्चय की शान्ति, वह आत्म-सम्मान की लहर! वह विश्वास के लिए पिटने का प्रज्वलित आनन्द! और वह अपूर्व विजय, जब एकान्त में दबे स्वर में उसके भाइयों ने बताया कि वे भी ईश्वर में निष्ठा नहीं रखते!

ईश्वर है कि नहीं? लेकिन जिस ईश्वर के होने-न-होने को हम समझ सकते हैं, जिसको निर्गुण, निराकार, अपरिमेय सब कुछ कहकर भी जिसके बारे में हमारा मस्तिष्क इतनी क्षमता रखता है कि उसके होने को अपनी मुट्ठी में कर सकें, किसी अर्थ से कह सकें कि वह है, उस ईश्वर के होने-न-होने से क्या? ईश्वर यदि है तो वही है जिसके बारे में यह भी नहीं कह सकें कि वह है, जो हमारे विश्वास के वृत्त से भी बाहर हो...

लेकिन यह कहना तो वही हुआ कि ईश्वर वही है, जिसके बारे में हम निश्चयपूर्वक कह सकें, 'वह नहीं है!'

एक दाँव ईश्वर ने और खेला।

ईश्वर के बारे में ऐसे मुहावरे का प्रयोग करना सख्त ढिठाई होती, यदि शेखर ईश्वर को अपना बराबर का प्रतिद्वन्द्वी न जानकर उससे कुछ भी अधिक समझता। लेकिन जब तक शेखर पर ईश्वर का सर्वशक्तिमत्ता या मानवता पर शक्तिमत्ता की

धाक नहीं जमे, तब तक वह कैसे माने कि ईश्वर उससे दाँव-पेच करने के अतिरिक्त कुछ कर रहा है?

तो, ईश्वर ने एक दाँव और खेला-शेखर पर अपने को प्रमाणित कर देने के लिए।

एक दिन शाम के वक़्त शेखर को लगा, घर का वातावरण कुछ बदल गया है-मानो किसी बोझ के नीचे दबा हुआ-सा और यह भी लगा कि यद्यपि सब काम पहले की तरह ही हो रहे हैं, कोई नई बात नहीं हो रही है, फिर भी ऐसा जान पड़ने लगा है कि काफ़ी चहल-पहल हो रही है...

शेखर ने आया जिन्निया से पूछा, 'आज क्या हो रहा है?'

'कहाँ?'

शेखर ने अनायास ही कह दिया, 'भीतर।'

जिन्निया हँस दी! फिर बोली, 'कल पता लगेगा। ईश्वर अच्छी करे।'

इससे आगे उसने कुछ नहीं बताया। शेखर के यह धमकी देने पर कि वह जाकर माँ से कह देगा कि जिन्निया रसोई में घुस आती है और रसोइया के आगे नाचा करती है, उसने लापरवाही से कहा, 'धत्!' और चली गई।

किसी तरह सोचता-सोचता शेखर सो गया लेकिन सवेरे उठते ही उसे फिर यही बात याद आई और वह भागा हुआ माँ के कमरे की ओर गया, उस कमरे की ओर जहाँ माँ कुछ दिन से अस्वस्थ पड़ी थीं। दरवाज़े पर ही पिता को देखकर वह सहम गया। जब पिता निकल गए, तब वह फिर आगे बढ़ा, तभी जिन्निया कमरे से एक बंडल-सा उठाए बाहर निकली और बोली, 'शेखर, देख तेरा नया भाई।'

और तभी बंडल के भीतर से वह 'नया भाई', नामधारी चीज़ अपने क्षुद्र शरीर के पूरे ज़ोर से चिल्लाने लगी...

थोड़ी देर तो विस्मयकारी घटना के आतंक में शेखर स्तब्ध रह गया। फिर उसने डरते-डरते बंडल को छूते हुए कहा, 'हमें दिखाओ!'

जिन्निया ने दिखाया। देखकर शेखर ने कुछ निराश-सा होकर कहा, 'बस!' क्योंकि उसकी तो मुट्ठियाँ भी नहीं खुलतीं और देखना तो उसे आता ही नहीं...विस्मय हट गया, तब प्रश्नों की बाढ़ आई।

यह कैसे आया?

कहाँ से आया?

कब आया?

कौन लाया?

रवि भी ऐसे ही आया था? सब कोई ऐसे ही आते हैं?

जिन्निया इन प्रश्नों का उत्तर दे रही थी और शेखर उन्हें स्वीकार करता जा रहा था। लेकिन जब शेखर ने पूछा, 'बच्चे क्यों आते हैं?' और उत्तर मिला 'ईश्वर की जो मर्जी होती है, वही होता है' तब उसने जान लिया कि शुरू से अन्त तक झूठ बताया गया है और वह एक गुस्सा-भरी निगाह से जिन्निया को देखकर बाहर चल दिया।

माता, पिता, बहिन, आने वाले नौकर कोई उसे कुछ नहीं बताएगा। पशु-पक्षियों की बात वह समझेगा नहीं। यदि वह पक्षी होता तब शायद यह रहस्य समझ सकता क्योंकि पक्षी तो झूठ नहीं बोलते, उनका तो ईश्वर नहीं है-

लेकिन है किसका ईश्वर? शेखर ने दर्पोद्धत स्वर में कहा, 'नहीं है ईश्वर-नहीं है, नहीं है!'

अपने ही पूछे हुए प्रश्न ने, अपनी ही कही हुई एक बात ने, शेखर के जीवन की गति बदल दी।

उसने देखा, समझ लिया कि कोई किसी का नहीं है, यानी इतना नहीं है कि उसका स्वामी-निर्देशक, भाग्य-विधायक बन सके। कोई ऐसा नहीं है जिस पर निर्भर किया जा सके, जिसे प्रत्येक बात में पूर्ण, अचूक माना जा सके। यदि किसी का कोई है, तो उसकी अपनी बुद्धि, मनुष्य को उसी के सहारे चलना है, उसी के सहारे जीना है, ऐसे स्थान अवश्य हैं, जहाँ बुद्धि जवाब दे जाती है, लेकिन इसमें वह ईमानदारी है, जो बात नहीं जानती, वहाँ पर चुप रहती है, गलत उत्तर नहीं देती।

इसका प्रभाव, कम-से-कम लोगों की दृष्टि में, उस पर अच्छा नहीं पड़ा। वह मनचला, उद्धत, सबसे अलग रहने वाला अड़ियल टट्टू हो गया और उसे सीधा करने के लिए जो उपचार किए गए उनका भी उलटा असर हुआ।

स्कूल वह जाता ही था, पर अब स्कूल में भी वह बदलने लगा। उसके शान्त स्वभाव के कारण उसे क्लास का मॉनिटर बनाया गया था, लेकिन अब वह सदा कुछ शरारत करने की ताक में रहने लगा। बुद्धि उसकी तीव्र थी, वह बिना ध्यान दिए भी क्लास में किसी से पीछे नहीं रहता था, इसलिए उसे हर समय शरारत सोचते रहने में कोई विशेष विघ्न नहीं हुआ।

घंटी बज गई थी। लड़के सब क्लास में जमा थे। शेखर ने हाजिरी की कॉपी, खड़िया, झाड़न इत्यादि लाकर मेज़ पर रख दिए थे, पर मास्टर साहब अभी नहीं आए थे।

मास्टर की अनुपस्थिति में मॉनिटर की हैसियत से शेखर का काम था कि

क्लास को वश में रखे। इसका तरीका शेखर ने यह निकाला कि सब लड़के मिलकर एक काश्मीरी बाजारू गीत गाएँ। वह स्वयं अगुआ था, तब लड़कों को क्या डर? गाना शुरू हुआ। अभी दो कड़ियाँ भी नहीं गाई थीं कि मास्टर साहब आ पहुँचे। एकाएकी छा गए सन्नाटे में उनका फटे बाँस-सा स्वर बोला, 'मॉनिटर कहाँ है?'

मॉनिटर सामने खड़ा था।

'यह क्या है?'

'कुछ नहीं। हम समझे कि आप आज देर से आएँगे इसलिए-'

'यह खप किसने आरम्भ की?'

सब चुप रहे। ऐसे अवसरों पर लड़कों में एक स्वाभाविक शब्दहीन समझौता रहता है।

मास्टर ने और भी कर्कश स्वर में पूछा, 'किसने शुरू की थी?'

क्षण भर फिर चुप्पी रही। फिर एक बेडौल मुसलमान लड़का, जिससे सारी क्लास को घृणा थी, आगे बढ़ आया और बोला, 'मॉनिटर ने सबको गाने को कहा था। मैंने नहीं गाया।'

शेखर और उसके दो अन्तरंग सखा, तीनों एक कतार में 'मुर्गा' बने खड़े हैं-यानी टाँगों के नीचे से हाथ डालकर कान पकड़े खड़े हैं। मास्टर शेखर के ठीक सामने खड़ा है और कह रहा है, 'और ऊँचा उठो-और!'

शेखर से मॉनिटरी छीनकर उस मुसलमान लड़के को दे दी गई, यह कोई परवाह की बात नहीं, लेकिन सारी क्लास के सामने इस प्रकार का अपमान उसे सह्य नहीं हुआ। सारी क्लास उसकी खिल्ली उड़ाए? कभी नहीं! और धधकते हुए क्रोध ने ही उसे बदला लेने का उपाय बता दिया। मास्टर की आज्ञानुसार वह 'और उठा', और ऐसा करते हुए जानबूझकर उलट गया, कलाबाजी खाकर नीचे गिरा और उसके भारी फुलबूट जाकर लगे, मास्टर के पेट में। मास्टर एक 'हुक्!' करके बोर्ड से टकराया, सारी क्लास खिलखिला उठी।

यह घटना इतनी आकस्मिक जान पड़ रही थी कि क्षण भर मास्टर साहब भौचक-से रह गए। जब उन्होंने शेखर को उठकर खड़े हुए उनकी ओर घूरते देखा, तभी उन्हें खोई हुई वाणी मिली। उन्होंने दाँत पीसते हुए कहा, 'देखूँगा तुम्हें!'

लेकिन उनकी धमकी व्यर्थ गई। शेखर ने ऐसे स्वर में कहा जैसे किसी कीड़े को कह रहा हो, 'तुम उल्लू!' और तीर की तरह क्लास से बाहर हो गया। पीछे क्लास की हँसी उसे सुन पड़ी, उसने जाना कि जीत उसी की हुई है।

उस दिन से शेखर स्कूल नहीं गया। इससे उसके चरित्र में त्रुटियाँ अनेक रह गईं, लेकिन एक शक्ति भी उसने पाई जो स्कूलों में कम मिलती है, उसने अकेले होने की सामर्थ्य पाई। स्कूलों में 'टाइप' बनते हैं, वह बना-व्यक्ति।

लेकिन इतना अलग, इतना अकेला कोई भी नहीं है कि उसके बाहर संसार हो ही नहीं। शेखर के जीवन में मनुष्यों का स्थान लिया पशुओं ने, पक्षियों ने, कीड़ों-मकोड़ों, साँपों, फूल-पत्तों, घास, मिट्टी-पत्थर ने। जिस आसन से मनुष्य-समाज का देवता ईश्वर-भ्रष्ट हो गया था, वह स्थान लिया जीव-जगत की देवी प्रकृति ने।

सरस्वती अब भी शेखर को पढ़ाती थी और एक मौलवी साहब भी उसे पढ़ाने के लिए रखे गए थे। लेकिन शेखर का दिन मौलवी साहब के जाने पर आरम्भ होता था और उनके आने के समय समाप्त हो जाता था...मौलवी साहब एक बुरे स्वप्न की तरह भर थे। बाकी दिन शेखर घूमता रहता था-जिधर पैर ले जाते, उधर चला जाता और जो दीख जाता, देख लेता। कभी साँपों को छेड़ता, कभी साँप के पास निश्चल बैठ जाता और प्रतीक्षा करता कि साँप उसके ऊपर से निकल जाए, ताकि उसे पता लगे, साँप आगे कैसे सरकता है (उसने सुना था कि साँप के पेट में जो झिल्ली होती है, उसी के सहारे वह अपने को आगे धकेलता है और यही वह अनुभव करना चाहता था)। कभी तितलियाँ पकड़ता, उनके रंग देखता और फिर उन्हें छोड़ देता। कभी फाख्ता का स्वर सुनता, तो उसकी नकल करता और घंटों यही देखता रहता कि वह किस प्रकार चिढ़कर अपनी बोली बार-बार बदलती जाती है और प्रत्येक की प्रतिध्वनि पाकर चुप हो जाती है। कभी वह पेड़ों पर चढ़ता, घोंसलों की गढ़न देखता और घोंसलों में भिन्न-भिन्न प्रकार के अंडे देखकर, दिनों प्रतीक्षा करता कि वे फूटें, ताकि बच्चे देखकर पहचाने कि किस पक्षी का अंडा कैसा होता है...कभी वह देखता कि किस प्रकार वसन्त के दिनों नर चील बहुत ऊँचा उड़ जाती है और मादा उसे पुकारती रहती है और घंटों की प्रतीक्षा के बाद वह उतरता है...एक बार वह उल्लू की बोली घंटों सुनता रहा और सोचता रहा कि यह मुँह से बोलता है या नाक से! पहले-पहल जब उसने पपीहा की 'पिउ-कि-कि' सुनी, तो जाने कैसे उसके मन में यह बात बैठ गई कि पपीहा नीले रंग का होता होगा और उसकी छाती लाल होती होगी। कुछ दिन बाद जब उसने कुछ इसी प्रकार का एक पक्षी देखा, तब वह विह्वल प्रतीक्षा में बैठा रहा कि वह बोले, और जहाँ-जहाँ वह पक्षी गया तहाँ-तहाँ भागा किया...आख़िर उसकी प्रतीक्षा सफल हुई-सूर्यास्त के समय पक्षी ने अंजीर के एक पेड़ पर बैठकर चोंच खोली और कर्कश स्वर में पुकारा 'चे-ऊँ'। शेखर का हृदय धक-से हो गया...कई दिन बाद उसने जाना कि वह पपीहा नहीं, नीलकंठ था...

एक दिन वह जंगल में घूमता हुआ भटक गया। यह उसके अत्यन्त असहाय-सहायता के प्रति उपेक्षा लिये-अकेलेपन का प्रमाण है कि वह घबराया नहीं, इधर-उधर भागा नहीं (जो कभी जंगल में भटके हैं, वे ही समझ सकते हैं कि उस समय न घबराना क्या चीज़ है!) अपनी छाती तक लम्बी घास को दबाकर, आसन-

सा बनाकर बैठ गया और बादलों को देखने लगा। कभी जब कोई जंगली मक्खी भिनिभनाती हुई उसके पास आती तब वह उसी की ओर देखने लगता, उसकी हरी और नीली धातु की तरह चमचमाती हुई पीठ, मटमैला लाल सिर, काली मूँछें सब मन में नोट करता रहा।

वह जंगल सरकारी 'रख' था, वहाँ शिकार की मनाही थी। शेखर के बैठे-बैठे एक हिरन आया, कुछ सशंक-सा होकर थोड़ी देर बिलकुल स्तब्ध खड़ा था, फिर चौकड़ी भरता हुआ भागा और क्षण भर में ओझल हो गया। वह गठन का सौन्दर्य, वह गति की लय! शेखर ने चित्र बहुत देखे थे, वर्णन भी पढ़े थे-पर असली वस्तु!

जोश में आकर शेखर उठ खड़ा हुआ। तभी उसके पास ही घास में से एक भद्दा-सा जानवर निकला और फुफकारता हुआ भाग गया, शेखर समझ नहीं पाया कि वह घोड़ा है या भैंस...था वह दोनों जैसा और दोनों से भिन्न...

शेखर सोचता हुआ एक ओर को चल पड़ा। अभी उसे घर पहुँचने की चिन्ता नहीं थी, अभी तीसरा ही पहर था।

चलते-चलते घास में से निकलकर एक खुली जगह आकर उसने देखा, एक लड़की तितली पकड़ने का जाल लिये इधर-उधर भाग रही है, उसके बाल मुँह पर बिखर रहे हैं और उसे संसार का कुछ पता नहीं है। शेखर रुककर उसे देखने लगा, कितनी ही देर तक देखता रहा। एकाएक लड़की ने चौंककर मुड़कर उसे देखा ठीक वैसे ही जैसे हिरन ने देखा था और जाल लटकाकर देखती रही।

शेखर उसके पास गया और नम्रता से बोला, 'तुम कौन हो?'

'हम-हम।'

इससे आगे शेखर को बात नहीं सूझी। बदलकर बोला, 'मैं यहाँ सैर करने आया हूँ।'

लड़की ने उत्तर न देकर, पास जाती हुई एक तितली की ओर जाल फेंका। वह निकल गई। शेखर हँसने लगा, बोला, 'ऐसे नहीं, लाओ मैं बताऊँ।'

लड़की ने कहा, 'नहीं, हम आप ही पकड़ेंगे,' लेकिन उसके कहते-कहते शेखर ने जाल ले लिया और झपटकर तितली पकड़ ली।

लड़की ने रुष्ट मुद्रा से उसकी ओर देखते हुए तितली ले ली, बोली नहीं।

शेखर ने कहा, 'और पकड़ दूँ?'

'नहीं, अब बस। मैं थक गई।'

वह एक ओर चलने लगी। शेखर ने पूछा, 'कहाँ जाओगी?'

'घर।'

'कहाँ पर?'

उसने ठोड़ी उठाकर कहा, 'उधर।' किधर यह ठीक पता नहीं लगा। शेखर उसके पीछे-पीछे चलने लगा।

'तुम कहाँ जाओगे?'

'तुम्हारे घर।'

'क्यों?' कहकर वह चलती गई। शेखर भी पीछे-पीछे चलता गया।

'कितनी दूर है?'

'थोड़ी दूर। तुमने देखा नहीं?'

'नहीं।'

'तब यहाँ किधर से आए?'

शेखर ने कुछ हिचकिचाते हुए कहा, 'मैं रास्ता भूल गया था।'

तभी खिलखिलाकर हँस पड़ी। 'तभी!'

घर आ गया। शेखर ने पूछा, 'तितलियाँ कहाँ रखोगी?'

'पता नहीं, टोकरी में रख छोड़ूँगी-'

'नहीं, मैं बताऊँ,' कहकर शेखर उसे कोठी के दरवाज़े पर ले गया। प्रत्येक दरवाज़े में दो किवाड़ थे, एक लकड़ी का, उसके बाहर एक जाली का और इनमें काफ़ी अन्तर था। शेखर ने कहा, 'इसके बीच में बन्द कर दो।'

बालिका ने श्रद्धा से कहा, 'यह तो हमने कभी सोचा ही नहीं था।'

शेखर ने मानो उस श्रद्धा की ओर ध्यान न देते हुए कहा, 'और थोड़े से पत्ते भी डाल दो, तब मरेंगी नहीं।'

शेखर ने पूछा, 'रास्ता किधर से है?'

'उधर सीधे। थोड़ी दूर जाकर एक तालाब आएगा, वहाँ से दाहिने मुड़ जाना, तब स्कूल आ जाएगा। वहाँ से तो पता है न?'

'हाँ।' कहकर शेखर चलने लगा।

बालिका को शायद आशा थी कि वह कुछ अधिक कहेगा। वह उसे जाते हुए कुछ देर देखती रही, फिर पुकारकर बोली, 'फिर आओगे न?'

शेखर ने बिना मुँह फेरे पूछा, 'तुम्हारा नाम क्या है?'

'प्रतिभा-मिस प्रतिभा लाल।'

'अच्छा।'

शेखर ने जानबूझकर इसका कोई इंगित नहीं दिया कि यह 'अच्छा' फिर आने के बारे में है या नाम के बारे में।

मैत्री तो वह थी, लेकिन थी विचित्र। जंगल की घास में वे दोनों चले जाते, शेखर कहीं लेट जाता और प्रतिभा कहीं तितलियों के पीछे भागा करती, कभी फूल बीना करती, कभी बाँसों से फूल लाकर जमा करती और फिर एक-एक करके

उनका मधु चूसा करती, कभी यों ही खड़ी रहकर, तरह-तरह की हँसी हँसा करती...बीच-बीच में वह देख लेती थी कि शेखर वहीं तो है, चला तो नहीं गया और फिर शान्त होकर अपने खेल में लग जाती थी। शेखर से कभी बात करती थी, तो तभी जब कोई तितली बहुत चेष्टा पर भी उसकी पकड़ में नहीं आती थी या जब कोई फूल उसकी पहुँच से परे होता था...तब वह शेखर की सहायता माँगती थी और शेखर झट उठकर उसका काम पूरा करके फिर अपने स्थान पर आकर लेट जाता था या कभी प्रतिभा कुछ बड़े-बड़े बाँस के फूल उसके लिए बचा रखती थी और पास आकर पूछती थी, 'मधु नहीं खाओगे?' शेखर अपनी ओर बढ़ाए हुए फूल लेकर मधु चूसने के बजाय सारा फूल खा जाता था और वह खूब हँसती थी, 'अरे, मधु खाना भी नहीं आता!' कई बार आवृत्त होकर भी यह बात पुरानी नहीं होती थी, प्रत्येक बार प्रतिभा उतने ही उल्लास से हँसती थी...

शेखर प्रतिभा के साथ हँसता-खेलता था, उसकी प्रत्येक बात मान लेता था और निष्ठा के साथ पूरी करता था, फिर भी उनका सख्य नहीं स्थापित हुआ था। शेखर प्रतिभा का संगी बनकर भी अपने कवच में से बाहर नहीं आया था, अब भी वैसा ही अलग, अकेला व्यक्ति था। किसी तरह का भी अलगाव या दूरी पहचानने में बच्चे बहुत तीव्र होते हैं और प्रतिभा के अतिरिक्त कोई भी लड़की होती, तो फौरन इस बात को ताड़ लेती और बुरा मानती। पर प्रतिभा अपने में ही इतनी मस्त थी, शेखर के समीपत्व की धूप में उड़ने वाली तितली-सी, कि उसने कुछ नहीं देखा। वह अपने अन्तरतम में बिलकुल स्वार्थी थी और उनकी मैत्री निभ रही थी तो केवल इसलिए कि शेखर उससे कुछ भी नहीं माँगता था, उसे जैसी वह थी वैसी ही पाकर सन्तुष्ट था। यह नहीं था कि शेखर इतना दानी था, उसने प्रतिभा से कभी इतना अपनापा अनुभव ही नहीं किया कि उससे कुछ माँगे।

एक दिन प्रतिभा ने पूछा, 'तुम्हारे पिता का नाम हरिदत्त है?'

शेखर ने विस्मय से कहा, 'हाँ, क्यों?'

'मेरे पिता उन्हें जानते हैं। आज तुम्हें मेरे घर चलना होगा।'

शेखर प्राय: रोज ही वहाँ जाता है, आज इस विशेष चलने की बात सुनकर बोला, 'रोज तो चलता हूँ।'

'दुत्, वैसे नहीं। वहाँ पापा से मिलना होगा, खाना खाना होगा।'

शेखर ने थोड़ी देर बाद कहा, 'क्यों?'

'क्यों क्या? पापा तुम्हारे पिता को जानते हैं, अब हमें ऐसे मिलने की ज़रूरत नहीं। अब पूछकर आया करेंगे।'

शेखर थोड़ी देर सोचता रहा। उसे ध्यान आया, वह पिताओं के संसार में नहीं है। उसे यह भी लगा कि उसके संसार में पिता न आएँ, तो कोई हर्ज नहीं है। प्रतिभा

खेलती है, उसके खेल की आड़ में वह अकेला रहता है, यह ठीक है। यह स्थिति बदलने पर शायद...

शेखर ने फिर कहा, 'क्यों!'

इस 'क्यों' का प्रसंग क्या है, प्रतिभा को सहसा नहीं समझ आया। उसने अभिमानिनी रानी की तरह कहा, 'क्यों कहा? मैं कहती हूँ इसलिए।' फिर कुछ आग्रह से, 'मेरा कहा नहीं करोगे!'

शेखर ने कहा, 'हूँ।'

मिस्टर लाल ने अपनी साथ वाली कुर्सी की ओर इशारा करके कहा, 'बैठो, शेखर!'

शेखर बैठ गया। सामने प्रतिभा बैठी थी और उसके साथ प्रतिभा की बड़ी बहिन। बीच में मेज़ पर छुरी-काँटे, तश्तरियाँ इत्यादि सजी हुई थीं।

मिस्टर लाल 'इंग्लैंड रिटर्न्ड' डॉक्टर हैं। स्वयं लौटे हैं, तो साथ इंग्लैंड का कुछ हिस्सा लेते आए हैं और भारत की उर्वरा भूमि में उसे बोकर, उसी की छाया में रहते हैं। इस समय 'डिनर' का आयोजन है और उसी की प्रतीक्षा।

शेखर छुरी-काँटे से खाना नहीं जानता। बैठे हुए वह इसी बात को सोच रहा है। लेकिन यह वह कहना भी नहीं चाहता। इसी शशोपंज में डिनर आरम्भ होता है। 'सूप' आता है और सब लोग खा लेते हैं। दूसरा कोर्स आता है।

शेखर औरों के अनुकरण में पहले छुरी-काँटा उठाता है। लेकिन वह देखता है कि बाएँ हाथ से काँटे का संचालन उससे नहीं हो सकता। तब वह छुरी और काँटे को बदल लेता है। बाएँ हाथ से वह कुछ काट भी नहीं सकता, फिर भी, किसी प्रकार काँटे पर कौर लादकर वह मुँह की ओर ले जाता है, तो खाली काँटा ही मुँह तक पहुँचता है, कौर गिर जाता है।

प्रतिभा खिलखिलाकर हँसती है, 'अरे खाना भी नहीं आता?'

बड़ी बहिन कहती है, 'हिश!'

शेखर छुरी-काँटा रख देता है। मिस्टर लाल देखते हैं, और अनदेखी कर जाते हैं कि वह अधिक खिन्न न हो।

सब्जी आती है। मिस्टर लाल के लिए गोश्त आता है। सलाद आता है। आइसक्रीम आती है।

शेखर खाता नहीं, देखता ही रहता है। जब सब कुछ हो चुकता है तब वह देखता है कि उसके सामने पड़ी-पड़ी आइसक्रीम पिघल गई है और लोग चम्मच से खा रहे हैं, लेकिन वह चम्मच का उपयोग जानते हुए भी प्याला उठाकर उसे पी जाता है।

प्रतिभा कहती है, 'देखो पापा, देखो, कैसे खा रहा है।'

मधु खाते समय शेखर फूल भी खा जाता है, तब भी प्रतिभा हँसती है। तब शेखर स्वयं मुस्कराता भी नहीं लेकिन होता है प्रसन्न। पर अब...

शेखर उठ खड़ा हुआ। नैपकिन मेज़ पर पटका ओर बिना किसी और देखे जल्दी से बाहर चला गया।

दूसरे दिन शेखर नदी के किनारे भटक रहा था। जंगल कहीं नहीं था और प्रतिभा मर गई थी।

नदी के अधबीच एक टापू था, उसमें देवी का एक मन्दिर था। शेखर अपना समय वहाँ बिताने लगा।

वह मन्दिर के बाहर बैठा रहता और आने-जाने वाले उपासकों को देखा करता। उनका श्रद्धा-भाव देखकर उसके मन में वही पुराना प्रश्न फिर उठता और बैठ जाता, उसे आस्था नहीं होती, फिर भी मन्दिर का वातावरण उसे आकर्षक जान पड़ता और वह नित्य आता...

नदी में साँप थे। शेखर हमेशा पुल पर से पार होकर टापू पर आया करता था, लेकिन उपासक पानी में से चलकर आते थे।

एक दिन शेखर के देखते-देखते एक को साँप ने काट खाया। वह उचककर बाहर आया, पुकारकर बोला, 'जय देवी माता की?' और मन्दिर के भीतर चला गया। पूजा करके बाहर निकल आने पर ही उसने काटे का उपचार आरम्भ किया।

घंटे भर बाद, शेखर के सामने ही उसने एक बार फिर कहा, 'जय देवी माता की!' और चुप हो गया। और कुछ मिनट बाद लोग उसे उठा ले गए।

शेखर का अविश्वास शेखर का नकारात्मक विश्वास, हिल गया। पर लौटते हुए वह फिर-फिर पूछने लगा, 'ईश्वर, क्या सचमुच तू है?'

श्रीनगर में चश्माशाही से ऊपर एक महल का खँडहर है। कहते हैं कि यह महल राजकुमारी जेबुन्निसा ने बनवाया था और यहाँ एकान्तवास करती हुई वह कविता लिखा करती थी। महल चाहे किसी ने बनवाया हो, जिसने वह स्थान चुना था, वह अवश्य कवि था...

वहाँ भी साँप थे। जब शेखर पहले-पहल वहाँ गया, तब उसने बहुत-सी कहानियाँ सुनीं-वहाँ भूत रहते हैं, उस महल के कमरों में छतें नहीं हैं, इसलिए रात को वहाँ प्रेत उतर आते हैं, परियाँ नाचती हैं...

और महल का नाम था परी–महल...

शेखर ने लौटती बार निश्चय किया कि वह कभी वहाँ अकेला आएगा और थोड़े ही दिन बाद उसे अवसर भी मिल गया।

शेखर वहाँ तीसरे पहर पहुँचा। महल के कमरों की छत तो थी नहीं, वह दीवार पर चढ़ गया और सामने की ओर आकर नीचे डल झील का दृश्य देखने लगा।

वह डल देख रहा था। डर से बहुत अधिक कुछ देख रहा था। धीरे–धीरे उसके ऊपर एक सम्मोहन–सा छा गया, एक मूर्च्छा–सी, उसे लगा, उसके पास–उसके पास नहीं, उसके भीतर, उसके सब ओर, कुछ आया है, कुछ जिसका वह वर्णन नहीं कर सकता, लेकिन जो बहुत सुन्दर है, बहुत भव्य, बहुत विशाल, बहुत पवित्र...इतना पवित्र कि शेखर को लगा, वह उसके स्पर्श के योग्य नहीं है, वह मैला है, मल में आवृत है, छिपा हुआ है...उसी सम्मोहन में उसने एक–एक करके अपने सब कपड़े उतार डाले, नीचे फेंक दिए और आँखें मूँदकर खड़ा हो गया, बिलकुल नंगा, आकाश के सामने और उस पवित्र के, उस पवित्र से परिपूर्ण, उसके स्पर्श से रोमांचित...

बहुत देर बाद चौंककर उसने आँखें खोलीं, जल्दी–जल्दी कपड़े पहने और बिना एक बार मुड़कर देखे भी सीधा घर की ओर भागा...

वह क्या था? ईश्वर? प्रकृति? सौन्दर्य? शैतान? दबी वासना?

उसे नहीं मालूम। पर उसने वह संग, वह कैवल्य, फिर कभी नहीं प्राप्त किया...

वह फिर कभी वहाँ नहीं गया। बुद्ध भी, बोधिवृक्ष के नीचे दुबारा नहीं बैठे होंगे।

खूब बर्फ पड़ी है, और पड़ रही है। शेखर के पिता सपरिवार एक बर्फ से ढकी हुई सड़क पर मोटर में बैठे चले जा रहे हैं। कभी–कभी थोड़ी–सी बर्फ भीतर पहुँच जाती है, तब कोई तंग होता है और बाकी हँसते हैं...

सभी को मतली हो रही है। शेखर के भाइयों ने खिड़की से बाहर मुँह निकालकर कै भी कर दी है और कार में उसकी दुर्गन्ध भर रही है। शेखर आगे बैठा है, इसलिए उसे इतना कष्ट नहीं हो रहा है। वह गिरती हुई बर्फ की ओर देखता जा रहा है...

शेखर के पिता की फिर बदली हो गई है। इसीलिए वे इतनी देर तक श्रीनगर में रहे हैं, नहीं तो वे कभी के जम्मू चले गए होते और अब वे बिहार की ओर जा रहे हैं...

एक बार सड़क के मोड़ पर पिता ने कहा, 'वह देखो, जहाँ से हम आए हैं।'

शेखर ने ऊपर देखा। जिस पथ पर से वे उतरकर आए थे, वह दीख रहा था और उसके पीछे–एक विस्तीर्ण सफेद पर्दा जिसके पीछे क्या-क्या छिपा हुआ था...

शेखर को याद आया, चलने से कुछ दिन पहले उसने सबसे छिपाकर बर्फ का एक आदमी बनाया था और उसे उठाकर अपने कमरे में ले आया था। उसे वहाँ रखकर सो गया था। दूसरे दिन उठकर उसने पाया कि वह पुतला कहीं नहीं है और फर्श भीग रहा है। उसने छटपटाकर पूछा था, 'माँ, मेरा पुतला किसने उठाया? बहिन, मेरा पुतला किसने उठाया? भइया, मेरा पुतला किसने उठाया?' और किसी ने नहीं बताया, सबने कहा कि हमने नहीं देखा...वह आख़िर गया कहाँ, यह उसे समझ नहीं आया...

और उस बर्फ के परदे की ओर देखते-देखते उसके मन में फिर उसी प्रश्न का उदय हुआ–'ईश्वर?'

शेखर का जीवन बहुत सूना हो गया था और इसीलिए जीवन में जो कुछ आता था, वह मानो उसके रस की अन्तिम बूँद तक निचोड़ लेना चाहता था। हँसी की बात होती, तो आवश्यकता से अधिक हँसता था, घूमने निकलता, तो पागल कुत्ते की तरह दौड़ता था, लड़ता तो लड़ाई का कारण भूल जाने पर भी विरोध बनाए रखता...उसके जीवन में इससे एक झूठी तेज़ी आ गई थी, गति का एक भ्रम, जबकि वास्तव में वह निश्चल खड़ा था।

खँडहरों से घिरे हुए टीले की एक चोटी पर शेखर खड़ा था और उसके पैरों के पास उसका कुत्ता। चारों ओर फैले हुए अरहर के खेत थे। कभी हवा का झोंका आता, तो अरहर के पौधों की चोटियाँ कुछ झुक जातीं और फिर सीधी हो जातीं, मानो हरी वर्दी पहने हुए बहुत से सिपाही पहरा देते-देते एक साथ ही ऊँघ गए हों, और फिर जागकर सावधान खड़े हो गए हों।

कुत्ते का नाम था तैमूर। शेखर उसे विशेष प्यार नहीं करता था, किन्तु कुत्ता सदा उसके पीछे रहता था, न जाने क्यों उसने शेखर को अपना स्वामी मान लिया था।

शेखर के खड़े-खड़े ही कुत्ते ने शायद दूर कुछ देखा और सीधा नीचे अरहर के खेतों की ओर भागा। पीछे-पीछे शेखर भी भागा। उसे कुछ करने की भीतरी प्रेरणा तो कोई थी नहीं, बाहर से जो धक्का उसे लगता उसी के आगे वह बह जाता था...

हाथों से अरहर के पौधों में रास्ता बनाते हुए शेखर ने देखा कि तैमूर क्यों भागा आया था। बहुत-से बटेर अनेक दिशाओं में भागे जा रहे थे और तैमूर कभी एक के पीछे, कभी दूसरे के पीछे दौड़ा फिरता था, पर पकड़ किसी को नहीं पाता था।

जिधर-जिधर तैमूर भागता, उधर-उधर शेखर बहता। अरहर धीरे-धीरे बहुत घने हो गए। शेखर कन्धे बढ़ाए, सिर झुकाए, हाथों से उन्हें चीरता हुआ, बौराए साँड़ की तरह बढ़ने लगा, फिर भी तैमूर का साथ नहीं पा सका। उसकी कमीज के चिथड़े हो गए, बाँहें और टाँगें भी छिल गईं, मुँह खरोंच गया, पर बटेर कोई हाथ न आया। पर अपने कुत्ते से भी अधिक ढीठ शेखर बढ़ता ही गया, उसके नंगे पैर भूमि पर रक्त की लाल छाप छोड़ते हुए चले, पर अभी बटेर कोई हाथ नहीं आया था...

तैमूर ने उकताकर खेल छोड़ दिया–हार मान ली। शेखर भी झक मारकर रह गया।

खँडहरों के ऊपर सूर्य स्वर्ण बरसाता हुआ डूब रहा था। घर के पथ पर शेखर खून से लथपथ, थका हुआ, सिर झुकाए चला जा रहा था और सदा आगे रहने वाला तैमूर उसके पीछे-पीछे मुँह लटकाए आ रहा था...

बटेर कोई हाथ नहीं आया था, लेकिन खेल हो गया था, दिन बीत गया था।

फिर अरहर के खेत, फिर आगे-आगे शेखर और पीछे-पीछे शेखर का कुत्ता तैमूर। अब तैमूर ही शेखर का भाई है, गुरु है, साथी है और सेवक है। शेखर की माँ सरस्वती को लेकर अपने पिता के गाँव गई हुई है और शेखर पर किसी का नियंत्रण नहीं है।

शेखर निरुद्देश्य भटक रहा है, लेकिन उस उद्देश्यहीनता में एक प्रतीक्षा है। शेखर गनेसी की बाट देख रहा है।

गनेसी जात का डोम है। शेखर के पिता की देख-रेख में कुली का काम करता है। छुट्टी के समय वह आतिशबाजी तैयार करता है। इसी नाते वह शेखर का मित्र है, क्योंकि वह बहुधा शेखर को साथ ले जाता है और उसके सामने चीज़ों को तैयार करता है–बारूद बनाता है, अनारों में भरता है, पटाखे लपेटता है, और साथ-साथ शेखर को बताता भी जाता है कि शोरा, गन्धक, कोयला, अलग-अलग कूटने चाहिए और मिलाते समय लकड़ी की चीज़ें काम में लानी चाहिए कि आग न लग जाए, और 'छछूँदर' लपेटने के लिए काग़ज़ को शोरे और सिरके के घोल में भिगोकर सुखा लेना चाहिए...कभी वह शेखर के आग्रह करने पर उसे बारूद कूटने भी देता है और कभी-कभी कुछ पटाखे उसे दे देता है। उनकी दोस्ती इतनी बढ़ गई है कि कभी-कभी शेखर पिता से कहकर गनेसी को छुट्टी दिला देता है और साथ घूमने ले जाता है।

आज उसकी प्रतीक्षा यों हुई कि शेखर ने एक गोह लाने के लिए भेजा था। गनेसी ने ही उसे बताया था कि गोह कैसी भी दीवार चढ़ सकती है और उससे चिपक जाती है। अगर कोई उसकी दुम पकड़कर लटक जाए तो भी नहीं छोड़ती बल्कि पुराने जमाने में लोग उसकी दुम में रस्सी बाँधकर उसके सहारे किले की दीवारें फाँदा करते थे। यह सुनकर स्वाभाविक ही था कि शेखर गोह देखना चाहता। जब गनेसी ने बताया कि गोह जिन्दा नहीं आ सकती, क्योंकि उसका काँटा जहरीला होता है तब शेखर की आज्ञा हुई कि गनेसी उसे मारकर ले आए।

शेखर अरहर का खेत पार करके निकला, तो देखा, सामने से गनेसी चला आ रहा है–दुबला-पतला, काला भूत एक हाथ में लाठी लिये और दूसरे में दुम पकड़कर मरा हुआ गिरगिट-सा लटकाए। पास आते ही बोला, 'बबुआ, यह लो गोह।'

शेखर थोड़ी देर उसकी ओर देखता रहा। उसे कुछ निराशा-सी हुई। यही है गोह! फिर वह बोला, 'इसकी चमड़ी उतारो, हम रखेंगे।'

गनेसी ने हँसकर बताया कि गोह की चमड़ी बहुत पतली होती है, खाल नहीं उतर सकती। पर शेखर उसकी बातों में आने वाला नहीं था। खाल चीते की भी उतर सकती है, वह नित्य एक पर बैठता है, तब गोह की क्या बिसात! बोला, 'हम जो कहते हैं, उतारो!'

गनेसी ने देखा, मानना पड़ेगा। उसने एक चाकू निकाला और मोह का पेट चीर डाला। शेखर कुत्ते को पकड़कर खड़ा रहा।

आधे घंटे में खाल खिंच गई। शेखर ने कहा, 'इसे धूप में सूखने डाल दो, सूख जाएगी तब धो लेंगे।'

गनेसी ने कुछ कहे बिना मुस्कराकर उसे सूखने के लिए फैला दिया।

तीन दिन बाद वहाँ जो शेखर ने देखा, वह कहने की ज़रूरत नहीं है। जब गनेसी ने हँसते हुए पूछा, 'बबुआ, तुम देख आए, वह गोह की खाल सूख गई है कि नहीं।' तब उसने विस्मय दिखाते हुए कहा, 'कैसी खाल! कौन गोह?' बुद्धिमान गनेसी मुस्कराकर चुप हो गया।

शेखर ने नोट किया कि चमड़ी सभी की होती है, लेकिन चीता चीता है और गोह गोह।

जिस घर में शेखर रहता था। उसके साथ आमों का एक बगीचा था। आम देशी थे, और घटिया किस्म के, केवल एक वृक्ष कलमी आमों का था।

उन दिनों आम पकने को हो रहे थे। शेखर रोज जाकर उन्हें ललचाई आँखों से देख आता था और उस दिन की कल्पना किया करता था, जब वह पेड़ों पर न होकर उसके हाथों में होंगे...

एक दिन अकेले वृक्ष पर कुछ पके-से आम देखकर शेखर ने माली से कहा, 'हमें आम दो।'

लेकिन माली को सर्वथा उचित माँग से सहानुभूति नहीं हुई। बोला, 'बबुआ कल तोड़ूँगा वो आम और डाली लगाकर साहब के पास ले जाऊँगा।'

'साहब के पास!' शेखर को यह सरासर अन्याय लगा कि आमों को चाहने वाले शेखर से छीने जाकर वे आमों की उपेक्षा करने वाले उसके पिता के पास जाएँ। बोला, 'देते हो कि नहीं?'

'नहीं बबुआ-'

शेखर स्वयं पेड़ पर चढ़ने लगा। माली दूर खड़ा हँसता रहा, क्योंकि वह जानता था कि यह लड़का पेड़ पर क्या चढ़ेगा।

लेकिन शेखर के हाथों-पैरों में क्रोध का बल था। वह ऊपर पहुँचा, आराम से एक डाल पर बैठा और चुन-चुनकर पके आम खाने लगा।

माली की मुस्कान चिन्ता में बदल गई। उसे देखकर शेखर का सारे आम खा डालने का निश्चय और भी पक्का हो गया।

पर पेट ने साथ नहीं दिया। तब शेखर ने कच्चे, अधकचरे, पके सब प्रकार के आम तोड़-तोड़कर मुँह से जूठे कर-करके इधर-उधर फेंकने आरम्भ किए। प्रत्येक आम फेंकते हुए वह चिल्लाकर माली से कहता जाता, 'यह लो! और यह लो! और यह लो!'

माली यह नहीं सह सका और शेखर को पकड़ने के लिए पेड़ पर चढ़ने लगा। उसे आते देखकर शेखर ने कहा, 'आओ, आओ, बेशक आओ,' और ऊपर चढ़कर एक डाल के बिलकुल सिरे पर ऐसा जा बैठा कि तनिक और भार पड़ने से वह टूट जाए। माली ने पुकारा, 'लौट आओ, नहीं तो गिरोगे!'

'नहीं, तुम आओ, पकड़ो, देखूँ मैं भी-' और कुछ और आगे सरक गया।

माली डर गया। बोला, 'बबुआ उतर आओ, ईश्वर के वास्ते उतर जाओ।'

'तुम उतर जाओ, नहीं तो मैं और आगे जाता हूँ।'

माली उतर गया। वहाँ से चला गया। शेखर धीरे-धीरे नीचे उतरा। वह अभी भूमि पर पहुँचा नहीं था कि उसने देखा, माली के साथ पिता चले आ रहे हैं।

वह दार्शनिक हो गया था। उसने एक बार अपने गिराए हुए आमों की ओर देखा, फिर तैयार होकर खड़ा हो गया और मन-ही-मन गणित का एक सवाल करने लगा कि कितने आम फी थप्पड़ या कितने थप्पड़ फी आम पड़ेंगे। पड़ेंगे या नहीं पड़ेंगे, यह सम्भावना विचार में लाने की नहीं थी।

लेकिन थप्पड़ नहीं पड़े। पिता ने सारी कहानी सुनकर हँस दिया। शेखर से बोले, 'तुमने खाए सो खाए, फेंके क्यों?' और माली से कहा, 'तुमने उसे क्यों कहा कि मेरे लिए डाली बनानी है, इसलिए नहीं मिलेंगे।'

यह एक अवसर था जब कि शेखर ने मान की आशा की और हँसी पाई। प्राय: इससे उलटा ही हुआ करता था। फिर भी पिता के लिए शेखर के हृदय में अपार स्नेह था।

शेखर के पिता ने नया मकान ले लिया है-पटना शहर में गंगा के किनारे पर। अब शेखर का मुख्य काम है अपने बगीचे में से केले के पेड़ काटना और उनके स्तम्भों

पर लेटकर गंगा में बहना (उसे बहना ही कहना चाहिए, क्योंकि तैरना अभी तक सीखा नहीं)। कई बार स्तम्भ पर से फिसलकर उसने गोते खाए हैं, लेकिन सदा ही किसी ने उसे देखकर घसीट निकाला है। पिता के बहुत मना करने पर भी वह यह आदत नहीं छोड़ता। क्योंकि इतनी बड़ी नदी पर अकेले बिना हाथ-पाँव हिलाए बहने के विचार में सामर्थ्य का कुछ ऐसा आकर्षक अनुभव है कि शेखर उसका मोह नहीं छोड़ सकता।

उसने तीन स्तम्भों को बाँधकर एक नाव बनाई। गंगा में उसे ले जाकर, उस पर सीधा लेटकर, हाथ से उसे धार में खेकर ले गया और फिर हाथ समेटकर निश्चल कभी इधर, कभी उधर देखने लगा। दोनों किनारे धीर गति से प्रवाह से उलटी दिशा में चलते हुए जान पड़ रहे थे। बहुत देर उनकी ओर देखकर, शेखर आकाश की ओर देखने लगा। वर्षा हो चुकी थी, बादल के छोटे-छोटे टुकड़े इधर-उधर भागे फिरते थे। कभी एक-दूसरे से भिड़कर एक हो जाते थे। कभी देखते-देखते आकाश की प्रगाढ़ नीलिमा में घुल जाते थे। ओह, कितना सुन्दर था उस प्रकार उस विस्तीर्ण नीलाकाश में घुलकर लुप्त हो जाना...शेखर ने भूले हुए-सा सोचा, ऐसे मरूँगा, जहाँ बाधा नहीं होगी...

बाधा-उसे लगा, जो जीवन वह जी रहा है, वह बाधा के अतिरिक्त कुछ है ही नहीं। आज उसे मौका मिला है उसके बन्धन से निकल भागने का, आज वह तीन कटे हुए वृक्षों का सहारा लेकर उस सुदूर देश में जा रहा है जहाँ गंगा जाती है, जहाँ वह समुद्र में मिल जाती है, जहाँ सूर्यास्त के सोने का टापू है और जहाँ इन्हीं नीलिमा में घुल जाने वाले बादलों से बने हुए सूत के वस्त्र पहनने वाली राजकन्या रहती है...शेखर उसके पास जाएगा और उससे कहेगा, मैं शेखर हूँ मैं बन्धनों के देश से आया हूँ और वह उसे अपना पास बिठा लेगी और कहेगी, यहाँ तुम अबाध हो, उस सिरिस के फूलों के महल में तुम रहोगे और जो चाहो करोगे...

पर, शायद राजकन्या उसे नहीं देखेगी-वह बन्धनों के देश के एक मामूली लड़के से क्यों मिलने लगी?

वहाँ और भी तो लोग होंगे और भी कन्याएँ होंगी, उस बाधा-हीनता के देश में कोई भी क्यों राजकन्या से कम होगी?

शेखर ने आँखें बन्द कर लीं...

फिर उसे ध्यान आया, अरे, वह देश तो बड़ी दूर है वहाँ पहुँचने में तो दिनों लग जाएँगे, गंगा इतनी धीमी बहती है...

लेकिन चिन्ता जहाँ वश कर सके, उस दशा से वह परे निकल गया था। आकाश की, मुक्त वातावरण की, अबाध विशालता उसके प्राणों में भर गई थी। वह स्वयं अबाध था, विशाल था, मुक्त था और यथार्थता पीछे थी...

उसके मन में कविता की एक पंक्ति आ गई अंग्रेज़ी में :

O mother Ganges, vast and slow!

(मन्दगति और विशाल माँ गंगे!)

और वह धीरे-धीरे बड़ी मेहनत से, पंक्ति जोड़कर कविता पूरी करने लगा...

जिस क्षण में शेखर को मालूम हुआ कि कविता पूरी हो गई है, उसी क्षण में उसने यह भी अनुभव किया कि उसकी पीठ ठंड से अकड़ गई है और उसके हाथ सफेद, सुन्न पड़ रहे हैं। उसने जाना कि वह घर से बहुत दूर बह आया है।

घबराहट यथार्थता के संसार में है, उस सूर्यास्त के सोने के टापू के पथ पर नहीं। शेखर धीरे-धीरे अनैच्छिक-सी क्रिया से अपने को किनारे की ओर खेने लगा। जब किनारे लगा, तब किसी तरह सूखी भूमि पर आया और धूप में औंधा लेट गया।

जब वह नींद से उठा तब सूर्य ढल गया था। वह उठा और माँदा-सा घर की ओर चल पड़ा। जब घर के पास पहुँचा तब चाँद निकल रहा था और घर में बिलकुल सन्नाटा था, यद्यपि बत्तियाँ जल रही थीं। घर के भीतर घुसते ही उसने देखा, बरामदे में माता-पिता खड़े हैं, स्थिर दृष्टि से बाहर देखते हुए और मानो एकाएक बूढ़े हुए-इतनी झुर्रियाँ उनके मुँह पर पड़ी हुई थीं...शेखर को देखते ही वे खिंचे हुए चेहरे कुछ ढीले पड़े, माँ की आँखों में आँसू आ गए और पिता एकदम से लौटकर ऊपर चले गए।

उनके पीछे-पीछे शेखर ने जाकर देखा, घर में कोई नहीं है। यह उसे दूसरे दिन मालूम हुआ कि उसे खोजने के लिए लोग लालटेन लेकर नदी के किनारे बहुत दूर तक गए हुए थे...घर पर किसी तरह पता लगा था कि वह अकेला केले की नाव पर बैठकर बह गया है और घर में खलबली मच गई थी। यह समाचार सुनकर शेखर अपने को इतना भूल गया कि उसे बहुत चेष्टा करने पर वह कविता याद नहीं आ सकी जो उसने गंगा के वक्ष पर लिखी थी, केवल स्मारक-सी पहली लाइन ही उसके मन में रह गई :

O mother Ganges, vast and slow!

जो बहुत दूर है; जिस तक पहुँचने में बहुत दिन लगते हैं, बहुत-से ऐसे दिन, जिनमें पहले ही दिन में पहले ही कुछ घंटों में पीठ अकड़ जाती है और हाथ सुन्न पड़ जाते हैं, उस सूर्यास्त के सोने के टापू तक कैसे पहुँचा जाए? कैसे देखा जाए उस राजकन्या को जो उसे सिरिस के फूलों के महल में रखेगी और अपने पास बिठाएगी?

शेखर जानता है कि वह कभी नहीं होगा, लेकिन वह भी जानता है कि इसका होना ज़रूरी है, उसके जीवन के शून्य को भरने के लिए अवश्यमेव कुछ होना चाहिए और विवश वह सोचा करता है कि क्यों नहीं कोई ऐसा घटना होती, जिससे वह टापू निकट आ जाए...जब वह सैर करने जाता है, तब इतनी गाड़ियाँ उसके पास से होकर जाती हैं, क्यों नहीं किसी में से वह राजकन्या झाँककर कहती, 'शेखर, चलो मेरे टापू में, जहाँ बाधा नहीं है?' राजकन्या न सही, जब वह मैदान में घूम रहा होता है, तब वहाँ इतनी लड़कियाँ खेल रही होती हैं, क्यों नहीं उनमें ही कोई छिपी हुई टापू-वासिनी आकर उसे बुलाती, 'आओ। तुम हमारे अबाध खेल में शामिल होओ?' इतना भी न सही, क्यों नहीं जब वह राह चलता ठोकर खाता है, तब कोई इसी संसार की लड़की उसके पास आकर स्नेह से उसे कहती, 'आओ शेखर, मैं और कुछ नहीं कर सकती, पर तुम्हारे इस एकरस जीवन में कुछ नयापन ला सकती हूँ।' या सिर्फ इतना ही उससे पूछती, 'चोट बहुत तो नहीं लग गई क्या?'

वह छिपकर सुन्दर काग़ज़ पर रंगबिरंगी फूल-पत्तियाँ बनाता और उनसे घिरे हुए स्थान में पत्र लिखता। किसे! वह स्वयं नहीं जानता। लेकिन अपने हृदय की सारी भूख वह उस पत्र में भर देता और अज्ञात के स्वागत की सारी विह्वलता...वह लिखता, 'ओ कल्पित, ओ अज्ञात, जिसे मैं मन में भी नहीं देख पाता, तुम इस पत्र को पढ़ोगी और समझोगी? मैं शेखर हूँ, मैं अकेला हूँ, मैं जाने कब से तुम्हें ढूँढ़ रहा हूँ, तुम्हारी ही प्रतीक्षा में हूँ, तुम्हारे ही लिए हूँ। तुम दिव्य-लोक में हो लेकिन क्या दिव्य-लोक भी तुम्हें इसी तरह माँगता है जिस तरह मैं? ओ अज्ञेय, ओ अकल्पनीय!'

तब वह पत्र को एक लिफाफे में बन्द करता, उसके कोने में अपना पूरा पता लिखता और एक लकड़ी के साथ उसे बाँधकर गंगा में बहा देता कि डूब न जाए और कई दिन तक प्रतीक्षा में रहता कि कोई उसे पढ़ेगा, पढ़ेगी और फिर उसे उसका उत्तर मिलेगा–न सही स्वप्न-लोक की कन्या से, कम-से-कम उसकी अपरिचित किसी का तो होगा ही! और जब कई दिन तक कुछ न होता, तब वह दूसरा पत्र लिखता और दूसरी तख्ती के साथ भेजता कि कहीं पहला डूब न गया हो...

और कभी कुछ न होता, और उसके विश्वास में कमी न होती...

कभी कोई तितली कमरे के भीतर आ फँसती है, तब पहले वह खिड़की के या किवाड़ के शीशे से, जिनसे प्रकाश आ रहा होता है और जिन्हें इसलिए वह बाहर की राह समझती है, जा-जा टकराती है फिर और टकराती है, फिर हारकर वह कमरे के एक-दो चक्कर काटती है, और फिर वहीं लौट आती है और शीशों पर सिर पटकती विवश पंख फड़फड़ाती है, गिर-गिरकर भी नहीं गिरती...

वही दशा शेखर की थी। मुक्ति की खोज में पहले वह उन वस्तुओं से उलझा जो स्थूल थीं, जिन्हें वह देख सकता था और उनसे हारकर वह कल्पना के क्षेत्र में गया, वहाँ से निराश होकर वह फिर यथार्थता में, स्थूल और प्रत्यक्ष में लौट आया।

शेखर के पिता मियादी बुखार से बीमार पड़े थे, और ईश्वरदत्त कभी-कभी टेलीफोन पर डॉक्टर को बुलाया करता था। उसी से शेखर ने टेलीफोन के बारे में कुछ जानकारी हासिल की थी। उसे जान पड़ रहा था कि जो उसे अन्यत्र नहीं मिला, वह टेलीफोन द्वारा शायद मिल जाए-क्योंकि टेलीफोन में नयापन था, रहस्य था।

पिता बीमार थे, इसलिए जब दफ्तर बन्द होता था, तब जमादार सब दरवाज़े बन्द करके चाभी शेखर को दे देता था कि पिता के पास पहुँचा दे। वह चाभी दफ्तर की नहीं, शेखर के रहस्यलोक की चाभी थी।

करीब पाँच बजे थे। दफ्तर बन्द हो गया था, चाभी शेखर के हाथ में थी। जमादार चला गया था।

शेखर ने दफ्तर का द्वार खोला और सीधा पिता के कमरे में गया। टेलीफोन का रिसीवर उठाकर सुनने लगा।

उन दिनों वहाँ ऑटोमेटिक एक्सचेंज नहीं था। एक्सचेंज से स्वर आया-'नम्बर?'

शेखर ने एक दवाइयों की दुकान का नम्बर दे दिया।

'फरमाइए?'

'आपके पास थर्मामीटर है? क्या कीमत है?'

'...'

'सबकी अलग-अलग कीमत बताइए।'

'...'

'अच्छा और डॉक्टरी दस्ताने कैसे हैं?'

'...'

'आपका सूचीपत्र भी है?'

'जी हाँ! आपके पास भिजवा दें?'

'हाँ!'

'किस पते पर भेजना होगा?'

इस प्रश्न की आशा-आशंका-शेखर को नहीं थी। उसे यह बताया गया था कि जिसे फोन किया जाए, उसे करने वाले का नम्बर तब तक नहीं ज्ञात होता जब तक कि स्वयं न बताया जाए और इसी विश्वास के आधार पर उसने फोन करने का

साहस किया था। यह प्रश्न सुनकर वह एकाएक घबरा गया, समझ नहीं पाया कि क्या कहे, बोला, 'दफ्तर के पते पर' और रिसीवर लटकाकर भाग गया।

दूसरी बार।

शेखर ने फिर चाभी प्राप्त करके दफ्तर खोला और टेलीफोन पर जाकर बैठ गया। अबकी उसने फायर स्टेशन को पुकारा। वह यह देखना चाहता था कि उसके भाइयों ने जो उसे बताया था कि टेलीफोन करने के बाद पाँच मिनट के अन्दर फायर इंजन पहुँच जाता है, वह ठीक है या नहीं।

उसने चिल्लाकर फोन में कहा, 'Fire! Come at once! (आग? जल्द आओ!)'

एक भारी-सी आवाज़ ने पूछा, 'कहाँ?'

एकाएक शेखर को अपनी करतूत के फल का ध्यान आया, वह डर गया। उसने रिसीवर मेज़ पर रखा और जल्दी दफ्तर का दरवाज़ा बन्द करके चाभी दे आया।

दूसरे दिन एक्सचेंज से रिपोर्ट आई कि फोन का दुरुपयोग किया जा रहा है। पिता ने सबसे पड़ताल की लेकिन मौन के सिवा कोई उत्तर नहीं पाया। बात वहीं समाप्त हो गई, उस दिन से जमादार स्वयं चाभी पिता तक पहुँचाने लगा।

शेखर पतंग उड़ाने लगा।

पतंग उड़ानी उसे आती नहीं थी। लेकिन यह उसके पथ में विघ्न नहीं था, इससे तो उसका आकर्षण बढ़ता ही था और फिर पतंग उड़ाने में एक दूसरा मज़ा भी था कि वह शेखर को मना थी। शेखर के पिता कहते थे कि यह खतरनाक खेल है, पतंग उड़ाते-उड़ाते कई लड़के कोठे पर से गिर पड़ते हैं।

शेखर का पतंग उड़ाने का ढंग यह था कि वह घर के बगीचे में किसी को बुलाकर कहता कि पतंग उड़ा दो, जब वह खूब ऊँची उड़ जाती तब चरखड़ी अपने हाथ में ले लेता और डोर को झटककर, नाचती हुई पतंग को देखकर अपने को विश्वास दिला लेता कि वही उड़ा रहा है (अतः उसी ने उड़ाई है)।

उसे आज्ञा थी कि पिता के पास बैठे और समय-समय पर दवा पिलाया करे। इसलिए नहीं कि वह इस काम में विशेष दक्ष था, इसलिए कि उसके पिता उसे अपने पास रखना चाहते थे। लेकिन पतंग उड़ाने में वह सब भूला हुआ था।

पिता के चपरासी ने आकर विघ्न डाला।

'शेखर बाबू, ऊपर चलो साहब बुलाते हैं।'

'ठहरो, हम ज़रा पतंग उड़ा लें,' कहकर शेखर उसे भूल गया।

'चलो शेखर बाबू!' मिनट-भर बाद चपरासी फिर बोला।

'ठहर जाओ, कह तो दिया!'

चपरासी बार-बार कहने लगा।

'जाओ, जाके कह दो कि हम पतंग उतारकर आएँगे।'

चपरासी चला गया और थोड़ी देर में लौट आया।

'शेखर बाबू, साहब का हुक्म है कि नहीं आए तो पकड़कर ले आओ। चलो।'

चपरासी ने एक दूसरे नौकर को बुलाकर, पतंग की डोर तोड़कर उसके हाथ में दे दी कि वह उतारे और शेखर को उठाकर ले चला। शेखर की टाँगें ही मुक्त थीं, वह उन्हें पटकने लगा, लेकिन वह हवा सेट कराकर रह गई। तब उसने सारा ज़ोर लगाकर अपनी पकड़ी हुई बाँह को झटका, वह छूट गई और जाकर चपरासी की नाक पर लगी और चपरासी ने उसे झट से ज़मीन पर रख दिया, जैसे बर्रें ने काट खा हो और चीखता हुआ ऊपर भागा क्योंकि नाक से खून छूट रहा था।

आधी सीढ़ियाँ चढ़ा हुआ शेखर जँगले से सटकर खड़ा हो गया। इस आकस्मिक घटना का क्या फल होगा, यह सोचकर वह स्तब्ध हो गया। पिता इतने सख्त बीमार हैं, चारपाई पर हिल नहीं सकते, लेकिन उनका क्रोध...

तभी शेखर ने देखा, उसके पिता सीढ़ियों पर उतर रहे हैं। हाथ में एक छड़ी। हाथ काँप रहा है, दीवार पर कुहनी टेककर सँभल-सँभलकर पैर बढ़ाते हैं और दुबले कितने हो गए हैं! और उनकी आँखें न इधर देखती हैं, न उधर; न छत की ओर, न सीढ़ी की ओर, केवल शेखर पर स्थिर हैं और उनके पीछे सीढ़ियों के ऊपर सरस्वती खड़ी है जिसका मुख ऐसा हो रहा है कि पहचाना नहीं जाता और उसकी मौन, विस्फारित आँखें शेखर की आँखों पर जमी हुई कुछ कहना चाहती हैं, कुछ कह रही हैं जो वह मुँह से नहीं निकाल सकती। शेखर ने जान लिया कि उसे वहीं खड़े रहना है, हिलना नहीं है, सिर नहीं उठाना है, प्रतिवाद नहीं करना है, अपनी रक्षा नहीं करनी है।

वह खड़ा रहा। छह बार छड़ी उठी और गिरी, छह बार शेखर के शरीर में एक रोमांच-सा हो आया पर वह हिला नहीं। छड़ी रुक गई। पिता ने एक तीखी दृष्टि से शेखर के मुख की ओर देखा। केवल चपरासी वहीं खड़ा रह गया, जिसे यह घटना समझ नहीं आई, लेकिन जो न-जाने क्यों लज्जित हो गया।

शेखर ऊपर नहीं जा सका। थोड़ी देर बाद जब सरस्वती ने आकर कहा, 'शेखर चपरासी को कहो डॉक्टर को ले आए' तब वह नहीं पूछ सका कि क्या हुआ है...

दो घंटे बाद पिता ने शेखर को ऊपर बुलाया। सुलह करने के लिए। वे कभी क्षमा नहीं करते-क्षमा छोटे को किया जाता है। जिस प्रकार क्रोध में वे छोटे को छोटा नहीं समझते, उसी प्रकार क्रोध के उतरने पर भी...कितनी स्वच्छ, एहसान के

भाव से मुक्त, कितनी विशाल सर्वव्यापी होती है उनकी उदारता! इसीलिए शेखर पिटकर भी उन्हें पूजता है, जैसे वह माँ को कभी नहीं पूज सकता, माँ जो पीटती नहीं, पर जो 'क्षमा' देती है अनुग्रह की चक्की में पीसकर...

शेखर को अनुमति मिली कि नाटक देख आए।

गाँव की एक नाटक-मंडली है जो साल में दो बार खेल करती है-होली के दिनों और दशहरे के दिनों। शेखर के पिता बड़े आदमी हैं, उस गाँव के पड़ोस में रहने वाले सबसे बड़ी आदमी, इसीलिए स्वाभाविक है कि उनकी आशीर्वादपूर्ण अनुमति माँगकर खेल किया जाए। वे स्वयं तो नहीं जाते, किन्तु 'सत्य हरिश्चन्द्र' का खेल है, इसलिए लड़कों को जाना मिल गया।

एक फूस की टट्टियों से घेरकर बनाए गए थिएटर-हाल में सबसे अगली कतार में भाइयों में साथ शेखर बैठा है। जब पर्दा उठता है और बीस फीट लम्बे और दस फीट चौड़े इन्द्रलोक का दृश्य सामने आता है, तब शेखर को लगता है कि वह अवश्यमेव उसके टापू के निकट कहीं होगा...

दृश्य आते हैं और चले जाते हैं और शेखर की विवेक-बुद्धि को, विवेचन-शक्ति को, साथ ले जाते हैं। वह मुग्ध, विश्वासी, परिणत बैठा रहता है और देखता जाता है। दुनिया से कुछ ऊपर जहाँ जीवन से जीवन का अभिनय अधिक यथार्थ है। उसके सामने रहता है एक बड़ा भारी संघर्ष, एक मौलिक विरोध और अपने मरते हुए पुत्र के लिए माँ का विलाप...जब मरता हुआ रोहित अपने साथियों से जाकर कहता है :

'माता को हाल सुनाइयो-
साँप ने मुझको डस लिया, हाय गजब सितम गजब!'

तब उसे विरति नहीं होती, हँसी नहीं आती, उसका गला भर जाता है और वह रोने लगता है-बहुत चुपचाप कि कोई उसकी यह पराजय देख न ले...

खेल समाप्त हो जाता है और वे घर की ओर चले पड़ते हैं। लेकिन शेखर भाइयों का साथ नहीं सह सकता, वह अलग चलता है, न देखता हुआ, भरा हुआ, असन्तुष्ट...

उस अँधियारे युग में जुगनुओं की तरह ये कुछ एक दृश्य चमक जाते हैं, लेकिन सब दृश्य ही हैं, सब आकर चले भी जाते हैं, स्थायी कुछ नहीं है, सिवाय उस असन्तोष के जो प्रकट होकर भी बढ़ता है, दबकर भी बढ़ता ही जाता है...

तितली फिर चक्कर काटने लगी...लेकिन कहाँ है वह अबाध की खिड़की, कहाँ है वह मुक्ति का मार्ग?

असहयोग की एक लहर आई और देश उसमें बह गया। शेखर भी उसमें बहने की चेष्टा करने लगा और जब नहीं बह पाया, तब हाथों से खेकर अपने को बहाने लगा...

उसने विदेशी कपड़े उतारकर रख दिए, जो दो-चार मोटे देशी कपड़े उसके पास थे, वही पहनने लगा। बाहर घूमने-मिलने जाना उसने छोड़ दिया, क्योंकि इतने देशी कपड़े उसके पास नहीं थे कि बाहर जा सके। प्रायः दुपहर को वह ऊपर की एक खिड़की के पास जाकर खड़ा हो जाता और बाहर देखा करता। कभी दूर से जब बहुत-से कंठों की समवेत पुकार उस तक पहुँचती :

'गांधी का बोलबाला! दुश्मन का मुँह हो काला!'

तब उसके प्राण पुलकित हो उठते और वह भी अपनी खिड़की से पुकार उठता :

'गांधी का बोलबाला! दुश्मन का मुँह हो काला!'

इससे आगे वह जा नहीं सकता था-घर से अनुमति नहीं थी। लेकिन अनुमति का न होना ही तो एक अंकुश था, जो निरन्तर उसे कोई मार्ग ढूँढ़ने के लिए प्रेरित किया करता था...

माँ के अतिरिक्त सब लोग बाहर गए हुए थे। माँ ऊपर कोठे पर बैठी हुई थी। शेखर ने घर के सब कमरों में से विदेशी कपड़े बटोरे और नीचे एक खुली जग ढेर लगा दिया फिर लैम्पें लाकर उन पर मिट्टी का तेल उँड़ेला (तेल का पीपा नौकरों के पास रहता था, वहाँ जाने की हिम्मत नहीं हुई) और आग लगा दी।

आग एकदम भभक उठी। शेखर का आह्लाद भी भभक उठा। वह आग के चारों ओर नाचने लगा और गला खोलकर गाने लगा :

'गांधी का बोलबाला! दुश्मन का मुँह हो काला!'

थोड़ी ही देर में माँ आई और थोड़ी देर में शेखर के गाल भी मानो विदेशी हो गए-जलने लगे...

लेकिन ढेर राख हो गया था।

शेखर के मन में विदेशी मात्र के प्रति घृणा हो गई। उसने देखा कि हमारी नस-नस में विदेशी का प्रभुत्व ही नहीं, आतंक भरा हुआ है। उसे पुरानी बातें भी याद आईं और नई भी, वह देखने लगा, उसे यह भी ध्यान हुआ कि पिता उसे घर में भाइयों से अंग्रेज़ी में बात करने को कहा करते हैं, यह भी कि वह शैशव से अंग्रेज़ी बोलना

जानता है, पर हिन्दी अभी सीख रहा है। उसकी पहली आया ईसाई थी और अंग्रेज़ी ही बोलती थी, उसका पहला गुरु, जिसके साथ उसे दिन-भर बिताना होता था, एक अमरीकन मिशनरी था, जो पढ़ाता चाहे कुछ नहीं था, दिन-भर अंग्रेज़ी की शिक्षा तो देता था। शेखर ने देखा कि यदि मातृभाषा वह है जो हम सबसे पहले सीखते हैं तब तो अंग्रेज़ी ही उसकी मातृभाषा है और विदेशी ही उसकी माँ...उसके आत्माभिमान को बहुत सख्त धक्का लगा, जिसे मैं घृणित समझता हूँ, उसी विदेशी को माँ कहने को बाध्य होऊँ! उसने उसी दिन से बड़ी लगन से हिन्दी पढ़ना आरम्भ किया और चेष्टा से अपनी बातचीत में से अंग्रेज़ी शब्द निकालने लगा, अपनी आदतों में से विदेशी अभ्यासों को दूर करने लगा...

और अपने हिन्दी-ज्ञान को प्रमाणित करने के लिए और गांधी के प्रति अपनी श्रद्धा-जिसे व्यक्त करने का और कोई साधन उसे प्राप्त नहीं था-प्रकट करने के लिए उसने एक राष्ट्रीय नाटक लिखना आरम्भ किया। जीवन में देखे हुए एकमात्र खेल की स्मृति अभी ताजी थी, इसलिए उसे लिखने में विशेष कठिनाई नहीं हुई। प्रस्तावना तो ज्यों-की-त्यों हथिया ली, केवल कहीं-कहीं कुछ मामूली परिवर्तन करना पड़ा। उसके बाद नाटक आरम्भ हुआ-एक स्वाधीन लोकतन्त्र भारत का विराट् स्वप्न, जिसके राष्ट्रपति गांधी हैं, और सिद्धि के लिए साधन है अनवरत कताई और बुनाई, विदेशी माल और मनुष्य का परित्याग और प्रत्येक अवसर पर दूसरा गाल आगे कर देना और 'सत्य हरिश्चन्द्र' का इन्द्रलोक आरम्भ से हटकर अन्त में आ गया था-अपने ऊपर शेखर की प्रतिभा द्वारा सूर्यास्त के सुनहरे टापू की छाप लेकर। शेखर के नाटक का अन्तिम दृश्य था स्वाधीन और बाधाहीन भारत-एक स्थूल आकार-प्राप्त स्वप्न...

नाटक पूरा हो गया। शेखर ने सुन्दर देशी स्याही से उसकी प्रतिलिपि तैयार की और उसे अपनी पुस्तकों के नीचे छिपाकर रख दिया। पहले साहित्यिक प्रयत्नों की गति उसे अभी याद थी, इसलिए उसने अपना यह नाटक, यह अमूल्य रत्न किसी को नहीं दिखाया-सरस्वती को भी नहीं! और हर समय, जब जहाँ वह जाता, उसके मन में एक ध्वनि गूँजा करती, मैं शेखर हूँ, एक अपूर्व नाटक का लेखक चन्द्रशेखर। और मैंने अकेले ही, बिना किसी की सहायता के अपने हाथों से उसका निर्माण किया है, स्वाधीन बाधाहीन भारत के उस चित्र का, मैंने!

शेखर के पिता एक दिन के दौरे पर जा रहे थे और शेखर साथ था। बाँकीपुर स्टेशन पर सामान रखकर, पिता और पुत्र वेटिंगरूम के बाहर टहल रहे थे-शेखर कुछ आगे, पिता पीछे-पीछे।

पास से एक लड़का आया और शेखर की ओर उन्मुख होकर अँगरेजी में बोला, 'तुम्हारा नाम क्या है?'

शेखर ने सिर से पैर तक उसे देखा। लड़का एक अच्छा-सा सूट पहने था, सिर पर अंग्रेज़ी टोपी और उसके स्वर में अहंकार था, शायद वह अपने अंगरेजी-ज्ञान का परिचय देना चाहता था।

शेखर को प्रश्न बुरा और अपमानजनक लगा। उसने उत्तर नहीं दिया। कुछ इसलिए भी नहीं दिया कि पीछे पिता थे, और पिता की उपस्थिति में बात करते वह झिझकता था।

उस लड़के ने समझा, उसका सामना करने वाला कोई नहीं है-यह लड़का शायद अंग्रेजी जानता ही नहीं। उसने तनिक और रोब में कहा, 'My name is–Do you go to school?'–(मेरा नाम है–तुम स्कूल में पढ़ते हो?)

शेखर के पिता वहाँ न होते तो वह प्रश्न का उत्तर चाहे न देता, पर (हिन्दी में) कुछ उत्तर अवश्य देता। उसके मन में यह सन्देह उठ भी रहा था कि यह लड़का शायद कोई पाठ ही दुहरा रहा है, अंग्रेज़ी उतनी जानता नहीं। पर उसने घृणा से उस लड़के की ओर देखा, उत्तर कोई नहीं दिया।

पिता ने क्रुद्ध स्वर में कहा, 'शायद उस लड़के को जताने के लिए कि मेरा लड़का अंग्रेज़ी जानता है, जवाब क्यों नहीं देते!'

शेखर और भी चिढ़ गया और भी चुप हो गया। वह लड़का मुस्कराकर आगे बढ़ गया। पिता ने कहा, 'इधर आओ।' शेखर उनके पीछे-पीछे वेटिंगरूम में गया तो पिता ने उसका कान पकड़कर पूछा, 'जवाब क्यों नहीं दिया? मुँह टूट गया है?'

तभी ट्रेन आ गई और शेखर कुछ उत्तर देने से या उत्तर न देने की गुस्ताखी करने से बच गया।

दूसरे दिन, घर पर पिता ने माँ से कहा, 'हमारे लड़के सब बुद्धू हैं। किसी के सामने तो बोल नहीं निकलता।'

शेखर ने सुन लिया।

नहीं, कहीं नहीं है वह अबाध, कहीं नहीं है, छुटकारा, कहीं नहीं है मुक्ति! न बुद्धिमत्ता में, न बेवकूफी में; न एकान्त में; न साथ में; न कविता में; न नाटक में; न काम में, न निठल्लेपन में; न घृणा में, न प्यार में-उस विशाल, आततायी, उदार पिता के प्यार में भी नहीं...

शेखर के पिता लम्बे कद के, गौर वर्ण, गठे हुए और उद्यमी शरीर के थे। उनकी तीखी आँखें, बंकिम नाक, मोटा किन्तु दबा हुआ अधरोष्ठ उनके उस

अभिमानी और गुस्सैल आर्यत्व का परिचय देते थे जिसे लेकर किसी प्रागैतिहासिक काल में एक लोलुप, लुटेरी, बर्बर जाति भारत में घुसी थी और यहाँ प्रभुत्व जमाकर बैठ गई थी। स्वभावत: वे उदार थे, लेकिन एक-दो बार चोट खाकर वे शक्की स्वभाव के हो गए थे और जब कोई आहत होकर शक्की होता है, तब संसार में शक से मुक्त कुछ नहीं रह जाता। इसीलिए स्वयं ईमानदार होकर वे सारे संसार को बेईमान और उठाईगीर समझते थे-मानो निरन्तर अपने मन से कहते रहते हों, 'देखो, तुम ईमानदार थे, तभी तुमने धोखा खाया। यह बेईमानों का संसार है। यहाँ किसी का विश्वास नहीं करना!'-और इसीलिए मन में मैल रखने वाले न होकर भी वे सदा हर एक की बुराई पर विश्वास कर लेने को तत्पर रहते थे। बड़ा होकर शेखर उनसे कहा करता था, 'देखिए, मानव-स्वभाव विश्वासी तो है ही और जब विश्वासी है, तब पक्षपात लेकर चलता ही है। Prejudiced होता ही है। तब क्यों न हम संसार को अच्छा ही समझकर चलें? तर्कसिद्ध तो कोई भी बात नहीं है, पर एक से हम प्रसन्न तो रह सकते हैं, आराम से जी तो सकते हैं, हर वक़्त बिस्तर पर तो नहीं पड़े रहते!' पर पिता उत्तर देते थे, 'तुम बच्चे हो, तुम्हें पता क्या है! तुम्हीं न दस पैसे की सीटी के आठ आने दे आए थे!' शेखर कहता, 'मान भी लीजिए मैं दे आया, लेकिन मैं अभी तक प्रसन्न हूँ, अभी तक उस सीटी की याद मुझे खुश करती है, और आपने आठ आने नहीं गँवाए, फिर भी आप अभी तक वह बात मन में रखे हैं। यह इसलिए न कि आप किसी पर विश्वास नहीं कर सकते?' और पिता यह कहकर टाल जाते थे कि 'तुम निरे आदर्शवादी हो-कभी सीखोगे!'

वे आर्य थे, इसलिए बल को, सामर्थ्य को आदर की दृष्टि से देखते थे। शायद इसीलिए उन्हें 'साहब' कहलाना अच्छा लगता था, यद्यपि साथ ही उनके अभिमान ने उन्हें हैट कभी नहीं पहनने दिया, वे सदा पगड़ी ही बाँधते रहे। शेखर को कई बार याद आता था, एक बार उसके पिता ने एक कुली को इसीलिए पीट दिया था कि उसने उन्हें 'साहब' न कहकर 'बाबू' सम्बोधन किया था। ये वही पिता थे, जिन्होंने एक दूसरे अवसर पर अपने किसी अफसर से मिलने जाने से इसलिए इनकार कर दिया था कि उसके निमन्त्रण में कुछ इस भाव की बू थी कि 'तुम मिलने आ सकते हो-यद्यपि मैं चाहूँ तो तुमसे न भी मिलूँ।'

इस सामर्थ्य की उपासना का एक रूप यह भी था कि उन्हें यह अनुभव करना अच्छा लगता था कि उनके पास शक्ति है। इसी भावना से वे कई बार अपने बच्चों के खेल में दखल दिया करते थे। वे यह नहीं चाहते थे कि बच्चे न खेलें या न पढ़ें या ऐसा न करें, वैसा न करें, वे यह चाहते थे कि खेलें तो इसलिए कि उन्होंने कहा, पढ़ें तो इसलिए कि उन्होंने कहा। स्वाभाविकता-किसी बात का केवल इसीलिए होना कि वह उस समय हो रही है या उसे करने वाला उसे कर रहा है-के लिए

उनके निकट कोई स्थान नहीं था। तभी, जब वे आते, तब बालक आतंक से एकाएक चुप हो जाते, खेल बन्द हो जाता, पुस्तक आगे से हट जाती, पैर सिमट जाते, कुर्सी या बिस्तर छूट जाता...कोई नहीं जानता था, कब किस बात की मनाही हो जाएगी। उनके जाने अच्छी या बुरी, क्योंकि उचित या अनुचित, कोई बात नहीं थी–बातें थीं दो प्रकार की, एक जिनके लिए उनकी अनुमति है, दूसरी जिनके लिए अनुमति नहीं है। बस, इसके आगे न तर्क था, न बुद्धि।

'ये लड़के मेरे हैं, मेरे ही हैं, नितान्त मेरा अधिकार है इन पर' यह भाव उनमें सदा रहता था। कुछ इसी भावना से उन्होंने सन्तान का नाम एक (उनके लिए) विदेशी ढंग पर रखा था, जिसमें नाम के साथ पिता का नाम भी रहता है। शेखर को अपना पूरा नाम लिखना हो तो लिखना पड़ता था 'चन्द्रशेखर हरिदत्त पंडित'–या अंग्रेज़ी में 'सी.एच. पंडित'। शेखर ने इस बात को इस रोशनी में उस दिन देखा, जब उसने अपनी एक किताब पर, जिस पर उसने सहज भाव से अपना नाम 'चन्द्रशेखर पंडित' लिखा हुआ था, पाया कि पिता ने लाल रोशनाई से दोनों शब्दों के बीच भूल का चिह्न लगाकर ऊपर लिखा है 'हरिदत्त'...और एक बार फिर, उसने अपने ही साथ से तैयार किए हुए कविताओं के संग्रह पर, जिस पर उसने भावावेश के किसी क्षण में लिख दिया था Shekhar, son of nature (शेखर, प्रकृति की सन्तान) 'nature' शब्द के स्थान में लिखा हुआ पाया 'पंडित हरिदत्त' उस दिन तो उसे ऐसा लगा था कि पिता ने उसके एक पवित्र क्षण को नष्ट कर दिया है और इस अत्याचार को सहने में असमर्थ उसने वह कॉपी फाड़ डाली थी...

पता नहीं, यह लड़कों के निमित्त से सिद्ध होते हुए अपने अभिमान के कारण था या लड़कों के विकास में निःस्वार्थ लगन के कारण कि जब कभी किसी लड़के की कोई बात उन्हें पसन्द आ जाती थी, तब वे बहुत ही प्रसन्न होते थे, लड़के का ज़रूरत से अधिक सम्मान करते थे, सबके आगे उसकी प्रशंसा करते थे, ठीक उसी प्रकार जैसे क्रुद्ध होने पर वे इसके विपरीत भावनाओं को अति की मात्रा पर पहुँचा देते थे...

लेकिन जैसा कि जल्द भड़क उठने वाले लोगों का स्वभाव होता है, वे अन्ततः उदार थे। वैमनस्य कभी अधिक देर उनके मन में नहीं रहता था और वे लड़कों को खूब अच्छी तरह पीटकर दो मिनट बाद यह कह सकते थे, 'कुछ हो, हमारे लड़के औरों से हजार अच्छे हैं।'

यह एक बात थी जिस पर शेखर के माता-पिता में बहुत बार झगड़ा होता था। शेखर की माँ को दृढ़ विश्वास था कि उनकी सन्तान संसार की सब सन्तान से गई-बीती है। जब भी कोई बात लड़के करते, जिसकी आलोचना हो सकती हो, तभी वे यह कहने को तैयार रहतीं–'लोगों के लड़के होते हैं, ऐसा करते हैं।' वह 'ऐसा'

चाहे यह हो कि हँसते-खेलते रहते हैं या आराम से बैठते हैं, सताते नहीं या कि सबेरे उठकर आप ही मुँह-हाथ धोकर अपने काम में लगते हैं या कि हर एक काम में 'आपाधापी' नहीं डालते, जो काम जिसका होता है उसी को करने देते हैं...पिता प्रतिवाद किया करते थे कि 'तुम तो ऐसे ही कहती रहती हो', तब वह और भी भड़क उठती थी, 'हाँ, आपको भी मुझे ही कहना आता है-उन्हें इतना बिगाड़ रखा है। आपको कुछ पता भी हो लड़कों का, आती तो आख़िर मेरे सिर ही है न? अमुक के लड़के देखे हैं।' इसके बाद पड़ोस के सब कुटुम्बों के लड़के गिना दिए जाते और बिचारे तीनों भाई और सरस्वती देखते कि संसार में उनके अपनाने लायक कोई गुण ही नहीं बचा है, सब तो औरों के बच्चों ने हथिया लिये हैं...

शेखर की माँ मँझले कद की थीं, स्थूलकाय, कुछ आलसी स्वभाव की। नीचा माथा, नाक से बहुत सटी हुई, कुछ बाहर उभरी हुई-सी आँखें, सीधी किन्तु छोटी नाक, ओठ सुन्दर गढ़े हुए, लेकिन मुँह कुछ बड़ा और कानों पर कुछ ढीला-सा, ठोड़ी छोटी और पीछे हटती सी। सारे चेहरे में एक चंचल और वाचाल सुघरता थी। जिसमें गाम्भीर्य और विशालता न होने से उसे सुन्दरता नहीं कहा जा सकता था और मुद्रा में, चाल-ढाल में, सारे व्यक्तित्व में चारित्र्य और प्रवाह की कमी दीखती थी...

माँ अधिक पढ़ी-लिखी नहीं थी। न पढ़ाई के लिए उसके मन में बहुत आदर था। वैसे तो स्त्रियाँ सभी कामकाजी और यथार्थवादी होती हैं, पर शेखर की माँ के मन में मस्तिष्क की अपेक्षा हाथों का आदर विशेष रूप से अधिक था। कोई व्यक्ति तीन सेकंड में बता सकता है कि आठ सौ इकहत्तर रुपए तेरह आने में कितनी दमड़ियाँ हुईं, यह उनके लिए उतनी आदर की बात नहीं थी जितनी यह कि कोई सवा चार आने में तीन प्राणियों को रोटी खिलाकर दो पैसे बचा सकता है...

माँ और पिता के विरोध का एक स्रोत यह भी था। माँ चाहती थी कि लड़के फुर्तीले, चालाक और टिट-फिट हों और पिता को इसमें एक ओछापन दीखता था...माँ को रुचता था कि लड़के इधर-उधर मिलें, हरेक की बात जानें, पता रखें कि फलाने को कितनी तनख्वाह मिलती है, फलाने के घर में क्या पका, फलाने की भौजाई का फुफेरा भाई क्या करता है, पिता कहते थे कि 'तुम किसी के घर मत जाओ, किसी से बात मत करो और इस सबसे तुमको क्या?' कभी-कभी माँ किसी को चोरी से पड़ोसी के घर भेजती थी कि 'अमुक काम तो कर आ' या 'अमुक बात तो पूछ आ', और कभी पिता को पता लग जाता तो लम्बी-चौड़ी जिरह करते थे कि क्यों गया था? क्या करने गया था? किससे पूछकर गया था? नौकर नहीं जा सकता था?

माँ उदार नहीं थीं। वे क्रोधी भी नहीं थीं। उन्हें आपे से बाहर किसी ने नहीं देखा, लेकिन किसी अपराध को वे कभी भूलती नहीं थीं। उनके स्वभाव में इतनी

विशालता ही न थी कि वे बड़ा क्रोध कर सकें, इसलिए अनुकम्पा भी उनकी बड़ी नहीं थीं। पिता किसी दोषी पर भी क्रुद्ध होकर बाद में 'सुलह' करते थे, माँ स्वयं गलत होने पर भी यह प्रकट नहीं होने देती थीं और जिसे डाँटा होता था उस पर अपनी अप्रसन्नता बनाए रखती थीं।

माँ के लिए आकारों का महत्त्व बहुत था। कभी लड़कों को सन्ध्या और पूजा-पाठ की शिक्षा दी गई थी, तब पिता ने धीरे-धीरे यह देखकर उस अवस्था में उनके लिए उसमें ध्यान लगाना असम्भव है अन्त में उन्हें बाध्य करना छोड़ दिया था, बहुत क्रुद्ध होकर कहा था, 'यदि मन से नहीं कर सकते तो क्या फायदा है? मत किया करो?' और लड़कों के इस बात को मानकर पूजा छोड़ देने पर, दुबारा उनसे नहीं कहा था। तब माँ ही थीं जिन्होंने उन्हें बाध्य किया था कि वे नियम से आसन लगाकर पूजा के स्थान में बैठ जाया करें, और पूजा की क्रियाएँ पूरी किया करें।

पिता आवेश में आततायी थे, माँ आवेश की कमी के कारण निर्दय। पिता का क्रोध जब बरस जाता था, तब शेखर जानता था हम फिर सखा हैं, माँ जब कुछ नहीं कहती थीं तब उसे लगता था कि वह मीठी आँच पर पकाया जा रहा है।

और इन दो भिन्न प्रकृतियों के मेल और संघर्ष से उत्पन्न हुई थीं छह सन्तान-सरस्वती, ईश्वरदत्त, प्रभुदत्त, शेखर, रविदत्त और चन्द्र। ये ही उस संघर्ष के फल थे और ये ही उसके विकास के क्रीड़ा-स्थल भी।

जीवन वैचित्र्य का दूसरा नाम है। जिनके जीवन एकरूपता के बोझ से कुचले जाकर नष्ट हो गए हैं, उनके जीवन में भी इतनी घटनाएँ हुई होंगी कि एक सुन्दर उपन्यास बन सके। यदि प्रत्येक व्यक्ति अपनी जीवनी लिखने लगे, तो संसार में सुन्दर पुस्तकों की कमी न रहे।

लेकिन, तब, जब हरेक को लिखना आता हो।

हमने कालिजों में पढ़ा है कि आजकल इतनी कहानियाँ इसलिए बनती हैं कि उनके लिए सामग्री आसानी से मिल जाती है। मैं अब भी कल्पना में देख सकता हूँ हमारे दुबले-पतले अंग्रेज़ी के प्रोफ़ेसर, मोटे सींग के फ्रेम की ऐनक के पीछे अपनी मेंढक की-सी आँखें फैलाए, बोलने में मुँह की अपेक्षा नाक का अधिक प्रयोग करते हुए कह रहे हैं, 'तुममें से प्रत्येक के जीवन में कम-से-कम एक महत्त्वपूर्ण घटना हुई होगी, जो औरों से अलग, विशिष्ट खड़ी रहती है और इसलिए तुममें से प्रत्येक कम-से-कम एक अच्छी गल्प लिख सकता है। इतनी विराट्, इतनी विशिष्ट, इतनी सनसनीदार जीवनियाँ कम लोगों की होती हैं कि उनसे अच्छा उपन्यास बन सके...'

लेकिन मुझे जान पड़ता है, मेरे जीवन की जो भी घटना मेरे सामने आती है वह मेरी है, मौलिक है, अपने में सम्पूर्ण एक कहानी है और मेरा सारा जीवन बढ़िया उपन्यास। शायद मुझ ही को ऐसा जान पड़ता हो, अपने जीवन के प्रति मेरा मोह उसे इतना विशिष्ट बनाता हो। लेकिन साथ ही मैं यह भी देखता हूँ कि वह इतना विशिष्ट, इतना एकान्त मेरा भी नहीं है कि दूसरे उसमें रुचि न रख सकें, मेरे व्यक्तिगत जीवन में मानव के समष्टिगत जीवन का भी इतना अंश है कि समष्टि उसे समझ सके और उसमें अपने जीवन की एक झलक पा सके। मेरे जीवन में भी व्यक्ति और टाइप का वह अविश्लेष्य घोल है, जिसके बिना कला नहीं है और जिसके बिना, फलतः उपन्यास नहीं है।

बिलकुल सम्भव है कि ऐसी सामग्री पाकर भी मैं उपन्यास न बना पाऊँ। लेकिन मेरा उद्देश्य उपन्यास लिखना कब है? मैं केवल एक बोझ अपने ऊपर से उतारना चाहता हूँ, मैं अपना जीवन किसी को देना नहीं चाहता, स्वयं पाना चाहता हूँ, क्योंकि मुझे अब उसे वैसा देना है, जैसे देकर वह फिर मुझे मिलेगा नहीं। बिलकुल पूर्णतया नष्ट हो जाएगा, कुछ नहीं रहेगा...यह अब शेखर नहीं है, यह मैं हूँ। कलाकार बननें का इच्छुक, कवियशः प्रार्थी, शेखर समाप्त हो गया है, अब वह बचा है जो मैं हूँ, जो फाँसी चढ़ेगा, जो मैं हूँ, जिसे मैं 'मैं' कहता हूँ और कहकर अर्थ नहीं समझता कि मैं क्या हूँ।

लोग प्रायः भूल ही जाते हैं कि उनके जीवन क्या रहे। तभी समाज अपने लिए यह सम्भव पाता है कि विधान करे, 'योग्य माता-पिता वे हैं, जो बच्चों को वयःप्राप्त लोगों की तरह रहना सिखाएँ।' इस एक भावना ने यौवन का जितना अपघात किया है, उतना शायद ही किसी और कानून या प्रथा या विधान ने किया हो। अपनी सन्तान को वयःप्राप्त लोगों-सा बर्ताव सिखाते समय वे भूल जाते हैं कि उनके अपने जीवन क्या थे कि वे भी कभी बच्चे थे, उनमें भी बच्चों की निष्पाप शरारत थी कि बच्चों का कोई दोष है तो यही कि वे इतने भोले, इतने अछूते, इतने स्वच्छ निष्पाप हैं कि वे अपने माता-पिता को अपने कपट पर लज्जित कर देते हैं। यदि माता-पिता अपना बचपन याद भर रख सकते तो उनकी सन्तान और वे स्वयं कितने सुखी होते!

माता-पिता प्रायः समझते हैं कि बचपन बड़े सुख का समय है, क्योंकि वह उत्तरदायित्व-शून्य है और यह विचार उनके हाथों बचपन के प्रति कितने अन्याय करवाता है! इसी विचार के कारण वे बहुधा मनाया करते हैं, 'काश कि वे दिन फिर आ जाते!' यदि कभी कुछ दिन के लिए उनकी इच्छा पूरी की जा सकती, तो वे एक बड़ा उपादेय सबक सीखकर आते!

कभी तो विवश पूछना पड़ता है कि वे आख़िर बच्चों को समझते क्या हैं? जहाँ एक ओर वे कहते हैं कि बच्चे सब बदमाश और पाजी होते हैं, वहाँ दूसरी ओर वह ऐसा भी बर्ताव करते हैं, मानो बच्चे मिट्ठी के लोंदे से अधिक कुछ न हों। बच्चों के सामने ऐसी हरकतें करते हैं, जो यदि वे बच्चे को तनिक भी समझते, तो कल्पना में लाते भी लज्जित होते! किसने नहीं सुना, 'अरे, इसके सामने कहने में क्या हर्ज है, यह तो बच्चा है!' 'अरे, उसे क्या पता, वह तो बच्ची है!' 'उत्तरदायित्व शून्य' बच्चे की निष्कपटता का उत्तरदायित्व कितना बड़ा है, वे भला क्या समझें! वे कोमल, अविकसित मस्तिष्क, अपनी कोमलता के कारण ही अधिक भयंकर होते हैं, हम लोग पक्की सड़क पर चलते हैं, तब हमारे पाँवों की छाप नहीं पड़ती, लेकिन जब गीली मिट्टी पर, धूल पर, रेत पर चलते हैं, तब पैर बहुत गहरा धँस जाता है। पक्की सड़क पर पानी बह जाता है, कच्ची सड़क पर जहाँ-जहाँ धँसे हुए पैरों से गड्ढे होते हैं, वहाँ कीच बनती है...

कभी-कभी मैं सोचता हूँ, ये पन्ने मेरे पिता तक पहुँच सकते! अपने पुत्र का हृदय इस प्रकार खुश हुआ देखकर, उन पर क्या बीतती? उन असंख्य घटनाओं को, जिनमें अपने पुत्र के हृदय को न समझकर, जिनके द्वारा उन्होंने उसके चिथड़े करके, उसे अपने से दूर ढकेला था, वे कैसे देखते? और उन घटनाओं को जिनमें पुत्र पुत्र होने के कारण, पिता के पितृत्व को समझने में असमर्थ होता था और दुख देता और पाता था?...

और माँ...वह माँ जो उसे एक बोझ और वह भी कटीला बोझ मात्र समझती थी...

अच्छा ही है कि वे नहीं देखेंगे इन्हें। मैं तो अब संसार से अलग हो गया हूँ, मैं कौन हूँ जो उसमें किसी भी व्यक्ति का सुख छीनूँ? करोड़ों वर्षों से मानव की एक ही चेष्टा रही है कि या तो सुख पा ले या उसकी कामना को खो दे और इन दोनों में ही वह असफल रहा है...

शेखर अपने पिता का उपासक था।

प्राय: लोग सन्तान पर माँ के प्रभाव की बात कहा करते हैं। बहुतों का विश्वास है कि सभी असाधारण व्यक्तियों पर उनकी माँ का प्रभाव रहा होता है। लेकिन जहाँ तक मैं समझ पाया हूँ, पुत्रों पर माँ का प्रभाव, पुत्रियों पर पिता के प्रभाव की तरह नकारात्मक होता है। वह स्थिरता देता है, उत्थान में भी उतना ही बाधक होता है, जितना कि पतन में। यों कहना चाहिए, माँ की ओर आकर्षित पुत्र और पिता की ओर आकर्षित कन्या साधारणता की ओर, सामान्यता की ओर जाते हैं और पिता की ओर आकृष्ट पुत्र, माता की ओर आकृष्ट कन्या, असाधारण होते हैं, पहली श्रेणी में मिलेंगे सीधे-सादे शान्त आदमी, सामान्य स्त्रियाँ, जिनमें कोई खास बुराई नहीं

है, जो साधारणतया प्रसन्न और सन्तुष्ट हैं; जो जीते हैं, रहते हैं और मर जाते हैं; दूसरी में मिलेंगे प्रतिभावान लेखक और कवि, देश और संसार को बदल देने वाले सुधारक, क्रान्तिकारी, डाकू, जुआरी, पतित–से–पतित मानवता के प्रेत...अच्छे या बुरे, उनके लिए साधारणता नहीं हैं, वे सुलग नहीं सकते, फट ही सकते हैं...

अच्छे और बुरे का निर्णायक कौन है? शेखर साधारण नहीं था।

और वह अपने पिता का उपासक था।

धीरे–धीरे पिता को भी जान पड़ने लगा कि गांधीवाद शेखर के हृदय में घर करता जा रहा है। एक दिन शेखर को बुलाकर पूछा, 'तुम हर वक़्त गांधी का नाम क्यों चिल्लाया करते हो?'

'मैं गांधी को मानता हूँ! मैं उसके बताए पथ पर चलूँगा।'

पिता ने हँसकर कहा, 'उस पथ पर चलोगे! गांधी की शिक्षा तुमने समझी भी है? कोई तुम्हारे गाल पर एक थप्पड़ लगाए तो क्या करोगे?'

शेखर ने बिना हिचकिचाहट के कहा, 'दूसरा गाल आगे कर दूँगा।'

उद्धत शेखर के मुँह से यह सुनकर पिता गम्भीर हो गए। बोले, 'जाओ, खेलो, इन सब बातों की अभी तुम्हें क्या पड़ी है। बड़े होओगे तो सब कुछ करना, अभी अपने खेल में रहो!'

यह नुस्खा शेखर ने कई बार सुना है और वह जानता है कि इसके पीछे सदा कोई उलझन या असमर्थता छिपी होती है। लेकिन वह यह भी जानता है कि इससे आगे कुछ कहना बेकार है।

एक दिन पिता के एक मित्र आए। बैरिस्टर थे, खूब भड़कीले कपड़े पहनते थे, बहुत फूले हुए पहाड़ी चूहे–से दीखते थे और भारतीय कला के पारखी होने का दावा करते थे। साथ में उनका लड़का और ऊँची फ्रॉक पहने लड़की भी थी।

परस्पर सामना होते ही जिस क्षण में दोनों बच्चों ने कहा, 'गुड ईवनिंग', उसी क्षण में शेखर भुन गया। पर कुछ बोला नहीं, उन्हें अपने साथ बगीचे में ले गया और अपने पालतू खरगोश दिखाने लगा! बैरिस्टर साहब पिता के साथ चले गए।

लेकिन वे कुछ ही मिनट के लिए आए थे। शेखर और दोनों भाई–बहिन खरगोशों से खेलने लगे ही थे कि वे उतर आए। गांधीवादी शेखर द्वार तक सबको छोड़ने चला।

द्वार पर पहुँचकर उसने शुद्ध स्वदेशी ढंग से दोनों हाथ जोड़कर, सिर कुछ झुकाकर कहा, 'नमस्ते!'

लड़के ने कुछ मुस्कराकर कहा, 'गुडनाइट, डियर।'

शेखर को गांधीवाद भूल गया। उस मुस्कराहट में जो अहम्मन्यता थी, वह उसे सह्य नहीं हुई और वह अन्तिम 'डियर'-यह, नामहीन जन्तु मुझे डियर कहने का साहस करे! शेखर ने तड़पकर अंग्रेज़ी में कहा, 'You dirty snob! you sneak! । (दम्भी! कमीना)' और ऐसा ही बहुत-कुछ और एक तमाचा उसके मुख पर जड़ दिया।

वह डरे हुए पिल्ले की तरह चीखने लगा।

थोड़ी देर बाद शेखर भी पिटा और खूब पिटा। लेकिन वह मन-ही-मन कहता रहा, मैं कुत्ते का पिल्ला नहीं हूँ, मैं चूँ-चूँ नहीं करता और मार खा गया।

पिता ने जिस दिन से शेखर की दूसरा गाल बढ़ा देने की बात सुनी थी, उस दिन से जब कोई आया करता था, तब उसका प्रदर्शन किया करते थे। मित्रों के सामने बुलाकर उससे पूछते, 'अगर कोई तुम्हारे एक गाल पर थप्पड़ लगाए तो क्या करोगे?' और उसका उत्तर सुनकर सब लोग हँसते, तब उसे जाने की अनुमति मिल जाती। कुछ तो वे उसका प्रदर्शन ही करना चाहते थे, कुछ शायद उन्हें यह भी आशा थी कि इस बात को बार-बार दुहराने से शायद उसका अक्खड़पन कुछ कम हो जाए, उसमें कुछ नम्रता आ जाए। शेखर को पहले तो यह प्रदर्शन बहुत बुरा लगता था, पर धीरे-धीरे इसके बादे में उसने दार्शनिक का तटस्थ भाव स्थापित कर लिया था। वह आता, उत्तर देता और बिना किसी की ओर देखे तुरत लौट जाता, क्योंकि वह जानता था, इससे आगे मेरी ज़रूरत नहीं है, मुझमें जो कुछ हुनर, जो करामात इन लोगों को देखनी थी, वह दिखाई जा चुकी...

एक दिन बैरिस्टर साहब फिर आए। अबकी बार वे अकेले थे। उन्होंने शेखर को 'देखा' नहीं, शेखर ने उनको नहीं 'देखा'। ऊपर चले गए।

लेकिन थोड़ी देर बाद शेखर की बुलाहट हुई। वह पिता के पास पहुँचकर खड़ा हो गया, बैरिस्टर साहब की ओर उसने देखा भी नहीं।

पिता ने पूछा, 'क्यों बेटा शेखर, अगर कोई तुम्हारे एक गाल पर थप्पड़ लगाए तो क्या करोगे?'

शेखर ने देखा, बैरिस्टर साहब की आँखें उस पर स्थिर हैं और मानो कह रही हैं, 'हाँ, मैं जानता हूँ तुम क्या उत्तर दोगे, फिर भी कहो-'

नहीं। इस पहाड़ी चूहे के सामने नहीं। वह जन्तु है, प्रदर्शन के लिए है, लेकिन इसके सामने...नहीं पिता, नहीं। मुझे बाध्य मत करो!

पिता ने प्रश्न दुहराया। फिर, विशेष शेखर के लिए, धीमे स्वर में (जिसका धीमापन क्रोध को छिपाता नहीं था।) कहा, 'बोलो, गधे!'

शेखर ने पहाड़ी चूहे की ओर देखते हुए कहा, 'मैं उसके दोनों गालों पर लगाऊँगा।'

उसके स्वर में हिंसा थी, दृष्टि में रोष, मानो वे काल्पनिक दो थप्पड़ वह बैरिस्टर साहब के फूले गालों पर लगा हो, लेकिन बात कहते ही उसने जो लम्बी साँस ली, उससे कितनी गहरी हताशा, कितना प्रगाढ़ नैराश्य था, वह किसने समझा?

शेखर सीढ़ियाँ उतर गया। जैसा काम उसने किया था, उसके अनुरूप चाहिए था कि उसकी चाल में उद्धतता होती, लेकिन वह ऐसे उतरा, जैसे वर्षों का थका हो, टूटा हुआ हो...

अपने कमरे में जाकर, शेखर ने अलमारी में से किताबें निकालकर नीचे गिरा दीं और दबा हुआ अपना नाटक निकाला। क्षण भर सोचता रहा कि क्या करे। दरवाज़े के बाहर खड़ी गऊ को देखकर उसके पास गया और नाटक की कॉपी उसकी ओर बढ़ा दी। गऊ ने मुँह से उसे पकड़कर झपटकर शेखर के हाथ से छुड़ा लिया और अपनी बड़ी-बड़ी भोली, बेवकूफ, आँखों से शेखर की ओर देखती हुई खा गई...

शेखर आकर कमरे में बैठ गया और सामने की दीवार की ओर देखता हुआ रोने लगा–बिना आँसुओं के, बिना स्वर के, किन्तु मानो सारे शरीर से उसका सारा पिंजर यों हिलने लगा...

शाम हो गई। शेखर अभी वहीं बैठा था। उसका हिलता हुआ पिंजर शान्त हो गया था। आँसू एक भी नहीं आया था और उसे पता नहीं था कि वह जीता है या मर गया है।

निराशा इतनी बढ़ गई थी कि वह निराश नहीं रहा था। वह अनुभूति से परे चला गया था।

सरस्वती बत्ती लेकर कमरे में आ रही थी। शेखर को वहाँ वैसे बैठा देखकर उसने बत्ती बाहर ही रख दी और पास आकर स्नेह से बोली, 'शेखर?'

शेखर ने नहीं सुना।

सरस्वती ने उसके कन्धे पर धीरे से हाथ रखकर कहा, 'शेखर?'

उसने फिर भी नहीं सुना।

सरस्वती ने एक उँगली से धीरे से उसकी ठोड़ी उठाते हुए कहा, 'बोलेंगे नहीं शेखर?'

क्रोध होता तो शेखर उसका हाथ झटक देता। लेकिन उसने मुँह ऊपर उठने न दिया और शून्य दृष्टि से सरस्वती की ओर देखा किया।

उसने सरस्वती को नहीं देखा।

सरस्वती ने एक बार फिर अनिश्चित-से स्वर में कहा, 'शेखर,' और परे हट गई। कमरे के एक दूसरे कोने में जाकर निश्चल बैठ गई।

बहुत देर तक कमरे के दो ओर दोनों बैठे रहे।

ऊपर से आवाज़ आई, 'सरस्वती!'

वह नहीं हिली। आवाज़ फिर आई, फिर भी नहीं हिली। फिर आई और साथ आया, 'कहाँ मर गई है?'

शेखर ने कहा, 'बहिन?'

वह नहीं बोली।

फिर कहा, 'बहिन?'

फिर उठकर पास आकर कहा, 'बहिन?'

'नहीं बोलोगी बहिन!'

'गुस्से हो गई क्या?'

'अबकी नहीं बोलोगी तो–मैं भी–नहीं बोलूँगा। बोलो बहिन?'

सरस्वती उठी और ऊपर चली गई।

थोड़ी देर बाद शेखर भी उठा, मुँह धोकर चला गया और रोटी खाने लगा।

उस एक छोटी-सी घटना में शेखर के भीतर क्या कुछ टूट गया था और इस एक और भी घटना ने किस चीज़ से उसे बचा लिया, कौन कहे?

लेकिन गांधीजी गए और गांधीवाद भी गया और शेखर के देवता उसके पिता भी, फिर वही कभी नहीं हुए।

मैं अपनी कोठरी के बाहर सूनी दीवार की ओर देख रहा हूँ। रोजेटी की कुछ पंक्तियाँ मेरे भीतर गूँज रही हैं :

Who shall dare to search through what sad maze
Henceforth their incommunicable ways
*Follow the desultory feet of Death...**

मृत्यु। एक स्तिमित कर देने वाली घटना। एक हल न होने वाली पहेली।

जिन्हें दुख है, दर्द है, वे सदा मृत्यु माँगते रहते हैं, उसके लिए प्रार्थी होते हैं, लेकिन उनके लिए मृत्यु बड़ी भयंकर चीज़ होती है, वे उसके विचार से ही काँपते हैं। लेकिन मुझे लगता है, मृत्यु एक ऑपरेशन है, जैसे–दाँत उखड़वा देना। कुर्सी पर बैठना पड़ता है, डॉक्टर एक झटका देता है, एक तीखा दर्द होता है और फिर शान्ति मिलती है, छुटकारा हो जाता है। मृत्यु भी वैसी ही है...

लेकिन अच्छी डाढ़ निकलवाने पर रक्त बहता है और सूजन होती है। तब असमय में जीवन छिनने पर भी...

---

* किसमें साहस कि खोजे
अब किस भूलभुलैया में से रहस्मय पथ खोजते हुए बढ़ते हैं
मृत्यु के भटकते चरण...

शायद मृत्यु का ज्ञान और जीवन की कामना एक ही चीज़ है। यह बहुत बार सुनने में आता है कि जीना वही जानता है, जो मरना जानता है। यह नहीं सुना जाता कि जीवन सबसे अधिक प्यारा उसको होता है, जो मरना जानता है, पर है यह भी ध्रुव सत्य। लोग समझते हैं कि जो जीवन को प्यार करते हैं, वे मृत्यु से डरते हैं। बिलकुल गलत। जो मृत्यु से डरते हैं, वे जीवन से प्यार कर ही नहीं सकते, क्योंकि जीवन में उन्हें क्षण भर भी शान्ति नहीं मिल सकती। जीवन प्यारा है या नहीं, इसकी कसौटी यही है कि उसे बिना खेद के लुटा दिया जाए, क्योंकि विराट् प्रेम मौन ही हो सकता है, जो अपना प्यार कह सकते हैं, उनका प्यार ओछा है...

The desultory feet of Death...

मृत्यु के भटके हुए उदास पैर द्वार-द्वार पर जाते हैं और यौवन मुरझा जाता है और जीवन घुल जाता है और वेदना है अनन्त...एक नीरवता का क्षण आता है, जिनमें उन श्याम पंखों की उड़ान का रव सुन पड़ता है जिन्हें देखना सो जाना है...हर कोई ऊँघता है और सो जाता है, हर व्यक्ति और हर वस्तु, केवल यह तृप्त न होने वाली भूख, यह किसी चरम ध्येय की पागल माँग, यह मुक्ति का विवश आकर्षण, यह नहीं बस होता...मृत्यु के पंख उस पर से बीत जाते हैं, लेकिन उनकी छाया उसे नहीं ग्रसती, वैसा ही उद्दीप्त छोड़ जाती है...

मृत्यु के पंखों में बसा है अनन्त निशीथ का अन्धकार, लेकिन मुक्ति है एक असह्य देदीप्यमान ज्वाला...

लेकिन मैं मरना नहीं चाहता। मैं दीवारों से कहता हूँ, मैं सींखचों से कहता हूँ, मैं हवा से कहता हूँ, मैं सुनने वाली न सुनती हुई हृदयहीन उपेक्षा से कहता हूँ, मैं मरना नहीं चाहता, मैं जीवन को प्यार करता हूँ, मैं मरना नहीं चाहता!

मैं घृणा के संसार से इतना कुचला गया हूँ कि प्यार मेरा अपरिचित हो गया है। लेकिन कल्पना की आँखों से जब देखता हूँ, शिशिरकालीन फीकी चाँदनी में गेहूँ के पके हुए खेत में से कोई स्वर अपने प्रियतम को बुलाता है, तब मेरे हृदय में कोई सुप्त प्रतिध्वनि जागकर कहती है, 'तुमने भी कभी प्यार पाया है!'

मैं पीड़ा से इतना घिरा हुआ हूँ कि आनन्द मेरा अपरिचित हो गया है। लेकिन कल्पना की आँखों से जब अँधियारे आकाश के पट पर दो उलझे हुए शरीरों का चित्र देखता हूँ, तब मेरे अन्तरतम में भी कोई शब्दहीन स्वर मानो चौंककर अपने आपको पा लेता है, 'तुमने भी कभी आनन्द जाना है!'

प्रभात...

पूर्व में एक दिव्य दीप्ति, घुलती हुई धुन्ध, शीतल समीर, हँसते हुए ओस-कण मान करती हुई-सी मालती-कलियाँ, पागल गुंजार करते हुए भौंरे, जंगल पर होकर बस्ती की ओर उड़ते हुए असंख्य पक्षी-मैं कल्पना में इन सबको देख सकता हूँ, अपनी कोठरी की नंगी दीवार पर बिखरे हुए लाल प्रकाश के एक चौकोर टुकड़े में...

मेरे लिए इतना ही बहुत है कि रात बीत गई है और मैं उस लाल टुकड़े को देख सकता हूँ। मैं उसी नींव पर स्वप्न खड़े करता हूँ...

मालती-फूल...उनका मधुर सौरभ...लेकिन कहाँ है नीम के बराबर सौरभ-वह सौरभ जिसे मैं भूल नहीं सकता, जो मुझमें परिव्याप्त है!

नीम का स्वाद कटु है, गन्ध मधुर। ऐसा ही प्रेम है, जिसका रंग सुन्दर है और स्पर्श कठोर...

लेकिन मुझे जीवन और प्रेम से क्या-जिसका परिणाम मृत्यु की कठोर यथार्थता से होने वाला है?

ईश्वर को और अपने जीवन को 'नास्ति' कहकर शेखर मानो अपने चारों ओर के जीवन के लिए नंगा हो गया। मानो अपने किसी घोंघे में से बाहर निकल आया, प्रत्येक चोट, प्रत्येक झोंका, प्रत्येक आघात के लिए प्राप्त स्पृश्य...वह मानो संसार का एक दर्शक मात्र हो गया, दर्शक भी नहीं, केवल एक छाप लेने वाली, अंकित करने वाली मशीन। स्वयं उसमें कोई शक्ति नहीं रही थी, उसका कोई आवरण, कोई कवच, कोई बचाव नहीं था और मानो उसमें अनुभूति नहीं थी, प्राण ही नहीं थे। वह मानो एक विराट् आँख मात्र हो गया था, जो सब कुछ देखती जाती थी, सब कुछ स्वीकार करती जाती थी और कुछ भी प्रभावित नहीं होती थी।

वह वास्तव में पूरी सच्चाई से वैसा हो गया कि कवि के शब्दों में :

I am like a reed through which thy spirit breathes : it cometh and it goeth...

मैं एक बाँस की पोरी हूँ, जिसमें तेरी आत्मा साँस फूँकती है-वह आती है और चली जाती है...

लेकिन उसके मस्तिष्क के किसी अँधेरे कोने में एक सार्टिंग दफ्तर था, जहाँ प्रत्येक दृश्य, प्रत्येक वस्तु छँटकर अलग होती, नाम और लेबिल पाती और ठीक ठिकाने रख जाती थी...

आत्मा की साँस आती थी और चली जाती थी और अनछूती भूमि में नया बीज

जड़ पकड़ रहा था...

शेखर वैसा हो गया जिसे कि माँ, यदि उन्हें कभी किसी को किसी बात का श्रेय देने की आदत होती, आदर्श सन्तान कहतीं। वह कभी ज्यादा बात नहीं करता, कभी प्रश्न नहीं पूछता, भाजी कम हो जाने पर कभी नहीं माँगता, बिना शिकायत किए सर्दी में भी ठंडे पानी में नहा लेता है, यथासमय पढ़ता है, बल्कि पढ़ाई के समय में तनिक भी देर हो जाने पर सरस्वती को बुलाकर कहता है, 'बहिन जी, पढ़ाने का वक़्त हो गया,' दोनों वक़्त यथानियम सन्ध्या करने बैठता है, संक्षेप में, ऐसे रहता है कि माँ को ऐसा लगे, उसके पाँच ही सन्तान हैं, शेखर की देख-रेख उसे करनी ही न पड़े।

शेखर मानो जीवन के स्लेट पर से, भूल से या गलत लिखे गए अक्षर की तरह अपने को मिटा देना चाहता था।

लेकिन कितनी बातें थीं, जो वह जानना चाहता था और पूछने से रह जाता था! कभी कोई प्रश्न उसके ओठों पर आ जाता था, तब वह दाँत पीसता था फिर भी वश न चलने पर ओठ काटता था, यहाँ तक कि खून बह आता था...और प्रश्न नहीं पूछा जाता था। कभी पिता उसे ओठ चबाते देखते तो मना करते और जब बहुत कहने पर भी उस पर असर होता न देखते तब क्रुद्ध होकर कहते, 'अच्छा, फिर मैं ठीक कर दूँ?' और चुटकी में भरकर उसका ओठ मसल डालते थे। वह मन में समझता था, जैसे पीड़ा हुई ही नहीं, लेकिन उसके बाद वह पिता की ओर ऐसी आँखों से देखता था, मानो उन्हें पहचानता न हो...

पहले तो यह कि माँ क्यों कभी-कभी सबसे अलग जा बैठती हैं, रसोई में नहीं आतीं, अलग बर्तनों में खाना खाती हैं और कोई उनके पास जाता है और तो कोई जाता ही नहीं, प्रायः शेखर के छोटे भाई ही जाते हैं तो कहती हैं, 'मेरे पास मत आओ, जाओ खेलो,' सो सब क्यों! पता नहीं, किसने शेखर को बताया था कि वे बीमार होती हैं, लेकिन शेखर बीमारी के लक्षण तो देखता नहीं और फिर दो-चार दिन बाद एक दिन सबेरे उठकर देखता है, माँ नहा-धोकर रसोई में बैठी हैं और काम कर रही हैं, यदि कल रात बीमार थीं तो सबेरे क्या हो गया?

दूसरे यह कि शेखर को याद आ रहा है, ऐसी बात अब बहुत दिनों से नहीं हुई। लेकिन अब जैसे माँ कुछ बीमार जान पड़ने लगी हैं। उनका मुँह पीला पड़ गया है और वे काम बहुत कम करती हैं, प्रायः ढीली-सी और कुछ उदास रहती हैं।

तीसरे यह कि एक दिन उसने सहज ही सरस्वती से कहा, 'माँ बीमार हैं क्या?' तो सरस्वती ने ऐसी तीखी दृष्टि से उसकी ओर देखा और बिना कुछ कहे चली गई।

वह पूछेगा नहीं, उसे क्या? लेकिन वह जानना चाहता है, क्यों...

और भी बहुत-कुछ जानना चाहता है। जिस कमरे में माँ प्रायः रहती हैं, उसमें

एक अलमारी है, जिसमें ताला लगा रहता है। शेखर ने माँ को कभी-कभी उसे खोलते देखा है, उसमें निचले खाने में वे अपने गहने इत्यादि रखा करती हैं और कभी-कभी बिस्कुट के डिब्बे, गुलकन्द, च्यवनप्राश का डिब्बा और अन्य ऐसी चीज़ें जो लड़कों से बचाने की हैं। लेकिन उसके ऊपर दो खानों में किताबें भरी पड़ी हैं, वे क्या हैं, जब घर-भर में किताबें बिखरी पड़ी हैं, अच्छी-से-अच्छी, बहुमूल्य, जब एन्साइक्लोपीडिया तब खुली रहती है, तब वे किताबें क्यों ऐसी सँभालकर रखी जाती हैं? वे अच्छी हैं, तो क्यों नहीं उन्हें पढ़ने को दी जातीं! बुरी हैं, तो क्यों रखी गई हैं?

और शेखर कहाँ से आया? कैसे आया? उसे वे दिन याद आए, जब चन्द्र का जन्म हुआ था। उसने माँ से पूछा था, 'माँ, यह कहाँ से आया?' और माँ ने बताया था कि 'दाई ने लाकर दिया था।' लेकिन जब उसने दाई से पूछा था कि वह उसे इतना छोटा क्यों लाई, कुछ और बड़ा लाती, तब उसने उत्तर दिया था, 'मैं नहीं लाई, वह जो डॉक्टर आया था, वह अपने बैग में रखकर लाया था। उस बैग में इससे बड़ा आ ही नहीं सकता।' तब शेखर को दोनों पर ही विश्वास नहीं हुआ था, लेकिन वह चुप रह गया था। उसके काफ़ी दिन बाद, जब उसने पहले-पहल अंडे से चिड़िया का बच्चा निकलते देखा था, तब उसे निश्चय हो गया था कि माँ उससे झूठ बोली है और माँ को आजमाने के लिए वह उसके पास गया था और पूछ उठा था, 'माँ डॉक्टर चिड़ियों के पास भी जाते हैं?'

माँ उसका प्रश्न समझी नहीं थी। बोलीं, 'नहीं तो, क्यों?'

'तब चिड़ियों के बच्चे कहाँ से आते हैं?'

'अंडों में से निकलते हैं।'

यहाँ तक तो माँ सच बोल रही हैं! शेखर ने फिर कुछ अधिक आशा से पूछा, 'और अंडे कहाँ से आते हैं?'

'ईश्वर भेज देता है।'

फिर वही दीवार-ज्ञान के पथ में सबसे बड़ा विघ्न-ईश्वर! तब उसने बहिन से पूछा था, 'ईश्वर अंडे कैसे देता है?'

'बारिश के साथ बरसा देता होगा।'

लेकिन थोड़े दिन बाद शेखर जान गया कि यह भी गलत है। बारिश सब जगह एक-सी होती है, तब अंडे क्यों अलग-अलग घोंसलों में और-और तरह के होते हैं? और एक दिन उसने एक घोंसला देखा जो खाली था, दूसरे दिन उसमें अंडे थे और बीच की रात में बारिश नहीं हुई थी...

शेखर समझ गया था कि सब लोग उससे झूठ बोलते हैं? और वह जानना चाहता था...

एक कमरा अलग कर दिया गया, साफ किया गया, गोबर से लीपा गया, खिड़कियाँ बन्द कर दी गईं और माँ उसमें चली गईं। एक दाई आकर उनके पास रहने लगी और सब लोगों को वहाँ आने-जाने की मनाही हो गई। चन्द्र के जन्म की बात याद करके इन लक्षणों से शेखर ने जान लिया कि दाई या डॉक्टर या कोई और शक्ति उनके परिवार पर एक बार फिर कृपा-दृष्टि करने वाली है और वह डॉक्टर के आने की प्रतीक्षा करने लगा।

रात में एकाएक शेखर चौंककर जागा। वह नहीं समझ सका कि वह क्यों जागा, लेकिन उसे ऐसा लगा, अवश्य कुछ हुआ है। वातावरण में किसी दबाव-से की भनक उसे मिली...

वह उठकर बैठ गया, चारों ओर देखने लगा। उसने पाया, उसके साथ वाली चारपाई खाली है, सरस्वती वहाँ नहीं है। वह चारपाई से उतरा और दूसरे कमरे में गया जहाँ पिता सोते थे।

पिता वहाँ नहीं थे। निचली मंजिल में प्रकाश था।

न जाने क्यों, शेखर को साहस नहीं हुआ कि वह नीचे जाकर देखे। पहले कभी ऐसी बात हुई होती, तो वह अवश्यमेव नीचे जाकर देखता, लेकिन अब नहीं। अब वह बुझ जाना चाहता है, दीखना नहीं चाहता, कोई उससे पूछे कि वह क्या करने आया, इसका उत्तर देना तो क्या, यह प्रश्न सुनने का भी साहस उसमें नहीं रहा है-अपने आप में उसका विश्वास टूट गया हुआ है।

लेकिन जिज्ञासा...वह चढ़े हुए चिल्ले की तरह तना हुआ खड़ा रह गया...

एक बड़ी तीखी, भेदक, किन्तु फिर भी निर्बल और जैसे झुँझलाई हुई-सी चीख...

शेखर ने जान लिया कि जिस किसी शक्ति का भी वह काम था, उसने शेखर को धोखा दे लिया है और उसके प्रश्न का उत्तर अब भी नहीं है...

सीढ़ियों पर सरस्वती के पैर की आहट हुई। सरस्वती से डर नहीं था, फिर भी शेखर का दिल धड़क उठा, वह भागकर चारपाई पर जाकर लेट गया।

सरस्वती आई। चारपाई पर बैठ गई, पाँव समेटकर, घुटने भुजाओं से घेरकर घुटनों पर ठोड़ी टेककर।

शेखर नहीं रह सका। उसने पूछा, 'क्या हुआ?' मानो अभी जागा हो।

सरस्वती चौंक गई। फिर बोली, 'शेखर, तुम्हारी एक और बहिन हो गई है।'

बहिन? बहिनें भी 'होती' हैं? शेखर ने पूछा, 'तुम्हारे जैसी?'

'दुर पागल! अभी तो इतनी छोटी है-पिद्दी-सी? जब बड़ी होगी-'

शेखर ने बड़े गम्भीर स्वर में कहा, 'सरस्वती!'

सरस्वती विस्मित-सी होकर बोली, 'क्या है?' शेखर ने कभी उसे नाम लेकर नहीं बुलाया था।

'जो मैं पूछूँगा बताओगी? झूठ मत बताना, चाहे बताना मत।'

सरस्वती ने कुछ सन्दिग्ध स्वर में कहा, 'क्या?'

शेखर बड़े प्रयास से कह पाया, 'बच्चे कैसे आते हैं?'

सरस्वती ने सहसा कोई उत्तर नहीं दिया।

प्रतीक्षा करते-करते शेखर के भीतर एकदम शब्दों की बाढ़-सी आ गई। बोला, 'दाई लाती है, डॉक्टर लाता है, ईश्वर देता है, यह सब मैं सुन चुका हूँ, यह मत बताना! वह सब झूठ है, मुझे पता है। बताओ, अगर ऐसे आते हैं, तो इतने छिपा-छिपाकर क्यों आते हैं? और हमको क्यों नहीं आते? और-कहती थीं कि हमें और बच्चे नहीं चाहिए, उनको क्यों आए? उन्होंने वापस क्यों नहीं कर दिए? ईश्वर क्यों भेजता है? मैं बहिन माँगा करता था तो भाई क्यों आया था? चिड़ियों के बच्चे अंडों में से निकलते हैं, मैंने आप देखे हैं। माँ अंडे तोड़कर निकालती हैं। अंडे कहाँ से आते हैं? अब बहिन आई है, इतनी रात को क्यों आई, दिन में क्यों नहीं आई? और हमें वहाँ जाना क्यों नहीं मिलता? और सब लोग झूठ क्यों बोलते हैं। बताओ, तुम्हें पता है।' फिर एकाएक लज्जित-सा होकर वह चुप हो गया। इतनी लम्बी स्पीच उसने शायद कभी नहीं दी थी...

सरस्वती ने कुछ टालते हुए-से कहा, 'क्यों, ईश्वर नहीं भेजता?'

'झूठ मत बोलो, बहिन!'

सरस्वती ने किसी तरह कहा, 'माँ के शरीर में से निकलते हैं।'

शेखर उठ बैठा।

'कहाँ से? कैसे?'

'मुझे नहीं पता!' कहकर मुँह, सिर लपेटकर लेट गई। फिर शेखर ने बहुत बुलाया, उठकर जाकर हिलाया भी, लेकिन वह नहीं बोली, नहीं बोली।

शेखर लेट गया और छत की ओर देखने लगा और मानो अपने ही व्यक्तित्व के ज़ोर से, अपने को वहाँ छत पर टाँगकर, उससे कहने लगा, शेखर, तू सोच। किसी से पूछ मत, तू सोच। तू बता, तू कहाँ से आया? कैसे आया?

सवेरा हो गया और शेखर तब भी अपनी आँखों से उसे वहाँ स्थापित किए हुए, छत पर टँगे अपने प्रतिरूप से वही प्रश्न पूछ रहा था।

'बच्चे माँ के शरीर में से निकलते हैं।'

सरस्वती ने झूठ नहीं कहा था। नहीं तो वह इतनी लज्जित न होती। इतने दुख और कष्ट और जलन के बाद, एक बात शेखर के हाथ आई है जो सच है, जो है, और बस है-बदल नहीं सकती।

'बच्चे माँ के शरीर में से निकलते हैं।'

लेकिन इससे आगे?

इसके आगे एक दीवार, जिसकी एक-एक ईंट है ईश्वर और समाज और कुटुम्ब और माँ-बाप और परम्परा और जिसे जोड़कर एक रखने वाला सिरमट है डर...

और उस दीवार से आगे जो भी स्त्री जाती है, शेखर उसकी ओर देखता है, और सोचता है, इसके शरीर में भी कहीं छिपे होंगे। लेकिन कहाँ?...

शेखर चोरी करने लगा।

अब तक शेखर के लिए यह सम्भव नहीं था कि वह छिपाकर कोई बुरा काम करे। क्योंकि जब वह अकेला होता था, तभी उसके कर्मों पर उसकी अपनी आत्मा का नियंत्रण सबसे अधिक होता था। पर अब–वह ऊपर की दृष्टि से शरीफ, संस्कृत और भला-मानस होने लगा, जिसे कहते हैं, 'हमारा बेटा तो बेटियों जैसा है!' और भीतर-ही-भीतर कहीं गिरने लगा।

उसे उत्तरदायित्व के काम मिलने लगे। पहले जहाँ एक छोटा-सा काम पाकर वह इतना प्रसन्न होता था और इतनी लगन से उसे करता था कि वह बहुधा बिगड़ भी जाता था, वहाँ अब वह प्रत्येक अवसर पर यही सोचता था कि मैं कैसे छिपे-छिपे नुकसान कर सकता हूँ?

उसे कभी सन्दूकची की चाभी दी जाती, तो कुछ-एक पैसे निकाल लेता। इसलिए नहीं कि वे उसे चाहिए, केवल इसलिए कि चाभी उसके पास है और वह उसका दुरुपयोग कर सकता है। रात को उसे कहा जाता था कि ईश्वर और प्रभुदत्त के मास्टर को (वे उन दिनों परीक्षा की तैयारी कर रहे थे) दूध दे आए, तो वह रास्ते में एक-दो घूँट पी लेता था। इसलिए नहीं कि घर में उसे दूध नहीं मिलता, इसलिए कि वह बिना किसी के देखे कुछ बुरा काम कर सकता है। यहाँ तक कि वह कभी रसद के कमरे में जाता तो किसी बक्स के पीछे थोड़ा घी गिरा आता। ऐसी हर एक हरकत में मानो उसका मन कह रहा होता था, 'तुम मुझे अच्छा मत समझो, मैं अब भी बुरा हूँ, तुम बेवकूफ हो, जो मुझे अच्छा कहते हो', इससे मानो उसके अभिमान की पुष्टि होती थी।

और ये सब काम छिपे ही रहते थे और घर में उसका सम्मान बढ़ता जाता था और ज्यों-ज्यों वह बढ़ता जाता था, त्यों-त्यों शेखर का पतन भी अधिकाधिक होता जा रहा था...

उसे उस अलमारी की चाभी दी गई जिसमें किताबें बन्द थीं। बादाम या कुछ ऐसी चीज़ निकालने के लिए उसे कहा गया था। उसने अलमारी खोली, दो-तीन किताबें निकालकर अलमारी के नीचे ढकेल दीं, बादाम निकाले और चाभी दे आया।

बाद में मौका पाकर उसने वे किताबें उठाईं और छिपकर पढ़ने लगा।

रद्दी गुलाबी या पीले काग़ज़ पर, बड़े-बड़े लखनऊ टाइप में छपे हुए उन किस्सों को पढ़कर, शेखर सोचने लगा कि क्या है इनमें जो ये इतने सुरक्षित रखे जाते हैं?

'मालिन की बेटी', 'दो जोरू का पति', 'बगदाद की बुढ़िया', 'साढ़े तीन यार', 'साढ़े सात खून', 'सुन्दरी डाकू', 'बैताल पचीसी', 'तोता-मैना', 'सिंहासन-बत्तीसी', 'तिलस्मी-अँगूठी', 'मिस्र का जादू'।

दो-दो, तीन-तीन करके, शेखर ने सब किताबें देख डालीं। इतनी रद्दी, इतनी भद्दी, इतनी बेहूदी थीं वे कि शेखर का जी मिचला उठा, वह ऊब उठता, वे उससे पढ़ी नहीं जातीं, फिर भी केवल इसीलिए कि वे मना थीं, उन्हें पढ़कर शेखर बुरा काम कर रहा था, वह उन्हें पढ़ता जाता था और उसने सब पढ़ डालीं और कितना सुख होता था उसे जब वह मन-ही-मन माँ को सम्बोधन करके कहता था, 'तुम बड़ा अच्छा, बड़ा भोला समझती हो न मुझे? मैं बदमाश हूँ, बिगड़ा हुआ हूँ और मैंने ये सब किताबें पढ़ डाली हैं जो तुमने बचा-बचाकर रखी हुई हैं...'

शेखर चुगलखोर हो गया।

जब कभी किसी भाई से कोई छोटी-सी भी गलती हो जाती, तो शेखर भागा हुआ माँ के पास जाता और कहता, 'माँ, माँ-ने यह कर दिया है, देखो तो।' कभी-कभी अकारण भी किसी भी शिकायत कर देता और तब उसे फटकार खाते या पिटते देखकर मन-ही-मन कहता, ठीक है। अच्छा, पिटना ही चाहिए। मैं बुरा हूँ, मुझे सब मानते हैं, मेरा आदर होता है। तुम अच्छे क्यों हो?

और जब भाई कभी उसकी ओर आशंका या अविश्वास की दृष्टि से देखते तो उसे लगता, हाँ मैं भी कुछ हूँ...

एक सीढ़ी और।

शेखर भद्दी-भद्दी तुकबन्दी करने लगा। अश्लील नहीं थी-अश्लीलता से अभी शेखर का परिचय नहीं हुआ था-केवल भद्दी थी, वीभत्स थी। इसे वह किसी के सामने पढ़ नहीं सकता था, कभी एकान्त पाकर ज़ोर-ज़ोर से बोला करता था और ऐसे अवसरों पर वह हवा को गालियाँ भी दिया करता था, कुछ ऐसी, जिनका वह अर्थ भी नहीं जानता था, लेकिन जो उसने सुनी थीं और जिनके बारे में उसे मालूम था कि उन्हें कहना बुरी बात है...

अच्छे या बुरे होने का, शेखर के लिए कोई महत्त्व नहीं रह गया था। उसके लिए बड़ी बात यह थी कि वह कुछ हो सही और वह अनुभव करे कि वह कुछ है। इस विश्वास का सहारा उसके लिए बहुत ज़रूरी हो गया था।

चन्द्र के फेंके हुए पत्थरों से मकान के बाहर फूलों के गमले टूट गए। तब वह भोला-भाला भागा हुआ माँ के पास गया और हाँफता हुआ बोला, 'माँ, माँ, मैंने गमले नहीं तोड़े!'

माँ ने पूछा, 'कौन से गमले?'

'मैंने नहीं तोड़े वे!'

तभी शेखर भी पहुँचा। 'माँ, वे जो बाहर गमले थे न, नीले फूलों के, जो पिताजी ने दफ्तर से मँगाए थे, वे चन्द्र ने पत्थर मारकर तोड़ दिए हैं।'

चन्द्र ने कहा, 'माँ, मैं पहले कह चुका हूँ कि मैंने नहीं तोड़े।' मानो पहले कही जाने के कारण उसकी बात अधिक मान्य हो।

शेखर मुड़कर बाहर जाने लगा, कुछ ऐसे भाव से कि मैंने अपना कर्तव्य कर दिया है, मुझे इस बात से कोई मतलब नहीं है।

माँ ने चन्द्र से पूछा, 'झूठ बोलता है? चल देखूँ, कौन-से गमले तोड़े हैं तूने।' और उसका हाथ पकड़कर घसीटती हुई बाहर चलीं।

चन्द्र काफ़ी पिट चुका था। माँ ने न जाने क्या-क्या धमकियाँ दी थीं उसे कि वह कह दे कि गमले उसी ने तोड़े हैं, पर वह नहीं कहता था। यह माँ को सह्य नहीं था कि उनकी आज्ञा के उल्लंघन ऐसे हों, उनका मत था कि अगर इसने नहीं भी तोड़े तब भी इसे स्वीकार करना चाहिए, क्योंकि मेरा निर्णय है, इसी ने तोड़े हैं...

शेखर कुछ दूर पर बैठा हुआ, सामने किताब रखे, यह दृश्य देख रहा था और उसे विस्मय हो रहा था उस माँ पर, जिसके चेहरे पर क्रोध नहीं है, वाणी में रोष नहीं है, किन्तु जो बच्चे को पीटती जा रही है और जिसके लिए यह इज्जत का सवाल हो रहा है कि बच्चा कह दे जो वह कहलाना चाहती है...

बच्चे क्रुद्ध माता-पिता से पिटते हैं तब पिट लेते हैं, उनकी आत्मा पर आघात नहीं पहुँचता। लेकिन बिना क्रोध के, निर्मम, दूरस्थ-भाव से पिटकर उनके मानसिक क्षेत्र में सदा के लिए एक दरार-सी फट जाती है। यह बात तब शेखर भी नहीं जानता था, उसकी माँ भी नहीं जानती थी, पर इससे उसकी सच्चाई कम नहीं हो गई थी।

माँ ने पुकारा, 'सरस्वती! चिमटे में एक अंगारा तो लाना।'

सरस्वती ले आई।

माँ ने चिमटा हाथ से पकड़कर कहा, 'बोलो सच, नहीं तो मैं यह रख दूँगी जबान पर।'

'सच बोल रहा हूँ?'

और शेखर सोच रहा है, क्या माँ सचमुच अंगारा रख देगी? विश्वास तो नहीं होता, लेकिन यह क्रोधहीन निर्गुण मुख...

'कह, मैंने तोड़े थे गमले?'

'मैंने नहीं तोड़े?'

माँ ने एक हाथ से चन्द्र का जबड़ा दबाकर मुँह खोला और अंगारा बहुत पास लाती हुई बोली, 'कह!'

सरस्वती खड़ी थी, यद्यपि उधर नहीं देख रही थी और अंगारा चन्द्र के इतना पास था कि उसका ताप उसे लग रहा था और उसका सिर ऐसे हिल रहा था, जैसे मिरगी के रोगी का कभी-कभी हिला करता है। माँ उसका जबड़ा दबाए हुए थी और मुँह खुला था, अंगारे की प्रतीक्षा में था।

विश्वास बच्चों की चीज़ है। दिखावट और सच्चाई में भेद करना, यह बड़ों का अधिकार है, शेखर को एकाएक विश्वास हो आया...

'कह!'

शेखर तड़पकर उठा, एक हाथ से माँ को धक्का दिया, दूसरे से चिमटे को थप्पड़ मारकर दूर गिरा दिया और रूखे स्वर में चन्द्र से बोला, 'चल यहाँ से?'

और उसके मन में हुआ, चन्द्र शाबाश? डूब मर, शेखर?

शायद माँ को कुछ हुआ। वह कुछ बोली नहीं, शेखर को भी कुछ नहीं कहा, भीतर चली गईं। बात खत्म हो गई।

आधे घंटे बाद।

शेखर अपने को पढ़ाई में लगाने की चेष्टा कर रहा था। कलम हाथ में लिये हुए, कॉपी के ऊपर एक लाइन लिखी हुई देखते हुए उसे ही दुबारा लिखने का यत्न कर रहा था। पर मन में उसके गूँज रही थीं बातें और आँखों के आगे थे कई एक खुले हुए मुँह, कभी चन्द्र के, कभी शेखर के, कभी माँ के और उनके बहुत पास-पास कई एक जलते हुए अंगारे...जब शेखर सोचता था, 'वह चन्द्र का मुँह' तब एकाएक मुँह बदलकर माँ का हो जाता था और वह सोचता था, 'माँ-' तो शेखर का हो जाता था और सरस्वती खड़ी थी, मुँह फेरे, उधर न देखने की चेष्टा करते हुए...और कानों में 'कह'? 'शाबाश चन्द्र?' 'डूब मर!' 'सच कह रहा हूँ।' बिना किसी क्रम के बिना सम्बन्ध के लौट-लौटकर आते थे...

वैसे शेखर लिखाई कर रहा था...

चन्द्र ने आकर कहा, 'कलम दो।'

शेखर ने जाग-से कर कहा, 'मैं लिख रहा हूँ।'

'दो? मुझे लिखना है।'

'दूसरी ले लो।'

'नहीं, यही लेनी है। दो-'

'ठहर के ले लेना, मुझे लिख लेने दो।'

चन्द्र ने सरस्वती के पास शिकायत की, 'बहिनजी, भइया कलम नहीं देता।'

सरस्वती पढ़ रही थी। उसने बिना किताब से दृष्टि हटाए ही कहा, 'शेखर दे दे कलम!'

चन्द्र ने फिर आकर कहा, 'दो–'

शेखर ने कुछ झुँझलाकर कहा, 'कह तो दिया लिख लेने दो–'

चन्द्र ने वहीं से पुकारकर कहा, 'देखिए बहिनजी, देता नहीं है–'

सरस्वती ने वैसे ही कहा, 'दे दो, शेखर! मेरा सिर मत खाओ।'

शेखर ने कहा, 'मैंने कहा है, अभी लिखकर दे देता हूँ, मानता नहीं है और आप भी मुझी को डाँट रही हैं!'

पर सरस्वती पढ़ने में लग गई थी और चन्द्र माँ के पास शिकायत करने चला गया था, उसकी बात किसी ने नहीं सुनी।

माँ ने कहीं भीतर से चिल्लाकर कहा, 'शेखर दे दे उसे कलम!'

शेखर कहने लगा, 'माँ, मैंने उसे कहा है–'

माँ लपककर आई। 'क्या?'

'मैंने उसे कहा है कि–'

'मैं कुछ नहीं जानती पहले उसे कलम दे दे–'

'मैं–'

माँ ने उसके मुँह पर एक चपत लगाकर कहा, 'देता है कि नहीं–'

'माँ–'

माँ ने प्रत्येक शब्द पर ज़ोर देते हुए कहा, 'मैं कहती हूँ, पहले उसे कलम दे दे, फिर तेरी बात सुनूँगी।'

तब शेखर ने भी प्रत्येक शब्द पर ज़ोर देते हुए कहा, 'मैं नहीं देता।'

माँ ने तड़ातड़ दो-चार थप्पड़ उसके लगा दिए और बोलीं, 'अभी उसकी हिमायत करने आया था, अब–'

शेखर को मन-ही-मन लगा कि यह बात उसका पक्ष दृढ़ करती है, लेकिन वहाँ सुनता कौन था?

'है कहाँ वह कलम?'

चन्द्र ने फुर्ती से कहा, 'भइया ने हाथ में दबाई हुई है।'

माँ उसकी मुट्ठी खोलने की कोशिश करने लगीं। असफल होकर उन्होंने शेखर का हाथ मेज़ पर रखा और उसे पहले घूँसे से, फिर पट्टी के सिरे से मारने लगीं। वह नहीं खुला।

लेकिन उसकी पीड़ा और अपनी विवशता पर क्रोध, शेखर से नहीं सहा गया। उसने कहा, 'नहीं दूँगा, कह दिया नहीं दूँगा, चाहे जान से मार डालो!'

माँ ने एकाएक उसका हाथ छोड़ दिया और भौचक उसकी ओर देखने लगीं। उसके स्वर में, उस एक शब्द 'जान' में कुछ था कि वे लज्जित हो गईं। चन्द्र की बाँह पकड़कर ले जाती हुई बोली, 'आ, मैं तुझे नई कलम देती हूँ।'

शेखर उठकर बाहर चला गया। सारा दिन सड़क पर बेमालिक के कुत्ते की तरह भटका किया। शाम को थका हुआ-सा घर आया ही था कि पिता ने कहा, 'क्यों बे, जान देने का बहुत शौक है?'

शेखर ने निष्प्राण स्वर में कहा, 'हाँ, है।' और आगे चला गया। पिता देखते रह गए।

शेखर ने खाना नहीं खाया। न किसी ने उससे पूछा ही। रात हुई, सब सो गए, तब वह भी थका हुआ-सा चारपाई पर लेट गया और अन्धकार को फाड़ने की चेष्टा करता रहा...

उसके सिरहाने की ओर कहीं से अनिश्चित-सा स्वर आया, 'शेखर?' और सरस्वती उसकी चारपाई के सिरे पर बैठ गई।

शेखर ने उसकी गोद में सिर रख दिया।

तब आँसू आए...

सरस्वती ने उसका सिर उठाकर बहुत धीरे से तकिए पर रखा। वह सो गया था।

रात को शेखर ने एक स्वप्न देखा।

एक विस्तीर्ण मरुस्थल। दुपहर की कड़कड़ाती हुई धूप।

शेखर एक ऊँट पर सवार उस मरुस्थल को चीरता हुआ भागा जा रहा है, भागा जा रहा है...सबेरे से या कि पिछली रात से, वह वैसे भागा जा रहा है।

और उसके पीछे कोई आ रहा है। शेखर को नहीं मालूम कि कौन, लेकिन वह जानता है कि कोई उसका पीछा कर रहा है और कभी वह मुड़कर देखता है, तो पीछे बहुत-से ऊँटों के पैरों से उड़ी धूल उसे दीखती है...

तीसरा पहर। धूप कम नहीं हुई है और भी तीखी हो गई जान पड़ती है और शेखर भागता जा रहा है और पीछे वह 'कुछ' भी बढ़ा आ रहा है।

एकाएक, सामने सेब के वृक्षों का बाग, जिसके चारों ओर मिट्टी की ऊँची बाड़ लगी हुई है, जिसमें कहीं-कहीं बिलें हैं और कहीं-कहीं आयरिस जैसा कोई पौधा है। शेखर ऊँट पर से उतरकर, बाड़ पार करके बाग में घुस जाता है।

बाग में वृक्ष फूलों से लदे हुए हैं। इतने अधिक लदे हैं कि सारी ज़मीन पर भी फूल बिछे हैं और वह बिलकुल शुभ्र हो रही है...

शेखर थकी साँस लेकर एक पेड़ के नीचे फूलों की शय्या पर लेटता है और सो जाता है...

सन्ध्या। सारा आकाश आरक्त हो गया है। प्रतिबिम्बित लाली से भूमि भी लाल जान पड़ रही है और सेब के वृक्ष मानो जंगली गुलाब के हो गए हैं, प्रत्येक फूल ऐसा सुन्दर लालिम हो गया है...

शेखर उठ बैठा है। खतरे का आतंक उस पर फिर छा गया है। वह जानता है कि उस 'कुछ' ने बाग घेर लिया है और उसमें प्रवेश करने की ताक में है और उसके ऊँटों के पैरों से उड़ी धूल चारों ओर छाई हुई है, उससे आकाश भरा जा रहा है...

शेखर उठकर एक ओर को भागता है, बाग में से निकल जाता है।

पथरीला रास्ता, चढ़ाई। शेखर चढ़ता जा रहा है। यह 'कुछ' पीछे रह गया है, लेकिन शेखर को बहुत आगे जाना है–बहुत आगे...किसी खोज में, यद्यपि यह नहीं जानता कि किस वस्तु की खोज...

सन्ध्या घनी हो जाती है। शेखर अब भी चला जा रहा है। वह प्यासा है, पर पानी कहीं दीखता नहीं। हाँ, दूर कहीं जैसे झरने का रव हो रहा है...

एक चट्टान के ऊपर चढ़कर शेखर आगे देखता है, और एकाएक रुक जाता है।

सामने, नीचे घहराता हुआ एक पहाड़ी झरना बह रहा है, शुभ्र, स्वच्छ, निर्मल...

शेखर घुटने टेककर बैठता है और हाथ टेककर उझककर सिर नीचे लटकाता है, जैसे वन्य पशु पानी पीने के लिए करते हैं। पर पानी बहुत नीचे है और वह उस तक पहुँचता नहीं...

उसके हाथ पर सरस्वती का हाथ है। वह भी उसके पास उसी तरह घुटने टेके बैठी है, यद्यपि अभी तक वहाँ नहीं थी और दोनों प्यासी आँखों से पानी की ओर देख रहे हैं...

शेखर देखता है, पानी के मध्य में प्रवाह से किसी प्रकार भी प्रभावित न होता हुआ, पतले-से नाल पर एक अकेला फूल खड़ा है। बहुत बड़ा–लिपटी हुई-सी एक ही बड़ी सफेद पत्ती, जिसके बीचोबीच में एक तपे सोने-से वर्ण की एक डंडी (pistil) है।

और देखते-देखते, एक दिव्य शान्ति उसके ऊपर छा जाती है और वह जानता है कि यही है जिसे खोजने वह आया था, जिसके लिए वह भाग रहा था...और वह शान्ति इतनी मधुर है कि शेखर को रोमांच हो आता है, वह दबाकर सरस्वती का हाथ पकड़ लेता है...

वह जाग पड़ा। स्वप्न इतना सजीव, इतना यथार्थ था कि शेखर ने हाथ बढ़ाया कि सरस्वती का हाथ पकड़े। वह उसने नहीं पाया।

तब वह चारपाई पर उठ बैठा। इधर-उधर देखा। उठकर सरस्वती की चारपाई के पास गया। वह सोई हुई थी। शेखर ने उसका मुख देखने की चेष्टा की पर देख नहीं सका। लौट आया, एक सन्तुष्ट-सी साँस लेकर लेट गया और फौरन निःस्वप्न नींद से अचेत हो गया।

नदी के द्वीप

रेखा

रेखा स्टेशन पर गाड़ी रुकते न रुकते उतर पड़ी, पर प्लेटफ़ार्म की पटरी से पैर छूते ही मानो उसके भीतर की स्फूर्ति सुन्न हो गई; उसने एक बार नज़र उठा कर इधर-उधर देखा भी नहीं कि कोई उसे लेने आया है या नहीं। यन्त्रवत् उसने सामान उतरवाया, कुली के सिर-कन्धे उठवाया, कुली के प्रश्न 'बाहर, बीबी जी?' के उत्तर में अस्पष्ट 'हाँ' कहा, और फिर कुली की गति से मन्त्रबद्ध-सी खिंची चल पड़ने को थी कि पास ही भुवन के स्वर ने कहा, "नमस्कार, रेखा जी!"

तब वह चौंकी नहीं। एक धुन्ध-सी मानो कट गई; मानो वह जानती थी कि भुवन आएगा ही; वह मुड़ी तो एक खुला आलोक उसके चेहरे पर दमक रहा था : "नमस्कार भुवन जी; मैंने तो समझा कि आप नहीं आएँगे।"

"आप बड़ी जल्दी उतर पड़ीं—मैं तो डिब्बों की ओर ही देखता रहा। अच्छी तो हैं? देखने से तो पहले से अच्छी ही मालूम होती हैं-"

रेखा ने किंचित् विनोदी दृष्टि से उसे सिर से पैर तक देखकर कहा, "और आप-पहले से भी अधिक व्यस्त और अन्तर्मुखी-"

"नहीं तो-ये तो मेरी छुट्टियाँ हैं।"

"हाँ, काम से नहीं, काम के लिए! पर अच्छा है-काम में ही मुक्ति दीख सके, कितना बड़ा सौभाग्य होता है!"

कुली ने पूछा, "जी चलूँ?"

"हाँ चलो, बाहर ले चलो," भुवन ने कहा। "चलिए, रेखा जी-"

"हाँ। सुनिए, मैं वाई. डब्ल्यू. में ठहरूँगी-मैंने पहले सूचना दे रखी है। आत्म-निर्भर अर्थात् नौकरी करने वाली स्त्रियाँ वहाँ रह सकती हैं-"

"ठीक है, वहीं सही। मैं तो कॉलेज में ठहरा हूँ, एक प्रोफ़ेसर के साथ।"

"रहेंगे?"

"यही चार-छः दिन रहूँगा। यहाँ से सामान भेज कर फिर कश्मीर जाऊँगा।"

"हाँ-चन्द्रमाधव ने लिखा था-" कह कर रेखा सहसा चुप हो गई। एक बोझिल मौन उनके बीच में आ कर जम गया।

ताँगे पर सवार हो कर रेखा ने फिर पूछा, ''भुवन जी, एक स्वार्थ की बात कहूँ?''

''क्या-''

''मैं दो-चार दिन यहाँ रुक जाऊँ, तो आप अपना कुछ समय मुझे देंगे? दिल्ली में मेरे परिचित तो बहुत हैं, पर वह खुशी की बात अधिक है या डर की, नहीं जानती!''

''मुझे तो यहाँ कोई काम नहीं है; दो-एक व्यक्तियों से ही मिलता-जुलता हूँ; मेरे पास बहुत समय है।''

''उबाऊँगी नहीं, यह वचन देती हूँ!'' रेखा हँस दी। ''ऊब आने से पहले ही हट जाऊँगी-मुझे और कुछ तो नहीं आता पर ऊब के पूर्व-लक्षण खूब पहचानती हूँ। कहूँ कि मेरे जीवन का मुख्य पाठ यही रहा है-ऊब की सात सीढ़ियाँ!''

''वह खतरा मुझे नहीं है। मैं ही उबा सकता हूँ; क्योंकि मेरे पास कहने को बहुत कम है; अधिक बात जिस विषय की कर सकता हूँ वह स्वयं उबाने वाला है-विज्ञान!''

''भुवन जी, आप अपने बारे में बात करते हैं-करते रहे हैं?''

''नहीं तो-या बहुत कम। वह भी कोई विषय है?''

''तो ठीक है; कहना चाहिए कि वह नया विषय है-मेरे लिए तो है ही, आपके लिए भी है!'' रेखा की आँखें हँसी से चमक उठीं। ''और मैं वायदा करती हूँ, इस विषय से नहीं ऊबूँगी-आप ही जब छोड़ें तो छोड़ें। बल्कि मैं फिर-फिर लौट आऊँ तो आप बुरा तो न मानेंगे?''

भुवन ने थोड़ा-सा सकुचाते हुए, यद्यपि कुछ तोष भी पा कर, कहा, ''न-नहीं तो; पर मैं फिर आपको वार्न करता हूँ, वह विषय बड़ा नीरस है, और कहीं पहुँचता नहीं।''

''मैं तो पहले ही बता चुकी हूँ कि कहीं पहुँचने का लोभ ही मुझे नहीं है-ऐसी यात्रा पर हूँ जो कहीं पहुँचती ही नहीं, अन्तहीन है, यही क्या कहीं पहुँच जाना नहीं है?''

''यह भी एक दृष्टिकोण हो तो सकता है-'' कह कर भुवन निरुत्तर-सा कुछ सोचने लग गया।

कश्मीरी गेट में वाई. डब्ल्यू. में सामान उतार कर दुमंज़िले पर पहुँचाया गया; भुवन को 'लाउंज' में बिठा कर रेखा ने कहा, ''आप ज़रा बैठिए, मैं अभी आती हूँ,'' और सामान के साथ अपने कमरे की ओर चली गई।

जब तक वह मुँह-हाथ धो कर लौट कर आवे, तब तक मन बहलाने के लिए भुवन कुछ ढूँढ़ने लगा-इसलिए भी कि जब तब कोई स्त्री आती और लाउंज में

उसे देख कर लौट जाती; कोई कौतूहल से उसे घूर कर, कोई सकपका कर–और वह खाली बैठने के संकोच से मुक्त होना चाहता था। पर कुछ भी उसे नहीं मिला। एक ताक में कुछ पत्र रखे हुए थे, उसने निकाले। 'लेडीज़ होमजर्नल', 'वोग', 'वुमन एण्ड होम'–कहीं उसका मन रमा नहीं। वह सब पुन: कहीं रखने को था कि ताक के भीतर एक छोटे आकार का पत्र उसे दीखा, उसने खींच कर निकाला : 'मेन ओनली।' उसने मुस्करा कर उसे वहीं रख कर ऊपर सब दूसरे पत्र लाद दिए।

वह सोचने लगा, पुरुषों के लिए जो पत्र होते हैं, उन का क्षेत्र तो इतना संकुचित नहीं होता–स्त्रियों के पत्र क्यों ऐसे होते हैं? पर पुरुषों के पत्र वास्तव में केवल उनके नहीं होते, सबके होते हैं, और स्त्रियों के केवल 'स्त्रियोपयोगी'...लेकिन क्या स्त्री के लिए बस यही बातें उपयोगी हैं–'हाउ टु विन ए मैन'–'हाउ टु होल्ड ए मैन'–'फीड द बूट'–'द वे टु ए मैन्स हार्ट'–'थ्रू हिज बेली'–आदमी को फाँसो कैसे, वश में कैसे रखो, रिझाओ कैसे–मानो उच्चाटन-वशीकरण के तन्त्र-मन्त्र के युग से हम अभी कुछ भी आगे नहीं गए। और स्वयं स्त्री केवल यह नहीं चाहती, इसका प्रमाण वह नीचे छिपा हुआ 'मेन ओनली' है; हो सकता है कि उसमें केवल यह कौतूहल हो कि पुरुष क्या पढ़ते हैं, कैसे मज़ाक आपस में या स्त्रियों के बारे में हुआ करते हैं–वैसा ही कौतूहल, जैसा बहुत-से पुरुषों को स्त्रियों के बारे में हुआ करता है जिस के कारण वह स्त्रियों के जमाव की बातें किवाड़-दरारों में कान लगाकर सुना करते हैं!

एक काल्पनिक समस्या उसके सामने आई। अगर ये सब पत्र-पत्रिकाएँ बिछी हों, और कोई देखने वाला न हो तो अकेली स्त्री कौन-सा पत्र उठाएगी? क्या किसी का चेहरा देख कर तय किया जा सकता है? कौतुकवश उसने सोचा, अच्छा, अब जो स्त्री लाउंज में आएगी उसे देख कर अनुमान लगाऊँगा कि वह 'वोग' पढ़ेगी कि 'लेडीज होम' कि 'मेन ओनली'–

धत्! पहली स्त्री जो आई वह रेखा थी। भुवन ने तुरन्त अपना खेल बन्द कर दिया। रेखा ने पूछा, "मैंने बहुत देर कर दी न? आप इतनी देर क्या करते रहे? यहाँ आपके पढ़ने लायक भी तो कुछ नहीं है–"

भुवन ने पूछा, "रेखा जी, ये तो इतने जर्नल यहाँ हैं, इन में आपको कौन-सा पसन्द है?"

"कौन-से? अरे ये! ये तो मैंने कभी देखे नहीं। कभी बुनती वगैरह के डिजाइन के लिए कोई देखा हो, पर इन्हें पढ़ूँ, ऐसी हालत तो कभी नहीं हुई।"

"यही मैं सोच रहा था–कि इन्हें कौन पढ़ता होगा। और सबके नीचे मैंने देखा, 'मेन ओनली' दबा पड़ा है।"

रेखा हँस पड़ी। "हाँ! वह तो स्वाभाविक है। स्त्रियों की दिलचस्पी किस चीज़ में है? इस 'मेन ओनली' में। यह यहाँ का स्थायी मज़ाक है।"

एक कुर्सी खींच कर वह बैठ गई। "अच्छा, अब बताइए, यहाँ क्या-क्या किया जाएगा-आपका क्या प्रोग्राम है?"

"आप ही प्रोग्राम बनाइए-"

तय हुआ कि उस दिन रेखा आराम करेगी, तीसरे पहर अगर भुवन आ जाए तो वह घूमने चलेगी-अगर भुवन को अवकाश है। लेकिन अभी तत्काल चल कर कॉफ़ी तो पी ही जाए।

दोनों नीचे उतरे। भुवन ने देखा, रेखा ने कपड़े बदल लिये थे। गाड़ी में वह रंगीन साड़ी पहने थी, अब फिर सफ़ेद रेशम पहन लिया था-भुवन को ध्यान आया कि रेखा को उसने रंगीन साड़ी कम ही पहने देखा है, पर सफ़ेद पहने तो कभी देखा ही नहीं, सफ़ेद वह पहनती है तो रेशम, जो वास्तव में सफ़ेद नहीं होता, उसमें हाथी दाँत की-सी, या मोतिये के फूल-सी, या पिसे चन्दन-सी एक हलकी आभा होती है...यों तो शुभ्र श्वेत भी ऐसा होता है कि पहनने वाले को दूर अलग ले जाता है, पर यह रेशमी सफ़ेद तो और भी दूर ले जाता है, दूर ही नहीं, एक ऊँचाई पर भी; रेखा मानो उसके साथ चलती हुई भी एक अलग मर्यादा से घिरी हुई चल रही है।

रेखा ने कहा, "क्या सोच रहे हैं, भुवन जी?"

"ऊँ-कुछ नहीं। आपकी बात सोच रहा था-नहीं, कुछ सोच नहीं रहा था, केवल आपको देख रहा था-"

"देखिए, आपको काम्प्लिमेंट देना भी नहीं आता न? कितने अच्छे हैं आप, जिस के साथ सतर्क नहीं रहना पड़ता!"

अब की बार भुवन हँस दिया। पर क्यों, यह वह स्वयं नहीं जान पाया।

कॉफ़ी पीते-पीते रेखा ने पूछा, "भुवन जी, आपने पहाड़ जाने के लिए और किसी को आमन्त्रित नहीं किया?"

"नहीं तो। फिर मेरा जाना ही तो नहीं हुआ-"

"अच्छा, आप जहाँ रिसर्च के लिए जाना चाहते हैं वहाँ मैं आ जाऊँ तो आपके काम का बहुत हर्ज़ होगा?"

भुवन ने चौंक कर कहा, "वह तो एकदम बियाबान जंगल है रेखा जी। वहाँ-"

"फिर भी-फ़र्ज़ कीजिए-"

"नहीं-आप ही हर्ज़ करना न चाहें तो-खास नहीं होगा-इतना ही कि आपकी असुविधा का ध्यान हमेशा रहेगा-"

"और काम में बाधक होगा!" रेखा हँस दी। "ठीक है, मैं तो यों ही कह रही थी।"

वापस पहुँच कर रेखा ने नीचे ही कहा, "ज़ीना चढ़ने की कोई आवश्यकता नहीं है–मैं यहीं से विदा लेती हूँ। मैं यहीं रहूँगी–आप तीसरे पहर जब भी आवें। मैं तैयार मिलूँगी।"

कुदसिया बाग़ में उन दिनों फूल लगभग नहीं होते–कोई फूल ही उन दिनों में नहीं होंता सिवा वैजयन्ती के, जो चटक रंगीन चूनर ओढ़े बीवी शटल्लो बनी धूप में खड़ी रहती है। लेकिन खँडहर पर चढ़ी हुई 'बेगमबैरिया' लता की छाँह सुहावनी थी–फूल इस में भी कई तेज़ रंगों के भी होते हैं, पर इस की लम्बी पतली बाँहों में, हवा के झूमते गुच्छा-गुच्छा फूलों में एक अल्हड़पन होता है जो वैजयन्ती के भूनिष्ठ आत्मसन्तोष से सर्वथा भिन्न होता है...और फिर इस विशेष लता के फूल भी तेज़ रंग के नहीं थे, एक धूमिल गुलाबी रंग ही उन में था जो पत्तियों के गहरे हरे रंग की उदासी कुछ कम कर देता था, बस।

भुवन नीचे घास पर कोहनी टेके बैठा, बेंच पर बैठी रेखा को देख रहा था। रेखा पहले बेंच पर बैठ गई थी; जब भुवन नीचे बैठा तो वह भी उतरने लगी पर भुवन ने कहा, "नहीं-नहीं, आप वहीं रहिए; इस बैकग्राउंड पर आपकी साड़ी बहुत सुन्दर दीखती है।" रेखा ने एक फीके कोकनी रंग की साड़ी पहन रखी थी, बेगमबैरिया के फूल उसका सन्तुलन कर रहे थे, मानो एक ही गीत दो स्वरों में गाया जा रहा हो, रेखा का मन्द्र, अन्तर्मुख और गहराई खोजता हुआ, लता का तार, बहिर्निवेदित और उड़ना चाहने वाला...

रेखा को एक आदत थी–सहसा, जाने-अनजाने, उसका हाथ उठता और कनपटी के पास मानो कुछ खोजने लगता, फिर बालों की किसी छूटी हुई लट–कभी-कभी काल्पनिक ही लट!–को कानों के पीछे डालता हुआ धीरे-धीरे लौट आता। सारी क्रिया एक बड़े कोमल और आयासहीन ढंग से दुहराई जाती थी। चलते हुए भी दो-चार बार भुवन ने लक्ष्य किया था, बाग़ में आने से पहले वे जमुना के किनारे-किनारे थोड़ा भटके थे और थोड़ी देर घाट की सीढ़ी पर पानी के निकट बैठे थे तब भी–तब बल्कि हाथ पानी में डुला कर रेखा ने कनपटियाँ भिगो ली थीं...वह मुद्रा बड़ी आकर्षक थी; रेखा की उँगलियाँ वैसी तो नहीं थीं जिन्हें सुन्दरता का आदर्श माना जाता है–उनके जोड़ उभरे हुए थे और रूप-तत्व की अपेक्षा मनस्तत्व की ओर ही इंगित करते थे–पर वे थीं पतली और व्यंजनापटु-सम्वेदनशील उँगलियाँ। अभी बैठे-बैठे उसका हाथ फिर उठा तो भुवन ने पूछा, "आप थक तो नहीं गईं? हम लोग काफ़ी भटके–"

"नहीं–मुझे तो पता ही नहीं लगा–"

“और रेत में भी चले–उससे बड़ी थकान होती है।”

“नहीं, मैं अभी और चल सकती हूँ। पर यहाँ बैठना भी बहुत मधुर है।”

भुवन हँस दिया। फिर एक लम्बा मौन रहा। दोनों आकाश को देखते रहे। मई का दिल्ली का आकाश–उसकी नीलिमा सभ्यता की भाप से मुरझा कर फीकी पड़ जाती है, और आकाश सभ्यता की तरह अपने ही रंग का ओप अपने पर नहीं चढ़ाता!–पर प्रकृति के विभिन्न भावों की झाँई उसे नाना रंग दे जाती है : इस समय उसके आगे ताँबे के रंग का एक झीना-सा जाल था, जो धीरे-धीरे धुँधला पड़ रहा था।

रेखा ने कहा, “शहरों का आकाश भी क्या चरित्रहीन आकाश होता है–फिर गर्मियों में! यों मैं साँझ को घनी होते देखते घंटों बैठी रह सकती हूँ–पर गर्मियों में शहर में लगता है सब से अच्छी दोपहर है–साँय-साँय सन्नाटा, धूप ऐसी कि चौंधिया दे, पर उसकी चिलक ही जैसे दृश्य को माँज जाती है; सभ्यता के भीतर से मानव-हृदय की स्तब्ध धड़कन तब सुनी जा सकती है...”

भुवन कुछ नहीं बोला। रेखा का स्वर उसे अच्छा लग रहा था, उसकी गति मानो लययुक्त थी, एक भावाक्रान्त उतार-चढ़ाव मानो अलग से कहता था, ‘बात के अर्थ से अलग और भी अर्थ है मुझ में, अकथित, अकथ्य अभिप्राय, ज़रा कान देकर सुनो...’

रेखा ने ही फिर कहा, “यों तो पहाड़ पर या सागर के किनारे ही आकाश देखना चाहिए, पर देहातों में और ख़ास कर आख़िरी बरसात में–तब आकाश बोलता है, गाता है–कैसे-कैसे अर्थ-भरे गाने...शहर का आकाश–शहर का सूर्यास्त–जैसे ड्राइंग-रूम की बातचीत, सब कोई बोल रहे हैं लेकिन सब कोई जैसे छिपे हुए, जैसे अनुपस्थित, केवल स्वरों के रेकार्ड, केवल यन्त्र-लिखित उत्साह और आवेश!”

भुवन ने धीरे से कहा, “रेखा जी, आपका इस वक़्त का आविष्ट स्वर मुझे तो अनुपस्थित नहीं लग रहा है–”

“मैं।” रेखा कुछ रुक गई। फिर मुसकरा कर बोली, “भुवन जी, आप चाहें तो मैं भी ड्राइंग-रूम वाली बातों का कल खोल दे सकती हूँ–आप नहीं जानते कि मेरे पास कितनी बड़ी टंकी उस बँधे पानी की जमा है! लेकिन आपका समय मैंने माँगा था, तो उसके लिए नहीं।” वह फिर गम्भीर हो गई। “असल में मेरे भी दो पहलू हैं–एक चरित्रवान्, प्रकृत, मुक्त; एक सभ्य और चरित्रहीन–”

“रेखा जी, यों पहलू तो हर किसी के चरित्र में होते हैं, पर चरित्र को इस तरह डिब्बों में बाँटना तो बड़ा ख़तरनाक है–व्यक्ति को एक ओर सम्पूर्ण होना चाहिए–यह विभाजन तो ह्रास की भूमिका है।”

"है। मैं जानती हूँ। और सभ्यता जो ह्रासोन्मुख हो जाती है वह किस लिए? कि समर्थ प्रकृत चरित्र सभ्यता के पोसे हुए पालतू चरित्र के नीचे दब जाता है–व्यक्ति चरित्रहीन हो जाता है। तब वह सृजन नहीं करता, अलंकरण करता है। नए बीज की दुर्निवार शक्ति से ज़मीन फोड़ कर नए अंकुर नहीं फेंकता, पल्लवित नहीं होता; झरे फूल चुनता है, मालाएँ गूँथता है, मालाओं से मूर्तियाँ सजाता है। जब मूर्ति पर मालाएँ सूख जाती हैं तब हमें ध्यान होता है कि सभ्यता तो मर चली–पर वास्तव में मरना तो वहाँ आरम्भ हुआ है जहाँ हम ने झरे फूल का सौन्दर्य देखना शुरू किया–डाल से टूटे फूल का!"

रूपक को अपने सामने मूर्त्त करते हुए भुवन ने कहा, "उस समय भी हम वृक्ष की ओर वापस जा सकते हैं–अंकुर की ओर–"

"हाँ, अगर वह हमारी उपेक्षा से सूख न गया हो। पर आज के हम सभ्य लोग अभी उतने अभागे नहीं हैं : अभी हम में झरे फूल भी हैं, जो आदृत हैं, और गहरी जड़ें भी हैं जो नए अंकुर फेंकेंगी लेकिन जिन की क़द्र नहीं है। यही मैं कह रही थी–दो पहलुओं की बात–"

वह चुप हो गई। फिर एक मौन छा गया। अब तक थोड़ी-थोड़ी हवा चल रही थी, वह भी बन्द हो गई।

भुवन ने कहा, "उमस हो रही है। थोड़ा टहला जाए?"

"चलिए।"

दोनों बाग़ में इधर-उधर टहलने लगे। खँडहर और लता के कुंज के दूसरी ओर लॉन में जहाँ-तहाँ बच्चों के दल खेल रहे थे; अब तक सब आयाओं द्वारा किलकते-फुदकते अज-शावकों की तरह घेरे जा कर अपने-अपने बाड़ों की ओर ले जाए जा चुके थे; एकदम तोड़ता हुआ-सा अँधेरा छा गया था।

रेखा ने सहसा कहा, "भुवन जी, मैं आपको अपने प्रकृत, स्वस्थ, मुक्त पहलू से ही जानना चाहती हूँ–उसी के सम्पर्क में आपको रखना चाहती हूँ। पर उसके लिए ईमानदारी का तकाज़ा है कि दूसरा पहलू आपसे छिपाऊँ नहीं।"

बात भुवन की संवेदना को छू गई, पर उसे समझ नहीं आया कि क्या कहे। उसका हाथ तनिक-सा रेखा की ओर बढ़ा और रह गया। वह कहने को हुआ, 'थैंक यू, रेखा जी,' पर बात कुछ ओछी लगी। फिर उसने कहा, "रेखा जी, मैंने अपने बारे में इतनी गहराई से कभी नहीं सोचा, पर अगर मुझ में भी ऐसा विघटन है–होगा ही–तो मैं भी यत्न करूँगा कि–"

"नहीं, आप में वैसा नहीं है। आपको–शायद विज्ञान ने बचा लिया। या–" रेखा हँस पड़ी, "कहूँ कि आप अभी उतने सभ्य नहीं हुए!"

भुवन भी हँस दिया।

"लेकिन–मैं आपको देर तो नहीं कर दे रही हूँ? आपके मेज़बान–"

"शाम के भोजन का बन्धन मैं नहीं पालता, वह प्रतीक्षा नहीं करेंगे। पर आपको भी तो लौटना होगा–आपकी तो शायद हाज़री लगेगी–"

"आज देर से आने की छूट है–सप्ताह में दो दिन होती है।"

"लेकिन कुछ खाएँगी तो?"

"मैं तो केवल कॉफ़ी पीती हूँ–मैंने कहा न, बहुत सभ्य हूँ! पर आप–"

"मैं भी कॉफ़ी ही पियूँगा–"

"नहीं, आपको कुछ खाना होगा। चलिए–"

तय हुआ कि टहलते हुए परले फाटक से निकल कर कश्मीरी दरवाज़े के अन्दर जा कर कुछ खाया-पिया जाए, और दोनों धीरे-धीरे उधर बढ़ने लगे।

कार्लटन में सन्नाटा था। शाम को उधर खाने कौन आता है? पीने आते हैं कुछ लोग, पर उन का समय निकल गया–नौ बजे तक कौन ठहरता है...पर खाने को मामूली कुछ मिल जाएगा–सैंडविच, कटलेट, वगैरह...

"सभ्य जीवन बड़ा भारी वेटिंग-रूम है मानो," रेखा बोली, "और होटल वगैरह भी सब वक़्त काटने के–बीच का एक रिक्त भरने के साधन हैं। लेकिन वेटिंग किसके लिए? रिक्त किस के और किस के बीच? कोई नहीं जानता। इधर-उधर फिर रिक्त है।"

"दो रिक्तों के बीच का रिक्त भरने के लिए रिक्त–तो फिर रेखा जी, ये पर्टिशन क्यों करती हैं, सारा ही तो एक रिक्त हुआ। सभ्यता की आपकी परिभाषा बड़ी डरावनी है। और उसे भरने के लिए भी रिक्त–विज्ञान तो सिर पीट लेगा जो मानता है कि प्रकृति भरणधर्मा है–रिक्त नहीं सहती।"

"प्रकृति न? लेकिन सभ्यता नहीं। आप देखते नहीं कि सभ्यता किस दर्प से कहती है कि प्रकृति असभ्य है? क्योंकि सभ्यता अप्राकृतिक है।"

दोनों फिर कुदसिया बाग़ लौट गए। अब एक और भी गहरा मौन वहाँ पर था, उसने जैसे दोनों को बाँध दिया। कई फेरे दोनों ने चुपचाप लगा लिये; सहसा दूर कहीं दस का गजर हुआ।

"रेखा जी, ऐसी बात कहना है तो शील के विरुद्ध शायद; लेकिन मैं कई बार सोचता हूँ, आपको गृहस्थी में सुखी होना चाहिए था–या यह कहूँ कि आपके साथी को, ऐसा क्या हुआ कि–"

रेखा रुक गई। अँधेरे में एक-दूसरे का चेहरा साफ़ नहीं दीखता था, पर रेखा के साँवले चेहरे में उसकी आँखों के कोये स्पष्ट झलक गए; उसने स्थिर दृष्टि से भुवन को देखते हुए कहा, "पर वह सब तो आपको चन्द्रमाधव ने–आपको मालूम ही होगा–"

"यह तो नहीं कह सकता कि नहीं बताया–या कि स्वयं मैंने ही नहीं पूछा," भुवन ने चन्द्रमाधव पर दोष न मढ़ने की नीयत से कहा, "पर यों तो कोई न कोई कारण होता ही है–लेकिन उसमें आन्तरिक कारणत्व न हो तो प्रश्न उठता ही है कि क्या कोई एडजस्टमेंट नहीं हो सकता था? क्योंकि बाहरी सब कारणों पर व्यक्ति विजय पा सकता है–क्योंकि वह मशीन से अधिक एडेप्टेबल है, लचकीला है।"

"आप ठीक कहते हैं। हर घटना की एक आन्तरिक संगति होती है–हर दुर्घटना की भी। लेकिन क्या आप सचमुच वह सब सुनना चाहते हैं?"

"अगर आपको कहने में क्लेश या संकोच न हो तो–हाँ।" भुवन ने हिचकते कोमल स्वर में कहा।

पास की बेंच पर रेखा बैठ गई।

"संकोच होता भी है, नहीं भी होता। कहते हैं न कि अच्छा स्वप्न कह देने से उसकी सम्भावना कम हो जाती है, उसी तरह बुरा सपना कहने से उसका भी बोझ हलका हो जाता है। मैं जब भी अपनी बात कहती हूँ या कहने का संकल्प करती हूँ तो उसकी छाया की एक परत कम हो जाती है, सोचती हूँ कि कह–कह कर ही उसे कह डाला जा सकता है–उससे मुक्त हुआ जा सकता है–पर कहने का निश्चय करना ही बड़ा कठिन होता है क्योंकि–" रेखा ने वाक्य अधूरा छोड़ दिया।

"मैं समझता हूँ," भुवन ने कहा, "आग्रह नहीं करूँगा। आप–"

"नहीं, आपसे शायद कह सकूँगी–कहना चाहूँगी।"

थोड़ी दूर पर पद–चाप सुनाई दी–धीमी, फिर सहसा स्पष्ट–घास पर से सड़क पर। ठेठ खड़ी बोली के स्वर ने कहा, "बाबू जी, यहाँ नहीं बैठ सकते।"

"क्यों?"

"बाबू जी, दस बजे के बाद इद्र बैट्ठणे का हुकुम नहीं है–अब तो साड्ढे दस हो लिये–"

"अच्छा, अच्छा, जाते हैं।"

चौकीदार बगल से लाठी टेक कर कुछ दूर पर खड़ा हो गया।

रेखा उठ खड़ी हुई। "चलिए।"

कुदसिया बाग़ के दो खंड हैं, बीच में अलीपुर रोड पड़ती है। दोनों निकल कर दूसरे खंड में चले गए। सागू के पेड़ों के चिकने सफ़ेद तने मानो किसी बड़े मंडप के स्तम्भ थे, जिस में रातरानी की दिग्विमूढ़ गन्ध भटक रही थी। मुख्य वीथी से हट कर दोनों घास की छहेल पटरी पर टहलने लगे। लेकिन मूड कुछ बदल गया था।

रेखा ने पूछा, "बैठेंगे?"

"बेंचें उधर हैं–बुत के पास।" भुवन ने कहा; इस में इनकार भी नहीं था, कोई अनुकूलता भी नहीं थी।

खड़ी बोली की व्यापकता प्रमाणित करता हुआ एक स्वर यहाँ भी नेपथ्य में से बोला, "कौन है?"

"हम हैं–टहलने आए हैं," भुवन ने चिकने स्वर में उत्तर दिया।

खड़ा स्वर कुछ कम खड़ा हुआ : "बाबू जी, अब बड़ी देर हो गई; दस बजे बाग़ बन्द हो जाता है।"

रेखा ने कहा, "द हाउंड्स आफ़ हेवन आर एवरीह्वेयर!"

स्त्री-स्वर सुनकर नेपथ्य की वाणी कुछ और भी नरम पड़ कर बोली, "बाबू जी, इतनी रात को इधर नहीं घूमते; ज़माना ठीक नहीं है। बड़े चोर-बदमास फिरे हैं–"

दूर पर चौकीदार की छायाकृति दीख गई। भुवन ने कहा, "अच्छा भइया, जाते हैं। आजकल तो यही वक़्त होता है घूमने का–इतनी गर्मी होती है–"

चौकीदार ने कहा, "सो तो ठीक है बाबू जी, मगर–" उसके स्वर में कुछ नरमाई भी थी, कुछ दूरी भी, मानो कह रहा हो, "हाँ, आप सदाशय हैं, माना; पर बच्चे हैं, घर जाइए–"

फाटक के बाहर लैम्प के खम्भे के नीचे आ कर दोनों ठिठक गए। सहसा एक-दूसरे की ओर देखा और मुसकरा दिए। रेखा ने कहा, "प्लोमर की एक कविता है जिस में पार्क में घूमने वाले दो जन खदेड़े जाते हैं–आपने पढ़ी है?"

"नहीं–मैंने प्लोमर का सिर्फ़ नाम पढ़ा है–"

"मुझे याद नहीं है, लेकिन उसमें सिपाही कहता है : 'आउटलॉज हू आउटरेज बाइलॉज आर द डेविल!' और कविता का अन्त है : 'एंड दस वी कीप अवर सिटीज़ क्लीन!"

"हूँ।"

दोनों कश्मीरी दरवाज़े की ओर बढ़ रहे थे। दरवाज़ा वास्तव में दो दरवाज़े हैं, एक आने का मार्ग है, एक जाने का, दोनों सड़कों के बीच में घास की एक लम्बी पटरी है, रास्ते के मोड़ के साथ मुड़ती चली गई है।

भुवन ने हँस कर कहा, 'यहीं बैठना चाहिए। यहाँ से तो कोई नहीं उठाएगा।"

रेखा ने कहा, "अजब बात है कि शहर में अगर कोई प्राइवेट स्थान है तो पब्लिक सड़क के बीचोबीच।"

भुवन ने साभिप्राय कहा, " 'प्राइवेट फेसेज़ इन पब्लिक प्लेसेज'–"

रेखा बैठ गई। भुवन ने कहा, "सचमुच?"

"हाँ, और नहीं तो खदेड़े जाने की कडुवाहट मिटाने के लिए!"

भुवन ने बैठते हुए कहा, "इसे ठीक ही कहते हैं 'सड़क का द्वीप'–दोनों ओर बहते जन-प्रवाह में निश्चलता का एक द्वीप–"

"है न? मेरे साथ कुछ ही दिन में आप सर्वत्र द्वीप देखने लगेंगे–हमीं द्वीप हैं, मानवता के सागर में व्यक्तित्व के छोटे-छोटे द्वीप; और प्रत्येक क्षण एक द्वीप है–खास कर व्यक्ति और व्यक्ति के सम्पर्क का, कांटेक्ट का प्रत्येक क्षण–अपरिचय के महासागर में एक छोटा किन्तु कितना मूल्यवान द्वीप!" रेखा ने आँखें भुवन की ओर उठाईं; भुवन से उसकी आँखें मिलीं तो उन में कुछ प्रबल, कुछ तेजस्वी और संकल्प-भरा था जिस ने भुवन की दृष्टि को कई क्षण तक बाँध रखा। फिर उसने आँखें झुका लीं, और उसका हाथ उसी परिचित मुद्रा में उसकी कनपटी की ओर उठ गया।

न जाने क्यों भुवन के मन में विचार उठा, 'हाँ; मैं तुम्हें पहचानता हूँ, रेखा; लेकिन–तुम मुझ से क्या चाहती हो?' पर तत्क्षण ही विलीन हो गया, इतनी जल्दी कि वह उसे ठीक से पकड़ भी न पाया।

"चलें?" रेखा ने कहा, और साथ ही उठ खड़ी हुई। उसके बाद कोई कुछ नहीं बोला; रेखा जब वाई. डब्ल्यू. के फाटक पर पहुँची और अन्दर प्रविष्ट हो गई तभी उसने कहा, "नमस्कार, भुवन जी।" और उसने भी जल्दी से कहा, "नमस्कार!"

पब्लिक स्थलों पर प्राइवेट चेहरा रखा जा सकता है ज़रूर, और प्रीतिकर भी होता है, पर उसे देखने के लिए पब्लिक स्थलों से खदेड़ा जाना कोई पसन्द नहीं करता।

जन्तर-मन्तर में इधर-उधर भटकते, इमारतों के बीच में से कई प्रकार की आकृतियाँ बनाते और सीढ़ियाँ चढ़ते-उतरते रेखा और भुवन बीच में आकर रुक गए थे, सूर्य डूब गया था और मैले लाल आकाश का रंग नीचे पानी में और भी मैला होकर प्रतिबिम्बित हो रहा था।

"ऊपर चलेंगी?"

"हाँ।"

दोनों सीढ़ियाँ चढ़ गए। ऊपर हवा थी। पास-पास खड़े होकर दोनों पश्चिमी क्षितिज को देखते रहे।

सहसा रेखा ने कहा, "चलिए अब।"

भुवन ने कुछ विस्मय से उनकी ओर देखा–"इतनी जल्दी क्यों?"

"यहाँ भी तो बन्द होने का समय होता होगा–यहाँ भी–"

भुवन समझ गया। उसने कहा, "नहीं, यहाँ सूचना की घंटी बजती है–"

"लेकिन उससे क्या? जाने का निर्देश जाने का निर्देश है, घंटी का हो, खड़ी बोली का हो! उससे पहले ही..."

रेखा ने क्षीणतर आग्रह से कहा, "चलिए।"

"अच्छा तनिक और रुक जाइए, सान्ध्य तारा देख कर चलेंगे–"

रेखा ने सहसा बड़े तीखे काँपते स्वर में कहा, "चलिए-चलिए!" भुवन ने चौंक कर देखा, उसका स्वर ही नहीं, वह स्वयं भी काँप रही है; लड़खड़ाती-सी उसने भुवन का हाथ पकड़ा और किसी तरह जल्दी-जल्दी, कुछ उस पर झुकती हुई, कुछ उसे खींचती हुई नीचे उतर गई।

नीचे पहुँच कर भी वह काँप रही थी। भुवन ने चिन्तित, आग्रहयुक्त स्वर में पूछा, "क्या बात है रेखा जी, तबीयत तो ठीक है न-या कि सीढ़ियाँ चढ़ने से-"

सहसा अपने में सिमट कर रेखा ने कहा, "नहीं, नहीं, कुछ नहीं; आप मुझे थोड़ी देर छोड़ जाइए-"

भुवन ने अनिच्छा से कहा, "लेकिन-"

"मैं ठीक हूँ।"

भुवन खड़ा रहा।

"चले जाइए!" कह कर रेखा नीचे चौंतरे पर बैठ गई। दोनों हाथ उठा कर उसने माथा पकड़ लिया, आँखें बन्द कर लीं।

भुवन कुछ परे हटकर अनिश्चित-सा खड़ा रहा।

थोड़ी देर में रेखा ने सिर उठाया, उसकी आँखें सूनी थीं। भुवन को वहाँ देख कर पहले बहुत ही छोटे निमिष के लिए सूनी ही रहीं, फिर सहसा उस पर केन्द्रित हो आईं। उसने जल्द-जल्द कहा, "अच्छा लीजिए, सुनिए, सुन लीजिए-हेमेन्द्र-हेमेन्द्र का नाम आप जानते हैं न, मेरा पति-अपने एक युवा बन्धु को लेकर यहाँ आया था-यहाँ तारे को देख कर दोनों ने वफ़ा की कसमें खाई थीं-हेमेन्द्र ने मुझे बताया था-"

भुवन स्तब्ध रह गया। उसके कुछ समझ में न आया। फिर रोशनी की एक बड़ी पैनी कटार-सी उसे भेद गई : वह सब समझ गया; उसने चाहा कि रेखा को कन्धे से लगा कर धीरे-धीरे थपथपा दे...पर वह अपने स्थान से हिल भी नहीं सका, वहीं खड़े-खड़े उसने पूछा, "तो-तो आपने विवाह क्यों किया था-" पूछना वह यह चाहता था कि 'हेमेन्द्र ने आपसे विवाह क्यों किया था?' पर प्रश्न को इस रूप में वह न रख सका।

"क्योंकि-मेरा चेहरा उस मित्र से मिलता था?" रेखा का स्वर एक अजीब पतली अवश चीख-सा हो गया था।

भुवन जहाँ था, वहीं बैठ गया। थोड़ी देर स्तब्ध बैठा रहा, निर्निमेष आँखों से, भरे हुए पानी में, बुझे हुए आकाश का प्रतिबिम्ब देखता। फिर वह धीरे-धीरे उठा, रेखा के पास जा कर उसने बिना कुछ कहे रेखा की बाँह पकड़ी, मृदु किन्तु दृढ़ हाथ से उसे उठा कर खड़ा किया, और बाँह पर सहारा देता हुआ फाटक की ओर ले चला।

दो-तीन क़दम चलते-चलते रेखा का शरीर सहसा कड़ा पड़ गया-उसने बाँह छुड़ा ली और कहा, "मैं ठीक हूँ, भुवन जी!" उसका स्वर भी अपने सहज स्तर पर आ गया था, यद्यपि अब भी आविष्ट था।

फाटक के पास उसने रुक कर कहा, "भुवन जी, मैं क्षमा चाहती हूँ।"

भुवन ने कहा, "नहीं, रेखा जी, दोष मेरा है, मैं दुराग्रह-"

रेखा ने धीरे से उसके हाथ पर हाथ रख कर उसे चुप करा दिया, मानो कह रही हो, 'रहने दीजिए, मैं जानती हूँ कि दोष किस का था।'

फिर उसने कहा, "मैं बिलकुल ठीक हूँ, आप अब कुछ पूछना चाहें तो पूछ लीजिए। मैं अभी बता सकती हूँ। फिर शायद न बता सकूँ। या सकूँ तो भी ये बातें बार-बार याद करने की नहीं हैं, आप मानेंगे-"

"नहीं रेखा जी, मुझे कुछ पूछना नहीं है।" भुवन ने गम्भीर होकर कहा। "एक बार भी मैं याद दिलाने का कारण बना, इसी की मुझे बहुत ग्लानि है। आप और कुछ न बताइए, न याद कीजिए।"

कोई बीस मिनट बाद, दोनों कनाट प्लेस में बैठे धीरे-धीरे कॉफ़ी पी रहे थे। रेखा की दृष्टि अब भी खोई हुई थी। भुवन पर एक अजीब जुगुप्सामिश्रित संकोच छाया हुआ था। रेखा को देखते हुए एक प्रश्न बार-बार उसके मन में उभर आता था जिस से वह लज्जित हो जाता था; जिसे दबा देने की चेष्टाओं की असफलता, गहरी आत्म-ग्लानि उसमें भर रही थी...हेमेन्द्र ने कब, कैसी स्थिति में उसे वह बात बताई होगी?...

वह साहस कर के पूछ ही डालता, तो रेखा उस समय शायद बता भी देती। क्योंकि उसकी खोई हुई दृष्टि उसी स्थिति को देख रही थी, उसी ग्लानि को मन-ही-मन दुहरा रही थी...

देर रात को हेमेन्द्र कहीं बाहर से आया था। रेखा का शरीर अलसा गया था, आँखें थकी थीं, पर वह पलंग के पास की छोटी लैम्प जलाए पढ़ रही थी। लैम्प पर हरे काँच की छतरी थी, उससे छन कर आए हुए प्रकाश में रेखा का साँवला चेहरा अतिरिक्त पीला दीख रहा था; बाक़ी कमरे में बहुत धुँधला प्रकाश था।

हेमेन्द्र के लौटने पर उससे किसी प्रकार का दुलार या स्नेह-सम्बोधन पाने की आशा उसने न जाने कब से छोड़ दी थी; वैसा कुछ उनके बीच में नहीं था-उनके निजी जीवन में नहीं, यों समाज में जो रूप था-पब्लिक चेहरा!-वह दूसरा था। इसलिए वह उसके लिए तैयार नहीं थी जो हुआ : हेमेन्द्र ने पीछे से आ कर बड़े उतावलेपन से और बड़ी कड़ी पकड़ से उसके दोनों कन्धे पकड़े, उसे उठाते और उसके कन्धे के ऊपर से अपना मुँह उसके मुँह की ओर बढ़ाते हुए कहा, "मेरी जान-"

किताब रेखा के हाथ से छूट गई, सारा कमरा एक बार थोड़ा डोल गया। सहसा घूम कर, कुछ विमूढ़ किन्तु सायास कोमल रखे गए स्वर में उसने कहा, "हेमेन्द्र–"

हेमेन्द्र को जैसे बिच्छू ने डंक मार दिया हो, वह सहसा रेखा के कन्धे छोड़ कर पीछे हट गया, फिर उसने कमरे की मुख्य बत्ती जला दी। थोड़ी देर अजनबी दृष्टि से रेखा को देखता रहा; रेखा की परिचित किंचित् विद्रूप-भरी मुसकराहट उसके चेहरे पर आ गई। बोला, "हलो, रेखा, सॉरी आइ'म सो लेट–" और पलंग के पास की खूँटी की ओर बढ़ गया।

ऐसा तो रोज़ होता था। पर आज रेखा यह स्वीकार न कर सकी थी। अभी क्षण-भर पहले की घटना मानो असंख्य तपे हुए सुओं से उसे छेद रही थी–उसे समझना होगा, समझना होगा...

रेखा ने हाथ का कॉफ़ी का प्याला रख दिया कि हाथों का काँपना न दीखे; फिर ज़ोर से सिर हिलाया कि यह विचार, यह दृश्य उसकी आँखों के आगे से हट जाए–पर नहीं...

उसने भी जा कर हेमेन्द्र के कन्धे पकड़ लिये थे और पूछा था, "हेमेन्द्र, तुम्हें बताना होगा, इसका अर्थ क्या है?"

"और न बताऊँ तो?" वह विद्रूप की रेखा और स्पष्ट हो आई थी। फिर सहसा उसने बहुत रूखे पड़ कर, रेखा को धक्का दे कर पलंग पर बिठाते हुए कहा था, "लेकिन नहीं, बता ही दूँ–रोज़-रोज़ की झिकझिक से पिंड छूटे–पाप कटे! तो सुनो, मैं तुमसे प्रेम नहीं करता, न करता था। न करूँगा!"

"यह तो बताने की ज़रूरत शायद नहीं है। पर तब मुझ से विवाह क्यों किया था–"

"यह भी जानना चाहती हो! अच्छा, यह भी जानेंगी। अब सब जानोगी तुम!"

रेखा जैसे खड़ी होने को हो गई–फिर बैठ गई।

भुवन ने कहा, "रेखा जी, स्वस्थ होइए। चलिए, मैं आपको टैक्सी में पहुँचा आऊँ–"

रेखा पत्थर हो गई। "नहीं। मैं ठीक हूँ। पर इस समय आपको यहाँ बिठाना शायद अन्याय है। आप मुझे यहीं छोड़ जाइए, मैं पीछे चली जाऊँगी।"

"यह तो नहीं हो सकता रेखा जी, चाहे आपकी अवज्ञा ही करनी पड़े। पर आपको एकान्त की ज़रूरत है, यह तो समझ रहा हूँ। तो चलिए, मैं आपको टैक्सी में बिठा देता हूँ, साथ नहीं जाऊँगा।"

रेखा कुछ नहीं बोली।

भुवन ने बिल चुकाया और दोनों बाहर आए। रेखा टैक्सी में बैठ गई, तो भुवन ने मौन नमस्कार किया। तब रेखा ने बड़े आयास से एक फीकी मुसकान चेहरे पर

ला कर कहा था, "लेकिन भुवन जी, दिस इज़ नाट द एण्ड, आइ होप! कल मैं फिर तीसरे पहर तैयार मिलूँगी।"

भुवन ने फिर चिन्तित स्वर में पूछा था, "आर यू शोर यू आर आलराइट? या मैं चलूँ–"

"नहीं, भुवन जी! ड्राइवर, चलो, कश्मीरी गेट।"

गाड़ी जब सरकी तो रेखा ने फिर भुवन की ओर उन्मुख होकर कहा, "गॉड ब्लेस यू।"

भुवन तनिक विस्मित हुआ, पर तुरन्त सँभल कर बोला, "एंड यू।"

टैक्सी चल दी। तब रेखा पीछे ऐसे गिरी मानो अब नहीं उठेगी, नहीं उठेगी; चारों ओर से अतल दूरी से असंख्य काले और उजले तारे उसकी ओर बढ़े चले आ रहे हैं, शून्य का अतल गर्त सिमट कर छोटा हुआ आ रहा है और उसे ऐसे जकड़ लेगा जैसे लोहे का सन्दूक–और उसी के अन्दर वह घुट जाएगी, नहीं रहेगी, न-कुछ हो जाएगी...स्मरण के टापू...आह, विस्मृति का महामरुस्थल, आह...

"क्यों, आप ढूँढ़ रहे हैं न कि कल वाली रेखा कहाँ गई?"

भुवन अवाक् रेखा का मुँह ताक रहा था। उस पर कहीं कोई व्यथा की, चिन्ता की रेखा नहीं थी, जागर की छाया नहीं थी। रेखा ने फिर वही सादी रेशमी साड़ी पहन रखी थी, लेकिन आज बिना किनारे की नहीं, प्योंड़ी के से मटीले पीले रंग के चौड़े पाड़ वाली, जिस का पीलापन उसके साँवले रंग को एक सुनहली दमक दे रहा था। हाँ, कनपटियों पर आज उसने कोलोन-जल लगा रखा था, नीबू के फूलों की-सी हलकी महक उससे आ रही थी।

भुवन जैसे पकड़ा जा कर मुसकरा दिया।

"लेकिन अचम्भे की कोई बात नहीं है। मैं क्षण-से-क्षण तक जीती हूँ न, इसलिए कुछ भी अपनी छाप मुझ पर नहीं छोड़ जाता। मैं जैसे हर क्षण अपने को पुनः जिला लेती हूँ।"

"तुमने एक ही बार वेदना में मुझे जना था, माँ
पर मैं बार-बार अपने को जनता हूँ
और मरता हूँ
पुनः जनता हूँ और पुनः मरता हूँ
और फिर जनता हूँ,
क्योंकि वेदना में मैं अपनी ही माँ हूँ!"

भुवन ने कहा, "आप अपने को ऐसे पुनः जिला लेती हैं, यही शायद मुझे आपकी सबसे पहली स्मृति है।"

रेखा ने सचेत हो कर पूछा, "कैसे?"

भुवन ने लखनऊ की पार्टी वाली बात बता दी, जब उसने रेखा को सहसा विश्राम करते हुए देखा था। फिर कहा, "लेकिन तब उसका पूरा अभिप्राय नहीं समझ सका था; अब समझता हूँ।"

रेखा ने विषय बदलते हुए कहा, "आपके जाने का कुछ निश्चय हुआ?"

"नहीं अभी दो-चार दिन तो और हैं ही; फिर कश्मीर जाऊँगा। फिर वहाँ भी शायद दो-चार दिन रुकना पड़े।"

"मैं सोचती हूँ, मैं कल नैनीताल चली जाऊँ?"

"क्यों?"

"यहाँ अधिक रहूँगी, तो कदाचित् आपके काम में बाधक हूँगी-अब भी नहीं हूँ, यह मानना मुश्किल है। आप पता ही नहीं लगने देते-"

"यह बात बिलकुल नहीं है रेखा जी; मैं बिलकुल ख़ाली हूँ। मित्र भी विशेष नहीं हैं। प्रोफ़ेसर समाज में तो ठहरा ही हूँ; एक परिचित और हैं, उन से कभी मिल लेता हूँ-"

"कौन?"

"मेरी एक छात्रा थी-गौरा, उसके पिता।"

"छात्रा थी-आपको अभी पढ़ाते कितने वर्ष हुए हैं?"

"मैंने उसे सात-आठ बरस पढ़ाया था-मैट्रिक में, अब तो वह बी.ए. भी दो बरस हुए कर चुकी-अब मद्रास में है।"

"ओह।"

थोड़ी देर मौन रहा। फिर रेखा ने कहा, "कल रात वाली गाड़ी से चली जाऊँगी।" फिर कुछ नटखट भाव से : "लेकिन वहाँ मन न लगा तो कश्मीर आ जाऊँगी, कहे देती हूँ! आप भी खदेड़ देंगे यह कह कर कि हुकुम नहीं है?"

भुवन ने हँस कर कहा, "मैं क्या करूँगा, यह बताने का भी हुकुम नहीं है! लेकिन-" वह कुछ रुका, "आपकी गाड़ी कितने बजे जाती है?"

"नौ बजे शायद।"

"ओह।"

भुवन कुछ सोच रहा है, देख कर रेखा ने पूछा, "क्यों, क्या बात है?"

"कुछ नहीं, कल मैं उधर भोजन करने वाला था। पर कोई बात नहीं-मैं छुट्टी ले लूँगा-"

"नहीं, वैसा न कीजिए। मैं स्वयं स्टेशन पहुँच जाऊँगी-"

अन्त में यह निश्चय हुआ कि भुवन पहले आ कर सात ही बजे रेखा को ले कर स्टेशन के वेटिंग-रूम में बिठा देगा; फिर जा कर गाड़ी के समय आ जाएगा और रेखा को गाड़ी पर सवार करा देगा। रेखा ने मान लिया। बोली, "स्टेशन तो मैं ख़ुद भी आ सकती हूँ। पर विदा करने आप आवेंगे तो मुझे अच्छा लगेगा।"

थोड़ी देर बाद भुवन ने पूछा, "यह तो कल का तय हुआ। और अब?"

"अब आप जो कहें। कुछ स्पेशल। सिनेमा जाना चाहेंगे?"

"न-नहीं। हाँ, कुछ स्पेशल हो और आपकी इच्छा हो तो चलिए।"

"नहीं। तब नहीं। चलिए, नदी पर चलें-"

"पानी तो कुछ है नहीं-"

"पार बालू पर-टापू में या परले किनारे पर-काश कि दिल्ली में समुद्र होता।"

"सच, तब यहाँ इतनी क्षुद्रता का राज न होता शायद-कुछ तो सागर की महत्ता का प्रभाव पड़ता-"

"धन्य है आपका आशावाद! आपका ख़याल है बम्बई में कम क्षुद्रता है? कुछ कम होगी तो इसलिए कि शासन का केन्द्र दिल्ली है। शायद वहाँ ले जाइए तो-"

"आप ठीक कहती हैं शायद। पर इस समय मैंने वैज्ञानिक बुद्धि को छुट्टी दे रखी है। अच्छी कल्पना में क्या हर्ज़ है?"

"और तो चलिए, देखिए मैं इसी को सागर का किनारा माने लेती हूँ; और रेत का टापू कोई सागर-द्वीप हो जाएगा जिस पर हम तूफान में बह कर आ लगे हैं-दो अजनबी जिन्हें साथ रहना है-कम-से-कम कुछ देर!"

"एक मिस राबिन्सन क्रूसो, और उन का अनुगत मैन फ्राइडे!"

"हाँ। और वहाँ पर किसी राक्षस के पदचिह्न मिले तो?"

"परवाह नहीं, मैन फ्राइडे जादू जानता है।"

नाव में उन्होंने नदी की इधर की शाखा पार की। नाव वाले ने पूछा, "यहीं ठहरूँ?"

"चाहे ठहरो चाहे डेढ़-दो घंटे में आ जाना।" भुवन ने लापरवाही से कहा।

"अच्छा, नहीं तो आप रुक्का दे देना।"

"अच्छा!"

सूखी स्वच्छ रेत पर आ कर भुवन ने एक बार चारों ओर देखा, फिर ऊपर। फिर वह कहने को हुआ, 'तारे कितने हैं-' पर 'ता-' कह कर रुक गया; तारों की ओर रेखा का ध्यान न खींचना होगा!

रेखा ने कहा, "रुक गए?"

"कुछ नहीं, यों ही-"

"कहिए न?"

"नहीं।"

रेखा ने कहा, "आप तारों के बारे में कुछ कहने जा रहे थे–"

भुवन ने सकपका कर स्वीकार कर लिया।

"तो रुक क्यों गए?"

भुवन चुपचाप उसकी ओर देखने लगा।

"ओ–मैं समझ गई। तारों से मैं नहीं डरती, भुवन जी! कभी नहीं डरी। और मैंने कहा था न, जो दु:स्वप्न कह लूँगी, उससे मुक्त हो जाऊँगी? अभी तक कह नहीं पाई थी, यही उसकी ताकत थी। अब–अब नहीं! आप कहिए तो तारे गिन डालूँ आकाश के?"

"न! गिनने से कम हो जाते हैं! और तारा एक भी कम करना कोई क्यों चाहेगा? न जाने कौन तारा किस का है?"

"और जो टूटते हैं सो?"

"फिर विज्ञान? टूट कर एक के दो बनते हैं। या बीस। तारे कभी कम हुए हैं आकाश में?"

रेखा इस नए भुवन को देखने लगी। फिर उसने कहा, "अच्छा, मैन फ्राइडे, तुम्हारा तारा कौन–सा है?"

भुवन का वह मूड बहुत छोटे क्षण के लिए लड़खड़ा गया...न जाने क्यों उसे गौरा का वह पत्र याद आया जिस में गौरा ने उसे बुलाया था–'मैं अँधेरे में डूबना नहीं चाहती, नहीं चाहती।' इंटर के समय गौरा को उसने ब्राउनिंग की कुछ कविताएँ पढ़ाई थीं; पाठ्य कविताओं से आगे वे दोनों कुछ कविताएँ और भी पढ़ गए थे जिन में एक का शीर्षक था 'मेरा तारा'...लेकिन एक बहुत छोटे क्षण के लिए ही, फिर उसने कहा, "लो, क्या गलती हुई मुझ से–मैं तो उस पर लेबल लगाना ही भूल गया। अब क्या होगा, मिस राबिन्सन? इतने बड़े आकाश में कैसे उसे ढूँढूँगा?" उसने ऐसा दयनीय चेहरा बनाया कि रेखा को हँसी आ गई।

उसने दिलासे के स्वर में कहा, "कोई बात नहीं फ्राइडे, तारा खुद तुम्हें ढूँढ़ लेगा।"

भुवन बालू में बैठ गया। बोला, "अच्छा, तारों की चिन्ता छोड़ें। इस टापू में ही रहना है, तो घर–वर बनाना चाहिए। रेखा जी, आपको बालू के घर बनाने आते हैं?"

रेखा ने सहसा कहा, "भुवन जी, और मैंने ज़िन्दगी–भर किया क्या है?"

भुवन ने तर्जनी से उसे धमकाते हुए कहा, "विग्यान को माना है। बांगाली हीन्दी आप समझता हाय?"

“खूब समझती हूँ। पर सूखी रेत के घर तो मैं भी नहीं बना सकती। पानी लाऊँ।”

“कैसे? चलनी कहाँ है?”

“आँचल भिगो कर–”

“कोई ज़रूरत नहीं है। मैन फ्राइडे कुआँ खोद कर पानी पीता है। देखिए, मैं यहीं से गीली रेत निकालता हूँ।”

भुवन ने दोनों हाथों से रेत हटाना शुरू किया। रेखा भी बालू में बैठ गई, ऐसी जगह जहाँ से वह भुवन को और उसकी हरकतों को भी देख सके, और पुल तथा किनारे की बत्तियों को भी। जब-तब आती-जाती मोटरों की मुड़ती हुई आलोक-शिरा एक उछटते हुए प्रकाश में दोनों को चमका जाती, फिर अँधेरा हो जाता।

भुवन ने कहा, “यह देखो गीली रेत। और खोदूँ। कुआँ बन जाएगा; और ज़्यादा खोदूँगा तो अतलान्त सागर निकल आएगा–और ज़्यादा तो धरती के उस पार निकल आएँगे। उस पार के आकाश में क्या तारे हैं, देखोगी? पर पैरों के नीचे तारे निकालने अच्छा नहीं, रौंदे जाएँगे। ज़रूरत भी नहीं है–गीली रेत ही तो चाहिए।”

वह पैर पर बालू थोप कर घर बनाने लगा। पैर निकाल कर गुफा का मुँह काट कर सीधा किया, फिर ऊपर न जाने क्या बनाया, फिर सामने जगह समान की, चारों ओर मेंड बनाई, सीढ़ियाँ, फिर एक ओर को दूसरा घर, फिर सड़क...साथ-साथ धीरे-धीरे बोलता जाता : “यह घर बन गया–यह आँगन–यहाँ बगीचा लगेगा–ढूँढ़ कर आर्किड ला कर लगाने होंगे–यह चारदीवारी है–यहाँ फ्राइडे रहेगा–यहाँ...”

रेखा मुग्ध दृष्टि से उसे देख रही थी। सचमुच इस भुवन को उसने देखा नहीं था, जाना नहीं था, अनुमान से भी नहीं। वैज्ञानिक डॉक्टर भुवन के अन्दर एक गम्भीर संवेदनशील और खरा मानव छिपा है, यह तो उसने जाना था, लेकिन उस निश्छल ऋजुता के नीचे इतना भोला, इतना कौतुक-प्रिय शिशु-हृदय भी है, यह उसकी सजग दृष्टि भी न देख पाई थी...उसे अपना बचपन याद आया–कलकत्ते के उस घिरे हुए हरे-भरे उद्यान में खेलते हुए उसने माता-पिता का स्नेह पाया था, अगाध स्नेह, और उस निधि के लिए वह चिर-कृतज्ञ है, लेकिन जिस तरह उस स्नेह का स्थान कुछ और नहीं ले सकता; उसी तरह वह अपार स्नेह भी एक समवयस बालक के कौतुक-भरे सख्य का स्थान नहीं ले सकता...बड़ों के स्नेह से घिरी हुई वह अकेली ही रह गई थी–और उस अकेलेपन ने उसे पका कर स्वयं भी ‘बड़ा’ बना दिया था : एक ओर वह पाती थी कि उसके कौतुक-जगत् और बड़ों के स्नेह-जगत् के बीच में एक दीवार है; दूसरी ओर वह देखती थी कि स्वयं उसके स्नेह-सम्पृक्त परिपक्व रूप, और उसके कौतुक-वेष्टित शिशु-रूप के बीच में भी एक दीवार खड़ी थी...न सही

अधिक कुछ, न सही प्यार; यह यन्त्रणा और ग्लानि और अपमान ही सही जो उसने पाया; पर बचपन में अगर उसे दो-एक वर्ष ही ऐसा कोई बाल-साथी मिल गया होता-तो कम-से-कम आज उसके पीछे ऐसा कुछ होता जिस में वह सम्पूर्णता देख सकती, अपने जीवन की निष्पत्ति देख सकती-...एक भाई आया था, पर तब वह आठ वर्ष की हो चुकी थी, भाई छः वर्ष का हुआ तब तक तो वह यों भी कौतुक-युग पार कर चुकी थी और उसके बाद के स्वप्न दूसरे थे-कितने भिन्न! और फिर तीन वर्ष बाद भाई मर गया था-माता-पिता के दिल टूट गए थे, और उसके स्वप्नों की दूसरी खेप भी नष्ट हो गई थी...

और भुवन-वह डॉक्टरेट कर चुका है, वैज्ञानिक रिसर्च में नाम पा रहा है, वय में उससे बड़ा है, और यहाँ बैठ कर बालू के घर बना रहा है और मुग्ध हो सकता है...ईर्ष्या का कोई सवाल नहीं है-ईर्ष्या क्या होगी-पर क्यों उसे उस सुरक्षा और स्नेह में भी वह सम्पूर्णता, वह मुक्ति नहीं मिली-क्यों, क्यों, क्यों...

भुवन ने अपने काम में लगे-लगे ही पूछा, "मिस राबिन्सन-रेखा जी, कलकत्ते में आप बचपन में जहाँ रहीं, वहाँ बालू थी? लेकिन वहाँ तो नदी के किनारे कीचड़ होता है-"

क्यों उसके विचार रेखा के विचारों के समान्तर चल रहे हैं जब वह खेल में डूबा है, क्योंकि वह छूता है उस दुखते स्थल को जिसे रेखा छिपा लेना चाहती है-सब की दृष्टि से, सब से अधिक इस भुवन की दृष्टि से जो इतना भोला है, जो केवल खुली हँसी है, जाड़ों की धूप की तरह खिली हुई हँसी-नहीं, वह अपनी परछाई नहीं पड़ने देगी यहाँ पर, वह चली जाएगी-

उसने मुँह ऊपर कर लिया कि आँखों में उमड़ते आँसू बाहर न बह आएँ।

भुवन कहता गया, "नहीं, कलकत्ता अच्छा नहीं है। इस बालू के टापू के मुकाबले में कोई जगह अच्छी नहीं है। लीजिए आपका घर तैयार हो गया!"

अब की बार भी उत्तर न पाकर भुवन ने विस्मय से उधर देखा। रेखा आकाश की ओर मुँह उठाए निर्निमेष बैठी थी, खेल से बहुत दूर। अचकचा कर भुवन खड़ा हुआ; मोटर की मुड़ती रोशनी के पलातक आलोक में उसने सहसा चौंक कर और लजा कर देखा, रेखा की आँखों में आँसू हैं। उसके हाथ अनैच्छिक गति से रेखा के आँसू पोंछने को हुए पर फिर उसे ध्यान हुआ कि बालू से सने हैं और अनिश्चित से अध-बीच रुक गए। सहसा किंकर्तव्यविमूढ़ करुणा से भरा हुआ वह झुका और रेखा की गीली पलकें उसने चूम लीं।

तभी वह कुछ बोल सका। "रोती हो? बालू के घरों वाले रोया नहीं करते-"

"नहीं भुवन, ये दु:ख के आँसू नहीं हैं-" कहती-कहती भी रेखा आँसू झटक कर खड़ी हो गई। बोली, "आप ही से छिपाना चाहती हूँ, आप ही को-" फिर

जल्दी से विषय बदलने के लिए उसने कहा, "नहीं, कलकत्ते में बालू नहीं थी। वहाँ मैं मिस राबिन्सन नहीं थी, राजकुमारी थी, जादू के उद्यान में रहती थी, बड़ा हरा-भरा-बालू तो क्या मिट्टी भी कहीं नहीं दीखती थी।"

भुवन ने भी हलका स्तर स्वीकार करते हुए कहा, "ओ, तब तो आप इस गरीब बालू के घर का सौन्दर्य क्या देखेंगी!"

"उलटे अधिक समझती हूँ, भुवन जी!" रेखा हँसी, पर हँसी के नीचे गम्भीरता थी।

"तो अब चला जाए?"

"चलिए।"

भुवन चलने को हुआ तो रेखा ने पूछा, "इस बालू के घर को गिराएँगे नहीं?"

"क्यों?"

"क्योंकि वास्तव में गिर नहीं सकता। उसकी छाप अतलान्त तक जो है। ऊपर से मिटा देना चाहिए, नहीं तो उसका जादू दूसरे जान जाएँगे।"

भुवन ने उसे परचाते हुए कहा, "हाँ, यह तो है।" और पैर की गति से घर-बगीचा सब मटियामेट कर दिया। फिर कुछ आगे बढ़ कर उसने नाव वाले को आवाज़ दी : "नाव वाले!"

किनारे पर लग कर उसने कहा, "और इस प्रकार क्रूसो सभ्यता को लौट आया।"

रेखा ने कहा, "अगर क्रूसो कभी लौटते हैं तो।"

लेकिन भुवन ने कुछ अधिक बारीक हिसाब लगाया था। रेखा को स्टेशन तो उसने सात से पहले पहुँचा दिया, पर नई दिल्ली जा कर लौटने में उसे अधिक देर लगी यद्यपि खाना भी उसने लगभग नहीं खाया, छू कर छोड़ दिया। स्टेशन पहुँचा तो नौ में दो मिनट थे। उसने सोचा कि रेखा शायद प्लेटफ़ार्म पर चली गई हो; पहले सीधा उधर गया, फिर हड़बड़ा कर वेटिंग-रूम आया-रेखा उद्विग्न-सी बाहर खड़ी राह देख रही थी। उसने कहा-"मैं पहले उधर गया था-देर हो गई-चलिए-आप प्लेटफ़ार्म पर क्यों न-"

"मैं बाकायदा विदा किए बिना नहीं जाऊँगी, क्या आप नहीं जानते थे? गाड़ी में बैठ जाती और आप न आते तो-"

उसकी बात में उलाहना नहीं था, केवल सच की सीधी उक्ति थी।

गाड़ी की सीटी सुनाई दी। भुवन ने कहा, "गाड़ी तो अब-"

"जाने दीजिए, नहीं मिलेगी। मैं घबड़ाई हुई नहीं दौडूँगी।" सहसा वह हँस दी, जिस से तनाव एकाएक शिथिल हो गया।

भुवन ने कहा, "अब?"

"वापस वाई. डब्ल्यू. तो मैं नहीं जाऊँगी। अगली गाड़ी कब जाती है?"

"पता करें। मेरे ख़याल में तो रात में और नहीं जाती, तड़के शायद–"

"वही सही, रात वेटिंग-रूम में काट दूँगी। आप जाइए; पर सवेरे कैसे आएँगे–या मत आइएगा, अभी थोड़ी देर में चले जाइएगा, बस।"

भुवन ने कहा, "इस परम्परा का निर्वाह तो तब होगा जब रात-भर यहीं बातें की जाएँ, और तड़के गाड़ी पकड़ी जाए। एक प्रमाद जब हो जाए, तब यही उसका उपाय होता है।"

"सच?" रेखा का चेहरा खिल गया। "मैं राजी हूँ। पर चलिए, पहले आपको कुछ खिला दूँ। मैं खिलाऊँगी–स्टेशनों पर मेरा राज है।"

"लेकिन मैं तो खा आया।"

"गलत बात है। खा कर आते, तो या तो पहुँचते नहीं, या पहले आते। ठीक वक़्त पर आए तो मतलब है कि खाना सामने छोड़ आए हैं।"

"यह तर्क मेरी समझ में नहीं आया–"

"न आए। यह स्त्री-तर्क है। इसके आगे विज्ञान नहीं चलता। चलिए। रास्ते में गाड़ी का पता भी करते चलेंगे। और टिकट वापस कर के नया लेना होगा।"

गाड़ी सुबह साढ़े चार बजे जाती थी। टिकट भुवन ने वापस कर दिया; नया टिकट रात बारह के बाद मिलेगा–नई तारीख़ हो जाने पर, क्योंकि रेखा इंटर का सफ़र करती थी, सेकेंड होता तो तभी मिल जाता।

कुछ खा कर और कॉफ़ी पी कर दोनों रिफ्रेशमेंट-रूम से निकले तो रेखा ने कहा, "मुझे ज़नाने वेटिंग-रूम में जाने को मत कहिएगा। और जहाँ कहें–प्लेटफ़ार्म पर घूमने को, बेंच पर बैठने को, आगे बजरी पर बैठने को, पुल पर चढ़ कर रेलिंग से झाँकने को–जो कहेंगे सब करूँगी!"

भुवन ने कहा, "टहलेंगे।"

पुल से पार कर एक अपेक्षाकृत सूने प्लेटफ़ार्म पर दोनों टहलने लगे। अभी डेढ़ घंटे बाद टिकट मिलेगा; गाड़ी तीन बजे प्लेटफ़ार्म पर आ लगेगी, तब उसमें बैठा जा सकता है।

प्लेटफ़ार्मों पर भटकते, कभी बेंच पर बैठते, कभी छती हुई पटरी से आगे बढ़ कर बजरी पर चल कर तारे और कभी पुल पर खड़े-खड़े सिगनलों की लाल बत्तियाँ देखते, इंजिनों का स्वर सुनते और उनके धुएँ की गुंजलकों को आँखों से सुलझाते हुए दोनों ने चार घंटे तक क्या बातें कीं, इसका सिलसिलेवार ब्यौरा देना कठिन है। सिलसिला उसमें अधिक था भी नहीं, भले ही उस समय उन दोनों को यही दीखा हो कि प्रत्येक बात एक से एक अनिवार्यतः निकलती और सुसंगत गति से चलती

गई है। साढ़े बारह के लगभग भुवन जा कर नया टिकट ले आया और अपने लिए नया प्लेटफ़ार्म। तीन बजे जब गाड़ी आ लगी, तब वह कुली ढूँढ़ कर लाया, रेखा से बोला, "अब तो वेटिंग-रूम में जाएँगी या अब भी मैं ही सामान उठवा कर लाऊँगा?" फिर दोनों गाड़ी पर चले गए।

ज़नाने डिब्बे में पहले ही से कई सवारियाँ थीं–बच्चे-कच्चे लिये औरतें। सामान उसमें एक तरफ़ रखवा कर रेखा बाहर निकल आई; बोली, "चलिए कहीं और बैठें–फिर यहाँ आ जाऊँगी।"

साधारण इंटरों में एक ख़ाली था। दोनों उसमें जा बैठे, बातें फिर होने लगीं। भुवन ने कश्मीर के अपने प्लान बताए–कब जाएगा, कहाँ रहेगा, क्या करेगा–तुलियन झील पर कैसे दिन काटेगा, वग़ैरह। रेखा ने पूछा, "वहाँ बालू होगी?"

"बालू? क्यों?"

रेखा हँस दी। "घरौंदे बनाने के लिए–"

भुवन भी हँस दिया। फिर उसने पूछा, "नैनीताल में क्या करेंगी आप दिन-भर?"

"झील की ओर ताका करूँगी। काग़ज़ की नावें चलाया करूँगी–नहीं, काग़ज़ की भी नहीं, सपनों की। काल्पनिक यात्राएँ करूँगी। आपको क्या मालूम है, मध्यवर्ग की बेकार औरत कितनी लम्बी लड़ी गूँथ सकती है सपनों की!"

चार बजे उस डिब्बे में भी दो-चार व्यक्ति आ गए। रेखा ने कहा, "फिर थोड़ा टहला जाए?"

"चलिए–"

दोनों फिर प्लेटफ़ार्म पर टहलने लगे। लेकिन भीड़ होने लगी थी। भुवन ने कहा, "आपको एक बार अपने सामान की भी फ़िक्र करनी चाहिए।"

ज़नाने डिब्बे में भीड़ भर गई थी। रेखा ने अपना सामान देख-रेख कर, अपना अधिकार स्थापित कर देने के लिए सीट पर थोड़ी जगह कराई और वहाँ बैठ गई। भुवन बाहर खिड़की पर खड़ा हो गया!

भीतर बड़ी किटकिट थी। बात करना असम्भव था। रेखा ने अपना पर्स खोल कर उसमें से छोटी-सी कॉपी निकाली और पैंसिल से उसमें कुछ लिखने लगी।

भुवन ने पूछा, "क्या लिख रही हैं?"

रेखा ने हँस कर सिर हिला दिया।

थोड़ी देर बाद उसने कॉपी भुवन की ओर बढ़ाई। उसमें लिखा था, "उस डिब्बे में बैठ कर थोड़ी देर के लिए मैं अपने को यह मना सकी थी कि हम साथ ही इस गाड़ी में यात्रा कर रहे हैं। पर अब–अब लगता है कि आप मुझे विदा कर चुके, और उपचार बाकी है।"

भुवन ने कुछ न कह कर कॉपी लौटा दी।

रेखा ने फिर लिखा : ''अगले स्टेशन पर आप प्रतापगढ़ से आगे बात चलाने आवेंगे?''

अब की बार भुवन ने कहा, ''ज़रा पैंसिल दीजिए।'' और लिखा : ''आप ही ने तो कहा था, अब अगले स्टेशन पर न आना?''

सहसा रेखा ने कहा, ''सुनिए, आप मुझे छोड़ने क्या दो-चार स्टेशन भी न चलेंगे? हापुड़ से लौट आइएगा-''

भुवन सिर्फ़ हँस दिया, कुछ बोला नहीं।

रेखा के चेहरे पर एक हलकी-सी उदासी खेल गई। कॉपी में उसने लिखा, ''नहीं, मेरी ज़्यादती है।''

भुवन ने फिर कॉपी ले ली। जेब से क़लम निकाल कर सुस्पष्ट अक्षरों में लिखा ''अकेले हैं न, तभी लीक पकड़ कर चलते हैं।'' फिर तनिक रुक कर उस पर दुहरे उद्धरण-चिह्न लगा दिए ''-''

रेखा ने कॉपी देखी तो अचकचा कर बोल उठी, ''यह-यह आपसे किस ने कहा?''

भुवन हँसने लगा। फिर उसने लिखा, ''मैंने कहा था न, मैन फ्राइडे जादू जानता है?''

रेखा ने कॉपी ले ली, और अपलक दृष्टि से भुवन को देखने लगी। फिर उसकी आँखें कुछ विकेन्द्रित हो गईं, जैसे उसके विचार कहीं दूर चले गए हों।

भुवन ने कहा, ''मैं अभी आया-'' और ओझल हो गया।

प्लेटफ़ार्म पर चहल-पहल सहसा बढ़ गई, जैसा गाड़ी चलने का समय हो जाने पर होता है। रेखा कॉपी में लिखने लगी, ''ठीक गाड़ी के जाने के समय आप कहाँ चले गए? मैं गाड़ी चलने से पहले ही मानो खो गई हूँ। इन स्त्रियों की बातें सुनती हूँ, और अनुभव करती हूँ कि मैं गृहस्थिन तो पहले ही नहीं थी, अब शायद स्त्री भी नहीं रही-कितनी दूर, कितनी दूर हैं मुझ से ये बातें! एक तीन बच्चों की माँ हैं, एक पाँच की। एक के 'वह' लाम पर गए हैं-इराक में हैं। वहाँ से चाँदी के लच्छे न जाने कैसे भिजवाये थे-चाँदी के मगर फिरोजे जड़े। दूसरी के 'वह'...''

गार्ड ने सीटी दी। रेखा ने हड़बड़ा कर इधर-उधर देखा, फिर घसीट कर कॉपी में लिखा, ''कहाँ चले गए तुम, भुवन-गाड़ी चलने वाली है-क्या अन्त में बिना विदा के ही मुझे जाना होगा?'' कॉपी उसने बन्द की और खड़ी होकर दरवाज़े की ओर बढ़ी बाहर झुकी-

सामने भुवन खड़ा मुसकरा रहा था।

''बड़े नालायक हैं आप!'' रेखा सहसा कह गई। ''मुझे यों डराना अच्छा लगता है?''

भुवन ने कहा, "अभी तो बहुत टाइम है। डरा मैं नहीं गार्ड रहा है। आप बेशक बाहर चली आइए–"

रेखा उतर आई और गाड़ी से कुछ हट कर भुवन के बगल खड़ी हो गई। भुवन मुसकराता ही जा रहा था। रेखा उसकी ओर देखने लगी : हाँ, यहीं अच्छा है, इसी प्रकार मुसकराते हुए ही हट जाना चाहिए, वह भी मुसकराएगी–एक मिनट की तो बात होती है, ज़रा से धीरज की, ज़रा मजबूत नर्व्ज़ की–बाद में चाहे जो हो...

भुवन ने सहसा जेब में से कुछ निकाला, अँगूठे और उँगली से मसल कर उसकी गोली बनाई और ठोकर मार कर फ़ुटबाल की तरह उछाल दी। रेखा ने कहा, "क्या था?"

गार्ड ने और गाड़ी ने एक-साथ सीटी दी।

भुवन ने कहा, "मेरा प्लेटफ़ार्म टिकट।"

रेखा भौचक उसे देखने लगी। भुवन बोला, "क्यों, यह गाड़ी भी छोड़नी है क्या? मैं चल रहा हूँ साथ–हापुड़ नहीं, मुरादाबाद।"

उसके साथ ही लपक कर रेखा अगले इंटर की ओर बढ़ी–कितना अच्छा था उसके साथ कदम मिला कर लपकना! उसे सवार करा कर भुवन भी उछल कर चलती गाड़ी में सवार हो गया।

रेखा बैठ गई। जगह कम थी, भुवन खड़ा रहा। रेखा ने एक बार बेबस उसकी ओर देखा, फिर कॉपी निकाल कर लिखा, "भीड़ है, नहीं तो मैं इस वक़्त गाना गा कर सुना देती।"

भुवन उसकी ओर मुसकरा दिया। फिर कॉपी ले कर लिख दिया, "भीड़ की सजा मुझे मिलेगी?"

रेखा फिर असहाय-सी उसकी ओर देखने लगी। फिर उसने घूम कर खिड़की से मुँह बाहर निकाला और धीरे-धीरे गाने लगी। भुवन दरवाज़े पर था ही, दरवाज़ा खोल कर खड़ा हो गया। सरसराती हवा के साथ गाने के स्वर उसके कानों को छूने लगे :

महाराज, ए कि साजे एले मम हृदय-पुर माझे।
चरण तलै कोटि शशि-सूर्य मरे लाजे।
महाराज, ए कि साजे–
गर्व सब टूटिया
मूर्छि पड़े लूटिया
सकल मम देह-मन वीणा सम बाजे।
महाराज, ए कि साजे–

जमुना के पुल की गड़गड़ाहट में आगे गान खो गया। पुल जब पार हुआ, तब रेखा चुप हो गई थी, क्षितिज में कुछ हलकापन दीखने लगा था।

तल्लीताल में मोटर से उतर कर भुवन ने एक नज़र नैनीताल की झील को देखा– तीसरे पहर की धूप एक तरफ़ की पहाड़ी पर ऊँचे पर थी, झील घनी छाँह में थी और आकाश ऐसा दूर था मानो किसी गहरी तलहटी में से ऊपर देख रहे हों–तो उसने जाना कि यहाँ तक आने का निश्चय तभी हो गया था जब उसने मुरादाबाद का टिकट लिया था। मुरादाबाद में जब रेखा ने पूछा था, "सुनिए, आप सचमुच यहाँ से लौट जाएँगे?–अब मुझे पहुँचा ही आइए न?" तब, जैसे यह प्रश्न उसके मन में पहले पूछा जा चुका हो, ऐसे ही बिना अचम्भे के उसने कहा था, "हो तो सकता है–"

और रेखा ने चिढ़ाया था, "तो मैन फ्राइडे अभी से सकने की बातें सोचने लगा जादू भूल कर?"

"भई अभी दिन–दुपहर है, जादू का वक़्त अभी कहाँ हुआ है?"

मुरादाबाद से वे बरेली हो कर नहीं गए थे : रामपुर गए और वहाँ से मोटर में काठगोदाम होते हुए नैनीताल–तीसरे पहर ही यहाँ पहुँच गए थे। रास्ते में रेखा धीरे-धीरे न जाने क्या गुनगुनाती आई थी, बोली बहुत कम थी; एक अलौकिक दीप्ति उसके अलस शान्त चेहरे पर थी : बीच–बीच में वह आँखें बन्द कर लेती और भुवन समझता कि सो गई है, पर सहसा उसकी पलक उस अनायास भाव से खुल जातीं जिस से स्वस्थ शिशु की आँखें खुलती हैं, और वह फिर कुछ गुनगुना उठती...भुवन ने कहा था, "थोड़ा ऊँघ लीजिए, रात–भर जागी हैं–" तो सहसा सजग हो कर बोली थी, "अभी? ऊँघने के लिए तो सारा जीवन पड़ा है, थोड़ा–सा जाग ही ली तो क्या हुआ!" और एक कोमल मुसकान से खिल कर उसे निहारने लगी थी। फिर भुवन ऊँघ गया था...

होटल साफ़–सुथरा था, पर लोग काफ़ी थे। मैनेजर से भुवन ने पूछा कि ठहरने की जगह मिल सकेगी? तो उसने तपाक से उत्तर दिया : "जी हाँ, डबल रूम–कितने दिन के लिए?" और रजिस्टर की ओर हाथ बढ़ाते हुए "किस नाम से–"

क्षण–भर के लिए वह झिझक गया। मैनेजर के प्रश्न के साथ ही सभ्यता की जो समस्याएँ सहसा उसकी नज़र के आगे कौंध गईं, उन पर उसने आते हुए विचार नहीं किया था। सँभल कर बोला, "अभी हम ने निश्चय नहीं किया है कि यहीं ठहरेंगे या और आगे जाएँगे : ज़रा चाय–वाय पी लें तब तक सोचते हैं–"

"जी हाँ, अभी लीजिए," कह मैनेजर ने आवाज़ दी, "बाय!" 'बाय' आया तो उससे कहा, "साहब का आर्डर ले लो, चाय केक-पेस्ट्री वग़ैरह जो चाहें–"

रेखा कुछ पीछे थी। भुवन ने कहा; "आप ज़रा यहीं बैठिए, मैं अभी आया–सामान–"

पर रेखा साथ बाहर की ओर चली। बोली, "क्या बात है, भुवन?"

"कुछ नहीं।" भुवन क्षण-भर रुक गया। फिर बोला, "मैं यहाँ नहीं ठहरूँगा–नैनीताल में ही नहीं।"

रेखा उसे देखती रही। उसका चेहरा उतर गया। "अभी वापस जाओगे?"

"यहाँ तो नहीं रहूँगा। या तो आगे चलें–"

"चलो–"

"अच्छा, मैं आता हूँ–"

"लेकिन जा कहाँ रहे हो? बताओ तो–"

"भई कुछ सामान-वामान तो मुझे चाहिए, आ तो गया–"

"मेरे पास सभी कुछ फ़ालतू है, बिस्तरा, कम्बल–"

भुवन ने एक मुदित-सी खीझ के साथ कहा, "अच्छा, एक टूथब्रश तो ले आऊँ!"

रेखा हँस पड़ी। फिर बोली, "मैं भी साथ चलूँ?"

"नहीं, मैंने चाय का आर्डर दिया है, मैं अभी लौट कर आया।"

रेखा मान गई। भुवन चलने लगा तो बोली, "पर हम यहाँ ठहर नहीं रहे हैं, यह उदास जगह है। आगे कहीं भी चलो–मुझे छोड़ आना होगा।"

भुवन चला गया। रेखा भीतर बैठ कर कॉपी में कुछ लिखने लगी। उसे नहीं मालूम हुआ कि भुवन कब लौटा; सहसा उसका स्वर सुन कर चौंकी। भुवन मैनेजर से कह रहा था : "हम लोग आगे जा रहे हैं साततास, अभी चले जाएँगे चाय के बाद–आपका शुक्रिया।"

"दैट्स आल राइट, सर! चाय आ गई है।"

दोनों ने एक साथ ही प्रश्न किए :

"ले आए टूथ ब्रश?"

"क्या लिख रही हैं–कविता?"

रेखा ने पहले उत्तर दिया : "हाँ, समझ लो।"

भुवन ने नकल लगाते हुए कहा, "और मैं भी, हाँ, समझ लो।" फिर कहा, "अच्छा, जल्दी से चाय पी लीजिए–आगे जाना है तुरन्त।"

"कहाँ?"

"आगे? इंटु द ब्लू क्रूसोलैंड। चाय का मज़ा क्यों बिगाड़ती हैं–पी लीजिए और चलिए।"

रेखा मुसकरा दी। चाय से उठ कर वे बाहर आए तो भुवन ने कहा, "आपके बक्स-वक्स में कहीं जगह हो तो यह पैकेट उसमें रख दीजिए–"

रेखा ने दुष्टता से कहा, "इतना बड़ा टूथब्रश। ज़रा मैं भी देखूँ–" और भुवन के रोकते न रोकते उसने पैकेट खोल कर झाँका ही तो।

दो कमीज़ें, एक फ्लैनल की ट्राउज़र्स, एक पाजामा, एक-आध और छोटी चीज़ें और, हाँ, एक टूथब्रश भी।

रेखा ने कहा, "हाँ, है तो सही टूथब्रश। पर यह सब रेडीमेड क्या ले आए आप–"

"तो आपका क्या ख़याल था, आपका फालतू कम्बल लपेटे घूमूँगा?" भुवन हँस पड़ा, और अपने पतले कुरते की ओर देखने लगा।

रेखा ने गम्भीर होकर माफ़ी माँगी। सहसा उसे ध्यान हुआ, भुवन को यों खींच लाने में भावुकता का कितना बड़ा प्रमाद उसने किया है।

भुवन ने उसकी बात काट कर कहा, "जल्दी कीजिए रेखा जी, सामान उठवाना है।"

रेखा सामान रख रही थी तो उसने पूछा, "दस-बारह-पन्द्रह मील चल सकती हैं? वैसे मोटर भी जाती है, पर आगे भी कुछ चलना पड़ेगा–"

"ज़रूर चल सकती हूँ। पैदल ही चलूँगी। लेकिन कहाँ जाएँगे? साततालं?"

"नहीं।" भुवन फिर मुसकरा दिया। "क्रूसोलैंड–मैंने कहा न? बताने से जादू चला जाता है।"

भुवन कुली साथ ले आया था। सामान उठवाया और बोला, "चलो हम लोग आते हैं। डाकबंगले पर जाकर बैठना।"

कुली चल पड़े।

"कहाँ के डाकबंगले–यह बता दिया है?"

"वह सब मैं ठीक कर आया हूँ–आप किसी उपाय से पहले नहीं जान पाएँगी।"

रास्ता उतार का था। दोनों बड़ी तेज़ी से उतरने लगे।

भुवन ने कहा, "अगर तेज़ चलने की बात न होती, तो मैं आपसे गाने का अनुरोध करता।"

रेखा ने रुकते-रुकते शब्दों में कहा, "नहीं–इस वक़्त–हवा को ही गाने दीजिए।"

लेकिन दो-तीन मील जा कर जब वे एक खुली जगह के सामने का दृश्य देखने के लिए रुके, तब रेखा सहसा खुले गले से किसी भटियाली पद के बीच में से ही गा उठी :

ओ ये केड़े आमान्य निये जाय रे,
जाय रे कोन चूलाय रे!
आमार मन भूलाय रे!
ग्राम छाड़ा ओई राङामाटीर पथ–

बस, यही अढ़ाई पंक्ति, और फिर मुक्त भाव से आगे को दौड़ पड़ी। पीछे-पीछे भुवन भी दौड़ने लगा।

भुवाली से एक-डेढ़ मील आगे रेखा ने सहसा भुवन का हाथ पकड़ कर कहा, "वह देखो सामने-क्या वहीं हम जा रहे हैं।"

दिन ढलने लगा था। आकाश के विस्तार में एक हलकी-सी धुन्ध छाने लगी थी; अभी थोड़ी देर में इसी धुन्ध में साँझ का ताम्र-लोहित रंग बस जाएगा...आस-पास की पहाड़ियाँ नैनीताल की तरह तंग नहीं थीं, एक के बाद एक तीन-चार खुले स्तर थे मानो पुरानी सूखी झीलों के थाल हों, और आस-पास पहाड़ियाँ क्रमशः नीची होती गई थीं। और धुन्ध के बीच में, जैसे किसी जौहरी ने सँभाल कर रूई के गाले पर कोई मूल्यवान् रत्न रखा हो, एक झील चमक रही थी...

"मुझे क्या मालूम है? हो सकता है। पर वह शायद भीमताल है। तब सातताल दाहिने को होगा।"

"वहाँ क्या सचमुच सात ताल हैं?"

"ज़रूर हैं, लेकिन जादू के बग़ैर नहीं दीखते। यों शायद तीन हैं-बल्कि अढ़ाई-"

रेखा ने फिर पूछना चाहा, 'क्या हम वहाँ जा रहे हैं?' पर रुक गई।

दिन छिपते-छिपते दोनों भीमताल पहुँच गए। कुली भुवाली में ही पीछे रह गए थे। झील के पास ही डाकबंगला था; भुवन ने वहाँ जा कर चौकीदार से कहा कि कुली आएँ तो उन्हें कह दे कि वह आगे चला गया है और कुली जल्दी आवे; फिर कुछ और पूछताछ भी कर ली और रेखा के पास लौट आया।

"क्या यहीं रुक रहे हैं हम?"

"नहीं, बस तीन मील और जाना है। थक तो नहीं गईं?"

"इर्रेलेवेंट बातें मत कीजिए," रेखा ने उत्तर दिया और भुवन ने देखा, उसके चेहरे पर यद्यपि श्रम के लक्षण स्पष्ट हैं, पर उसकी एड़ी की गति में सहसा नई लचक आ गई है...

रात हो गई थी। सप्तमी-अष्टमी का चाँद था। पथ बराबर हलकी उतराई का ही था। एक छोटे से गाँव के पास से वे गुज़रे। भुवन ने कहा, "अब मील-भर और होना चाहिए-"

"अब भी नाम नहीं बताओगे जगह का?"

"नाम? नाम में क्या है? हमारा ही क्या नाम है? वहाँ एक तिलिस्मी झील है, और उसके नौ अलग-अलग कक्ष हैं, सब कभी एक साथ नहीं दीखते। रोज एक देखना होता है-"

"ओः, पूरा नाइन डेज़ वंडर।" रेखा ने चिढ़ाया।

"हाँ, वही सही। लेकिन चार दिन की चाँदनी कहते हैं, तो मेरे वंडर में दो पूरी चाँदनियाँ समा गईं और फिर भी कुछ बाक़ी रह गया-समझीं?"

"तुम और तुम्हारा अरिथमेटिक!"

पहाड़ी के मोड़ पर सहसा घने पेड़ों के झुरमुट के ओट में पानी की चमक। भुवन ने कहा, "थके राही, वह देखो मंज़िल! इस झील का नाम है। नौकुछियाताल।"

"थकें तुम-और तुम्हारे दुश्मन। लेकिन सचमुच यही नाम है?"

"हाँ।"

बड़ा साफ़-सुथरा कमरा। बड़ी टेबल लैम्प। बिजली के लैम्प में और रहस्य में वैर है, लेकिन तेल के लैम्प-आओ, रहस्य के सौन्दर्य, सौन्दर्य के रहस्य, इस छोटे से आलोक-वृत्त को घेर लो।

सामान न जाने कब आएगा। गर्म पानी से दोनों ने मुँह-हाथ-पैर धोये; एक लम्बी आराम-कुरसी भुवन ने खिड़की के पास खींच ली, जहाँ से झील और चाँद भी दीखता था, पैरों के लिए एक तिपाई रखी; फिर रेखा से कहा, "यहाँ बैठ जाओ।"

रेखा ने एक बार उसके चेहरे की ओर देखा, फिर इस आज्ञापने के स्वर का प्रतिवाद करने की उसकी इच्छा दब गई। वह आराम से लेट गई। भुवन खिड़की के चौखटे पर आधा बैठ गया।

"और एक कुरसी खींच लो न?"

"खींच लूँगा पीछे।"

रेखा ने कुछ अलसाये स्वर से कहा, "फ्राइडे, तुम नहीं गा सकते? वह एक जादू बाक़ी है अभी-फिर मैं मान लूँगी कि कामिल जादूगर हो।"

भुवन ने कहा, "अच्छा गाता हूँ।" उठ कर बरामदे में गया, धीरे-धीरे टहलने लगा।

उसकी गुनगुनाहट भीतर पहुँची तो रेखा का और भी अलसाया स्वर आया : "बाहर क्या प्रैक्टिस करने गए हो?"

भुवन ने उत्तर नहीं दिया। थोड़ी देर बाद भीतर गया तो देखा, रेखा वहीं कुरसी पर सो गई है। वह दबे पाँव बाहर लौट आया। बरामदे के खम्भे के साथ पीठ टेक कर नीचे बैठ गया और चाँद देखने लगा। सहसा न जाने क्यों उदास

विचार उसके मन में उमड़ने लगे–क्या थकान के कारण? वह फिर धीरे-धीरे गुनगुनाने लगा :

...मेरे मायालोक की विभूति बिखर जाएगी!
किरण मर जाएगी!
लाल हो के झलकेगा भोर का आलोक–
उर का रहस्य ओठ सकेंगे न रोक।
प्यार की नीहार बूँद मूक झर जाएगी!
इसी बीच किरण मर जाएगी!
ओप देगा व्योम श्लथ कुहासे का जाल,
कड़ी-कड़ी छिन्न होगी तारकों की माल।
मेरे मायालोक की विभूति बिखर जाएगी–
इसी बीच किरण मर जाएगी!

चारों ओर पैरों की चाप और लालटेन की रोशनी से वह चौंक कर जागा। हाथ की घड़ी देखी–ग्यारह बजे थे। कुली आ गए थे। उसने कहा, "शोर मत मचाओ!" सामान उतरवा कर पैसे दे कर उन्हें विदा किया। फिर भीतर जा कर देखा, रेखा गहरी नींद में सो रही थी। भुवन ने सामान बाहर ही रहने दिया, बिस्तर खोला, एक कम्बल निकाल कर, अन्दर चादर जोड़ कर, दबे पाँव भीतर गया और धीरे से रेखा को उढ़ा दिया। वह नहीं जागी। तब वह बाहर आया, और ज़मीन पर बिछे बिस्तर पर ही स्वयं लेट गया, एक कम्बल खींच कर अपने पैरों पर उसने ढक लिया।

झील इस समय सुन्दर है–आसपास घने पेड़ों के झुरमुट हैं, यद्यपि झील नैनीताल की तरह दो पहाड़ों के बीच में भिंची हुई नहीं है, खुली है–दिन में भी क्या वह उतनी ही सुन्दर होगी–जितनी उसने सुना है, जितनी अब है? दिन...'मेरे मायालोक की विभूति...!' दिन अपनी चिन्ता स्वयं करेगा। एक बार उसने चाहा, उठ कर फिर रेखा को देख आए, पर शरीर ने कोई प्रोत्साहन न दिया। ठीक है, दिन की बात दिन में–अभी तारे हैं–कितने तारे–क्या सचमुच हर किसी का एक-एक अपना तारा होता है? केवल कल्पना। पर सुन्दर कल्पना। क्यों? क्या यह कल्पना और भी सुन्दर नहीं है कि सब तारे सबके होते हैं? हाँ, सदैव तो वही। पर एक क्षण होता है–एक द्वीप का क्षण–नहीं, क्षण का द्वीप–नहीं, उस क्षण में तारों का एक द्वीप–न...

सुन्दर रंग–बिना आलोक के रंग–लेकिन बिना आलोक के रंग हो कैसे सकते हैं?–नहीं, बिना रंग का आलोक, तीक्ष्ण आलोक :

भुवन उठ कर बैठ गया। सूर्य निकल आया था। लपक कर वह भीतर गया–कुरसी पर रेखा नहीं थी। तो वह पहले उठ गई–उसने भी भुवन को न उठाया होगा–उसे पहले जागना चाहिए था।

वह बाहर आया। देखा सूटकेस खुला है। उसकी कमीज, पैंट, तौलिया और अन्य आवश्यक सामान बाहर एक ओर को रखा है। और वह सोता ही रहा।

भीतर जा कर मुँह-हाथ धोने की उसकी इच्छा न हुई। उसने तौलिया में सब सामान डाला, और नीचे झील की ओर चला।

सामने जहाँ धूप पड़ रही थी, वहाँ पेड़ों पर जहाँ-तहाँ बड़े-बड़े लाल गुच्छे चमक रहे थे। भुवन ने पहचाना–बुरूस के फूल। मुँह-हाथ धो कर वह तोड़ कर लाएगा...

बिना शीशे के हजामत बनाना ऐसा कठिन नहीं था। आँख बन्द कर लेने से अपना चेहरा देखने में मदद मिलती है। प्रक्षालन कर के उसने कपड़े बदले, उतरे कपड़े तौलिया में लपेट कर वहीं रख दिए और लम्बे कदम फेंकता हुआ बुरूस के गुच्छों की ओर चला।

दो बड़े-बड़े गुच्छे उसने तोड़े। फिर दोनों को देख कर एक वापस पेड़ में अटका कर रख दिया, एक ले लिया।

जहाँ तौलिया छोड़ गया था, उधर वह लौट रहा था कि दूर, कुछ ऊपर से, उसे रेखा का स्वर सुनाई पड़ा। रेखा गा रही थी। भुवन ठिठक कर सुनने लगा; कभी स्वर उस तक पहुँचते, कभी हवा उन्हें उड़ा ले जाती :

ऊषा एशे...कल-कण्ठ स्वर!
...मिलन हबे बले आलोय आकाश भरा!'
चलछे भेसे मिलन-आशा-तरी अनादि स्रोत बए,
कत कालेर कुसुम उठे भरि छेए...
तोमाय आमाय–

हवा उठी, गान खो गया; फिर स्वर आए मगर अस्पष्ट : भुवन जल्दी से उधर को बढ़ने लगा जिधर से गान आ रहा था।

कुछ ऊँचे पर, सूर्य को सामने किए, मुँह कुछ ऊँचा उठाए रेखा एक पत्थर पर बैठी थी। भुवन एक ओर से आ रहा था, उसने देखा कि रेखा की आँखें बन्द हैं, मानो प्रभात के सूर्य को अपना चेहरा वह सौंप रही हो। पक्के पीले रंग की साड़ी उसने पहन रखी थी, जिसे सूर्य ने और सुनहला चमका दिया था...वह कुछ हट कर पीछे हो गया और दबे पाँव बढ़ने लगा। रेखा अब भी गा रही थी, लेकिन शब्दों के बिना, केवल स्वर; कभी गुनगुना देती और कभी ज़ोर से। बिलकुल पास जा कर उसने धीरे से हाथ बढ़ा कर रेखा की कबरी छुई; वह तनिक-सा चौंकी पर फिर पूर्ववत् हो गई, घूमी

नहीं, गाना बन्द कर दिया। भुवन ने हाथ का बुरूस का गुच्छा उसकी कबरी में खोंस दिया–वह इतना बड़ा था कि आधी कबरी को और कान तक बालों को ढक रहा था : उसे ठीक से अटकाने के लिए भुवन कुछ आगे झुका कि एक-आध काँटा खींच कर कबरी कुछ ढीली करे : सहसा रेखा ने दोनों बाँहें उठा कर उसका सिर घेर लिया, कन्धे के ऊपर से उसे निकट खींच कर उसका मुँह चूम लिया–बड़े हलके स्पर्श से लेकिन ओठों पर भरपूर।

भुवन भी कुछ चौंक गया, वह भी चौंक कर छिटक कर खड़ी हो गई, दोनों ने स्थिर और जैसे असम्पृक्त दृष्टि से एक-दूसरे को देखा, फिर एक साथ ही दोनों ने हाथ बढ़ा कर एक-दूसरे को खींच लिया, प्रगाढ़ आलिंगन में ले लिया और चूम लिया–एक सुलगता हुआ, सम्मोहन, अस्तित्व-निरपेक्ष, तादाकार चुम्बन।

"तुम फिर कुछ लिखती रही हो?"

"हाँ–"

"क्या?"

"कुछ नहीं। मेरी डायरी है।"

भुवन ने आगे नहीं पूछा। बोला, "अच्छा, अब तो गाना गाओगी?"

"न। तुम्हारी बारी है गाने की।"

"मैं। मैं श्रेष्ठ गायक हूँ। मेरा गाना स्वरातीत है। दिन-भर तो गाता रहा, तुमने सुना नहीं?"

"थोड़ा और श्रेष्ठ हो जाओ, तो मेरा सुनना भी सुन सको।"

तीसरे पहर रेखा ने कपड़े बदल लिये थे। वह फिर सफ़ेद पहनने लगी थी, लेकिन भुवन के आग्रह से उसने एक नीली साड़ी और नीला ही ब्लाउज पहन लिया था। अब कमरे की व्यवस्था ठीक-ठाक हो गई थी, सामान लगा कर रख दिया गया था, खिड़की के पास रेखा का पलंग बिछा था और बाहर बरामदे में भुवन का–भुवन ने आग्रह करके वहाँ लगाया था।

दिन-भर वे प्राय: भटकते ही रहे थे–सुबह लौट कर नाश्ता किया था और फिर निकल गए थे, झील का एक चक्कर लगाया था; फिर लौट कर झील पर गए थे, नौ कक्षों में से जो एक सब से खुला और शैवाल-रहित जान पड़ता था उसमें नहाए थे और फिर भोजन के लिए लौट आए थे। झील पर भुवन ने पूछा था, "तैरना जानती हो?"

"बस डूबने भर को।"

"तब तो बहुत जानती हो। इतना तो मैंने भी नहीं सीखा। कलकत्ते में क्यों नहीं सीखा?"

तब रेखा हँस कर बोली, "जानती हूँ साहब, तैर लेती हूँ। पर इन कपड़ों में नहीं–"

"ओह।" भुवन झेंप गया। "तो लाई क्यों नहीं?"

"मुझे क्या मालूम था–"

"कास्ट्यूम तो नैनीताल में भी मिल जाता–"

"मुझे बताया था? नहीं तो मैं भी टूथब्रश खरीदने चल देती।"

किनारे पर ही वे नहाए थे। भुवन तैर कर भीतर गया था, रेखा ने भी साड़ी पहने-पहने दो-चार हाथ तैरने का यत्न किया था पर लौट आई थी।

अपराह्न में वे बुरूसों की छाया में काही-बिछी ठंडी जगह में बैठे-लेटे रहे थे। फिर लौट कर चाय पी थी; तब रेखा ने कपड़े बदल लिये थे।

"अच्छा, चलो घूमने चलें।"

"चलो। किधर?"

"फिर पहले प्रश्न? सामने–सर्वदा सामने।"

"नहीं, मेरा मतलब था, सातताल के जादुई ताल खोजने हैं कि–"

"न। जादुई ताल यह है। नौ तहों का जादू है इस पर!"

वह पहाड़ पर ऊँचे चढ़ने लगे, फिर पहाड़ की उपत्यका के साथ-साथ सममार्ग पर।

दिन ढल आया था। थोड़ी देर में सूर्य पहाड़ी की ओट हो कर छिप जाएगा। सहसा भुवन ने कहा, "चलो, सूर्यास्त को पकड़ें।"

दोनों हाथ पकड़े-पकड़े दौड़ने लगे। पहाड़ों के सिरे के पीछे सूर्य छिपा रहा होगा–बादल नहीं थे, एक तेजोदीप्त नंगा लाल रवि-बिम्ब ही क्षितिज की ओट हो रहा होगा, अगर वे पहाड़ी के सिरे तक पहले पहुँच जाएँ तो देख सकेंगे।

दौड़ते-दौड़ने भुवन ने कहा, "दौड़ो रेखा, हमारी सूरज से होड़ है।"

रेखा और तेज़ दौड़ने लगी। भुवन के हाथ पर उसकी पकड़ कुछ कड़ी और खींचती-सी हो गई; भुवन ने लक्ष्य किया कि वह हाँफ रही है और सहसा धीरे हो गया, पर ऐसे नहीं कि रेखा को साफ़ मालूम हो।

पर पहाड़ी के मोड़ तक पहुँचते न पहुँचते सूर्य छिप गया। एक द्रुत हाथ मानो किसी धूसर लेप से सारा आकाश पोत गया; प्रकाश अब भी था, पर मानो किसी स्रोत से उद्‌भूत नहीं; दिग्भ्रान्त, आकाश में खोया-सा।

भुवन ने सहसा रुक कर कहा, "हम हार गए।" जहाँ सूर्य डूबा था, वहाँ एक छोटी-सी लाल लीक थी, जैसे किसी ने 'इतिशम्' लिख कर उस पर ज़ोर देने को पुष्पिका बना दी हो।

उसी की ओर देखते हुए रेखा ने कहा, "डूबते सूर्य को कौन पकड़ सकता है।"

क्षण-भर बाद भुवन के हाथ पर उसकी पकड़ फिर दृढ़ हो आई। "मगर यह हार नहीं है। रात का अपना सौन्दर्य है। वह समान सौन्दर्य पहचानो, भुवन।"

भुवन घूमा। रेखा का दूसरा हाथ भी उसने पकड़ लिया और संझा के प्रकाश में थोड़ी देर उसका मुँह निहारता रहा। "पहचानता हूँ। तुम्हीं वह सौन्दर्य हो, नीलाम्बरा रात का सौन्दर्य; और तुम्हारे केशों में असंख्य तारे हैं।"

"और तुम-शुक्र तारा।" रेखा ने बहुत धीमे कहा। कोमल आग्रह से उसके हाथों ने भुवन को निकट खींच लिया।

ज़रा परे हट कर भुवन ने मान से कहा, "क्यों, चाँद नहीं?"

"वेन मैन! नहीं, चाँद घटता-बढ़ता है। उसका बहुरूपियापन मुझे नहीं चाहिए। शुक्र, केवल शुक्र!" फिर हलकी-सी उसाँस लेकर, "चाहे कितनी जल्दी अस्त हो जाए!"

भुवन ने आँखों से उसकी आँखों को पकड़ते हुए धीरे-धीरे सिर हिलाया-हक् उदास नहीं होना है! फिर रेखा के माथे की ओर देखते हुए, कविता की पंक्ति उद्धृत की, "एंड द स्टार्स इन हर हेयर वेयर सेवन।"

वह लौटने के लिए मुड़ा। बोला, "यहाँ जुगुनू होते तो मैं थोड़े से पकड़ कर तुम्हारे बालों में फँसा देता।"

किस चीज़ ने उसकी नींद तोड़ दी-चाँद की रोशनी ने, या कि उस पर बादल की छाया ने-

भुवन ने आँखें खोलीं। नहीं, बादल की छाया नहीं, रेखा की छाया थी।

रेखा उसके सिरहाने बैठी थी, उस पर झुकी हुई उसका चेहरा देख रही थी।

उसने आँखें खोली हैं, यह देख कर रेखा ने अपने दोनों हाथ उसके माथे पर रख दिए।

हाथ बिलकुल ठंडे थे।

"तुम ठिठुर रही हो, रेखा!" कह कर भुवन ने कुहनी से अपना कम्बल उठा कर सरका कर रेखा के घुटनों पर उढ़ा दिया, फिर उसके दोनों हाथ अपने हाथों में पकड़ कर कम्बल के अन्दर खींच लिये। पूछा, "क्या बात है, रेखा?"

रेखा नहीं बोली।

भुवन ने फिर पूछा, "रेखा, क्या बात है?"

"तुम-हो, तुम सचमुच हो! यू आर रीयल!" रेखा का स्वर इतना धीमा था कि ठीक सुन भी नहीं पड़ता था।

भुवन ने कहा, "आइ'म वेरी रीयल, रेखा। पर ठहरो, पहले तुम्हें कम्बल उढ़ा लूँ-"

एक हाथ में रेखा के दोनों हाथ पकड़े वह उठा, दूसरे हाथ से उसने कम्बल खींच कर रेखा की पीठ भी ढक दी। स्वयं पैर समेट कर बैठा हो गया, कुछ रेखा की ओर को उन्मुख।

रेखा सहसा हाथ छुड़ा कर उससे लिपट गई। आँखें उसने बन्द कर लीं; भुवन के माथे पर अपना माथा टेक दिया। उसके ओठ न जाने क्या कह रहे थे; आवाज़ उन से नहीं निकल रही थी।

भुवन कहता गया, "क्या बात है, रेखा; रेखा, क्या बात है–" उसका स्वर क्रमशः धीमा और आविष्ट होता जा रहा था।

रेखा के ओठ उसके कान के कुछ और निकट सरक आए। पर स्वर उन में से अब भी नहीं निकला।

पर सहसा भुवन जान गया कि वे शब्दहीन-स्वरहीन ओठ क्या कह रहे हैं–

'मैं तुम्हारी हूँ, भुवन, मुझे लो।'

भुवन वैसा ही स्तब्ध बैठा रहा। न उठा, न हिला; न उसने रेखा को निकट खींचा, न हटाया। रेखा के ओठ भी निश्चल हो गए, मानो उन्होंने जान लिया कि वे जो कह नहीं सके हैं, वह सुन लिया गया है।

न जाने कितनी देर तक ऐसा रहा। फिर भुवन ने कहा, "रेखा, पैर उठा कर इधर पसार लो–ठिठुर जाएँगे।" लेकिन रेखा के अंग-प्रत्यंग जैसे थिथिल हो गए थे। भुवन ने हाथों में बलात् उसके पैर उठा कर कम्बल के अन्दर कर लिये। रेखा कुछ सीधी हो कर बैठ गई। भुवन ने दोनों बाँहों से उसे कमर से घेर लिया; सिर उठा कर धीरे से रेखा की जाँघ पर रख दिया।

फिर और न जाने कितनी देर तक ऐसा रहा।

सहसा रेखा चौंकी। भुवन का शरीर काँप रहा था। जल्दी से झुक कर रेखा ने उसका मुँह देखना चाहा, पर उसने और भी ज़ोर से उसे रेखा की जाँघ में गड़ा कर अपनी एक बाँह से ढक लिया।

रेखा बैठी रही, बिलकुल निश्चल। उसकी सब सम्वेदनाएँ जैसे अत्यन्त सजग हो आईं, पर साथ ही भीतर कहीं कुछ जड़ होने लगा।

भुवन सिसक रहा था; अब उसकी सिसकी स्पष्ट सुनी जा सकती थी।

रेखा ने फिर उसे सीधा करना चाहा, पर न कर सकी। फिर वह वैसी ही निश्चेष्ट बैठ गई।

थोड़ी देर बाद भुवन ही सिर उठा कर ज़रा ऊपर को सरका, सिर उसने फिर रेखा की देह पर टेक लिया लेकिन हाथ मुँह के आगे से हटा लिया। पर रेखा ने अब उसका चेहरा देखने की चेष्टा नहीं की।

भुवन कुछ असम्बद्ध-सा बड़बड़ाने लगा। पहले ओठों की बिलकुल ही स्वरहीन गति, फिर एक धीमी फुसफुसाहट, कभी कहीं टूटा हुआ स्वर। रेखा एकाग्र हो कर सुन भी रही थी और मानो अर्थ तक पहुँचने का यत्न भी नहीं कर रही थी...

लेकिन अर्थ स्वयं धीरे-धीरे अवगत होने लगा।

"यह इनकार नहीं है, रेखा; प्रत्याख्यान नहीं है...यह सब बहुत सुन्दर है, बहुत... वह-वह सौन्दर्य की चरम अनुभूति होती है-होनी चाहिए मैं मानता हूँ...इसी लिए डर लगता है, अगर वह-अगर वैसा न हुआ-जो सुन्दर है उसे मिटाना नहीं चाहिए...तुमने जो दिया है, उसके सौन्दर्य को मैं मिटाना नहीं चाहता, रेखा, जोख़म में नहीं डालना चाहता! वह बहुत सुन्दर है, बहुत सुन्दर..."

और फिर बड़ी-बड़ी सिसकियों ने उसका स्वर तोड़ दिया; अब की बार उसने मुँह नहीं छिपाया, और रेखा वैसे ही बैठी रही, एक हाथ भुवन के कन्धे पर रखे, दूसरा अपनी जाँघ पर उसके चेहरे के नीचे; भुवन का पहला गर्म आँसू इस हाथ पर गिरा तो वह तनिक-सा सिहर गई, फिर हाथ को उसने अंजुली-सा बना लिया और आँसू उसमें गिरते गए।

जब भुवन का आवेश कुछ कम हुआ तो रेखा ने अपना आँसुओं से भीगा हुआ हाथ खींचा, और भुवन के आँसू अपने केशों में और फिर अपनी छाती पर पोंछ लिये। फिर आँचल खींच कर धीरे से भुवन की आँखें पोंछ दीं। जो हाथ कन्धे पर पड़ा था, वह अत्यन्त धीरे-धीरे उसे थपकने लगा।

भुवन धीरे-धीरे शान्त हो गया। एक ऐसी गहरी शिथिलता उसके सारे शरीर पर छा गई मानो हफ्तों का रोगी हो। रेखा ने उसे धीरे-धीरे और ऊपर की ओर खींचा, उसका सिर अपनी छाती पर टेका, अपने आँचल से ढक दिया।

एक स्निग्ध, करुण, वात्सल्य-भरी गरमी से घिरा हुआ भुवन सो गया। न जाने कब एक बार उसकी नींद की घनता कुछ कम हुई, तो उसके कन्धे पर उस थपकी की वैसी ही सम, कोमल, अभयदा, त्राणमयी छाप पड़ रही थी। वह फिर खो गया।

लेकिन सुबह वह अकेला था। जब उसकी नींद खुली, तो पलकों पर एक भारीपन था, मन पर कुछ ऐसा भाव कि वह नींद में उठ कर चला है, और कहीं अपरिचित जगह पर जा कर जाग कर भटक गया है...फिर सहसा रात की घटना का चित्र स्पष्ट हो गया, उसने जाना कि रेखा जहाँ थी वहाँ नहीं है और वह बहुत गहरी नींद सोया होगा। पर उठ कर भीतर जा कर रेखा को देखने का भी साहस उसे न हुआ। वह वहीं से बाहर जा कर सीधे बुरूस के झुरमुट में चला गया।

अनमने-से भाव से उसने बुरूस का बड़ा-सा गुच्छा तोड़ा। फिर सहसा सचेत हो कर उसे देखा। नहीं, जीवन में कोई चीज़ दोबारा नहीं होती है। कम-से-कम कोई

सुन्दर चीज़ नहीं। जो होती है वह सुन्दर नहीं होती। फूल का गुच्छा उसने फेंक दिया। झुरमुट में और गहरा घुसने लगा।

क्या वह लौट कर जाएगा–रेखा के पास जाएगा? उसके सामने होगा?

पुराणों में बहुत कहानियाँ हैं। स्त्री कभी नहीं माँगती; और जब माँगती है–प्रत्याख्याता स्त्री ने कभी पुरुष को क्षमा नहीं किया; सदैव शाप दिया है; और पुराणों में कहीं यह ध्वनि नहीं है कि वह शाप अनुचित है। कहीं बल्कि यह स्पष्ट कहा है कि स्त्री माँगे तो 'न' कहने का अधिकार पुरुष को नहीं है, शीलविरुद्ध है–माँग के औचित्य-अनौचित्य से परे...सब पुराणों का रोमांटिसिज्म है? लेकिन पुराण बिलकुल रोमांटिक नहीं थे–उनकी स्वच्छन्दता प्रकृति की स्वच्छ, स्वस्थ आत्म-निर्भरता की स्वच्छंदता थी, जिस में स्त्री भी उतनी ही स्वायत्त है जितना पुरुष; बल्कि अधिक, क्योंकि उस पर प्रकृति का दायित्व है। कहीं भी प्रकृति के शासन में अस्वीकार का अधिकार नर का नहीं है; सर्वत्र मादा निर्णायिका है–क्योंकि वह माँ है...

लेकिन प्रत्याख्यान की बात वह क्यों सोचता है? उसने तो कहा भी है, प्रत्याख्यान वह नहीं है। केवल सुन्दर, सुन्दर से सुन्दरतर वह चाहता है, और लोभ से सुन्दर को जोख़म में नहीं डालना चाहता। इसलिए और भी नहीं, कि रेखा उस जोख़म को समझती नहीं–या हेय मानती है। सहसा रेखा के प्रति एक गहरे कृतज्ञ भाव ने उसे द्रवित कर दिया : कैसे यह स्त्री सब-कुछ इस तरह उत्सर्ग कर दे सकती है, बिना कुछ प्रतिदान माँगे, बिना कोई सुरक्षा चाहे–बल्कि सुरक्षाओं की सब सम्भावनाओं को लात मार कर! क्यों? क्योंकि वह भुवन को प्यार करती है, उसे कुछ देना चाहती है? कुछ नहीं, सब कुछ, अपना आप। कैसी विडम्बना है यह स्त्री की शक्ति की, कि उसका श्रेष्ठ दान है स्वयं अपना लय–अपना विनाश! लेकिन लय के बिना और श्रेष्ठ दान कौन-सा हो सकता है? अहं की पुष्टि के लिए समर्पण नहीं, अहं का ही समर्पण समर्पण है...

झुरमुट में बुरूस का स्थान अब बाँज ने ले लिया था, अधिक घने, ठंडे और पुष्पविहीन। वह और अन्दर पैठता चला जा रहा था।

और वह?

क्यों वह रेखा की ओर से ही सोच रहा है, क्यों नहीं अपनी ओर से सोचता? वह-वह क्या चाहता है, क्या देना चाहता है, क्या वह रेखा को चाहता है? प्यार करता है? नकारात्मक उत्तर उसके भीतर से नहीं उठता, लेकिन क्यों नहीं सहज स्वीकारी उत्तर आता, क्यों यह स्तब्धता है...

सुन्दर से सुन्दरतम...चरम अनुभूति...

लेकिन तुम में अगर सौन्दर्य की चरम अनुभूति है, भुवन, तो डर कैसा? डर केवल सुन्दर में अविश्वास है!

पर उसकी तसल्ली नहीं हुई। स्वयं उसके भीतर, और गहरे किसी एक स्तर पर एक संघर्ष है, इसका जैसे उसे थोड़ा भान है; पर किस स्तर पर, यह वह नहीं जान पाता, और उसे कुरेद कर ऊपर भी नहीं ला पाता। मानो प्रयत्न छोड़ कर उसका मन रेखा के कहे हुए वाक्यों पर उछटता-सा घूमने लगा : काल का प्रवाह नहीं, क्षण और क्षण और क्षण...क्षण सनातन है...छोटे-छोटे ओएसिस...सम्पृक्त क्षण...नदी के द्वीप...जो काल-परम्परा नहीं मानता, वह वास्तव में कार्य-कारण-परम्परा नहीं मानता, तभी वह परिणामों के प्रति इतनी उपेक्षा रख सकता है-एक तरह से अनुत्तरदायी है...पर इससे क्या? उत्तर माँगने वाला कोई दूसरा है ही कौन? मैं ही तो मुझ से उत्तर माँग सकता हूँ? और अगर मैं अपने सामने अनुत्तरदायी हूँ, तो उसका फल मैं भोगूँगा-यानी अपने अनुत्तरदायित्व का उत्तरदायी मैं हूँ...

क्या यह-परसों और कल और आज-वैसा ही एक द्वीप है-सम्पृक्त क्षणों का द्वीप-काल-प्रवाहिनी में अटका हुआ एक अलग परम्परामुक्त खण्ड-जैसे रेखा कहती है? परसों, कल, आज, फिर महाशून्य-नहीं, आज, फिर दूसरा आज, फिर आज, तब महाशून्य!

सामने एक पेड़ पर आर्किड लग रहे थे। और पेड़ों पर भी पत्ते लटकते भुवन ने देखे थे, पर इस में फूल थे। रंग उन में अधिक नहीं था-चम्पई, भीतर कत्थई और फूल की बावड़ी के बिलकुल बीचोबीच में गहरा पीला-फिर भी, आर्किड...

उसे जमुना के टापू का बालू का घरौंदा याद आ गया, जहाँ आर्किड लगाने की बात उसने कही थी। वह जैसे-तैसे पेड़ पर चढ़ा, कुछ नीचे से ही पौधे समेत फूल उसने नोंच लिये और उतर आया। झाड़ कर फूल अलग करता हुआ लौट चला।

रेखा बरामदे की सीढ़ियों पर बैठी थी। कुछ लिख रही थी। दूर से भुवन को देख कर कॉपी उसने बैग में डाल ली, और एकटक उसकी प्रतीक्षा करने लगी।

भुवन गम्भीर चेहरा लिये हुए आया। रेखा से आँखें उसने नहीं मिलाईं, यह देख लिया कि उसका चेहरा भी गम्भीर नहीं तो एक बन्द चेहरा तो है ही; भीतर की कोई छाप उस पर नहीं दीख रही है।

भुवन ने चुपचाप आर्किड उसकी गोद में रख दिए। एक लच्छा ले कर उसके बालों में अटका दिया।

"ओ:, आर्किड। तब यह विदा है।"

ऐसा कोई सम्बन्ध भुवन ने नहीं देखा था। पर बोला, "रेखा, आज तो मुझे जाना होगा न।"

"सो-मैं जानती थी।"

भुवन उसके पास सीढ़ी पर बैठ गया।

"रेखा, तुमने मुझे क्षमा कर दिया?"

रेखा का हाथ टटोलता हुआ बढ़ा; भुवन के हाथ पर आ कर शिथिल रुक गया। "किस बात के लिए, भुवन?"

"सब कुछ। तुम जानती तो हो?"

"तुम्हारे क्षमा माँगने की तो कोई बात मुझे नहीं दीखती, भुवन! मैं ही–"

भुवन ने असल बात से कुछ हटते हुए कहा, "और मैं बहुत लज्जित हूँ, रेखा! पुरुष की आँखों में आँसू तो नामर्दी हैं–मैं–तुम क्या सोचती होगी न जाने–"

रेखा के हाथ के दबाव ने उसे चुप करा दिया, पर वह स्वयं कुछ देर तक कुछ नहीं बोली। फिर उसने कहा, "भुवन, मर्द के आँसू मैंने पहले भी देखे हैं। बड़ी व्यथा के आँसू–इसलिए कि उस पुरुष ने मुझे खो दिया है। बड़ी ग्लानि के आँसू–इसलिए कि वह पुरुष मुझे पा लेना चाहता है और पा नहीं सकता। पर तुम्हारे आँसू–किसी पर छाँह करते हुए उसके लिए रोना नामर्दी नहीं है, भुवन..."

धीरे-धीरे उसने अपना हाथ खींच लिया। दोनों चुप, स्तब्ध बैठे रहे।

कुछ खाने की इच्छा नहीं थी, पर भुवन ने खोये-से, रेखा को उसे नाश्ता करा लेने दिया। थोड़ी देर खोये-से ही दोनों बरामदे में आ कर खड़े रहे, झील को देखते रहे। फिर वह क्षण आ ही गया।

रेखा ने अन्दर से एक पुलिन्दा ला कर देते हुए कहा, "यह लो अपना टूथब्रश।"

भुवन ने कहा, "अच्छा रेखा; अब चलता हूँ।" वह कुछ रुका। "कहना चाहता हूँ कि–मैं तुम्हारा बहुत कृतज्ञ हूँ, पर शब्द ओछे हैं, नहीं कहूँगा। इतना ही कि–गॉड ब्लेस यू!"

"रुको–" कह कर रेखा भीतर गई। थोड़ी देर में एक छोटा-सा पैकेट और ले आई। "यह भी लो–"

"क्या है?"

"जाते हुए रास्ते में देख लेना।"

भुवन ने एक लम्बे क्षण तक रेखा को देखा, आँखों ही आँखों में विदा माँगी और दी, और चलने को मुड़ा।

"भुवन, यह भी लेते जाओ।"

रेखा ने बालों में से आर्किड निकाल कर उसकी ओर बढ़ा दिया। बाकी फूल उसने रख लिये थे।

"यह–यह क्यों–"

"मेरी ओर से–इसलिए कि तुम–शायद–फिर न आओ।" रेखा ने जल्दी से मुँह फेर लिया।

भुवन ने सहसा उसकी ओर बढ़ कर बाएँ हाथ के अँगूठे–उँगली के नाखूनों की चुटकी से उसका ब्लाउज पकड़ कर खींचा, और दाहिना हाथ बढ़ा कर आर्किड के फूलों का लच्छा उस के भीतर डाल दिया। बड़े स्निग्ध स्वर से कहा, "पगली कहीं की!"

फिर बड़ी त्वरा से उसने अपनी पोटली उठाई और बिना लौट कर देखे चला गया।

दो मोड़ पार कर के, जैसे कुछ याद कर के वह रुका। छोटा पैकेट उसने खोला।

उसमें रेखा की वह छोटी कॉपी थी, और वह नीली साड़ी जिसे पहन कर उसने भुवन के साथ सूर्यास्त का पीछा किया था।

भुवन

दृश्यों का द्रुत परिवर्तन स्फूर्तिप्रद होता है शायद, लेकिन जहाँ उस परिवर्तन के साथ रागावस्थाओं का भी उतना ही द्रुत परिवर्तन हो वहाँ स्फूर्ति ही आवश्यक नहीं है, व्यक्ति चकित-विमूढ़ हो कर भी रह जाता है...काम के दबाव में उसका मन नौकुछिया अधिक नहीं भागा था-यों भी उसकी प्रकृति पीछे देखने की नहीं थी, हठात् कभी अतीत की किरण मानस को आलोकित कर जाए वह दूसरी बात है-पर श्रीनगर की झील और नौकुछिया का अन्तर स्वयं मन पर चोट करता था। निस्सन्देह श्रीनगर में सब-कुछ बड़े पैमाने पर था, बड़ी चौड़ी उपत्यका, बड़े पर्वत-शृंग, बड़ी झील-बड़े लोग!-पर नौकुछिया एक सुन्दर हरे निर्जन में जड़ा हुआ छोटा-सा नगीना था, और वह-जनाकीर्ण मग में आभूषणों से लदी बैठी पुंश्चली स्त्री...क्या हुआ अत्यन्त सुन्दरी है तो? पब्लिक फ़ेसेज़ इन पब्लिक प्लेसेज़! उसे खुशी ही थी कि श्रीनगर में अधिक समय नहीं बिताना पड़ेगा, दिल्ली में ही रुके रह जाना बहुत अच्छा हुआ, नहीं तो यहाँ वह घबड़ा जाता-और नौकुछिया के बाद तो - !

डेढ़ ही दिन उसे वहाँ लगा, इतने में उसकी तैयारी हो गई। यहाँ से घोड़ों पर सामान लद कर जाएगा, पहलगाँव और वहाँ से तुलियन-चौथे दिन पहुँच जाएगा। वह पहलगाँव में प्रतीक्षा करेगा, तम्बू पहलगाँव से ही तुलियन ले जाने होंगे-उसके लिए उसने नए खानसामा को आगे भेज दिया था।

लेकिन अपना आवश्यक सामान ले कर जब वह पहलगाँव की मोटर पर पहुँचा तब अचकचा कर रह गया। मोटर के बोनट के सहारे रेखा खड़ी थी।

मुसकरा कर बोली, "नमस्कार!"

"नमस्कार। तुम-"

"मैं आपसे एक दिन पहले यहाँ पहुँच गई-आप दिल्ली ही रह गए, मैं सीधी इधर चली आई।"

"लेकिन-"

"आप भूलते हैं, मैं बंगला बोलने वाली कश्मीरिन हूँ-यहाँ किसी को पहचानती नहीं पर मेरे रिश्तेदार और बुज़ुर्ग चारों ओर बिखरे पड़े हैं।"

"पर मेरे जाने का कैसे पता लगा?"

"मैं कल पूछने गई थी। यों तो न भी जाती तो भी लग जाता–आप वैज्ञानिक यन्त्रादि ले जाने का परमिट लेने गए थे–वह अधिकारी मेरे कुछ लगते हैं मामा-वामा।"

भुवन हँसने लगा, क्योंकि इन सज्जन से बड़ी मनोरंजक भेंट हुई थी उसकी। वह मानते ही नहीं थे कि युद्ध–काल में यन्त्रादि ले कर कोई उत्तर के पहाड़ों में जा रहा है तो रूस से सम्बन्ध जोड़ने के सिवा उसका कोई उद्‌देश्य हो सकता है। फिर जब उसने कहा कि उसका काम कई विश्वविद्यालयों के काम से सम्बद्ध है जिन में केम्ब्रिज और अमरीका के कुछ विश्वविद्यालय भी हैं, तो उन्होंने मान लिया कि वह ब्रिटेन का चर है। परमिट तो दे दिया, लेकिन बड़ी भेद–भरी दृष्टि से उसे देखते रहे।

फिर उसने कहा, "मुझे तो किसी ने नहीं कहा–"

"मैंने कहा था कि मैं स्वयं मिल लूँगी–"

"तो तुम जा कहाँ रही हो–पहलगाँव?"

"जी–मैं काम्प्लिमैंट्स रिटर्न करने आई हूँ–पहलगाँव तक पहुँचाने आई हूँ–तुलियन तक जाने को तैयार हो कर अगर आप कहेंगे। यह मेरा प्रदेश है, आप मेहमान हैं।" फिर सहसा गम्भीर हो कर कहा, "आपका हर्ज़ तो नहीं होगा? मैं अभी लौट सकती हूँ–रास्ते में भी कहीं उतर सकती हूँ–"

"इसका जवाब तो मैं दे चुका।"

"क्या?"

"पिछली भेंट का मेरा आख़िरी वाक्य–"

विषाद की एक हलकी–सी छाया रेखा के चेहरे पर दौड़ गई। फिर वह मुसकरा दी। "हाँ, सो तो हूँ।"

अगली सीट भुवन की थी। उसने कहा कि रेखा वहाँ बैठ जाए, पर रेखा ने आग्रह किया कि वहाँ कोई बैठेगा तो भुवन, नहीं तो दोनों साथ बैठेंगे पहली सीट पर; वहीं वे बैठे।

पामपुर–अवन्तिपुर के खुले प्रदेश के पास से मोटर बढ़ती चली। भुवन ने कहा, "यही सब केशर का प्रदेश है न?"

"हाँ। इसी से इसे काश्मीर कहते हैं–भारत में तो और कहीं होता नहीं? और पामपुर असल में पद्‌मपुर है।"

भुवन ने कहा, "बंगालिन, अभी काश्मीर से तुम्हारा नाता छूटा नहीं?"

रेखा हँस दी। "जो असम्पृक्त हैं, उन का सब देशों से नाता है!"

"तो, तुम्हारे लिए सब जगहें बराबर हैं?"

"उस दृष्टि से–हाँ। मेरे लिए महत्त्व है व्यक्तियों का–विशेष व्यक्तियों का।" और एक अर्थ-भरी दृष्टि से उसने भुवन की ओर देख लिया। थोड़ी देर दोनों चुप रहे। फिर रेखा ने पूछा, "पहलगाँव रुकोगे?"

"सोचा तो था। पर अब नहीं–मुझे तुलियन पहुँचाने चलोगी न?"

"आप कहें तो! और पहलगाँव में टूथब्रश न मिलेगा, इसलिए मैं सब साथ लाई हूँ।"

"सामान आने में तो दो-तीन दिन लगेंगे ही। चल सकते हैं। पर पहलगाँव से तुलियन सामान के साथ मैं स्वयं जाना चाहता हूँ–"

"बाधा नहीं बनूँगी, भुवन। जिस दिन सामान आवेगा उसी दिन चली जाऊँगी। बल्कि–"

"यह मेरा मतलब नहीं था–"

"जानती हूँ–" कह कर रेखा ने उसे चुप करा दिया।

ज्यों-ज्यों बस आगे जाती थी, त्यों-त्यों भुवन का मन अधिकाधिक तीखे झटकों के साथ पीछे जाता था–एक लघु क्षण के लिए, बस, लेकिन प्रत्येक बार एक टीस के साथ, और प्रत्येक बार न जाने कहाँ से उखड़े-उखड़े वाक्यांश लाता हुआ...;'स्वाधीनता का जोख़म'...'आन्तरिक आलोक का जोख़म'...;'एंड द स्टार्स इन हर हेयर वेयर सेवन'...'जुगनू तो सीली-सड़ी जगह में होते हैं'...'आत्मा के नशे'...'क्षण सीमान्त है'...'वहाँ बालू होगी?' 'मैं शैरन का गुलाब हूँ, और उपत्यका की तितली...' 'डर, सुन्दर का डर, विराट का डर'...'दुःख जाना है, पर डर नहीं'...दो-एक बार अशान्त भाव से वह अपनी सीट में इधर-उधर मुड़ा। 'मेरी प्रिया बोली, उसने कहा, उठो प्रिय और मेरे साथ आओ, क्योंकि शीतल ऋतु बीत गई है, वर्षा चुक गई है, धरती में फूल जागते हैं, पक्षियों के गाने का समय आ गया है, और कुमरी का कूजन सुन पड़ने लगा है। अंजीर के वृक्ष में नया फल आता है, और अंगूरी के कचिया अंगूर मधुर गन्ध दे रहे हैं। उठो, प्रिय, और चले आओ।' सहसा स्पष्ट हो गया कि सालोमन के गीत के ये अंश उसे रेखा की कॉपी में से याद आ रहे हैं–क्यों? वह सीधा हो कर बैठ गया। कॉपी के वाक्य और स्पष्ट हो कर उसके आगे दौड़ने लगे–एक के बाद एक पंक्ति, जैसे सिनेमा की पंक्तियाँ मानो बेलन पर चढ़ी हुई घूमती जाती हैं और एक-एक पंक्ति आलोकित होती जाती है...

'तुम चले जाओगे–मैं जानती हूँ कि तुम चले जाओगे। मैं आदी हूँ कि जीवन में कुछ आए और चला जाए–मैंने हाथ बढ़ा कर उसे पकड़ना चाहना भी छोड़ दिया है–कौन पकड़ कर रख सकता है? बचपन में माँ एक कहानी सुनाया करती थी, कोकिल का स्वर सुन कर राजा उसे पकड़वा मँगाते थे पर वह चुप हो जाता था। माँ

कहती थी कोकिल को पकड़ा लिया जा सकता है, पर गान बन्दी नहीं होता। तब मैं सोच लेती थी, बन्दी करना मैं क्यों चाहने लगी? मैं स्वयं गाऊँगी! पर अब माँ की बात याद आ जाती है...नहीं, गान को बन्दी करना नहीं चाहूँगी। और हाँ, गाऊँगी भी, चाहे टूटे स्वर से–मेरा गान तुम सुनोगे?'...

'हम हार गए। तुमने कहा था, हम हार गए, सूर्यास्त को नहीं पकड़ सके। फिर तुमने कहा था–कहा नहीं, उद्धृत किया था, "उसके केशों में सात तारे थे।" पर अब अपनी ओर देखती हूँ तो सोचती हूँ, मुझ में? नहीं, मुझमें केवल अन्धकार की एक बहुत बड़ी लहर–हट जाओ भुवन, मैं तुम्हें प्यार करती हूँ पर मेरा संस्पर्श विषाक्त है!'...

'तुमने डर की बात कही थी। वह एक चीज़ है जो मैंने पहले कभी नहीं जानी। दु:ख–हाँ, वह ख़ूब जाना है, अपमान, ग्लानि, ईर्ष्या–ये भी सहे हैं, पर डर...मगर डर की छूत होती है शायद, और तुम्हारा वह नामहीन डर मुझे भी छूता है, एक सिहरन-सा वह मेरी रीढ़ पर से उठता हुआ मेरे मन पर छा गया था–किस का डर? तुमसे डर? तुमसे!! तुम्हारे लिए डर?–? तुम्हें खो दूँगी, यह? लेकिन तुम्हें पाया है, यही तो कभी नहीं सोचा। जागने का डर? न जाने कब से मेरा मन, मेरी आत्मा, मेरी देह, सब सोई हैं, जड़ हैं, और जड़ से इतर कोई स्थिति मैं सोचती ही नहीं? आग सुलगती है, धधकती है, ईंधन चुका कर धीमी पड़ जाती है; वैसी आग फिर भड़क सकती है। लेकिन मुक्त आग को बुझा दो–तब राख, कोयले, अध-जली लकड़ी–वह मैं हूँ। उठी हुई लहर जो वहीं जम गई है। पीछे नहीं जा सकती, पीछे गर्त है–हर तरंग के पीछे गर्त होता है। आगे नहीं जा सकती–गति जड़ हो गई है। जम गई हूँ, पिघलूँगी तो पछाड़ खा कर गिरूँगी–क्या वही डर है जो मुझ में जाग गया है–पिघलने का डर? लेकिन मैं तुम्हें अपने से बचाऊँगी भुवन...'

'मैं स्वप्न देख कर उठी हूँ, तुम सो रहे हो, सोओ, मैं जगाऊँगी नहीं। पहले मन हुआ था, स्वप्न तुमसे कह दूँ, पर नहीं। तुम्हें देख कर न जाने क्यों एक पंक्ति मन में आई–तुमने पूछा था एक बार, "कविता लिखती हो?" हाँ, एक कविता मैंने भी लिखी है, पर मेरी कविता उसके शब्द में नहीं है, उसकी भावना में है–तुम पहुँचोगे?

शुभाशंसा चूमती है भाल तेरा–
स्नेह-शिशु, उठ जाग।

'तुम सोओ। अपने स्वप्न के लिए तुम्हें नहीं जगाऊँगी। स्वप्न में मैंने तुम्हारे प्रिय किसी को देखा था। न मालूम कौन होगी वह, लेकिन मैंने उसे देखा था, पहचाना था, और वह तुम्हें बहुत प्रिय थी। उसे देख कर मेरे मन में स्नेह उमड़ आया–ईर्ष्या होनी चाहिए थी पर नहीं हुई। भुवन, मैं तुम्हारे जीवन में आऊँगी और चली

जाऊँगी–मैं जानती हूँ अपने भाग्य की मर्यादाएँ!–पर तुम्हें जो प्रिय हैं उन्हें प्यार कर सकूँगी–सहज भाव से, बिना आयास के। और सोचती हूँ, तुम्हारी करुणा सदैव मुझे शान्ति दे सकेगी'।...

'तुमने मेरे जूड़े में लाल फूल खोंस कर मेरा सिर ढक दिया है; तुमने मेरी पलकें, मेरा मुँह–...एक धधकते हुए प्रभा-मंडल से मेरा शीश घिर गया है...क्या इस की दीप्ति दुर्भाग्य के उस मंडल को छार न कर डालेगी जो मेरे साथ रहा है?'

'मैंने तुम्हें गाना सुनाया था : शारद प्राते आमार रात पोहालो। मेरी वंशी, तुम्हें किस के हाथ सौंप जाऊँगी? अब सोचती हूँ, क्या उसमें भवितव्य की सूचना थी–क्या मैं तब जान गई थी, देख सकी थी–...मूक मेरी वंशी, अभी सहसा तुम्हारी बहकी हुई साँस से मुखर हो उठी है, और अभी मूक हो जाएगी। होने दो, चुकने दो रात–! मैंने गाया था, महाराज, यह किस साज में आप मेरे हृदय में पधारे हैं? उसमें कौतुक भी है, अचरज का चकित भाव भी है, और अपनापे की द्योतक ठिठोली भी है–कोटि शशि-सूर्य लजा कर पैरों में लोट रहे हैं; महाराज, यह किस ठाठ से आप मेरे हृदय में पधारे हैं–मेरा देह-मन वीणा-सा बज उठा है...'

'शीत में बहुत ठिठुर जाएँ, तो नाक के ठिठुरने के साथ घ्राण-शक्ति मर जाती है। फिर बाहर, भीतर, फूलों में, मन्दिर के धूमायित वातावरण में–कहीं कोई गन्ध नहीं मिलती...लेकिन फिर बिजली की कौंध की तरह सहसा और तीखी वह लौटती है, नासा-पुट गन्ध से भर जाते हैं, सौरभ की तरंग में मानो डूबने लगता है व्यक्ति, साँस बन्द हो जाता है...वैसी ही स्थिति में मैं थी–बरसों की घ्राण-शक्ति-हत, और अब सहसा तुम्हारे धाम में तुम्हारे सौरभ ने छा लिया है...मैं लड़खड़ा गई हूँ, मूक हूँ, क्या कहूँ नहीं जानती, कैसे कहूँ नहीं सोच सकती...और तुम अभी चले जाओगे–कभी भी...फिर मिले–अगर मिले!–तो शायद कुछ कह पाऊँ–मेरी स्तब्ध आत्मा कुछ...'

'मैं जागती हूँ कि सोती हूँ? तुम हो, कि स्वप्न हो? मुझे लगता है कि मैं जागती हूँ, जाग कर तुम्हें देखती हूँ, और आश्वस्त हो कर सो जाती हूँ। लेकिन शायद सोती हूँ सोते में देख कर जाग उठती हूँ...'

रेखा बीच-बीच में उसकी ओर देख लेती थी। जानती थी कि वह कुछ सोच रहा है। पर उसने पूछा नहीं। सहसा भुवन के विषय में एक नए संकोच ने, एक ब्रीडा ने उसे जकड़ लिया था। क्षण-भर के लिए उसका मन नौकुछिया की उस घटना की ओर गया जब भुवन उसकी गोद में रोया था–कैसे वह कह सकी थी जो भी उसने कहा था? वह पछताती नहीं है, उसने जो कहा था उन्मुक्त उत्सृष्ट भाव से कहा था, पर...लाज से सिहर कर वह सिमट गई, पल्ला खींच कर उसने मानो अपने को और लपेट लिया।

भुवन ने पूछा, "ठंड लगती है?"

"नहीं, नहीं।" उसकी वाणी के अतिरिक्त आवेश को लक्ष्य कर भुवन ने उसकी ओर देखा; दोनों की आँखें मिलीं; भुवन की आँखों में स्नेह-पूर्ण कौतुक था, रेखा की आँखों में एक अन्तर्मुख लज्जा; पर सहसा उसका मन हुआ, वहीं बाँह फैला कर भुवन को खींच ले, इस पुरुष को, इस शिशु को, इस-'शुभाशंसा चूमती है भाल तेरा...'

मानो पहाड़ की छत पर एक हवा-धुली, धूप-मँजी झील; ओट को अधिक कुछ नहीं था, एक ओर खुला घास का पहाड़, जिस के नीचे एक झुरमुट; कुछ दूर पर झील से निकल कर बहता हुआ मुखर पहाड़ी नाला। तेज़ सनसनाती ठंडी हवा; आकाश में अत्यन्त शुभ्र उड़ते छोटे मेघ-खंड, मानो पवन अप्सराओं के नए धुले कंचुक-उत्तरीय उड़ाए लिये जा रहा हो। तुलियन।

घास में से उभरी हुई एक चट्टान पर धूप में दोनों बैठ गए : सामान और तम्बू आने में थोड़ी देर लगेगी-कुलियों को पहले रवाना किया गया था पर राह में वे उन्हें पीछे छोड़ आए थे।

"रेखा, उनके आने से पहले एक गाना गा दो।"

"कैसा?"

"गाने को कैसा भी होता है? जो चाहो-तुलियन के सम्मान में-झील, धूप, हवा, बादल, सबके-"

रेखा खड़ी हो गई। सामने आ कर उसने उँगलियों से ठोड़ी पकड़ कर भुवन का मुँह उठाया कि उस पर पूरी धूप पड़े, क्षण-भर उसे निहार कर झुक कर चूम लिया। हँस कर कहा, "यानी भुवन के सम्मान में-सारे भुवन के।"

थोड़ी देर बाद फिर वह बैठ गई :

यदि दो घड़ियों का जीवन
कोमल वृन्तों में बीते
कुछ हानि तुम्हारी है क्या?
चुपचाप चू पड़ें जीते।
निश्वास मलय में मिल कर
ग्रह-पथ में टकराएगा,
अन्तिम किरणें बिखरा कर
हिमकर भी छिप जाएगा।

आरम्भ उत्साह से हुआ था, पर फिर मानो स्वर अनमने हो गए। फिर भी वह गाती रही, फिर गान रुक गया। रेखा ने कहा, "भुवन, क्षमा करो, वह उदासी मेरी अपनी है, गान की नहीं। पर और एक सुनाऊँगी थोड़ी देर बाद–"

भुवन उठा! "चलो, धूप में टहलें।"

रेखा भी खड़ी हो गई। "लेकिन सूर्यास्त के पीछे नहीं दौड़ूँगी। वैसे इस ऊँचाई पर दौड़ भी नहीं सकती–"

भुवन ने कहा, "तुम्हें तकलीफ़ तो न होगी रेखा? इतनी ऊँचाई पर काफ़ी कष्ट भी हो सकता है–"

"नहीं, नहीं–नहीं!" रेखा ने दृढ़ता से प्रतिवाद किया, मानो दृढ़ता से हृदगति का भी नियन्त्रण हो जाता हो।

दोनों झील से कुछ ऊँचाई पर, सम-तल आगे-पीछे टहलने लगे।

दूर कुलियों का स्वर सुनाई दिया।

रेखा ने कहा, "अच्छा भुवन, फिर सही–रात को–आज तो पूर्णिमा होगी न?"

"सच? हाँ, आज-कल में ही होनी चाहिए। अच्छा आओ तम्बू की जगह ठीक करें पहले–"

तम्बू भी लग गए घास वाली पहाड़ी पर, झुरमुट से आगे बड़ा तम्बू रहने के लिए, झुरमुट से इधर जहाँ से नाला फूटता था उसके निकट एक छोलदारी सामान और खानसामा के लिए, दूसरी रसोई घर की। दिन छिपते खानसामा ने चाय भी तैयार कर दी। भुवन ने कहा, "इसी समय कुछ डिब्बे-विब्बे खोल कर खा लिया जाए, रात को और बनाने की ज़रूरत है क्या?"

रेखा ने सहमति प्रकट की। खानसामा को कह दिया गया। वह प्रबन्ध में लग गया। भोजन समाप्त होते न होते उसने कहा, "हुजूर हुकुम करें तो चाय फिर दे सकता हूँ–"

भुवन ने कहा, "अच्छा शुक्रिया–ठीक नौ बजे चाय दे देना।"

रेखा ने एक शाल कन्धे पर डाल ली और कहा, "मैं उस समय तक तम्बू के भीतर नहीं आऊँगी।"

"तो मैं ही कौन बैठ रहा हूँ।"

दोनों फिर बाहर टहलने लगे।

दिन छिप रहा था, लेकिन छिपा ठीक नहीं, क्योंकि द्वाभा में एक आलोक के क्षीण होते न होते दूसरा उज्ज्वल हो आया : बड़े से चाँद की चन्द्रिका सारे वातावरण में फैल गई।

दोनों किनारे-किनारे बढ़ते हुए काफ़ी आगे निकल गए। यहाँ पानी के बिलकुल पास एक चट्टान पर बैठ कर रेखा झुक कर हाथ से पानी उछालने लगी। भुवन भी

बैठ गया, पानी में हाथ उसने भी डाल दिए। पानी बहुत ठंडा था। लेकिन उसकी छलछलाहट बड़ी मधुर थी; ठंड, ऊँचाई और चाँदनी से स्फटिक से निखरे हुए वातावरण में उसमें छोटे घुँघरुओं की-सी रुनझुनाहट थी।

"अंग्रेज़ी हो तो माइंड करोगे?"

भुवन ने प्रश्न समझते हुए कहा, "बिलकुल नहीं।"

रेखा गाने लगी :

लव मेड ए जिप्सी आउट आफ़ मी!

भुवन ने आगे झुक कर पानी में खेलता हुआ उसका ठिठुरा हुआ हाथ बाहर निकाल लिया, फिर छोड़ा नहीं।

लव मेड ए जिप्सी आउट आफ़ मी!

बाहर चाँदनी थी, सुन्दर शीतल; ठंड से जड़ित वातावरण ऐसा लगता था, मानो सारा दृश्य एक विशाल हिम-शिला के अन्दर बँधा हो, और बाहर का प्रकाश उस शिला को जगमगा दे...परन्तु फिर भी तम्बू के भीतर की पीली रोशनी सुन्दर और आकर्षक थी। साढ़े नौ बजे थे, तम्बू के निकट आते हुए दोनों ने देखा, भीतर सब सामान ठीक-ठाक सज गया है; मेज़ पर लैम्प के प्रभामंडल के छोर पर दो प्याले रखे हैं, और हरे रंग के तौलिये में लिपटी हुई चायदानी-'चा-पोची' तो थी नहीं, और चाय गर्म रखने के लिए यह व्यवस्था की गई होगी...

आगे एक ओर सफ़री पलंग पर रेखा का बिस्तर बिछा था, चारखाने नीले पलंगपोश से ढका हुआ; दूसरी ओर नीचे लकड़ी के बड़े पटरों पर भुवन का। ये पटरे उसने इसलिए मँगा लिये थे कि वर्षा में कदाचित् यन्त्रादि को फर्श से ऊँचा रखना पड़े।

रेखा ने कहा, "यह क्या बात है-किफ़ायत, या कि मेरा अतिरिक्त सम्मान-"

"रेखा, खानसामा को तो एक ही खाट का पता था न? और ये पटरे कम नहीं हैं-फिर मेरी हवाई मैट्रेस है-" कह कर भुवन ने बिछौने का कोना उठा कर दिखा दिया। "बल्कि, मेरा किसी तरह कम सम्मान नहीं किया गया, इसका प्रमाण यह है कि चाहो तो मैं बदल लेता हूँ।"

दोनों चाय पीने लगे। कुछ बिस्कुट भी ढके रखे थे।

थोड़ी देर बाद भुवन बिना कुछ कहे उठ कर बाहर चला गया। जाते हुए तम्बू का पल्ला गिरा गया। रेखा ने इसका अभिप्राय समझ लिया, उसने कपड़े बदल लिये, भीतर जा कर मुँह-हाथ धोया, फिर शाल लपेट ली और पल्ला उठा कर बाहर चली आई। भुवन कुछ दूर पर टहल रहा था, वहीं चली गई।

थोड़ी देर साथ टहलता रह कर भुवन तम्बू की ओर लौट गया।

रेखा कुछ और आगे बढ़ गई। एक चट्टान पर बैठ गई। थोड़ी देर बाद उसने एक-एक काँटा निकाल कर जूड़ा खोला, बाल खोल डाले, फिर सिर को एक बार झटक कर उन्हें कन्धों पर फैला लिया। फिर उसने चाँद की ओर मुँह उठा कर आँखें बन्द कर लीं, उसका सारा शरीर शिथिल हो आया।

ऐसा ही भुवन ने उसे लगभग घंटे-भर बाद पाया। वह कपड़े बदल कर फिर लौटा नहीं था, यह सोच कर कि रेखा उसी के कारण बाहर रुकी है तो थोड़ी देर में स्वयं आ जाएगी, पर जब वह बहुत देर तक न आई तब वह देखने निकला। पहले एक बार यों ही चारों ओर नज़र दौड़ाई, पर कहीं गति का कोई लक्षण नहीं देखा, सर्वत्र निश्चलता; तब वह आगे बढ़ा।

जब उसकी आँखों ने सहसा रेखा का आकार पहचाना, तो वह वहीं ठिठक गया। रेखा ठीक वैसे बैठी थी जैसे लखनऊ में उसने देखा था, शिथिल, शान्त, दूर।

और वह वैसा ही ठिठका रहता, अगर यह न देखता कि रेखा की शाल उसके कन्धों से गिर गई है, और उसे होश नहीं है। कन्धों पर का सफ़ेद रेशम चाँदनी में ऐसा चमक रहा है, जैसे छोटे-छोटे पंख।

उसने शाल उठाते हुए कहा, "पगली, चाँदनी बहुत है, सब पी न सकोगी। चलो, जमी जा रही हो ठंड से-ऐसे तो तुम्हीं चाँदनी हो जाओगी।"

"हाँ, बत्ती बुझा दो, पर पल्ला आधा खोल दो कि चाँदनी दीखती रहे।"

भुवन ने एक ओर का पल्ला ऊँचा कर के ऐसे बाँध दिया कि ऊपर से खुला रहे, उससे चाँदनी का एक वृत्त रेखा के पास फर्श पर पड़ने लगा।

"अभी थोड़ी देर में यह बढ़ कर तुम्हारे ऊपर आ जाएगा, न?" रेखा ने कहा।

"अँ-हाँ।"

भुवन लेट गया और उस खुली हुई जगह में से बाहर आकाश देखने लगा। बहुत देर तक वह मुग्ध भाव से देखता रहा, कुछ बोला नहीं। न रेखा कुछ बोली।

सहसा उसे ध्यान आया कि चाँदनी का वह वृत्त उसके ऊपर आ गया है। तब यह देखने को कि रेखा जग रही है या नहीं, उसने उधर देखा।

रेखा ज्यों-की-त्यों बैठी थी, चाँदनी के प्रतिबिम्बित प्रकाश में उसे देखती हुई।

भुवन ने हड़बड़ा कर कहा, "रेखा, ठिठुर जाओगी-"

रेखा ने जैसे सुना नहीं।

भुवन ने उठ कर उसके कन्धे पकड़े-ठंडे, जैसे बर्फ। बलात् उसे लिटा दिया, कम्बल उढ़ा दिए। धीरे-धीरे उसके चेहरे पर हाथ फेरने लगा; चेहरा भी बिलकुल

ठंडा था। उसने खाट के पास घुटने टेक कर नीचे बैठते हुए रेखा के माथे पर अपना गर्म गाल रखा, उसका हाथ धीरे-धीरे रेखा के कन्धे सहलाने लगा। भुवन ने कम्बल खींच कर कन्धे ढक दिए। कम्बल के भीतर उसका हाथ रेखा का वक्ष सहलाने लगा–

सहसा वह चौंका। झीने रेशम के भीतर रेखा के कुचाग्र ऐसे थे, जैसे छोटे-छोटे हिमपिंड...और अब तक जड़ रेखा के सहसा दाँत बजने लगे थे।

''पगली–पगली!''

भुवन ने एकदम खड़े हो कर एक हाथ रेखा के कन्धे के नीचे डाला, एक घुटनों के; उसे कम्बल समेत खाट से उठाया और अपने बिछौने पर जा लिटाया। अपने कम्बल भी उसे उढ़ाए, और उसके पास लेट कर उसे जकड़ लिया।

सहसा रेखा ने बाँहें बढ़ा कर उसे खींच कर छाती से लगा लिया; उसके दाँतों का बजना बन्द हो गया। क्योंकि दाँत उसने भींच लिये थे; भुवन को उसने इतनी ज़ोर से भींच लिया कि उन छोटे-छोटे हिमपिंडों की शीतलता भुवन की छाती में चुभने लगी...

फिर स्निग्ध गरमाई आई। भुवन ने धीरे-धीरे उसकी बाहु-लता की जकड़ ढीली कर के उसे ठीक से तकिये पर लिटा दिया; और हाथ से उसकी छाती सहलाने लगा। चाँदनी कुछ और ऊपर उठ आई थी, रेखा की बन्द पलकें नए ताँबे-सी चमक रही थीं।

> *''दिस दाई स्टेचर इज़ लाइक अंटु ए पाम ट्री, एंड दाइ ब्रेस्ट्स टु क्लस्टर्स आफ़ ग्रेप्स।*
>
> *''आइ सेड, आइ विल गो अप टु द पाम ट्री, आइ विल टेक होल्ड आफ़ द-बाउज देयराफ : नाउ आल्सो दाई ब्रेस्ट्स शैल बी एज क्लस्टर्स आफ़ द वाइन, एण्ड द स्मेल आफ़ दाइ नोज लाइक एप्ल्स।''*

सहसा भुवन ने कम्बल हटाया, मृदु किन्तु निष्कम्प हाथों से रेखा के गले के बटन खोले, और चाँदनी में उभर आए उसके कुचों के बीच की छाया-भरी जगह को चूम लिया। फिर अवश भाव से उसकी ग्रीवा को, कन्धों को, कर्णमूल को, पलकों को, ओठों को, कुचों को...और फिर उसे अपने निकट खींच कर ढक लिया :

सालोमन का गीत उस घिरे वातावरण में गूँजता रहा।

> *''आइ स्लीप, बट माइ हार्ट वेकेथ; इट इज़ द वॉयस आफ़ माइ बिलवेड दैट नाकेथ, सेइंग : ओपन टु मी, माइ सिस्टर, माइ लव, माइ डव, माइ अनडिफाइन्ड, फार माइ हेड इज़ फ़िल्ड विथ ड्यू, एंड लाक्स विथ द ड्राप्स आफ़ द नाइट...''*

भुवन ने अपना माथा रेखा के उरोजों के बीच में छिपा लिया : उनकी गरमाई उसके कानों में चुनचुनाने लगी : फिर उसके ओठ बढ़ कर रेखा के ओठों तक पहुँचे, उन्हें चूमा और प्रतिचुम्बित हुए।

> *"माइ बिलवेड इज़ माइन, एंड आइ एम हिज, ही फ़ीडेथ एमंग द लिलीज़..."*

क्यों भुवन के ओठ शब्दहीन हो गए हैं, स्वरहीन हो गए हैं, क्या वह गीत के ही बोल स्वरहीन हिलते ओठों से कह रहा है या कुछ और कह रहा है?

"रेखा, आओ..."

> *"आइ रोज़ अप टु ओपन टु ओपन टु माइ बिलवेड, एंड माइ हैंड्स ड्राप्ड विथ मर्ह एंड फिंगर्स–..."*

"चाँदनी बहुत है, सब पी न सकोगी...ऐसे में तुम्हीं चाँदनी हो जाओगी।"

"और तुम, भुवन, तुम? तुम भी, लेकिन जम कर, नहीं द्रवित होकर!"

कभी रेखा जागी। तब चाँदनी शायद दोनों के सटे हुए चेहरों को लाँघ कर ऊपर उठती हुई फिर खो गई थी; रात का एक ठंडा स्पर्श उस खुली जगह से अन्दर आता हुआ दोनों के तपे माथे और गालों को सहला रहा था; रेखा ने एक लम्बी साँस खींच कर उसे पी लिया; उसके जिस हाथ पर भुवन सोया था उसकी उँगलियाँ उसके माथे के उलझे बालों से बड़े कोमल स्पर्श से खेलने लगीं, कि वह जागे नहीं; फिर वह दुबारा सो गई।

कभी भुवन जागा। उसकी चेतना पहले केन्द्रित हुई उस हाथ में जो रेखा के वक्ष पर पड़ा उसकी साँस के साथ उठता–गिरता–उफ, कितने कोमल आलोड़न से, जिस से भुवन को लगता था कि उसकी समूची देह ही मानो धीरे–धीरे आलोड़ित हो रही है, मानो बहती नाव में वह सोया है...अवश हाथ, जिन्हें वह हिला भी नहीं सकता, अवश देह, लेकिन एक स्निग्ध गरमाई की गोद में अवश–चाँदनी वह अधिक पी गया है–'चाँदनी, मदमाती, उन्मादिनी'!...और उस समय मीठी अवशता को समर्पित वह भी फिर सो गया...

फिर भुवन जागा, इस बार सहसा सजग; कुहनी पर ज़रा उठ कर उसने देखा, रेखा सीधी सोई है। उसने झुक कर धीरे से उसके ओठ चूम लिये; रेखा जगी नहीं पर उसके ओठ ऐसे हिले मानो स्वप्न में कुछ कह रही है। फिर सालोमन का गीत गूँज गया :

"एंड द रूफ आफ़ दाइ माउथ लाइक द बेस्ट वाइन फार द बिलवेड, दैट गोएथ डाउन स्वीटली, काज़िंग द लिप्स आफ़ दोज दैट आर एस्लीप टु स्पीक..."

और उसने बड़े ज़ोर से रेखा के ओठ चूम लिये, वह जागी और उसकी ओर उमड़ आई :

"लेट अस गेट अप अर्ली टु द विनयार्ड्स, लेट अस सी इ़फ द वाइन फ़्लरिश, ह्वेदर द टेंडर ग्रेप्स एपीयर, एंड द प्रोमेग्रेनेट्स बड .फ़ोर्थ : देयर विल आइ गिव दी आफ़ माइ लव्ज।"

और वह उमड़ना फिर एक आप्लवनकारी लहर हो गया।

"आइ एम ए वाल, एंड माइ ब्रेस्ट्स लाइक टावर्स देन वाज़ आइ इन हिज आइज़ एज़ वन दैट फाउंड फेवर..."

ऐसा ही भोर के चोर-पैर आलोक ने उन्हें पाया। पर जगाया नहीं, चुपके से एक ओर हो गया। फिर धूप की एक किरण तम्बू के पल्ले से झाँकती हुई आई–पर आगे नहीं बढ़ी।

रेखा उठी। पल्ले को खोल कर उसने गिरा दिया, एक क्षण-भर भुवन की ओर निहारा, फिर बाहर चली गई।

अनन्तर भुवन उठा। अचंचल हाथों से उसने रेखा के कम्बल उठा कर उसके बिस्तर पर डाले, अपने बिस्तर की सलवटों को ठीक-ठाक किया, पल्ले की ओर बढ़ा पर लौट गया, भीतर जा कर मुँह धोया और पोंछता हुआ बाहर निकला; एक बार चारों ओर नज़र दौड़ाई; रेखा के तकिए में जो गड्ढा था जहाँ उसका सिर रहा होगा सहसा झुक कर उसे चूमा, फिर तम्बू के दोनों पल्ले उलट दिए और बाहर निकल दोनों बाँहें फैला कर, सूर्य की धूप को गले से लगाते हुए मानो नए दिन का अभिनन्दन किया।

धूप चढ़ आई। नाश्ते के बाद भुवन ने पूछा, "तैरने चलोगी?"

"हाँ। मैं कास्ट्यूम लाई हूँ!"

"पानी बहुत ठंडा है–जम जाओगी।"

वह वाक्य प्रतिध्वनि-सा लगा। सहसा स्मृति की बाढ़ आई। "तुम तो-चाँदनी में ही जम गई थीं!" भुवन की आँखें उससे मिलीं, उन में कौतुक था। रेखा ने आँखें नीचे करते और मुँह दूसरी ओर फेरते हुए कहा, "और तुम–तुम पिघल गए थे–?"

फिर सहसा लज्जित हो कर सिमटती-सी दूसरी ओर चल दी।

भुवन ने पास जा कर कहा, "लजाती हो–मुझ से–अब?"

"हटो–तुमसे नहीं तो और किस से लजाऊँगी? और कौन–" और रेखा तम्बू के अन्दर भाग गई।

भुवन ने नीचे जा कर खानसामा से कहा कि दोपहर का कुछ हलका भोजन तैयार कर के रख दे, और फिर पहलगाँव जा कर और जो-कुछ ताजा सामान लाना हो ले आए–दो दिन के लायक, क्योंकि परसों फिर नीचे जाना होगा बाकी सामान के लिए। अभी वे लोग तैरने जाएँगे, लौट कर स्वयं कुछ खा लेंगे। खानसामा ने केवल कहा, "हूज़ूर, पानी बहुत ठंडा है," और अपने काम में लग गया।

भुवन तम्बू में गया। रेखा मेज़ के पास खाट के सिरे पर बैठी कुछ सोच रही थी।

"फिर कुछ लिखना चाहती हो? तुम पहले जीती हो और लिखती हो, कि पहले लिखती हो फिर जीती?"

"यही भेद नहीं पहचान पा रही हूँ–यह मेरा सौभाग्य है। और तुम्हारा वरदान।" कुछ रुक कर वह बोली, "मैं कहानी लिखने जा रही थी–तुम्हारे पढ़ने के लिए। पर तुम्हें सुना ही देती हूँ।"

भुवन ने घुटने टेककर कुहनियाँ मेज़ पर रखीं, ठोड़ी हथेली पर जमाई, बिलकुल बच्चों की-सी मुद्रा बनाता हुआ बोला, "सुनाओ।"

"हँसना मत! तुमने पंडितराज कोक का नाम सुना है?"

"हाँ, पर यह भी सुना है कि सभ्य लड़कियाँ उसका नाम नहीं लेतीं।"

"नहीं लेती होंगी। उन को हक ही नहीं होगा। पर बीच में मत बोलो, नहीं तो नहीं कह पाऊँगी। कोक कश्मीर-राज के मन्त्री थे, पर कैसे हुए इसी की कहानी है। राजा की एक कन्या थी। राज्य भर में नंगी फिरा करती थी। टोकने पर कहती थी, मुझे काहे की शरम? राज्य में मैं किसी को पुरुष मान कर देखूँ तब तो लजाऊँ? मैं किसी को देखती ही नहीं।"

"एक दिन कोक वहाँ आए, उन्होंने राजकुमारी को देखा। उन से आँखें चार होते ही सहसा वह लजा गई; उसे लगा वह नंगी है; भाग गई और जा कर कपड़े पहन लिये।"

वह बहुत देर तक रुकी रही। फिर भुवन ने कहा, "पूछने की इज़ाज़त है।"

"बस। इतनी ही कहानी मैं सुनाना चाहती थी। वैसे बाद में कोक से उसका विवाह हुआ, और उसी को अपने सब रहस्य सिखाने के लिए कोक ने अपना ग्रन्थ लिखा। पर वह अलग कहानी है।"

"आह!" कह कर भुवन चुप हो गया।

रेखा ने सहसा फिर कहा, "यह कहानी मुझे जानते हो किस ने सुनाई थी? मेरा शाप छूट गया है, मैं नाम ले सकती हूँ–हेमेन्द्र ने। क्यों, कब, यह नहीं बताना होगा। पर–उसे भी पुरुष कर के मैंने जाना नहीं था।"

भुवन चुपचाप उसे देखता रहा। फिर एक लम्बी साँस उसने ली। उठ कर आया, धीरे-धीरे रेखा के केश सहलाता रहा।

थोड़ी देर बाद बोला, "अच्छा, चलो तैरने–"

"चलो, मैं आती हूँ।"

तीसरे पहर दोनों पहाड़ की चोटी पर थे, खुली धूप में। हाथ पकड़े-पकड़े एक बार उन्होंने चारों ओर देखा। निर्जन–कहीं कोई नहीं दीख रहा था। एक ओर झील का विशाल मुकुर, और सब ओर आकाश, नीला, मुक्त, अतल...

रेखा ने कहा, "देखो, हम दुनिया की छत पर हैं।"

तैरने के बाद बदन सुखा कर वह धूप में लेटे रहे थे। फिर लौट कर खाना खाया था, और थोड़ी देर के लिए फिर धूप में आए थे, उससे शरीर अलसा गया तो जा कर थोड़ी देर सो गए थे। फिर रेखा ने उठ कर उसे उठाया था, दोनों बिस्तर ठीक कर दिए थे, और कहा था, "घूमने नहीं चलोगे–फिर धूप चली जाएगी?" और उसी तरह भटकते हुए नंगे पैर ही, दोनों यहाँ तक चढ़ आए थे...

भुवन एक चपटी चट्टान पर पाँव फैला कर बैठ गया।

रेखा ने खड़े-खड़े पूछा, "भुवन, मेरी मोहलत कब तक की है?"

भुवन अचकचा गया। कुछ उत्तर न दे सका।

"बोलो?"

भुवन ने धीरे-धीरे कहा, "परसों पहलगाँव जाना होगा, सामान लिवाने–"

रेखा ने शान्त स्वर से कहा, "अच्छा।" उसमें कोई आक्रोश, प्रतिवाद, आवेश, कुछ नहीं था, केवल एक स्थिर स्वीकार। उसने दोनों हाथ उठा कर एक बड़ा-सा वृत्त बनाते हुए फैलाए और फिर नीचे गिरा लिये–न मालूम अँगड़ाई लेते हुए, या उस विस्तीर्ण आकाश को बाँहों में समेटते हुए।

सहसा भुवन ने भर्राए कंठ से कहा, "आओ!" रेखा ने मुड़ कर देखा, उसका हाथ रेखा की ओर बढ़ा है एक आह्वान में; उस पुकार को उसने समझा, भुवन के पास घुटने टेकते और झुकते हुए उसने फुसफुसाते स्वर में उत्तर दिया, "आई लो–"

साक्षी हो सूर्य, और आकाश, और पवन, और तले बिछी घास और चट्टानें, साक्षी हो अन्तरिक्ष के अगणित देवता और अकिंचन वनस्पतियाँ–

लेकिन यह एक सत्य है जो कोई साक्षी नहीं माँगता, सिवाय अपने ही भीतर की निविड़ समर्पण की पीड़ा के, अपने ही में निहित, स्पन्दित और क्रियाशील असंख्य पीड़ाओं की असंख्य सम्भावनाओं के...

साँझ, रात, दूर टुनटुनाती गोधूली की घंटियाँ, शुक्र तारा, तारे, चाँद, लहरियों पर चाँदनी की बिछलन, छोटे-छोटे अभ्र-खंड, ठंडी हवा, सिहरन, ऊँचाई, ऊँचाई के ऊपर आकाश में चुभता-सा पहाड़ का सींग, आकाश...सबका अर्थ है, सब-कुछ का अर्थ है, अभिप्राय; ठिठुरे हाथ, अवश गरमाई, रोमांच, सिकुड़ते कुचाग्र, कनपटियों का स्पन्दन, उलझी हुई देहों का घाम, कानों में चुनचुनाते रक्त-प्रवाह का संगीत-इन सबका भी अर्थ है, अभिप्राय है, प्रेष्य सन्देश है; नहीं है तो इन सबके योगफल और समन्वय प्रकृति का ही अर्थ नहीं है, अभिप्राय नहीं है, केवल उद्‌देश्य...

क्यों न सब-कुछ का अर्थ है-दूसरा, गहरा अर्थ? ऐसा ही रहा, तो और एक-आध दिन में हर स्थान का, हर दृश्य का, हर बात का एक गहनतर, गोपनतम अर्थ हो जाएगा, एक रागात्मक ऐश्वर्य-तब रेखा किसी ओर मुड़ नहीं सकेगी बिना उस अर्थ से अभिसिंचित हुए...भुवन पूछता है, "पहाड़ पर चलोगी?" तो वह सिहर उठती है, "ठंड तो नहीं लगती?" तो लजा जाती है, "आओ, बैठें," तो मानो उसके घुटने मोम हो जाते हैं...लेकिन ऐसा रहेगा नहीं, और एक दिन भी नहीं, यह दोपहर ढलेगी तो जो रात होगी, उसके बाद जो सवेरा होगा...

तीसरे पहर फिर घूमने पहाड़ पर जाने की बात थी, शायद उस पार तक, पर दोपहर की संक्षिप्त नींद से उठ कर उन्होंने देखा, बादल का एक बड़ा-सा सफ़ेद साँप झील के एक किनारे से उमड़ कर आ रहा है, और उसकी बेडौल गुंजलक धीरे-धीरे सारी झील पर फैली जा रही है, थोड़ी देर में वह सारी झील पर छा कर बैठ जाएगा, और फिर शायद उसका फन ऊपर पहाड़ की ओर बढ़ेगा-

भुवन ने कहा, "शायद बारिश हो, नहीं जाएँगे।"

तम्बू के सामने के चँदोवे में, नीचे पटरे डाल कर उन पर कुछ बिछा कर दोनों बैठ रहे, देखते रहे बादल को धीरे-धीरे झील पर छाते हुए। जब वह घाटी से उमड़ कर आया, तब उसका बड़ा स्पष्ट आकार था, पर झील पर आ कर वह बिखरने लगा था, बादल की अपेक्षा एक धुन्ध की तरह ही, झील की सतह को दुलराता हुआ...

"देखते हो, बादल कैसे झील को दुलराता है–"

ओफ, ये गहनतर अर्थ...रेखा की छाती में गुदगुदी होने लगती है, वह चाहती है कि भुवन का सिर खींच कर वहाँ छिपा ले, भुवन के ओठों को भींच ले कुचों के बीच जहाँ उसने दो दिन पहले पहली बार चूमा था...लेकिन वह निश्चल बैठी है, बिलकुल निश्चल, भुवन का ही हाथ उसका हाथ खोजता आता है और उस पर टिक जाता है, बहुत धीरे-धीरे उसे दुलराता हुआ...

उसमें भी अर्थ है, गहनतर अर्थ, उस धीरे-धीरे दुलराते हाथ में...

झील बिलकुल छिप गई। केवल एक सफ़ेद धुन्ध की दीवार : कहीं कोई दिशा नहीं, क्षितिज नहीं; दोनों धुन्ध में खो गए; केवल वे दोनों, तम्बू का चँदोवा, और धुन्ध, धुन्ध, व्यापक धुन्ध...

भुवन ने सहसा उदास हो कर कहा, "कल–"

रेखा ने सहसा उसे रोक दिया। कल कल, आज क्यों? वह नहीं कहने देगी भुवन को कुछ भी–पर भुवन ने जब फिर कहना चाहा, "कल इस समय–" तो रेखा ने बढ़ कर अपने ओठ उसके ओठों पर रख दिए और उसे चुप करा दिया।

बस इतना ही, चन्दोवा भी नहीं, धुन्ध में केवल चेहरे, केवल मिली हुई आँखें, ओठ–

लेकिन रात को जब भुवन ने बड़े आदर से उसे अपने पास लिटा कर अच्छी तरह उढ़ा दिया, और एक कुहनी पर टिके-टिके धीरे-धीरे उसे थपकने लगा, तब एक बड़ी गहरी उदासी ने उसे पकड़ लिया। भुवन की किसी बात का कोई उत्तर उसने न दिया, उसके पास लेटी, एक शिथिल हाथ उसकी कमर पर डाले, अपलक, शून्य, न देखती हुई दृष्टि से उसकी छाती की ओर देखती रही। भुवन जब बहुत आग्रहपूर्वक पूछता, तो कभी अंग्रेज़ी में, कभी बंगला में, कभी हिन्दी में कुछ गुनगुना देती–कभी पद्य, कभी गद्य–अपनी ओर से कुछ न कहती। एक बार भुवन ने कुछ शिकायत के से स्वर में कहा, "तुम सिर्फ़ कोटेशन बोल रही हो–अपना कुछ नहीं कहोगी?"

तो उसने खोये से स्वर में कहा, "अपना? अपना क्या? मैं सिर्फ़ कोटेशन बोलती हूँ, भुवन, क्योंकि मैं स्मृति में जी रही हूँ।"

भुवन चुप हो गया। धीरे-धीरे रेखा की आविष्ट उदासी उस पर छा गई, उसने धीरे-धीरे अपना सिर रेखा के माथे पर टेक दिया और निश्चल हो गया। बीच-बीच में वह अनमने हाथ से उसे दो-एक बार थपक देता, या अनमने ओठों से उसकी पलकें छू लेता, बस।

बहुत हलकी-सी बारिश होने लगी। तम्बू पर बूँदों की थाप पहले तीखी पड़ी, पर वह जैसे-जैसे भीगता गया वह थाप भारी होती गई; थोड़ी देर में एक मन्द स्वर उनके उदास राग में तानपूरे की संगत करने लगा...

न जाने कब धीरे-धीरे दोनों सो गए। प्रकृति का कोई अर्थ नहीं है, अभिप्राय नहीं है, केवल उद्‌देश्य; प्राणिमात्र उसके अनुगत हैं।

वापसी का रास्ता सदैव बहुत छोटा होता है; विशेषकर जब दुनिया की छत पर से नीचे उतरें : वह उतराई वैसी नहीं होती कि पैर पसार कर, पृथ्वी के गुरुत्वाकर्षण से मानो मुक्त, हवा पर तिर जाएँ और जा कर उतरें न जाने कहाँ दूर, दूर वायुमण्डल के पार एक श्वासरुद्ध, निरे आलोक की दूसरी दुनिया में; यह उतराई होती है नीचे-मिट्टी की, लोगों के पैरों से रौंदी हुई धरती पर...

पहलगाँव दीखने लगा, तो रेखा ने धीरे-धीरे-बिना आग्रह के मानो उसकी बात न भी मानी जाए तो कोई बात नहीं, कहा, ''अभी तो नहीं पहुँचे होंगे-उधर से ऊपर से चलें-''

भुवन तुरन्त मुड़ गया।

चलने से पहले भुवन ने कहा था, ''रेखा, अभी क्या जल्दी है; और दो दिन रह जाओ-मैं कल जा कर सामान लिवा लाऊँ-''

रेखा ने उसकी आँखों में देखा था। नहीं, औपचारिक बात नहीं थी; भुवन सचमुच उसे ठहरने को कह रहा था।

यही ठीक है, यही ठीक है। यहाँ वह विदा लेने नहीं आई, विदा देने आई है। भुवन उसे रहने को कहता रहे, सुनते-सुनते ही वह चली जाए। यही ठीक है...उसने सहसा कड़े पड़ कर कहा था, ''नहीं भुवन, जाऊँगी। मैंने वचन दिया था।''

चलते हुए वे सीधे रास्ते से नीचे नहीं उतरे थे, पहले ऊपर चढ़े थे-पहाड़ की छत पर-रेखा, आगे-आगे। ऊपर पहुँच कर रेखा ने एक बार चारों ओर देखा था, रुक-रुक कर, मानो एक-एक स्थल को दृष्टि में बसाते हुए, स्मृति की गाँठ बाँधते हुए; फिर कहा था, ''भुवन, जाने से पहले मैं एक बात कहना चाहती हूँ। आइ एम फुलफ़िल्ड। अब अगर मैं मर जाऊँ तो परमात्मा के-प्रकृति के-प्रति यह आक्रोश ले कर नहीं जाऊँगी कि मैंने कोई भी फुलफ़िल्मेंट नहीं जाना-कृतज्ञ भाव ही ले कर जाऊँगी-परमात्मा के प्रति और-भुवन, तुम्हारे प्रति।'' और हठात् वह भुवन के पैरों की ओर झुक गई थी और भुवन के चौंकते-न-चौंकते उसके पैरों की धूल ले ली थी।

चुपचाप वे उतरते गए थे। रुद्धकंठ, स्तब्धप्राण, आविष्ट।

फिर सहसा पहलगाँव दीख गया था। रेखा रुक गई थी। पहलगाँव की ओर ताकते-ताकते ही उसने भुवन का हाथ पकड़ा था और दबा कर छोड़ दिया था।

जिस रास्ते से वे चले, उससे नदी या कि बड़ा पहाड़ी नाला पड़ता था। पुल था, वे पार हो गए। पर पहलगाँव इसी पार था, इस नदी और शेषनाग नदी के संगम पर। फिर भी दोनों उसी पार से धीरे-धीरे नाले के साथ उतरने लगे।

आधा मील आगे जा कर भुवन ने देखा, एक पेड़ का तना नदी के आर-पार पड़ा है। स्पष्ट ही वह पुल का काम देने के लिए डाला गया है, पैदल इस पर आ-जा सकते हैं। भुवन ने पूछा, "इससे पार चलें-सकोगी?"

"अब सब-कुछ सकूँगी, भुवन!" रेखा बोली। भुवन ठीक समझ नहीं सका कि इसका अभिप्राय क्या है : रेखा आगे बढ़ कर तेज़ पैरों से तने पर चल चली। मँझधार जा कर रुकी, नीचे पानी की ओर देखा, और फिर वहीं बैठ गई। भुवन भी कुछ दूर आगे बढ़ कर बैठ गया।

रेखा गाने लगी। उसका गला भर्रा रहा था, स्वर मानो अब टूटा, अब टूटा, वह चेहरे पर एक मुसकान लिये गाए जा रही थी, किसी बात का उसे होश नहीं था, यहाँ तक कि भुवन को लगा, उसकी उपस्थिति की खबर भी रेखा को नहीं है :

"तोमार सुरेर धारा झरे जेथाय तारि पारे
देबे कि गो वासा आमाय देबे कि एकटि धारे।
तोमार सुरेर धारा झरे जेथाय तारि पारे।
आमि शुनबो ध्वनि काने आमि भरबो ध्वनि प्राणे
आमि शुनबो ध्वनि
सेई ध्वनि ते चित बीणाय तार बाँधिबो बारे-बारे।
देबे कि गो बासा आमाय देबे कि...
तोमार सुरेर धारा झरे जेथाय तारि पारे।
देबे कि गो बासा आमाय देबे कि-..."

मानो दूर, अलग हटाया हुआ, भुवन सोचने लगा। एक अद्‌भुत भाव उसके मन में उठा। अभी पीछे देखने, सोचने, परखने की सामर्थ्य उसमें नहीं थी, इतना ही उसके मन में उठा कि यह उसके जीवन का एक अत्यन्त महत्त्वपूर्ण सन्धि-स्थल है...क्या वह भी रेखा की तरह कह सकता है कि अब वह फुलफ़िल्ड है, कि अब वह मर सकता है? पर फुलफ़िल होना क्या है? एक तन्मयता उसने जानी है, एक अभूतपूर्व तन्मयता; लेकिन स्वयं वह जो जाना है उससे कुछ अधिक और कुछ अधिक गहरा रेखा उसके निमित्त से जान सकी है-अधिक गहरा क्योंकि वह स्त्री है, और स्त्री होते हुए भी उसने वह साहस किया है जो शायद भुवन में नहीं है; अधिक गहरा इसलिए, कि उसे जानने के लिए पहले जाने कितना-कुछ भुलाना भी पड़ा है...तो क्या यही फुलफ़िल्मेंट नहीं है कि कोई किसी को वह

चरम अनुभूति दे सके–देने का निमित्त बन सके–जो जीवन की निरर्थकता को सहसा सार्थक बना देती है? सचमुच, ऐसे सन्धि–स्थल पर ही मरना चाहिए, यह कहते हुए कि मैं कुछ दे सका जो मुझसे से बड़ा है, मुझ से अच्छा है...अगर वह यहीं से नीचे कूद पड़े–रेखा गाना समाप्त कर के मुड़ कर देखे कि वह नहीं है, गुम हो गया है, तो–

लेकिन रेखा ने सहसा गाना बन्द कर दिया। पुकारा, "भुवन! भुवन!"

"हाँ"

"यहाँ आओ।"

भुवन पास सरक आया।

"मेरा हाथ पकड़ो।"

भुवन ने पकड़ लिया।

"भुवन तुम वैज्ञानिक हो। लेकिन तुम्हारी आकांक्षा क्या थी–वैज्ञानिक होने की ही, या और कुछ?"

"क्यों?" कह कर भुवन तनिक रुका, फिर जैसे सच बता देने को बाध्य हो, ऐसे बोला, "मेरा स्वप्न था डॉक्टर होने का–बहुत बड़ा सर्जन–"

"और मेरा था वायलिनिस्ट होने का–बहुत बड़ी वायलिनिस्ट।"

दोनों थोड़ी देर चुप रहे। फिर रेखा ने धीरे-धीरे कहा : "उसे मैं वायलिन भी सिखाऊँगी–और वह बड़ा सर्जन भी होगा।"

एक सन्नाटा–नदी के स्वर में स्पन्दित।

थोड़ी देर बाद वह खड़ी हो गई। भुवन का हाथ पकड़े-पकड़े उसे उठाया, और हाथ पकड़े ही पार हो गई।

बस्ती के पास भुवन ने पूछा, "पहलगाँव ठहरोगी? मैं चौथे-पाँचवें दिन आऊँगा डाक-वाक देखने–"

"शायद, अभी कुछ सोचा नहीं–"

लेकिन भुवन के कुली जब आ गए, और वह उन्हें आगे चला कर थोड़ी देर होटल के बरामदे में रेखा के पास खड़ा रहा, और फिर सहसा कुछ भी कहना असम्भव पा कर रेखा के हाथ को ज़ोर से भींच कर, एक कन्धे से उसका आधा आलिंगन कर के जल्दी से उससे टूट कर, अलग हो कर बिना लौट कर देखे चला गया–रेखा भी बोली नहीं, केवल बेबस हाथ बढ़ाए खड़ी रह गई–उसके घंटा-भर बाद जब कुली ऊपर से रेखा का सामान ले कर आ पहुँचा, तो वह रुकी नहीं, तत्काल बस में जा बैठी और श्रीनगर के लिए रवाना हो गई।

चौथे-पाँचवें दिन भुवन पहलगाँव आया। सीधा होटल गया। मालूम हुआ कि रेखा वहाँ ठहरी नहीं, उसी दिन चली गई। फिर वह डाकघर डाक पूछने गया। हाँ, तीन-चार चिट्ठियाँ थीं। उसने ले लीं। हाँ, एक बड़े लिफ़ाफ़े पर रेखा के अक्षर थे। उसने लिफ़ाफ़ा खोला। ठीक पत्र नहीं था, अलग-अलग काग़ज़ के कई टुकड़े थे। भुवन ने जहाँ-तहाँ पढ़ा-एक-आध जगह कविता की पंक्तियाँ थीं-

आई सेड टु माई सोल : बी स्टिल, एंड वेट विदाउट होप
फ़ार होप वुड बी होप आफ़ द रांग थिंग; वेट विदाउट लव
फ़ार लव वुड बी लव आफ़ द रांग थिंग; देयर इज़ येट फ़ेथ;
बट द फ़ेथ एंड द लव एंड द होप आर आल इन द वेटिंग।...

फिर भुवन ने सब काग़ज़ जेब में डाल लिये कि तुलियन जा कर एकान्त में पढ़ेगा...

''मैं सोचना चाहती हूँ, पर सोच नहीं सकती। ठीक सोचना ही चाहती हूँ, इस में भी संदेह हो आता है।''

''कुछ महान्, कुछ विराट् घटित हुआ है, ऐसा थोड़ा-सा आभास होता है। लेकिन कहाँ? मुझ में? मैं उस विराट् का वाहन हूँ, माध्यम हूँ-मैं अकिंचन, नगण्य, मैं जो अगर कभी थी भी तो अब नहीं हूँ! मुझ को? मेरे साथ?''

''कुछ स्तब्ध, कहीं निश्चलता, कहीं न जाने, कैसी एक शान्ति''...

''मैं एक खड़ा हुआ पानी था : एक झील, एक पोखर, एक छोटा ताल, शैवालों से ढका हुआ। तुमने आँधी की तरह आ कर मुझ को आलोड़ित कर दिया, मुझ में अनन्त आकाश को प्रतिबिम्बित कर दिया। मुझे कहने दो, भुवन, मेरी यह देह जैसे तुम्हारी ओर उमड़ी थी, वैसे कभी नहीं उमड़ी, शिरा-शिरा ने तुम्हारा स्पर्श माँगा; तुम्हारे हाथों का स्पर्श, तुम्हारी बाँहों की जकड़, तुम्हारी देह की उत्तेजित गरमाई...लेकिन-तुम में डर था-डर नहीं, एक दूर का कोई अनुशासन, कोई एक मर्यादा, जिस के स्रोत तक मेरी पहुँच नहीं थी। और जिस से छुआ जा कर मेरा तूफान सहसा शान्त हो गया, मैं फिर उसी तल पर पहुँच गई जिस तल पर ताल सदा से था-ढका हुआ, निश्चल, खड़े पानी का एक उद्देश्यहीन जमाव-''

''लेकिन नहीं। यह ढका नहीं, आकाश का प्रतिबिम्ब उसमें रहा; फिर तुमने फिर मुझे जगा दिया-क्षण-भर के लिए, लेकिन पहचान के क्षण के लिए, अनन्य-सम्पृक्त एक क्षण के लिए-भुवन, मैं तुम्हारी हूँ, तुम्हारी हूँ, तुम्हारी हूँ...''

''न, मैं कुछ माँगूँगी नहीं। तुम्हारे जीवन की बाधा नहीं बनूँगी, भुवन, उलझन भी नहीं बनूँगी। सुन्दर से डरो मत-कभी मत डरना-न डर कर ही सुन्दर से सुन्दरतर की ओर बढ़ते हैं।''

"लेकिन भुवन, मुझे अगर तुमने प्यार किया है, तो प्यार करते रहना–मेरी यह कुंठित, बुझी हुई आत्मा स्नेह की गरमाई चाहती है कि फिर अपना आकार पा सके, सुन्दर, मुक्त, ऊर्ध्वाकांक्षी..."

"सोचती हूँ, जीवन के हर मोड़ पर मुझे स्नेह मिला है, करुणा मिली है, साहाय्य मिला है। इतनी करुणा, इतनी अनुकम्पा, इतनी भलाई–कभी मैं अपने ऊपर खीझ उठती हूँ कि मुझ में क्यों नहीं एक प्रतिस्फूर्ति जागती–क्यों मैं ऐसी अचल अचेतन हूँ? कृतज्ञता–हाँ, कृतज्ञता बहुत है, पर कृतज्ञता जीवन को सच नहीं बनाती, प्यार सच बनाता है; क्योंकि कृतज्ञता में व्यथा नहीं है, और बिना व्यथा के सत्य नहीं है। कितनी सच बात कहीं थीं तुमने हमारे पहले विवादों में–आज व्यथा में मैं उस सच को जानती हूँ, भुवन! पर क्यों सब-कुछ अयथार्थ है, क्यों कुछ भी मुझे नहीं छूता? तुम भी, भुवन,–तुमसे मैंने पूछा था कि तुम यथार्थ हो? क्योंकि मैं जागी थी और एक बड़ी विमूढ़ता मुझ पर थी–एक समर्पण मेरे भीतर रो रहा था पर अयथार्थ को मैं समर्पण करना नहीं चाहती थी...वह डर...अयथार्थ को समर्पण करने का डर क्या होता है भुवन, तुम जानते हो? न, तुम कभी न जानो वह डर..."

"लेकिन उस शाप से मैं मुक्ति पा सकी, भुवन! चाहे थोड़ी देर के लिए ही, चाहे बीच-बीच में कुछ क्षणों के लिए ही, मैंने पहचाना कि तुम हो, सचमुच हो, कि तुम्हीं को मैंने समर्पण किया है।"

"मेरी यह सोई अवस्था फिर लौट आई है, पर वैसी जड़ नहीं–मैं मानो स्वप्नाविष्ट हूँ। स्वप्न में चलती हूँ, खाती-पीती हूँ, काम करती हूँ और करूँगी।"

"भविष्य मैं अब भी नहीं मानती। तुम्हारे मन, हृदय, आत्मा की बात मैं नहीं जानती; नहीं जानती कि मेरे तुम्हारे जीवन में आने का क्या अर्थ या महत्त्व है। यह भी नहीं जानती कि तुम्हारे जीवन में आई भी हूँ कि नहीं। लेकिन पूछूँगी भी नहीं। साल-भर पहले–अभी कुछ महीने पहले तक भी–हम राह पर इस तरह मिलते-मिलने की सम्भावना भी होती–तो मैं उस मिलने का भविष्य जानना चाहती। जानना चाहना ही स्वाभाविक होता। पर अब मैं अपने को अंकुश देती हूँ कि पूछूँ, पर प्रश्न मेरी जीभ पर नहीं आता–मेरे मन में ही ठीक आकार नहीं लेता, कि स्वयं अपने से भी पूछ सकूँ। फुलफ़िल्ड : शान्त, स्तब्ध, निर्वाक, मैं बस हूँ; कोई प्रश्न मेरे भीतर नहीं उठते और भविष्य से मैं कुछ पूछना नहीं चाहती।

"मैंने बार-बार कहा है कि भविष्य नहीं है, केवल वर्तमान का प्रस्फुटन है; उसी की अनिवार्य अन्तःसम्भावनाओं का स्फुरण : अब मैं यह अनुभव करती हूँ। पहले मानती थी, अब उसकी तीखी अनुभूति टीस-सी मेरे अन्तर में स्पन्दित हो रही है। वह सच है, और मैं उसके आगे झुकती हूँ..."

''जब तक जो है, उसे सुन्दर होने दो भुवन; जब वह न हो, तो उसका न होना भी सुन्दर हो...''

एक कविता तुम्हारे लिए लिख कर रख रही हूँ, नाम है 'छतरी'

वर्स दैन दोज ड्रीम्स इन ह्विच द अर्थ गिव्ज़ वे
आइ एम अवेक एंड वाक आन सालिड स्टोन,
विदाउट यू डिसेम्बाडीड, एवरी डे
अगेंस्ट द ईस्ट विंड गोइंग होम एलोन।
इन ड्रीम्स आफ़ फ़ालिंग देयर इज़ ओनली ड्रेड;
फ़ाल्स एंड, ड्रीम्स फ़ेल, नाइट फ़ाल्स, नाइटमेयर रिमेन्स;
ए गोस्ट आफ़ फ़्लेश एंड ब्लड, आइ मस्ट बी फ़ेड
मस्ट ओपेन एन अम्ब्रेला ह्वेर इट रेन्स।
ह्वेयर विल इट आल एंड? विल इट एंड एट आल?
हाइ द विंड राइज़ेज़, कोल्ड द रेन विल फ़ाल,
बट इफ़ द सन शोन इट वुड ओनली शाइन
आन अनरीएल सीन्स एंड ग्रीफ़ एज़ रीअल एज़ माइन :
अगेंस्ट द नाइट विंड गोज़ ए लिविंग गोस्ट,
रीअल, फ़ार इट लव्ज, एंड लैक्स ह्वाट इट लव्ज़ मोस्ट।

''तुमने मुझे एक बार भी नहीं बताया कि मेरे लिए तुम्हारे हृदय में क्या भाव है। प्रेम, स्नेह, दया, सम्वेदना, करुणा, क्या? या कि केवल मेरे दुःख ने एक प्रतिध्वनि तुम में जगा दी, बस? क्यों तुमने मुझे अपने इतने निकट लिया?''

''या कि मैं केवल एक धृष्णु साहसिका हूँ, जो अनधिकार तुम्हारे जीवन में घुस आई? या...''

''यही एक ही प्रश्न मैं तुमसे पूछना चाहती थी, भुवन, आगे-पीछे कुछ नहीं, केवल यही एक बात : और इसके लिए साहस नहीं बटोर पाई। तुम्हारे सामने न जाने क्यों एक संकोच जकड़ लेता है...''

''मैं उदास हो गई थी, तुम भी उदास हो गए थे। तुम्हें उदास करना मैं नहीं चाहती थी। तुम्हें उदास देखना कभी नहीं चाहती...भुवन, स्वभाव से मैं वैसी नहीं हूँ; तुमने मुझे उदास, दुःखी, प्रतिमुखी, अवरुद्ध ही जाना है–सहा है, मेरे भुवन, बड़ी करुणा और स्नेह के साथ सहा है–पर मैं वैसी नहीं हूँ। मैं हँसती थी। पथ-तट के एक उपेक्षित फूल को देख मैं विभोर हो सकती थी, लहरों के साथ दौड़ सकती थी, और नदी की हवा के साथ मेरा मन उड़ जाता था, हँसते सुनहले पंख फैला कर, अन्तरिक्ष को मेरी हँसी से गुँजाता हुआ...''

"लेकिन भुवन, धीरे-धीरे वह हँसी मरती गई। मैं कहते लज्जित हूँ; पर वर्षों से वह मरती रही है, धीरे-धीरे, 'ड्राप त्राइ ड्राप स्लोली, ड्राप बाइ ड्राप आफ़ फ़ायर : एलास माई रोज़ आफ़ लाइफ़ गान आल टु प्रिक्ल्स..."

"तुम ने मुझे फिर वह हँसी दी। थोड़ी देर के लिए। लेकिन वही, सच्ची, मुक्त।"

"अब लगता है, क्या हुआ उस का? अकारण, निराधार हँसी, निष्परिणाम हँसी..."

"लेकिन सच्ची हँसी तो स्वतःप्रमाण है, स्वयंभू, निष्परिणाम..."

अपने-अपने अजनबी

योके और सेल्मा

एकाएक सन्नाटा छा गया। उस सन्नाटे में ही योके ठीक से समझ सकी कि उससे निमिष भर पहले भी कितनी ज़ोर का धमाका हुआ था–बल्कि धमाके को मानो अध-बीच में दबाकर ही एकाएक सन्नाटा छा गया था।

वह क्या उस नीरवता के कारण ही था, या कि अवचेतन रूप से सन्नाटे का ठीक-ठीक अर्थ भी योके समझ गई थी, कि उसका दिल इतने ज़ोर से धड़कने लगा था? मानो सन्नाटे के दबाव को उसके हृदय की धड़कन का दबाव रोककर अपने वश में कर लेना चाहता हो।

बर्फ़ तो पिछली रात से ही पड़ती रही थी। वहाँ उस मौसम में बर्फ़ का गिरना, या लगातार गिरते रहना, कोई अचम्भे की बात नहीं थी। शायद उसका न गिरना ही कुछ असाधारण बात होती। लेकिन योके ने यह सम्भावना नहीं की थी कि बर्फ़ का पहाड़ यों टूटकर उनके ऊपर गिर पड़ेगा और वे इस तरह उसके नीचे दब जाएँगे। ज़रूर वह बर्फ़ के नीचे दब गई है, नहीं तो अधूरे धमाके और उसके बाद की नीरवता का और क्या अर्थ हो सकता है?

'वे दब जाएँगे'–सहसा उसे ध्यान आया कि वह अकेली नहीं है और मानो इससे उसकी तात्कालिक समस्या हल हो गई, क्योंकि उसे तुरन्त ही चिन्ता करने को कोई दूसरी बात मिल गई जिससे उसका ध्यान तूफ़ान की ओर से हट जाए। मिसेज़ एकेलोफ़ का क्या हुआ होगा? योके दौड़कर दूसरे कमरे में गई–लेकिन देहली पार करते ही ठिठक गई। श्रीमती एकेलोफ़ धुँधली खिड़की के पास घुटने टेककर बैठी थीं। उनकी पीठ योके की ओर थी। रूमाल से ढँका हुआ सिर तनिक-सा झुका हुआ था, जिससे योके ने अनुमान किया कि वह प्रार्थना कर रही होंगी। वह दबे पाँव लौटकर जाने ही वाली थी कि श्रीमती एकेलोफ़ ने खड़े होते हुए कहा : "क्यों, योके, तुम डर तो नहीं गईं?"

योके को प्रश्न अच्छा नहीं लगा। उसने कुछ रुखाई से कहा : "किससे?"

श्रीमती एकेलोफ़ ने कहा : "हम लोग बर्फ़ के नीचे दब गए हैं। अब न जाने कितने दिन यों ही क़ैद रहना पड़ेगा। मैं तो पहले भी एक-आध जाड़ा यों काट चुकी हूँ, लेकिन तुम–"

योके ने कहा : "मैं बर्फ़ से नहीं डरती। डरती होती तो यहाँ आती ही क्यों? इससे पहले आल्प्स में बर्फ़ानी चट्टानों की चढ़ाइयाँ चढ़ती रही हूँ–एक बार हिम-नदी से फिसलकर गिरी भी थी। हाथ-पैर टूट गए होते–बच ही गई। फिर भी यहाँ भी तो बर्फ़ की सैर करने ही आई थी।"

श्रीमती एकेलोफ़ ने कहा : "हाँ, सो तो है। लेकिन ख़तरे के आकर्षण में बहुत-कुछ सह लिया जाता है–डर भी। लेकिन यहाँ तो कुछ भी करने को नहीं है।"

योके ने कहा : "आंटी सेल्मा, मेरी चिन्ता न करें–मैं काम चला लूँगी। लेकिन आपके लिए कुछ–"

सेल्मा एकेलोफ़ के चेहरे पर एक स्निग्ध मुस्कान खिल आई। 'आंटी' सम्बोधन उन्हें शायद अच्छा ही लगा। एक गहरी दृष्टि योके पर डालकर तनिक रुककर उन्होंने पूछा : "अभी क्या बजा होगा?"

योके ने कलाई की घड़ी देखकर कहा : "कोई साढ़े ग्यारह।"

"तब तो बाहर अभी रोशनी होगी। चलकर कहीं से देखा जाए कि बर्फ़ कितनी गहरी होगी–या कि खोद-खादकर रास्ता निकालने की कोई सूरत हो सकती है या नहीं। वैसे मुझे लगता तो यही है कि जाड़ों भर के लिए हम बन्द हैं।"

योके ने कहा : "मेरी तो छुट्टियाँ भी इतनी नहीं हैं।" और फिर एकाएक इस चिन्ता के बेतुकेपन पर हँस पड़ी।

आंटी सेल्मा ने कहा : "छुट्टी तो शायद–मेरी भी इतनी नहीं है–पर–"

योके ने चौंकते हुए पूछा : "आप की छुट्टी, आंटी सेल्मा?"

श्रीमती एकेलोफ़ ने बात बदलने के से ढंग से कहा : "फिर यह भी देखना चाहिए कि इस केबिन में रसद-सामान कितना है–यों जाड़ा काटने के लिए सब सामान होना तो चाहिए। चलो, देखें।"

योके वापस मुड़ी और अपने पीछे श्रीमती एकेलोफ़ के धीमे, भारी और कुछ घिसटते हुए पैरों की चाप सुनती हुई रसोई की ओर बढ़ चली। रसोई के और उसके साथ के भंडारे से दोनों ही प्रश्नों का उत्तर मिल सकेगा–रसद का अनुमान भी हो जाएगा और अगर बर्फ़ के बोझ के पार प्रकाश की हलकी-सी भी किरण दीखने की सम्भावना होगी तो वहीं से दीख जाएगी। क्योंकि उसका रुख दक्षिण-पूर्व को है और धूप वहीं पड़ सकती है–धूप तो अभी क्या होगी, पर इस बर्फ़ के झक्कड़ में जितना भी प्रकाश होगा उधर ही को होगा।

दोनों ही प्रश्नों का उत्तर एक ही मिलता जान पड़ा कि जो कुछ है जाड़ों भर के लिए काफ़ी है। खाने-पीने का सामान भी है और चर्बी के स्टोव के लिए काफ़ी ईंधन भी; और शायद जितनी बर्फ़ के नीचे वे दब गई हैं उसके मार्च से पहले गलने

की सम्भावना बहुत कम है। बर्फ़ की तह शायद इतनी मोटी न भी हो कि बाहर से उसे काटना असम्भव हो, लेकिन बाहर से उसे काटेगा कौन, और भीतर से अगर काटना शुरू करके वे इस एक हिमपात के पार तक पहुँच भी सकें तो तब तक और बर्फ़ न पड़ जाएगी इसका क्या भरोसा है? यह तो जाड़ों के आरम्भ का तूफ़ान था, इसके बाद तो बराबर और बर्फ़ पड़ती ही जाएगी। उन्हें तो यही सुसंयोग मानना चाहिए कि वे बर्फ़ के नीचे ही दबीं, जिससे केबिन बचा रह गया और अब जाड़ों भर सुरक्षित ही समझना चाहिए। अगर उसके साथ चट्टान भी टूटकर गिर गई होती–तब–

इस कल्पना से योके सिहर उठी और बोली : ''चलिए, चलकर बैठें। अभी तो कुछ करने को नहीं है, थोड़ी देर में भोजन की तैयारी करूँगी।''

दूसरे कमरे में जाकर बैठते हुए श्रीमती एकेलोफ़ ने कहा : ''अबकी बार बिलकुल पूरा क्रिसमस होगा! क्रिसमस के साथ बर्फ़ ज़रूर होनी चाहिए, और अबकी बार बर्फ़ ही बर्फ़ होगी–नीचे-ऊपर सब बर्फ़ ही बर्फ़!''

एक स्वरहीन हँसी हँसकर उन्होंने फिर कहा : ''थोड़ी-सी लकड़ी भी तो पड़ी है–उसको अगर अभी से लाकर यहीं रख छोड़ें तो सूखी रहेगी और क्रिसमस के दिन भारी आग जलाएँगे। क्योंकि गरमाई भी तो बर्फ़ से कम ज़रूरी नहीं है।''

योके ने खोए हुए स्वर में कहा : ''लेकिन आंटी, क्रिसमस तो अभी बड़ी दूर है। तब तक क्या होगा?''

आंटी सेल्मा उठकर योके के पास आ गईं और उसके कन्धे पर हाथ रखती हुई बोलीं : ''योके, तुम्हारी अभी उमर ही ऐसी है न! सभी कुछ बड़ी दूर लगता है। मुझसे पूछो न, क्रिसमस कोई ऐसी दूर नहीं है, मेरे लिए ही– '' और वह फिर बात अधूरी छोड़कर चुप हो गईं।

योके ने एक बार तीखी नज़र से उनकी ओर देखा। आंटी सेल्मा क्या कहना चाहती हैं, या कि क्या कहना नहीं चाहतीं जो बार-बार उनकी ज़बान पर आ जाता है? क्या-वह उनसे सीधे-सीधे पूछ ले कि उनके मन में क्या है? क्या सचमुच आंटी सेल्मा का यही अनुमान है कि वे दोनों अब बचेंगी नहीं–यही बर्फ़ से ढँका हुआ काठ का बँगला उनकी क़ब्र बन जाएगा? बल्कि क़ब्र बन क्या जाएगा; क़ब्र तो बनी-बनाई तैयार है और उन्हीं को मरना बाक़ी है! (क़ब्र तो समय से ही बन गई है–उन्हें ही मरने में देर हो गई है–इस काल-विपर्यय के लिए निश्चय ही विधि को दोष नहीं दिया जा सकता!)

लेकिन वह आंटी सेल्मा से क्या पूछे–कैसे पूछे? यहाँ सैर करने और बर्फ़ पर दौड़ करने तो वह स्वेच्छा से ही आई थी और पहाड़ की अधित्यका में इस काठ-

बँगले की स्थिति से आकृष्ट हो गई थी, और यहाँ रहने का प्रस्ताव भी उसी ने किया था। आंटी सेल्मा गड़रियों की माँ है–दो लड़के अब भी गड़रिए हैं, एक लकड़हारा हो गया है; तीनों नीचे गए हुए हैं और जाड़ों के बाद ही लौटकर आएँगे। यह तो उनका हर साल का क्रम है–जाड़ों से रेवड़ लेकर नीचे चले जाते हैं और वसन्त में फिर आ जाते हैं। यों तो आंटी सेल्मा को भी चले जाना चाहिए था, लेकिन न जाने क्यों इस वर्ष वह यहीं रह गईं। उन्हें देखकर पहले तो योके को आश्चर्य हुआ था, क्योंकि उसका अनुमान था कि काठ-बँगला ख़ाली ही होगा, जैसा कि प्रायः इन पहाड़ों में होता है। फिर उसने मन ही मन अनुमान कर लिया था कि बुढ़िया कंजूस और शक्की तबीयत की होगी और उसको सामान से भरा हुआ घर खाली छोड़कर जाना न रुचा होगा–जाड़ों में काम-काज तो कुछ होता नहीं, और बर्फ़ के नीचे उतनी ठंड भी नहीं होती जितनी बाहर खुली हवा में, और बूढ़ों को चिन्ता किस बात की–एक ही जगह बैठे-बैठे पगुराते रहते हैं! अतीत की स्मृतियाँ कुरेदकर जुगाली करते हैं और फिर निगल लेते हैं!

लेकिन जाड़ों भर यों अकेले पड़े रहना साहस माँगता है–कंजूस होना ही तो काफ़ी नहीं है; और बुढ़िया को कहीं कुछ हो-हवा जाए तो...

योके ने मानो अपने विचारों की गति रोकने के लिए ही कहा : "थोड़ी-सी लकड़ी तो आज भी जलाई जा सकती है–मैं अभी आग जला दूँ?"

आंटी सेल्मा ने थोड़ी देर सोचती रहकर कहा : "नहीं, अभी क्या करेंगे। या चाहो तो रात को जला लेना।" फिर थोड़ा रुककर एकाएक : "या कि तुम्हारी अभी आग जलाकर बैठने की इच्छा है? मुझे तो अच्छी ही लगती है, पर–"

पर क्या? यही कि लकड़ी अधिक ख़र्च हो जाएगी? पर वैसा सोचना भी निरी कंजूसी नहीं है। कम-से-कम ढाई महीने वहाँ काटने की सम्भावना तो उन्हें करनी ही चाहिए–यानी बचे रहे तो। तीन महीने भी हो जाएँ तो हो सकते हैं। यों यह भी बिलकुल असम्भव तो नहीं है कि कोई उसे खोजने ही वहाँ आ जाए–घर के लोगों को तो पता ही है और पॉल तो यहाँ से एक ही दिन की दूरी पर होगा। पॉल तो रह नहीं सकेगा–ज़रूर उसे ढूँढ़ ही निकालेगा–पॉल जो कहा करता है कि तुम दुनिया के किसी भी देश में होतीं तो मैं तुम्हें खोज निकालता–लाखों-करोड़ों में तुरत पहचान लेता...वह दूसरी टोली के साथ दूसरे पहाड़ पर गया था और बर्फ़ से उतरते आते हुए नीचे मिलने की बात थी। ढाई महीने–तीन महीने! क़ब्रगाह–क्रिसमस! पाताललोक में देव-शिशु का उत्सव। नगर में भगवान! पॉल ढूँढ़ निकालेगा–पर किसको? मुझको, या मेरी–

अनचाहे ही योके के मुख से निकल गया : "नहीं आंटी सेल्मा, मुझे अच्छा नहीं लग रहा है। आग से शायद–"

आंटी सेल्मा फिर थोड़ी देर स्थिर दृष्टि से योके की ओर देखती रहीं। फिर उन्होंने धीरे-धीरे, मानो आधे स्वगत भाव से कहा : "ख़तरे की कोई बात नहीं है, योके! वैसे ख़तरा तुम्हारे लिए कोई नई चीज़ भी नहीं है। तुम तो तरह-तरह के ख़तरनाक खेल खेलती रही हो। लेकिन एक बात है। ख़तरे में डर के दो चेहरे होते हैं, जिनमें से एक को दुस्साहस कहते हैं; कई लोग इसी एक चेहरे को देखते हुए बड़े-बड़े काम कर बैठते हैं और कहीं के कहीं पहुँच जाते हैं। लेकिन धीरज में डर का एक ही चेहरा होता है, और उसे देखे बिना काम नहीं चलता। उसे पहचान लेना ही अच्छा है-तब उतना अकेला नहीं रहता। निरे अजनबी डर के साथ क़ैद होकर कैसे रहा जा सकता है? नहीं रहा जा सकता-बिलकुल नहीं रहा जा सकता!...अच्छा, तुम आग जला लो, फिर मेरे पास बैठो, बहुत-सी बातें करेंगे। मैं तो अजनबी डर की बात कह गई-अभी तो हम-तुम भी अजनबी से हैं, पहले हम लोग तो पूरी पहचान कर लें!"

15 दिसम्बर :

क़ब्रघर के दस दिन...सुना है कि दसवें दिन मुरदे उठ बैठते हैं और किसी फ़रिश्ते के सामने अपना हिसाब-किताब करने के लिए हाज़िर होते हैं। लेकिन इस क़ब्रगाह में तो हम दो ही हैं; और उठ बैठने का कोई सवाल ही नहीं हुआ-और फ़रिश्ता भी तो हम दोनों में से किसको समझा जाए!

आंटी सेल्मा तो बूढ़ी है, और हिसाब करने का दिन उसका ही पहले आएगा। या कि कम-से-कम उसके मन की अवस्था कुछ अधिक वैसी होगी। लेकिन फ़रिश्ता क्या मैं हूँ? मेरे भीतर जैसे दूषित विचार उठते हैं, उनको देखते हुए इस कल्पना से बड़ा व्यंग्य और नहीं हो सकता! फ़रिश्ता हम दोनों में से कोई है तो शायद आंटी सेल्मा, जिसके चेहरे पर अचानक कभी-कभी एक भाव दिखता है जो मानो इस लोक का नहीं है-और जिसे देखकर मैं बेचैन हो उठती हूँ, और मेरा मन हो उठता है कि कुछ तोड़-फोड़कर बैठूँ।

16 दिसम्बर :

एक अन्तहीन, परिवर्तनहीन धुँधली रोशनी, जो न दिन की है न रात की है, न सन्ध्या के किसी क्षण की ही है-एक अपार्थिव रोशनी जो कि शायद रोशनी भी नहीं है; इतना ही कि उसे अन्धकार नहीं कहा जा सकता। हमेशा सुनती आई हूँ कि क़ब्र में बड़ा अँधेरा होता है, लेकिन यहाँ उसकी भी असम्पूर्णता और विविधता है! शायद यही वास्तव में मृत्यु होती है, जिसमें कुछ भी होता नहीं, सब कुछ होते-होते रह जाता है। होते-होते रह जाना ही मृत्यु का विशेष रूप है जो मनुष्य के लिए चुना गया है जिसमें कि विवेक है, अच्छे-बुरे का बोध है। यह उसमें न होता तो उसका मरना सम्पूर्ण हो सकता। जो चुकता वह सम्पूर्ण चुक जाता; या जो रहता उसका बना रहना भी असन्दिग्ध होता। यह हमारे युगों से सँचे हुए नीति-बोध की सज़ा है कि हमारा मरना भी अधूरा ही हो सकता है-मरकर भी कुछ हिसाब बाक़ी रह जाता है!

एक धुँधली रोशनी–एक ठिठका हुआ नि:संग जीवन। मानो घड़ी ही जीवन को चलाती है, मानो एक छोटी–सी मशीन ने, जिसकी चाबी तक हमारे हाथ में है, ईश्वर की जगह ले ली है। और हम हैं कि हमारे इतना भी वश नहीं है कि उस यंत्र को चाबी न दें, घड़ी को रुक जाने दें, ईश्वर का स्थान हड़पने के लिए यंत्र के प्रति विद्रोह कर दें, अपने को स्वतंत्र घोषित कर दें!...घड़ी के रुक जाने से समय तो नहीं रुक जाएगा और रुक भी जाएगा तो यहाँ पर क्या अन्तर होनेवाला है, घड़ी के चलने पर भी तो यहाँ समय जड़ीभूत है! एक ही अन्तहीन लम्बे शिलित क्षण में मैं जी रही हूँ–जीती ही जा रही हूँ–और वह क्षण ज़रा भी नहीं बदलता, टस–से–मस नहीं होता है! क्या अपने सारे विकास के बावजूद हम मनुष्य भी निरे पौधे नहीं हैं जो बेबस सूरज की ओर उगते हैं? अँधेरे में भी अंकुर मिट्टी के भीतर ही भीतर सूरज की ओर बढ़ता है, रौंदा जाकर फिर टेढ़ा होकर भी सूरज की ओर ही मुड़ता है। कोई कहते हैं कि सब पौधे धरती के केन्द्र से बाहर की ओर बढ़ते हैं–यानी केन्द्र से दूर हटने की प्रवृत्ति उन्हें सूरज की ओर ठेलती है। लेकिन इस केन्द्रापसारी प्रवृत्ति को भी अन्तिम मान लेना तो वैसा ही है जैसे हम पृथ्वी को सौरमंडल से अलग मान लें। पृथ्वी भी सूरज की ओर खिंचती है और सूरज की ओर से परे को ठिलती भी रहती है। इसी तरह अंकुर भी जड़ों को नीचे की ओर फेंकता है और बढ़ता है सूरज की ओर!

और हम जड़ें कहीं नहीं फेंकते, या कि सतह पर ही इधर–उधर फैलाते जाते हैं, लेकिन जीते हैं सूरज के सहारे ही; अनजाने ही वह हमारे जीवन की हर क्रिया को, हर गति को अनुशासित कर रहा है। हम सब मूलतया सूर्योपासक हैं; और हमारे चिन्तन में चाहे जो कुछ हो, हमारे जीवन में सूर्य ईश्वर का पर्याय है। सूर्य और ईश्वर, सूर्य और समय, इसलिए सूर्य और हमारा जीवन–जहाँ सूर्य नहीं है वहाँ समय भी नहीं है।

लेकिन मैं जहाँ हूँ क्या सूर्य वहाँ सचमुच नहीं है? क्या काल वहाँ सचमुच नहीं है? क्या दावे से ऐसा न कह सकना ही मेरी यहाँ की समस्या नहीं है? मैं मानो एक काल–निरपेक्ष क्षण में टँगी हुई हूँ–वह क्षण काल की लड़ी में से टूटकर कहीं छिटक गया है और इस तरह अन्तहीन हो गया है–अन्तहीन और अर्थहीन!

19 दिसम्बर :

शाम को हम लोग ताश खेलने बैठे थे। आंटी सेल्मा न जाने कहाँ से एक पुराना डिब्बा ले आई थी जिसमें ताश की जोड़ी रखी थी। मुझसे बोली : ''मुझे खेलना तो नहीं आता, लेकिन तुम सिखाओगी तो सीख लूँगी। तुम्हारा मन भी लगा रहेगा।''

ऐसी बात नहीं थी कि वह ताश का खेल बिलकुल न जानती हो। थोड़ी देर

बाद जब हम लोग खेलने लगे तो मैंने पाया कि ऐसा नहीं है कि बुढ़िया को उलझाए रखने के लिए या समय काटने के लिए ही हम लोग ज़बर्दस्ती खेल रहे हैं। खेल अपने आप चल निकला था। लेकिन एकाएक बुढ़िया की ओर से पत्ता फेंकने में देर होने पर मैंने आँख उठाकर देखा–पत्ता खींचते-खींचते वह सो गई थी, यद्यपि पत्तों पर उसकी पकड़ ढीली नहीं हुई थी। मैं चुपचाप बैठी रही। अगर उसके हाथ से पत्ते फिसल रहे होते तो लेकर समेट देती, लेकिन इस हालत में पत्ते लेने की कोशिश से वह जाग जाती। मैं किंकर्तव्यविमूढ़-सी उसके चेहरे की ओर देखती रही। साधारणतया मैं उसकी ओर प्रायः नहीं देखती, क्योंकि मुझे डर लगा रहता है कि कहीं मेरी आँखों में कोई छिपा हुआ विरोध-भाव उसे न दीख जाए; क्या फ़ायदा, जब इस क़ब्रघर में जितने दिन साथ रहना है रहना ही है...

अब उसका चेहरा देखते–देखते एकाएक मुझे लगा कि वह बड़ा दिलचस्प चेहरा है, जिसे देर तक देखा जा सकता है। लेकिन अनदेखे ही, क्योंकि बुढ़िया से आँख मिलने पर शायद सब कुछ बदल जाता।

चेहरे की हर रेखा में इतिहास होता है और आंटी सेल्मा का चेहरा जिन रेखाओं से भरा हुआ है वे सब केवल बर्फ़ानी जाड़ों की देन नहीं हैं। लेकिन क्या मैं उस इतिहास को ठीक-ठीक पढ़ सकती हूँ? आँखों की कोरों से जो रेखाएँ फूटती हैं और एक जाल-सा बनाकर खो जाती हैं, उनमें कहीं बड़ी करुणा है– एक कर्मशील करुणा, जो दूसरों की ओर बहती है, ऐसी करुणा नहीं जो भीतर की ओर मुड़ी हुई हो और दूसरों की दया चाहती हो। लेकिन नासा के नीचे और होंठों के कोनों पर जो रेखाएँ हैं वे इस करुणा का खंडन न करती हुई भी और ही कुछ कहती हैं...मेरी आँखें सारे चेहरे पर घूमकर फिर बुढ़िया की बन्द आँखों पर टिक गईं। अगर उसकी पलकें पारदर्शी होतीं–एक ही तरफ़ से पारदर्शी, जिससे कि बुढ़िया तो सोई रहती पर मैं उसकी आँखों में झाँक सकती–तो मैं शायद इस पहेली का उत्तर पा लेती। उन आँखों से पूछ लेती कि बुढ़िया के जीवन का रहस्य क्या है–क्या बात है उसके अनुभव-संचय में जिस तक मैं पहुँच नहीं पाती हूँ!

कि एकाएक मैंने जाना कि बुढ़िया की आँखें खुली हैं। बिना हिले-डुले अनायास भाव से वे खुल गई थीं और भरपूर मेरी आँखों में झाँक रही थीं। मैंने सकपकाकर आँखें नीची कर लीं।

बुढ़िया ने मानो मुझे असमंजस से उबारते हुए कहा : "मैं सो गई थी! मुझे माफ़ करना।" और उसने हाथ का पत्ता खेल दिया।

बात इतनी ही थी। लेकिन न जाने क्यों मुझे लगा कि वह सोई हुई नहीं थी।

नींद में–चाहे कितनी भी हलकी नींद में–स्नायु कुछ–न–कुछ ढीले होते ही हैं और उनकी शिथिलता पहचानी जा सकती है। लेकिन बुढ़िया में कहीं भी उसका कोई लक्षण नहीं दीखा था–वह मानो एकाएक कहीं ग़ायब हो गई थी और फिर लौट आई थी–और उसमें मैं औचक पकड़ी गई थी!

20 दिसम्बर :

आज फिर वैसा ही हुआ। बुढ़िया ने एकाएक आँखें बन्द कर लीं और मुझे लगा कि वह सो गई है। लेकिन मैं दुबारा पकड़ी जाने को तैयार नहीं थी। मैंने उसके चेहरे पर आँखें नहीं टिकाईं, कनखियों से ही बीच–बीच में देखती रही। लेकिन मुझे लगा कि आंटी का चेहरा सफ़ेद पड़ गया है। मुझे यह भी लगा कि अगर मैं साहस करके आँख उठाकर देख सकूँ तो पाऊँगी कि उसकी पलकें सचमुच पारदर्शी हैं–बल्कि शायद सारी त्वचा ही पारदर्शी है।

जब देर तक वह नहीं जागी तो मैंने हिम्मत करके आँखों से नीचे तक के उसके चेहरे की ओर देखा। चेहरा निश्चल ही था, लेकिन मुझे लगा कि होंठ न केवल शिथिल ही हुए हैं बल्कि थोड़ा और कस गए हैं। और गले में एक ओर रह–रहकर एक स्पन्दन भी होता जान पड़ा–मानो शिराएँ खिंचती हैं और फिर ढीली हो जाती हैं, फिर खिंचती हैं और फिर ढीली हो जाती हैं। यह तो शायद नींद नहीं है; और बोलना उसमें बाधा देना भी नहीं होगा...मैंने एकाएक पूछा : "तबीयत तो ठीक है आंटी?"

आंटी ने बिना हिले–डुले आँखें खोलकर कहा : "हाँ, मैं बिलकुल ठीक हूँ–यों ही थोड़ी शिथिलता आ जाती है।"

मैं चुप रही। थोड़ी देर बाद आंटी थोड़ा हिलीं और फिर कुर्सी में ही अपनी बैठक बदलकर पूरी तरह जाग गईं।

मैंने पूछा : "ओढ़ने को कुछ ला दूँ?"

उन्होंने मेरे प्रश्न का उत्तर नहीं दिया। बल्कि जो कहा उससे बिलकुल स्पष्ट था कि बात टाली जा रही है–कि उन्हें यह पसन्द नहीं है कि मैं उनकी तरफ़ अधिक ध्यान दूँ।

21 दिसम्बर :

हम समय की बात करते हैं, जो कि एक प्रवाह है। किसका प्रवाह है? क्षण का। लेकिन क्षण क्या है? यह जानने का मेरे पास कोई उपाय नहीं है। एक ढंग है घड़ी के टिक्–टिक् से नापने का, उस टिक्–टिक् के और भी खंड किए जा सकते हैं और

माना जा सकता है कि वैसा छोटे-से-छोटा खंड क्षण है। विज्ञान के तरीक़े दूसरे भी हैं-निरे गणित से सिद्ध किया जा सकता है कि समय का छोटे-से-छोटा अविभाज्य अंश कितना होता है और उस अंश को भी क्षण कहा जा सकता है।

लेकिन ऐसा विज्ञान और ऐसी जानकारी किस काम की? हमारे लिए समय सबसे पहले अनुभव है-जो अनुभूत नहीं है वह समय नहीं है। सूर्य की गति समय नहीं है, बल्कि उस गति के रहते क्रमशः जो कुछ होता है उसका होते रहना ही समय की माप है। और अनुभव की भाषा में क्षण क्या है?

समय मात्र अनुभव है, इतिहास है। इस सन्दर्भ में 'क्षण' वही है जिसमें अनुभव तो है लेकिन जिसका इतिहास नहीं है, जिसका भूत-भविष्य कुछ नहीं है; जो शुद्ध वर्तमान है, इतिहास से परे, स्मृति के संसर्ग से अदूषित, संसार से मुक्त। अगर ऐसा नहीं है, तो वह क्षण नहीं है, क्योंकि वह काल का कितना ही छोटा खंड क्यों न हो उसमें मेरा जीना काल-सापेक्ष जीना है, ऐतिहासिक जीना है। वह बिन्दु नहीं है रेखा है; रेखा परम्परा है और क्षण परम्परामुक्त होना चाहिए।

आंटी सेल्मा इन बातों को नहीं सोच सकती; नहीं तो मैं उससे इस बारे में बात करती। उसके जीवन में कुछ है जो कि इन सब बातों से बिलकुल अलग है। वह मेरे लिए अजनबी है, लेकिन लगता है कि उसमें कुछ ऐसा सच है जो मैंने नहीं जाना है। मेरे सच से बिलकुल अलग और दूसरा सच। सच!...वह सच भी काल-निरपेक्ष नहीं है-सेल्मा भी काल में ही जीती है जैसे कि हम सब जीते हैं, लेकिन वह मानो किसी एक काल में नहीं जीती बल्कि समूचे काल में जीती है। मानो वहाँ फिर काल एक प्रवाह नहीं है, उसमें कुछ भी आगे-पीछे नहीं है बल्कि सब एक साथ है। सब एक साथ है, इसीलिए इतिहास नहीं है। इसीलिए स्मृति है, और उसके साथ ही परस्परता से मुक्ति है-सभी कुछ क्षण है।

यह मैं सोचती हूँ; लेकिन साथ ही मुझे लगता है कि ऐसा सोचना बेईमानी है-कि ऐसा हो नहीं सकता। बल्कि कभी-कभी उसको देखते-देखते मेरा अपरिचय का भाव इतना घना हो जाता है कि मेरा मन होता है, उसके कन्धे पकड़कर उसे झकझोर दूँ और पूछूँ : 'तुम कौन हो?' मेरी मुट्ठियाँ भिंच जाती हैं और मैं उसके सामने से हट जाती हूँ क्योंकि मुझे एकाएक अपने आपसे डर लगने लगता है। न जाने क्या कर बैठूँ!

22 दिसम्बर :

विश्वास नहीं होता कि मुझे यहाँ दबे-दबे एक पखवाड़ा हो गया है। रसोई और भंडार-घर की दीवारों से थोड़ा-थोड़ा पानी रिसकर अन्दर आता रहा है और अब हम बहुत-सी चीज़ें बड़े कमरे में ही उठा लाए हैं। भंडारे से एक छोटा किवाड़

उधर को खुलता है जिधर लकड़ियों का ढेर रखा रहता है। लकड़ियाँ लाने के लिए रास्ता बाहर से है, जो कि अब बन्द है। इस किवाड़ को थोड़ा ठेल-ठालकर एक-दो लकड़ियाँ खींचने का रास्ता बन गया। लकड़ियाँ खींची तो किवाड़ तनिक-सा और खुल सका, और इस प्रकार अब थोड़ी-थोड़ी लकड़ियाँ भीतर लाने का मार्ग बन गया है। लकड़ियाँ भीग गई हैं और किवाड़ खोलने से थोड़ा-थोड़ा पानी भी भंडारे के अन्दर आता है, लेकिन उसकी चिन्ता नहीं है। हम लोग जो कुछ थोड़ा-बहुत खाना पकाते हैं, बैठने के कमरे में बड़े स्टोव पर ही; उसी के सहारे लकड़ियाँ टेक दी जाती हैं जो धीरे-धीरे सूखती रहती हैं। और दूसरे-तीसरे चिमनी भी जला लेते हैं जिससे एक अनोखा लाल-लाल प्रकाश कमरे में फैल जाता है। क़ब्रगाह के अन्दर आग का लाल प्रकाश-क्या यही नरक की आग है? आज मैं एकाएक आंटी से यही पूछ बैठी। मैंने कहा : "इस लाल-लाल आग को देखकर लगता है कि शैतान अभी चिमनी के भीतर से उतरकर क़ब्र में आ जाएगा हम से हिसाब करने!" और बात को हलका करने के लिए एक नक़ली हँसी हँस दी।

आंटी अगर चौंकी भी तो उन्होंने दीखने नहीं दिया। थोड़ी देर मेरी ओर देखती हुई चुप रहीं और फिर बोलीं : "चिमनी से उतरकर शैतान नहीं आता, सन्त निकोलस आता है-क्रिसमस को अब कितने दिन हैं?"

मुझे बात वहीं छोड़ देनी चाहिए थी। लेकिन मैंने ज़िद करके कहा : "सन्त निकोलस आता होगा वहाँ ऊपर-क़ब्र में थोड़े ही जाएगा?"

बुढ़िया ने पूछा : "योके, तुम्हारा ध्यान हमेशा मृत्यु की ओर क्यों रहता है?"

मुझको हठात् ग़ुस्सा आ गया। मैंने रुखाई से कहा : "क्योंकि वही एकमात्र सच्चाई है-क्योंकि हम सबको मरना है।"

कहने को तो कह गई; पर फिर मुझे क्लेश हुआ। लेकिन साथ-साथ माफ़ी माँगते भी नहीं बना; मैंने कहा : "इतने दिनों की निष्क्रियता से मेरी नब्ज़ ऐसी हो गई हैं कि-"

बुढ़िया ने बात को वहीं छोड़ दिया। जितनी परोक्ष मैंने उसकी याचना की थी, उतनी ही परोक्ष क्षमा देते हुए कहा : "लेकिन क्रिसमस को कितने दिन हैं-दावत होगी। सब कुछ मैं बनाऊँगी।"

मैंने कहा : "नहीं आंटी, सोच लें कि क्या-क्या बनेगा-पर बनाऊँगी मैं ही। आपको तकलीफ़ होती है, और मुझे तो काम चाहिए।"

बुढ़िया ने कहा : "अच्छी बात है..."

फिर सोच लिया गया कि क्या-क्या बनेगा। कल और परसों शायद हम दोनों के पास ही काफ़ी काम रहेगा-यद्यपि इस जगह में क्या कल और क्या परसों!

और क्या क्रिसमस, सिवा इसके कि एक दिन को हम बड़ा दिन मान लेंगे–एक दिन को नहीं, घड़ी के एक खास चक्कर को!

24 दिसम्बर :

आधी रात।

क़ायदे से तो इस समय हमें साथ बैठकर क्रिसमस के आगमन का अभिनन्दन करना चाहिए था, लेकिन हम लोगों में बिना बहस के ही यह मौन समझौता हो गया था कि रात को देर तक नहीं बैठा जाएगा। एक तो हम दोनों कल और आज के काम से कुछ थक भी गए, दूसरे, न जाने क्यों दिन भर ऐसा लगता रहा कि क्रिसमस की यह खुशी नक़ली या झूठी तो नहीं है लेकिन बहुत ही पतले काँच की तरह इतनी नाज़ुक है कि छूने से ही नहीं, ज़रा-सी आवाज़ से भी टूट जा सकती है–जैसे वायलिन के स्वर से काँच का गिलास चटक सकता है। हम दोनों मानो ऐसे ही पतले काँच की सतह पर बैठकर हँस रहे हैं; यह एक जादू ही है कि हमारे बैठने से ही वह काँच टूट नहीं गया लेकिन इतना तो निश्चय है कि हिलने-डुलने से टुकड़े-टुकड़े होकर बिखर जाएगा। और जैसे उस काँच के नीचे फिर और कुछ नहीं है, अतल अँधेरा गर्त है जिसमें हम गिरेंगे और गिरते चले जाएँगे। बुढ़िया अभी बड़े कमरे में बैठी है। हम लोगों ने क्रिसमस-तरु बनाना चाहा था, लेकिन हमारे किसी भी गढ़न्त पर विश्वास करने को तैयार होने पर भी, ईंधन की लकड़ी और डोर से बाँधकर हमने जो पेड़ बनाया उसे हमारी आँखें स्वीकार न कर सकीं! उतना झूठ हम नहीं निगल सके, और आंटी ने ही कहा कि "नहीं, इसे रहने दो!"

फिर थोड़ी देर हम लोग बैठे रहे। मानो किसी के पास कहने को कुछ नहीं था। इसी खाई को भरने के लिए मैंने सुझाया, खाना ही खा लिया जाए। वह भी हो गया और फिर हम लोग आग के पास बैठकर आग की ओर ताकते रहे। एक-दूसरे की ओर न ताकने के लिए कितनी अच्छी ओट थी वह आग!

लेकिन फिर भी धीरे-धीरे वह मौन बोझल हो ही आया और उसकी अनदेखी करना असम्भव हो गया।

मैंने पूछा : "आंटी, आपको ताश से भविष्य पढ़ना आता है?"

बुढ़िया ने कहा : "नहीं, योके! तुम पढ़ सकती हो?"

वहाँ से उठने का मौक़ा पाते हुए मैंने कहा, "मैं ताश लाती हूँ–आपका भविष्य पढ़ा जाए।"

बुढ़िया ने तनिक मुस्कराकर कहा : "मेरा भविष्य! वह पढ़ना क्या आसान काम है!"

मैंने कहा : "सभी अपने भविष्य को बहुत अधिक दुर्ज्ञेय और जटिल मानते हैं। उसे जानना चाहने की उत्कंठा का ही यह दूसरा पहलू है–जितना ही जानना चाहते हैं उतना ही उसे दुरूह मानते हैं।"

बुढ़िया ने वैसे ही मुस्कराते हुए कहा : "नहीं, मेरे साथ यह बात शायद नहीं है। उस दृष्टि से तो मेरा भविष्य बहुत ही आसान है। कुछ भी जानने को नहीं है–न उत्कंठा है।"

"ऐसा कैसे हो सकता है? अच्छा बताइए, आप क्या यह नहीं जानना चाहतीं कि अगले क्रिसमस पर आप कहाँ होंगी–कैसे होंगी?"

"नहीं, मैं तो जानती हूँ। मैं–यहीं हूँगी और–ऐसे ही हूँगी।"

मैं थोड़ी देर स्तब्ध रही। यों तो बुढ़िया की बात सच भी हो सकती है। वह यहीं ऐसे ही रहेगी, क्योंकि वर्षों से यहीं ऐसे ही रहती चली आई है। हो सकता है कि हमेशा से यहीं रहती आई हो, और हो सकता है कि हमेशा यहीं रहती चली जाए! इन्हीं पहाड़ों की तरह निरन्तर बदलती हुई, लेकिन अन्तहीन और आकांक्षाहीन!

मैंने फिर कहा : "लेकिन और भी बहुत से लोग हो सकते हैं–"

बुढ़िया ने मेरी बात काटते हुए कहा : "मैं अकेली हूँगी, योके। अगर यह जानती न होती तो शायद इस वर्ष भी अकेली न रही होती। मैं जान–बूझकर यहाँ अकेली रह गई थी–तुम्हारा आना तो एक संयोग था जिसकी मैंने कल्पना नहीं की थी।"

मैंने कहा : "आंटी, आपको क्या मेरा यहाँ रहना कष्टकर लगा?" फिर थोड़ा हँसकर मैंने जोड़ दिया : "अगर वैसा है तो मुझे दुख है, पर मेरी लाचारी है। यह तो मैं कह नहीं सकती कि मैं अभी चली जाती हूँ। वह मेरे बस का होता–"

बुढ़िया ने सहसा गम्भीर होकर कहा : "कुछ भी किसी के बस का नहीं है, योके। एक ही बात हमारे बस की है–इस बात को पहचान लेना। इससे आगे हम कुछ नहीं जानते।"

मेरे भीतर फिर घोर विरोध उबल आया। इसको छिपाने के लिए मैं जल्दी से उठकर चली गई। खोज में अनावश्यक देर लगाकर जब मैं ताश लेकर आई और पत्ते छिपाने लगी, तो बुढ़िया चुपचाप मेरी ओर देखती रही। फिर एकाएक उसने मुझसे पूछा : "योके, तुम चाहती हो कि मैं मर जाऊँ?"

पत्ते मेरे हाथ से गिर गए और मैंने अचकचाकर पूछा : "क्या–यह कैसी बात है, सेल्मा!" उसे आंटी कहना भी मैं भूल गई।

उसने कहा : "मैं बुरा नहीं मानती, योके, तुम्हारा वैसा चाहना ही स्वाभाविक है। मैं भी चाहती हूँ कि मर जाऊँ, पर मेरे चाहने की तो अब ज़रूरत नहीं है। मैं

जानती हूँ कि बहुत दिन बाक़ी नहीं हैं।''

मैंने सँभलते हुए कहा : ''नहीं आंटी, अभी ऐसी कौन-सी बात है–तुम तो अभी बहुत दिन–''

''तुम्हारा ऐसा कहना भी स्वाभाविक है–तुम्हें कहना ही चाहिए। लेकिन मैं जानती हूँ। और आज मैं इतनी ख़ुश हूँ कि तुमसे कह ही दूँ, जिससे कि कल तक यह बात तुम्हारे लिए पुरानी हो जाए–योके, मैं बीमार हूँ और मुझे मालूम है कि अगला वसन्त मुझे नहीं देखना है।''

थोड़ी देर बाद मैंने ताश के पत्ते ज़मीन से उठाए और यंत्र की तरह–एक ख़ास तौर से बेवक़ूफ़ यंत्र की तरह–उन्हें फेंटती रही...

वह लम्बा बेशऊर सन्नाटा ऐसा नहीं था जिसका क्रिसमस से पहले की रात से कोई सम्बन्ध जोड़ा जा सके। पर वह सारी स्थिति ही ऐसी विसंगत थी। देव-शिशु के आसन्न अवतरण का कोई आनन्द, कोई स्फूर्ति मुझमें नहीं थी। आसन्न कुछ लगता था तो दूसरा ही कुछ जिसे मैं देखना नहीं चाहती, जानना नहीं चाहती, नाम देना नहीं चाहती–पर छाती पर रखे हुए बोझ-सी एक ही बात बार-बार अपनी याद दिला जाती थी और गले की साँस गले में अटका जाती थी–कि वहाँ सेल्मा और योके के अलावा एक तीसरा भी है और वह अदृश्य तीसरा देव-शिशु नहीं है...और मानो उसी की धड़कन मैं वातावरण में सुन रही थी और इसलिए उठ नहीं पा रही थी–मुझे लगता था कि उससे वह सहसा मूर्त हो जाएगा और तब सेल्मा भी जान लेगी कि उसे मैंने बुलाया है।...

पर उसे और सहा भी नहीं जा सका। तब मैंने बलात् अपने को उठाते हुए कहा : ''अब आराम करो, सेल्मा। गुडनाइट।''

सेल्मा ने कुछ चौंककर मेरी ओर देखा। फिर जो भी वह कहने जा रही थी उसे रोककर उसने कहा : ''क्रिसमस मुबारक, योके।''

मैंने अपने साधारण 'गुडनाइट' पर कुछ सकपकाते हुए उसे धो डालने के लिए कहा : ''क्रिसमस मुबारक, सेल्मा। बहुत से क्रिसमस!'' फिर थोड़ा रुककर : ''चाहिए तो था बैठकर गाना, पर...''

उसने मुझे दिलासा देते हुए कहा : ''पर कोई बात नहीं, वह मौन में भी उतनी ही सहजता से आता है–गाना ज़रूरी नहीं है।''

मैंने फिर जल्दी से कहा : ''क्रिसमस मुबारक!'' और जल्दी से चली आई।

और अब आधी रात।

''वह मौन में भी उतनी ही सहजता से आता है।'' वह कौन? वह–वह,...वही

जो सेल्मा और मेरे बीच तीसरा आया था और वहाँ मौजूद था–अनाहूत...

नहीं, नहीं, नहीं! जो भी आता है, जो भी आएगा, उसे उधर ही रहने देना होगा...

कहीं पॉल भी क्रिसमस मना रहा होगा–कहाँ, किसके साथ? अपने खुले गले से गा रहा होगा–क्या वह भी इस समय मुझे याद करेगा–मुझे, जिसके साथ ही इस बर्फ़िस्तान में अकेला होने वह आया था–नथुने फुलाकर खुली बर्फ़ीली हवा को पीने, और पीते-पीते अनुभव करने कि हमारे भीतर कैसी स्निग्ध गरमाई है–स्निग्ध, मधुर, स्फूर्तिमय और–हमारी...

पर वह बर्फ़िस्तान के ऊपर है। खुली हवा में, न जाने किसके साथ; और मैं–यहाँ हूँ, बर्फ़िस्तान के नीचे, घुटन में, और मेरे साथ है वह, वह, वह...

25 दिसम्बर :

वहीं पलंग पर बैठी और मेज़ पर सिर टेके मैं सो गई थी–शायद पहले थोड़े आँसू आँखों में चुभे थे धुएँ की तरह, फिर न जाने कब ऊँघ गई थी। फिर चौंककर जागी थी गाने की आवाज़ सुनकर : घड़ी देखी थी, तब डेढ़ बजा था। सेल्मा धीरे-धीरे गा रही थी–गुनगुनाहट से कुछ ही ऊँचे स्वर से–देव-शिशु के आविर्भाव की ख़ुशी का एक गान। वह बहुत देर पहले से गाती रही हो, ऐसा तो नहीं लगा–शायद बीच-बीच में गाती भी रही हो–नींद उसे न आती होगी और घड़ी तो उसके पास है नहीं...

उस सन्नाटे में, रुक-रुककर आता हुआ बूढ़ा गान सुनकर न जाने कैसा लगने लगा। बीच-बीच में बुढ़िया की आवाज़ मानो टूट जाती–मानो वह हाँफ रही हो, मानो उसकी बूढ़ी साँस उखड़ रही हो। फिर वह आवाज़ के साथ एक ज़ोर की साँस खींचकर फिर गाना शुरू कर देती और थोड़ी देर बाद मानो एक कराह-सी में तान फिर टूट जाती।

सूना कमरा मानो किसी दबाव से घुटने लगा। मैं उठ बैठी और नंगे पाँव ही धीरे-धीरे बुढ़िया के पलंग के पास गई।

बुढ़िया उकड़ूँ बैठी थी। होंठों की गति के सिवा किसी गति के लक्षण उसकी देह में नहीं जान पड़ रहे थे। उसे देखती हुई मैं भी उसके कन्धे की ओट निश्चल खड़ी रही, लेकिन न जाने कैसे उसे ज्ञात हो गया कि कमरे में दूसरा कोई है–दूसरा कोई क्या, कि मैं हूँ–और उसने बिना मुड़े हुए ही कहा : "मैं अवतरण का गीत गुनगुना रही थी–बचपन की याद से–लेकिन मैंने क्या तुम्हें जगा दिया?"

मैंने कहा : "नहीं आंटी, मुझे नींद नहीं आ रही थी तभी मैंने आवाज़ सुनी और

देखने चली आई–शायद कुछ ज़रूरत हो।"

बुढ़िया ने कहा : "मेरी ऐसी भी हालत होगी कि मैं गाऊँ तो कोई समझेगा कि मुझे तकलीफ़ है–कि मुझे किसी चीज़ की ज़रूरत है! लेकिन हाँ, बहुत ज़रूरत है–और हाँ, तकलीफ़ भी है। लेकिन गाती हूँ ख़ुशी से ही–बैठो, तुम भी गाओगी?"

"वह गाना तो मुझे नहीं आता।"

"तो जो आता है वही गाओ। शायद मैं भी गा सकूँ–मेरे सब गाने बचपन के ही नहीं हैं, बाद में भी कुछ सीखे थे।"

मैं बैठ गई लेकिन बहुत कोशिश करने पर भी मुँह से बोल नहीं निकला। सारी परिस्थिति में कहीं कुछ बहुत ही बेठीक लगा। जैसे अवतरण की बात भी ग़लत है और उसके गाने गाना भी ग़लत। अवतरण अगर हुआ है तो मृत्यु का और वह मृत्यु ऐसी नहीं है कि गाने से उसका स्वागत किया जाए! वह मेरे कन्धों पर सवार होकर मेरा गला घोंट रही है। कैसे बेपनाह है वह पंजा, जो छोड़ेगा नहीं लेकिन किसी की उँगलियों की छाप भी नहीं पड़ेगी! मैंने कल्पना की, मेरे हाथ बुढ़िया के गले पर हैं और उसे घोंट रहे हैं–बेपनाह हाथ–नहीं जानती कि उनकी पकड़ भी ऐसी है या नहीं कि कोई छाप न छोड़े; लेकिन बुढ़िया के गले की रक्तहीन पारदर्शी त्वचा तो पहले ही ऐसी है कि उस पर कोई छाप क्या पड़ेगी!

थोड़ी देर बाद बुढ़िया ने कहा : "नहीं, यह मेरा अत्याचार है। मैं तो गा सकती हूँ क्योंकि मैं अन्धी हूँ। अन्धे अच्छा गाते हैं। तुम तो सब कुछ देखती हो–तुम्हें दृश्य ही अधिक अच्छे लगते हैं, स्वर नहीं। तुम्हें ठंड लग रही होगी, जाओ सोओ। भगवान् तुम्हारा कल्याण करे। क्रिसमस मुबारक!"

मैंने यन्त्रवत् दोहराया : "क्रिसमस मुबारक!" और लौट आई।

फिर मैं सोई नहीं। बुढ़िया भी शायद नहीं सोई। गाना तो उसने बन्द कर दिया। लेकिन बीच-बीच में एक बहुत ही धीमी हुंकार-सी सुनाई पड़ती, जो न मालूम साँस के कष्ट की थी, या कि बीच-बीच में याद आ जानेवाले गाने की, या कि कराहने की।

सवेरा हुआ–घड़ी का सवेरा। प्रकाश कुछ भी बढ़ता हुआ नहीं लगा बल्कि कमरे में कुछ घुटन-सी मालूम हुई–मानो जितनी हवा हमारे साथ इस क़ब्र-घर में क़ैद हो गई थी उसमें से ऑक्सीजन वाला अंश हम लोग पी चुके हैं। तुझे ध्यान आया, ऑक्सीजन ही हमें जीवित रखती है लेकिन वही हमें गलाती भी है–जीना ही जीर्ण होना है और जब जीने का साधन ऑक्सीजन नहीं रहती तब जीर्ण होने की क्रिया

भी रुक जाती है। इस क़ब्रगाह में हमारी पैदा की हुई कार्बन गैस, जो हमें मार देगी, आगे उस क़ब्रगाह में सड़ने से हमें बचाती है! फिर–हमारे मर जाने के बाद इस 'फिर' के अर्थ क्या हैं यह तो मैं नहीं जानती!–जब बर्फ़ गलेगी और लोग हमें ढूँढ़ने आएँगे तब हम यहीं ज्यों-के-त्यों सुरक्षित पड़े होंगे–मैं ऐसी ही यहाँ–तब भी समूची किन्तु कान्तिहीन–और बुढ़िया वहाँ, वैसी ही विवर्ण पारदर्शी, और इसलिए तब भी एक कान्ति लिए हुए! इस कल्पना से मुझे बुढ़िया पर फिर गुस्सा हो आया। पर मैंने अपने को याद दिलाया कि आज क्रिसमस का दिन है, बड़ा दिन, क्षमा और सद्भावना का दिन। उसकी बूढ़ी साँसें मुझसे कहीं कम ही ऑक्सीजन खाती होंगी–बल्कि जिस बहुत नीचे स्तर पर उसका जीवन चल रहा है उस पर तो शायद बिना ऑक्सीजन के ही काम चल सकता हो! मैंने सुना है कि जो लोग बर्फ़ के नीचे दब जाते हैं, उनकी ऑक्सीजन की ज़रूरत भी बहुत कम हो जाती है और इसलिए उनका उतनी से भी काम चल जाता है जितनी बर्फ़ के कणों में बँधी हुई होती है।...

बड़ा दिन। क्षमा, शान्ति और मानवीय सद्भावना का दिन। प्यार के पैग़म्बर का जन्म-दिन। मैंने आवासपूर्वक अपने स्वर में स्फूर्ति लाकर कहा : "क्रिसमस मुबारक आंटी सेल्मा!"

जो जवाब आया उससे मैं चौंकी। आंटी ने कहा : "मैंने तो आग जला दी है और क़हवा बना लिया है, आओ। क्रिसमस मुबारक!"

यह सब बुढ़िया ने कब कर लिया? मैंने तो पैरों की कोई आहट नहीं सुनी। न बरतनों की खनक। बुढ़िया बहुत ही चुपचाप काम करती है। लेकिन और नहीं तो उसके पैरों के घिसटने का थोड़ा-सा शब्द होता। मैं तो यही समझती रही कि मैं लगातार उसका कराहना सुनती रही हूँ!

नाश्ता करते-करते–नाश्ता तो मैंने ही किया, आंटी ने कुछ नहीं खाया, और क़हवे में भी थोड़ा पानी मिलाकर दो-चार घूँट पिए–आंटी ने कहा : "मैं कल्पना कर रही हूँ कि बाहर खूब खुली धूप है–बड़ी निखरी हुई स्निग्ध धूप, जिसके घाम में बदन अलसा जाए!"

मैंने कहा : "ऐसी कल्पना से फ़ायदा? और बाहर धूप हो भी तो हमें क्या जो–"

"हमें क्यों नहीं कुछ? जो हमारे भीतर नहीं है वह हम बाहर कैसे दे सकते हैं–कैसे देना चाह सकते हैं? खुली, निखरी हुई, स्निग्ध, हँसती धूप–मैं बाहर उसकी कल्पना करती हूँ तो वह मेरे भीतर भी खिल आती है और मैं सोच सकती हूँ कि मैं उसे औरों को दे सकती हूँ। नहीं तो–कितना ठंडा अँधेरा होता है उसके भीतर, जिसे मरना है और सिवा मरने के और कुछ नहीं करना है।"

मैंने कुछ झिड़क कर कहा : "क्रिसमस के दिन कैसे ऐसी बात कर सकती हो तुम आंटी?"

आंटी ने बड़े सरल सहज भाव से कहा : "मुझे कैंसर है।"

जो सन्नाटा हम दोनों के बीच में आ गया उसके पार मानो कमन्द फेंकते हुए बुढ़िया ने फिर कहा : "धूप, खिली, खुली, हँसती हुई धूप–क्रिसमस के दिन की धूप! योके, मेरा तो इतना दम नहीं है–तुम क्यों नहीं गातीं–तुम्हारा तो गला इतना सुरीला है।"

मैंने कहना चाहा, अभी तो तुम कह रही थीं कि जो भीतर नहीं है वह बाहर कैसे दिया जा सकता है? लेकिन यह मुझसे कहते न बना। मैंने कहा : "गाऊँगी, आंटी सेल्मा, गाऊँगी। पहले मुझे इस अँधेरी क़ब्रगाह का आदी तो हो जाने दो।"

बुढ़िया ने दोहराया : 'आदी।' और फिर हाथों से एक ऐसा इशारा किया जिसका अर्थ कुछ भी हो सकता था।...

30 दिसम्बर :

अब मुझसे और नहीं सहा जाता। सोचती हूँ कि यह कैसी परिस्थिति आ गई है कि मुझे सब ओर बर्फ़ का भी ध्यान नहीं रहा है–कि मैं यह भी भूल गई हूँ कि हम दोनों एक ही क़ब्र के साझीदार हैं! और सोचती हूँ तो केवल एक ही बात–कि अब साझीदार कब हट जाएगा, और मैं इस क़ब्र में अकेली रह जाऊँगी!

यह नहीं कि मैं क़ब्र में रहना चाहती हूँ। यह नहीं कि मैं अकेली अलग होना चाहती हूँ। शायद यह भी नहीं कि मैं नहीं चाहती कि वह भी कभी इस क़ब्र-घर से बाहर निकले। लेकिन मैं जानती हूँ कि उसके बारे में मेरे कुछ भी चाहने या न चाहने से कुछ नहीं होता है। मैं ही नहीं, वह भी यह जानती है।

और ठीक यहीं पर फ़र्क़ है। वह जानती है और जानकर मरती हुई भी जिए जा रही है। और मैं हूँ कि जीती हुई भी मर रही हूँ और मरना चाह रही हूँ।...

उसमें किसी तरह का विरोध नहीं है–न मेरे प्रति, न मेरे हिंस्र भावों के प्रति, न मृत्यु के ही प्रति। और यह मेरी समझ में नहीं आता, मुझे स्वीकार नहीं होता। कैसे कोई जीता हुआ प्राणी जिजीविषा से परे हो सकता है? हम सब कुछ से अनासक्त हो सकते हैं, पर जीवन से कैसे हो सकते हैं? कहीं-न-कहीं ज़रूर बुढ़िया में कोई झूठ है। कोई आत्म-प्रवंचना है। हो सकता है कि वह गहरे में छिपी हो–लेकिन यह नहीं हो सकता कि वह हो ही न।...

उसकी बीमारी शायद दिन-दिन बढ़ती जा रही है, वह कुछ खाती नहीं है और लगभग पीती भी नहीं है, और दिन-दिन अधिक विवर्ण और पारदर्शी होती जाती

है। जीता-जागता प्रेत। इसमें भी शायद उतना विरोधाभास नहीं है–लेकिन ठोस प्रेत! और उससे भी अधिक अस्वीकार्य और असह्य है उस ठोस प्रेत का कारुण्य भाव–एक बाहर को बहता हुआ, सब कुछ को सहलाता हुआ कारुण्य! प्रेत किसी पर तरस कैसे कर सकता है? बल्कि प्रेत होता वही है जो अपने पर तरस खाते हुए मरता है–नहीं तो प्रेत-योनि में कोई जा ही नहीं सकता! प्रेत होने के लिए अतृप्त वासना या आकांक्षा काफी नहीं है। ऐसे अतृप्त तो दुनिया में सभी मरते हैं, तो क्या सभी प्रेत हो जाते हैं? लेकिन जो अतृप्त आकांक्षा अपने ही पर तरस खाने की प्रवृत्ति पैदा करती है, जिसमें पैदा करती है, वही प्रेत होता है। लेकिन बुढ़िया की दया अपनी ओर मुड़ी हुई नहीं है और कभी-कभी मुझे लगता है कि वह प्याला-तश्तरी भी उठाती है, या कि आग की ओर भी हाथ बढ़ाती है, तो मानो इन निर्जीव चीज़ों को भी दुलारती और असीसती है। आग को असीसती है–वह, जिसे आग को देखकर रिरियाना चाहिए, क्योंकि अभी उसके भीतर की आग बुझ जाएगी ओर वह हो जाएगी–क्या? राख-राख से भी कम! उसे देखते-देखते मेरा मन होता है कि ज़ोर से चीखूँ, कि जलती हुई लकड़ी उठाकर उसकी कलाइयों पर दे मारूँ जिससे उसका आग को असीसने का दुस्साहस करनेवाला हाथ नीचे गिर जाए–एकाएक जिसके सदमे से उसकी हृद्‌गति बन्द हो जाए!

31 दिसम्बर :

उसके सामने ही नहीं, अपने सामने भी कभी मेरा मन होता है कि चीख़ पड़ूँ, कि अपने बाल नोच लूँ, कि आईने के सामने खड़ी होकर अपने को मारूँ, छोटी क़ैंची उठाकर अपने गालों में चुभा लूँ, कि नहेरने से अपने माथे, नाक-कान, ठोड़ी पर घाव कर लूँ–कि पानी का जग उठाकर आईने पर पटककर उसके और आईने के भी टुकड़े-टुकड़े कर दूँ! आईने के भी और उसमें झाँकते हुए अपने प्रतिरूप के भी, जो इतनी बेहयाई से मुझे ताकता है और मेरी सब अराजक जिज्ञासाएँ वापस मेरे मुँह पर मारता है।...

उसको वहीं बैठी छोड़कर मैं चली आई थी और अपने बिस्तर पर बैठी रही थी। काफ़ी देर बाद, सोने की तैयारी करने से पहले मैंने झाँककर देखा तो वह ज्यों-की-त्यों बैठी थी, इतनी देर में हिली भी नहीं थी। वैसे तो आज रात देर तक जागने का अवसर था, क्योंकि आधी रात को नए साल का अभिनन्दन करने का क़ायदा है; लेकिन मैंने उसकी कोई चर्चा नहीं की थी और क्रिसमस के लिए उत्साह दिखानेवाली बुढ़िया ने भी देर तक जागने का प्रस्ताव नहीं किया था। इसीलिए मैं सोने चली आई थी। पर वह तो बैठी है। न मालूम जाग रही है या सो रही है–न

मालूम होश में भी है या कि बेहोश है–पर निश्चल बैठी है! मैंने जाकर कहा : "आंटी सेल्मा, चलो सोओ। मैं सुला दूँ?"

आंटी सेल्मा ने सिकुड़ते कन्धे थोड़े सीधे करते हुए कहा : "नहीं योके, मैं अभी बैठी हूँ–तुम सो जाओ।"

मैंने कहा : "नए साल का अभिनन्दन करने बैठी हो?"

उसने कहा : "हाँ! या कि शायद सिर्फ़ नए दिन का। क्योंकि साल का कोई भी दिन किसी दूसरे दिन से किस बात में कम है! बल्कि मैं तो सोच सकती हूँ कि कोई भी दिन साल का दिन क्यों है–दिन ही में क्या कम जादू है?"

बात पूरी-की-पूरी मुझसे नहीं कही गई थी, बहुत कुछ स्वगत ही थी। पर मुझे ये सब बारीक बातें उस समय नहीं रुचीं। मैंने कुछ रुखाई से कहा : "हाँ, लेकिन रोज़-रोज़ तो तुम जागरण नहीं करती हो।"

उसने कहा–"मुझे माफ़ कर दो, योके, मुझे बुढ़िया की सब बातें संगत नहीं होतीं–कुछ यों भी मुँह से निकल जाती हैं।"

उसके स्वर में जो चिड़चिड़ापन था, उफ़! उससे मुझे कितनी तृप्ति मिली! तो बुढ़िया का कवच भी नीरन्ध्र नहीं है; कहीं उसमें भी टूट है–कहीं-न-कहीं वह भी मृत्यु से डरेगी और रिरियाकर कहेगी कि नहीं, मैं मरना नहीं चाहती! एक प्रबल, दुर्दमनीय उल्लास, एक विजय का गर्व मेरे भीतर उमड़ आया। मैंने कहा : "आंटी, तुम क्यों बैठकर माला के मनकों की तरह दिन और घड़ियाँ गिनती हो? दिन जिस गति से जाएँगे उसी से जाएँगे–न गिनकर हम उन्हें आगे ठेल सकते हैं, न झोंककर रोक सकते हैं। जो काम करना है करते चलो। जीना है जीते चलो, बस!"

उसने कहा : "हाँ, वह तो है। माला के मनके ही गिन रही हूँ। यह नहीं कि उससे कुछ बदलेगा। लेकिन जिसे माला के मनके ही गुनने हों उसे वैसा न करने का बस कहाँ है?"

"किसके लिए क्या तय है, इसका निश्चय अपने आप करने चलना क्या भगवान् को अपने ऊपर ओढ़ लेना नहीं है?" मैंने कोशिश की कि मेरे मन में व्यंग्य का भाव जितना तीखा था प्रकट उतना न हो; लेकिन व्यंग्य उसे दीखे ही नहीं, यह मैं बिलकुल नहीं चाहती थी।

बुढ़िया एकाएक खड़ी हो गई। उसका खड़ा होना भी उस समय मेरे लिए बिलकुल अप्रत्याशित था, पर उसने जो कहा वह मुझे अब भी अघटित लग रहा है। उसने कहा : "हाँ योके, मैं भगवान् को ओढ़ लेना ही चाहती हूँ। पूरा ओढ़ लेना कि कहीं कुछ भी उघड़ा रह न जाए। तुम नहीं जानतीं कि जिसे माला की मणि तक नहीं पहुँचना है उसके लिए एक-एक मनके का रूप कितना दिव्य होता है।"

उसने अपने पारदर्शी हाथ मेरे कन्धों पर रख दिए और कहा : "देखो योके, मेरी आँखों में देखो। क्या तुम्हें नहीं दीखता कि भगवान् के सिवा मेरे पास कुछ नहीं है ओढ़ने को!"

मैं जल्दी से कन्धे छुड़ाकर लौट आई। जहाँ उसके हाथ पड़े थे वहाँ अब भी बर्फ़ की दो कटारें-सी मुझे चुभ रही हैं।

लेकिन उधर शायद बुढ़िया ने कुछ गुनगुनाना शुरू कर दिया है। वह स्वर गाने का नहीं है–शायद कोई प्रार्थना दुहरा रही है।

उफ़, कब फटेगी यह कब्र, या कि कब निकलेगी यह बेशर्म जान,–उसकी, या मेरी या दोनों की!...

5 जनवरी :

फिर वही एकरूपता, एकरसता...अब लगता है कि इस डायरी का सहारा भी छूट जाएगा क्योंकि इसमें भी लिखने को कुछ नहीं है, दोहराने को ही है। फिर एक दिन, फिर एक दिन, घड़ी का एक और चक्कर और फिर एक और चक्कर।...

नए साल के दिन जब मैंने फिर सवेरे-सवेरे सेल्मा को गाते सुना तो मुझे क्रोध हो आया। सवेरे किसी तरह अपने पर ज़ोर डालकर मैंने औपचारिक ढंग से उसे नए साल की बधाई दे दी और उसकी बधाइयों के लिए धन्यवाद दे दिया। फिर उसके बाद दिन भर हम लोग कुछ अजनबी-से रहे। यों इसके सिवा कुछ हो भी नहीं सकता, क्योंकि वह एक बार उठकर कुरसी पर बैठ जाती है तो फिर वहाँ से बहुत ही कम हिलती-डुलती है। केवल नितान्त आवश्यकता होने पर ही वहाँ से उठती है। और मैं, मैं बाहर तो जा नहीं सकती, मुझे यहीं अपनी मांस-पेशियों को चालू रखने के लिए इधर-उधर जाना पड़ता है–तीन कमरों के इस घर में न जाने कितने चक्कर काटकर तब कहीं यह सन्तोष पा सकती हूँ कि हाँ मेरी पेशियाँ अब भी मेरे ही वश में हैं–अपनी इच्छा से हाथ-पैर हिला सकती हूँ, मुट्ठियाँ भींच सकती हूँ, किसी चीज़ को हाथों में जकड़ सकती हूँ, ईंधन की लकड़ियाँ उछाल सकती हूँ, और अगर कभी इस क़ब्र-घर से निकलने का अवसर आया तो सीधी चल भी सकूँगी–हाँ, अगर क़यामत के दिन किसी फ़रिश्ते के सामने जाकर खड़े होने के लिए ही यहाँ से निकलना हुआ तब भी सीधी खड़ी हो सकूँगी।...

लेकिन सेल्मा के बीच के कमरे में कुरसी पर बैठे रहते ही यह भी आसान नहीं है। मैं दबे पैरों ही इधर-उधर आती-जाती हूँ; निरन्तर मुझे सतर्क रहना पड़ता है। उसकी उपस्थिति को कभी क्षण भर के लिए भी नहीं भूल सकती हूँ। यहाँ तक कि

अपनी उपस्थिति का अनुभव करने का ही मौक़ा मुझे नहीं मिलता जब तक कि मैं रात को अपने पलंग पर अकेली नहीं हो जाती! मानो इस घर में वही वह है, मैं हूँ ही नहीं, जबकि जीती मैं हूँ और जीने की ज़रूरत भी मुझे है! और वह–तो जीने न जीने की सीमा-रेखा पर अर्द्धमूर्छित ऐसे बैठी है कि यह भी नहीं जानती कि वह कहाँ पर है।...

कैसे, जो जीवित नहीं हैं वे उन पर इतना कड़ा शासन करते हैं जो जीवन से छटपटा रहे हैं।

लेकिन कल तो थोड़ा-सा परिवर्तन हुआ था। कहना चाहिए कि कल सवेरे ही पहली बार ऐसा हुआ कि इस क़ब्र में कुछ घटित हुआ।

मैं सवेरे रसोई-घर की ओर जाने के लिए बैठने का कमरा पार करने को जा रही थी कि मैंने चौंककर देखा, सेल्मा अपनी कुरसी पर बैठी है। एक बार तो उसे देखकर ऐसा लगा कि वह रात भर वहीं बैठी रही है, बल्कि उस कुरसी का अंग ही है और सनातन काल से वहीं पड़ी है। क्या वह रात भर सोई नहीं? मुझे याद था कि रात को जब मैं सोने जाने के लिए मुड़ी थी तब वह भी अपने कमरे की ओर चली गई थी। लेकिन उसके बैठने की मुद्रा से पल भर मुझे अपनी स्मृति पर ही सन्देह हो आया। मैं पूछने ही जा रही थी कि बुढ़िया ने कहा : "तुम्हारे लिए क़हवा बनाकर रसोई में रख दिया है, मैं पी चुकी हूँ। और कुछ नहीं खाऊँगी।"

यह कुछ असाधारण तो था, लेकिन एकदम अनहोना भी नहीं था–पहले भी कभी-कभी वह मेरी प्रतीक्षा किए बिना नाश्ता कर लेती थी। मैं चुपचाप रसोई में चली गई। मेरे लिए नाश्ता लगा हुआ रखा था। बरतन धोने की बेसिनी में कोई जूठे बरतन नहीं थे। क्या बुढ़िया ने अपना तश्तरी-प्याला धोकर भी रख दिया, या कि उसने कुछ खाया ही नहीं है?

मैंने लौटकर बुढ़िया से पूछा : "तुमने सचमुच नाश्ता कर लिया है? मुझे तो कहीं लक्षण नहीं दीखते!"

"मुझे जितनी ज़रूरत है, उतना मैंने ले लिया।"

मैं लौट गई। नाश्ता करके मैंने बरतन धोकर रख दिए।

न जाने क्यों मेरा मन इस बात पर कुढ़ता रहा कि उसने मेरे लिए नाश्ता बनाकर रख दिया था और स्वयं शायद कुछ नहीं खाया था। फिर बैठक में जाकर मैंने कहा : "आंटी, मेरे लिए कष्ट करने की ज़रूरत नहीं है, ख़ासकर जब तुम्हें खुद कुछ भी न लेना हो।"

"मैंने कहा तो, कि जितनी मुझे ज़रूरत थी मैंने ले लिया।"

मैंने कुछ चिड़चिड़े स्वर में कहा : "क्या ले लिया था? एक प्याला गरम पानी?"

मैं चिड़चिड़े स्वर से बोली थी, लेकिन मुझे नहीं लगता कि मैंने ऐसा कुछ कहा था जिस पर वह इतनी बिगड़ खड़ी हो।

वह बोली : "हाँ, एक प्याला गरम पानी। बल्कि तुम सच ही जानना चाहती हो तो आधा प्याला गरम पानी। मैंने तुमसे कह दिया कि जितनी मुझे ज़रूरत थी मैंने ले लिया। मैं क्या खाती-पीती हूँ, इससे तुम्हें क्या मतलब है? तुम यहाँ मेहमान हो, लेकिन इससे-"

मैं सन्न रह गई। क्या यह सेल्मा ही बोल रही है?...

फिर मैंने किसी तरह रुकते-रुकते कहा : "ठीक है, मैं पूछनेवाली कोई नहीं होती। लेकिन स्वतन्त्रता मुझे भी चाहिए। यहाँ मैं अपनी इच्छा से क़ैद नहीं हुई, और न बीमार आदमी से सेवा लेकर स्वस्थ आदमी अपने को स्वतन्त्र महसूस कर सकता है।"

मैं नहीं जानती कि यह बात उसे तकलीफ़ देने के लिए ही कही थी या नहीं। फिर भी उसे ज़रूर बहुत तकलीफ़ हुई होगी, क्योंकि उसने कहा : "मेरी बीमारी की बात बार-बार दोहराने की ज़रूरत नहीं है-मैं जानती हूँ कि मैं बीमार हूँ। मैं क्या जान-बूझकर हुई हूँ, या कि तुम्हें सताने के लिए बीमार हुई हूँ? और स्वतन्त्रता-कौन स्वतन्त्र है? कौन चुन सकता है कि वह कैसे रहेगा, या नहीं रहेगा? मैं क्या स्वतन्त्र हूँ कि बीमार न रहूँ-या कि अब बीमार हूँ तो क्या इतनी भी स्वतन्त्र हूँ कि मर जाऊँ? मैंने चाहा था कि अन्तिम दिनों में कोई मेरे पास न हो। लेकिन वह भी क्या मैं चुन सकी? तुम क्या समझती हो कि इससे मुझे तकलीफ़ नहीं होती कि जो मैं अपनों को भी नहीं दिखाना चाहती थी उसे देखने के लिए-भगवान् ने-एक-एक अजनबी भेज दिया?"

थोड़ी देर चुप रहकर उसने कहा : "मुझे माफ़ करो, योके, थोड़ी देर मेरे पास से चली जाओ! मैंने तुम्हें साक्षी नहीं चुना और भरसक कोशिश करूँगी कि तुम्हें कुछ न देखना पड़े-जितने पर मेरा वश नहीं उतना तो तुम मुझे क्षमा कर दो!"

क्यों उसे तकलीफ़ होती देखकर मुझे सन्तोष होता है? लेकिन तकलीफ़ तो शायद उसे बराबर रहती है-क्यों उसे तकलीफ़ से टूटते हुए देखकर मुझे तसल्ली होती है? कितना कमीना है यह सन्तोष, जो दूसरों को हारते और टूटते हुए देखकर होता है-क्या यह एक अत्यन्त विकृत ढंग की जिजीविषा नहीं है!

लेकिन क्या मेरा यह मानना ही ठीक है कि वह हार ही रही है, टूट ही रही है? तकलीफ़ उसे है, और वह उसे पूरी तरह छिपा भी नहीं सकी है। लेकिन उतने ही

से तो हार नहीं सिद्ध होती–कम–से–कम टूटना तो नहीं सिद्ध होता, अगर छिपा न सकने को एक ढंग की हार मान भी लिया जाए।...

दोपहर तक हम एक–दूसरे से नहीं बोले। मैंने सोचा कि कुछ खाने को बना लूँ, और उससे पूछ भी लूँ कि वह क्या लेगी, लेकिन जब भी उसके पास जाने की बात सोचती तो लगता कि हम दोनों के बीच कोई सामान्य भाषा नहीं है–कम–से–कम इस समय तो नहीं है। मन–ही–मन कुढ़ती हुई मैं अपने कमरे में बैठी रही और सेल्मा बैठक में अपनी अभ्यस्त कुरसी पर अपनी अभ्यस्त जड़–मुद्रा में।

लेकिन नहीं, वह बैठक में नहीं थी। एकाएक मैंने उसका स्वर सुना तो वह भंडारे से आ रहा था। वह स्वर निस्सन्देह उसी का था, लेकिन उसके स्वर से कितना भिन्न, कितना अनभ्यस्त! मैं दबे पाँव जाकर भंडारे के किवाड़ की ओट खड़ी हो गई। बुढ़िया भंडारे में चीज़ें इधर–उधर रख रही थी–रख नहीं, पटक रही थी। और साथ–साथ बुड़बुड़ाती जा रही थी–गालियाँ–मानो जिस भी चीज़ को वह छू, उठा या पटक रही थी उसके अस्तित्व को कोस रही थी। और मानो भंडारे की चीज़ों को कोसकर ही उसे सन्तोष न हुआ हो; उसने भंडारे के बाहरवाले किवाड़ को झँझोड़कर खोला और फिर उसके पीछे से एक लकड़ी खींचते हुए लकड़ी को भी गालियाँ दीं। फिर वह लकड़ी उठाकर मानो किवाड़ को पीटने ही जा रही थी कि वह उसके हाथ से छूटकर नीचे गिर गई और एक बेबस कराह उसके मुँह से निकल गई। फिर उसने अपने हाथ की ओर देखकर उसे भी एक गाली दी : 'निकम्मा मुरदा हाथ!'

मैंने भंडारे में जाकर पूछा : "आंटी सेल्मा, मैं कुछ कर सकती हूँ?"

बुढ़िया सकपका गई और थोड़ी देर विमूढ़–सी मेरी ओर देखती रही। फिर एकाएक खिलखिलाकर हँस पड़ी–एक अद्‌भुत, अप्रत्याशित, अकल्पनीय खिलखिलाहट–और बोली : "मैं माफ़ी चाहती हूँ, योके! मैं अपना गुस्सा इन सब बेजान चीज़ों पर निकाल रही थी। अब कुछ हलका लगने लगा है। गालियाँ भी अजीब चीज़ हैं–बचपन में सुनी हुई गालियाँ बुढ़ापे में काम की जान पड़ने लगती हैं!"

मैंने कुछ पसीजकर कहा : "माफ़ी माँगने की कोई बात नहीं है, सेल्मा! मैं तो कहने जा रही थी कि तुमने मुझे इस भूल से बचा लिया कि मैं तुम्हें अमानुषी समझने लगूँ। जो गालियाँ दे सकते हैं वह ज़रूर इंसान हैं।"

बुढ़िया ने भंडारे से बाहर आते हुए कहा : "बस, अगर इतने ही सबूत की ज़रूरत थी तब तो बड़ी आसान बात है! बल्कि यह सबूत तो मैं इतना दे सकती हूँ कि तुम उससे मुझे अमानुषी समझने लगो!"

इस छोटी-सी घटना से पाई हुई निकटता दिन भर बनी रहती, अगर भंडारे से आकर कुरसी पर धप् से बैठते ही बुढ़िया मूर्छित-सी न हो जाती। मैंने उसे सहारा देने की कोशिश की, लेकिन उसने हाथ के इशारे से मुझे रोक दिया। उस अत्यन्त दुर्बल हाथ में आज्ञापना का कुछ ऐसा बल था कि मैं उसे छू न सकी, उसके पास भी न जा सकी। जैसे फिर क्षण भर में हम दोनों अजनबी हो गए।

रात को उसने कहा : "कल एपिफ़ानिया का त्योहार है। कल...लेकिन योके, तुम ईश्वर को मानती हो?"

मैं नहीं सोच पाती कि मुझे किसी से यह सवाल पूछने का साहस हो सकता है। यह भी नहीं सोच सकती कि इसका जवाब क्या दे सकती हूँ-कैसे दे सकती हूँ। मैंने कहा : "मैं नहीं जानती।"

"यों तो मैं भी नहीं कह सकती कि मैं जानती हूँ, कि मैं सचमुच मानती हूँ। लेकिन कभी जब यह बात सोचती हूँ कि मैं मरनेवाली हूँ, और तब मुझे ध्यान आता है कि तुम यहाँ उपस्थित हो-जब मैं अपने से अलग एक सजीव उपस्थिति के रूप में तुम्हारी बात सोचती हूँ-तब मुझे एकाएक निश्चित रूप से लगता है कि ईश्वर है-कि सजीव उपस्थिति का नाम ही ईश्वर है-कोई भी उपस्थिति ईश्वर है। क्योंकि नहीं तो उपस्थिति हो ही कैसे सकती है?"

मैं चुप रही।

थोड़ी देर बाद उसने फिर कहा : "एपिफ़ानिया ईश्वर की पहचान का दिन है। मैं सोचती हूँ कि कल मुझे भी वह दीख जाता, मैं भी उसे पहचान लेती। योके-अगर मैं कल मर जाऊँ तो तुम्हें कैसा लगेगा? कभी एकाएक लगता है कि समय आ गया है। लेकिन मैं चाहती नहीं हूँ कि बर्फ़ के पिघलने से पहले मैं मर जाऊँ। और खास कुछ नहीं-तुम्हें अपना बन्दी बनाकर रखना नहीं चाहती। अपनी तरफ़ से मैं तैयार हूँ। जिस दिन तुम्हें स्वतन्त्रता मिलेगी उसी दिन मैं जा सकूँगी। मुझे भी सूरज दीख जाएगा!"

पहले मैं मृत्यु की बात पर उसे टोक देती थी। अब उसे व्यर्थ मानकर छोड़ दिया है। उसे मृत्यु की बात करनी होगी तो करेगी ही, मेरे रोकने से रुकेगी नहीं! और फिर शायद ठीक ही कहती है; और मुझे भी इस विचार का आदी हो जाना चाहिए।

मैंने कहा : "शुक्रिया, सेल्मा! मैं तो चाहती हूँ कि तुम अभी और कई वर्ष की बर्फ़ देखो-कई बर्फ़ों के बाद की धूप!"

उसने मुस्कराकर फिर हाथ से वही अनिर्दिष्ट इशारा किया जिसका कुछ भी अर्थ हो सकता है।...

6 जनवरी :

रात में मैं हड़बड़ाकर उठ बैठी। लगा कि भूकम्प हो रहा है, सारा मकान थरथरा रहा है। फिर एकाएक कहीं धमाका हुआ और फिर ऐसा लगा कि एक तीखा ठंडा झोंका कमरे में घुस आया है। थोड़ी देर मैं सुन्न-सी बैठी रही, फिर मुझे ध्यान आया कि अगर धमाका मैं सुन सकी हूँ तो ऊपर से बर्फ़ का बोझ हट गया होगा, और तभी यह समझ में आया कि शायद धमाका उसी का था। मैं उछलकर खड़ी हो गई। मेरा मन हुआ कि उसी समय जाकर दरवाज़ा खोलकर देखूँ, खुलता है कि नहीं। फिर किसी तरह अपने को सँभालकर कम्बल ओढ़कर लेट गई। इतने में ही बदन ठिठुर गया था!

किसी तरह कुछ घंटे बिस्तर में बिताकर उठी तो सोचा कि पहले नाश्ता कर लेना चाहिए। बैठने का कमरा पहले की अपेक्षा कहीं अधिक ठंडा हो गया था, और ऐसे में दरवाज़ा खोलने की कोशिश मूर्खता ही होगी।

नाश्ता करने के बाद ही लगा कि कमरे के प्रकाश का रंग कुछ बदल गया है–कुछ उजला हो गया है। बुढ़िया के घुटनों पर एक कम्बल डालकर मैंने जाकर द्वार खोलने की कोशिश की। वह नहीं खुला, और मैं फिर आकर बैठ गई। बुढ़िया ने कहा : "ऊपर से बर्फ़ शायद हट गई है। पर अभी बाहर निकलना तो नहीं हो सकता, और ठंड भी होगी। शायद आज-कल में थोड़ी धूप भी दीख जाए।"

आज बहुत दिन बाद मैंने सहज भाव से आँखें उठाकर बुढ़िया के चेहरे की ओर भरपूर देखा। वह चेहरा कुछ-एक दिन में ही काफ़ी और बूढ़ा हो गया था। सभी रेखाएँ अधिक स्पष्ट, गहरी और निर्मम हो गई थीं और उनके माध्यम से जीवन जो भी निःसंग और निष्करुण सन्देश देना चाहता था वह और भी विशद और असन्दिग्ध हो उठा था।

मैंने पूछा : "आंटी सेल्मा, मैं एक बात अकसर सोचती हूँ–पूछना चाहती हूँ–वह क्या है जो तुम्हें सहारा देता है, जबकि मुझे डर लगता है?"

बुढ़िया ने तुरन्त उत्तर नहीं दिया। थोड़ी देर बाद बोली : "क्या सचमुच ऐसा है? मुझे किसका सहारा है, मैं नहीं जानती हूँ। ईश्वर का है, यह भी किस मुँह से कह सकती हूँ? शायद मृत्यु का ही सहारा है। वह है, बिलकुल पास है, सामने खड़ी है–लगता है कि हाथ बढ़ाकर उसे छू सकती हूँ। और यह कहने में और इसमें क्या फ़र्क़ है कि हाथ बढ़ाकर उसका सहारा ले सकती हूँ? ईश्वर...ईश्वर का नाम ले लेना तो बड़ा आसान है, लेकिन बड़ा मुश्किल भी है। और मौत और ईश्वर को हम अलग-अलग पहचान भी तो कभी-कभी ही सकते हैं। बल्कि शायद मन से ईश्वर को तब तक पहचान ही नहीं सकते जब तक कि मृत्यु में ही उसे न पहचान लें।"

मैंने धीमे स्वर में कहा : "यह मेरी समझ में नहीं आया। बल्कि मुझे तो यही सिखाया गया है कि ईश्वर है, इसीलिए मृत्यु नहीं है। मृत्यु केवल भ्रम है।"

"सिखाया तो मुझे भी यही गया है। लेकिन भ्रम भी क्या कम ईश्वर है? और ईश्वर की कौन-सी पहचान हमारे पास है जो भ्रम नहीं है? जब ईश्वर पहचान से परे है तो कोई भी पहचान भ्रम है। ईश्वर को हम कैसे जान सकते हैं? जो हम जान सकते हैं वे कुछ गुण हैं-और गुण हैं इसलिए ईश्वर के तो नहीं हैं। हम पहचानते हैं अनिवार्यता, हम पहचानते हैं अन्तिम और चरम और सम्पूर्ण और अमोघ नकार-जिस नकार के आगे और कोई सवाल नहीं है और न कोई आगे जवाब ही...इसीलिए मौत ही तो ईश्वर का एकमात्र पहचाना जा सकनेवाला रूप है। पूरे नकार का ज्ञान ही सच्चा ईश्वर ज्ञान है बाक़ी सब सतही बातें हैं, और झूठ हैं।"

मैं अवाक् बुढ़िया को देखती रही। यह क्या बर्फ़ानी वीरान में रहनेवाली गड़रियों की माँ की भाषा है! या कि यहाँ और भी कोई रहस्य है-और छिपा हुआ झूठ?

7 जनवरी :

ठिठुरती हुई रात में मुझे धीरे-धीरे फिर बुढ़िया पर क्रोध आने लगा। ज्यों-ज्यों मैं मन ही मन उसकी कही हुई बातें दोहराती त्यों-त्यों मुझे लगता कि उनमें छिपा हुआ मेरे प्रति पैना व्यंग्य है, और यह मरती हुई बुढ़िया अपनी अन्तिम घड़ियों में भी मेरे स्वस्थ युवा जीवन का अपमान कर रही है, मुझे नीचा दिखा रही है। मैं क्यों बाध्य हूँ यह सहने को, उसके द्वारा यों ज़लील किए जाने को? मैं अगर ईश्वर को नहीं मान सकती तो नहीं मान सकती, और अगर ईश्वर मृत्यु का ही दूसरा नाम है तो मैं उसे क्यों मानूँ? मैं मृत्यु को नहीं मानती, नहीं मान सकती, नहीं मानना चाहती! मृत्यु एक झूठ है, क्योंकि वह जीवन का खंडन है। और मैं जीती हूँ और जानती हूँ कि मैं जीती हूँ। कभी ऐसा होगा कि जीती न रहूँगी-लेकिन जब नहीं रहूँगी तब यह जाननेवाला भी कौन रहेगा कि मैं जीवित नहीं हूँ-कि मैं मर चुकी हूँ? मौत दूसरों की ही हो सकती है, जिनका होना और न होना, दोनों ही हम जान सकते हैं-या मानते हैं। लेकिन अपनी मृत्यु का क्या मतलब है? वह केवल दूसरे को देखकर लगाया हुआ एक अनुमान है-कि दूसरे के साथ ऐसा हुआ इसलिए हमारे साथ भी होगा। लेकिन दूसरे ने अपने होने को जैसा जाना, क्या हमने भी उसके होने को ठीक वैसा ही जाना? क्या 'वह है' और 'मैं हूँ' ये दोनों बुनियादी तौर पर अलग-अलग ढंग के, अलग-अलग जाति के, अलग-अलग दुनियाओं के ही बोध नहीं

हैं? 'वह है' के जोड़ का बोध यह भी है कि 'वह नहीं' है, लेकिन 'मैं हूँ' के साथ उसका उलटा कुछ नहीं है; 'मैं नहीं हूँ' यह बोध नहीं है बल्कि बोध का न होना है!

लेकिन उस ठिठुरती हुई रात में मैंने यह भी सोचा कि उस बुढ़िया को शायद यह बोध भी है। वह 'मैं हूँ' को भी जानती है और 'मैं नहीं हूँ' की अवस्था में भी जी सकती है। यही तो उसकी सम्पूर्ण नकार की बात का मतलब था! और इस न होने के बोध की सम्पूर्णता मेरी ठिठुरन के ऊपर एक नए आतंक-सी छा गई।

क्या है यह 'न होना'? मैं पलंग पर उठ बैठी और उठ खड़ी हुई। गले पर गरम शाल लपेटकर मैंने ड्रेसिंग-गाउन पहन लिया और इधर-उधर टहलने लगी।

न होना। न होना...होना, न होना! होना और न होना-और एक साथ ही होना और न होना...एकाएक मैंने पाया कि मैं केवल इन शब्दों को सोच ही नहीं रही हूँ बल्कि धीरे-धीरे दोहरा रही हूँ, और दोहराने के साथ-साथ मेरे हाथों की मुट्ठियाँ बँधती और खुल जाती हैं।

होना और न होना। खुले हाथ और बँधी हुई मुट्ठियाँ। मेरे नाखून मेरी हथेलियों में गड़ जाते हैं और वहाँ दर्द होता है; और उस दर्द से मैं पहचानती हूँ कि मैं हूँ। होने का दर्द! न होने का दर्द कैसा होता है? और फिर मुझ पर एकाएक कोई भूत सवार हो आया। मेरा मन हुआ कि कुछ तोड़-फोड़ कर दूँ। यह जो नाखूनों के गड़ने से होने का दर्द होता है उसे और गहरा और विस्तार के साथ अनुभव कर सकूँ-कि जिऊँ और गड़ूँ कि गड़ूँ और जिऊँ और अनुभव करूँ कि मैं जीती हूँ।...

मैं एकाएक मोज़ोंवाले पैरों से ही बुढ़िया के कमरे की ओर बढ़ गई। किवाड़ बन्द नहीं थे। मैं धीरे-से परदा हटाकर भीतर चली गई। अँधेरे में थोड़ी देर आँखें फाड़-फाड़कर देखती रही; मैंने पहचाना कि बुढ़िया का आकार उसके पलंग पर निश्चल पड़ा है। मैं पास चली गई और झुककर मैंने देखा, उसके सफ़ेद चेहरे की, जो उस अँधेरे में भुतहा लग रहा था, रेखाएँ कुछ घुल-सी गई हैं, और बन्द आँखों की कोरों की सलवटें सीधी हो रही हैं। मैंने और भी पास से झुककर देखा-इतनी पास से कि अगर बुढ़िया का चेहरा एक ओर चादर से न ढँका होता तो मेरी घनी साँस का स्पर्श उसका गाल छू जाता!

होना और न होना-होने का दर्द, न होने का भ्रम। भ्रम नहीं, न होना भी सच्चा ज्ञान है। ईश्वर का भ्रम। मेरे हाथ अवश से बुढ़िया की गरदन की ओर बढ़ गए और मैं मानो केवल उसकी स्वचालित गति की साक्षी हो गई। मैंने देखा कि वे दो हाथ बुढ़िया की गरदन के आगे अर्ध-मंडलाकार घिर गए हैं-गरदन को उन्होंने अभी छुआ नहीं है लेकिन इतने पास हैं कि एक रोएँ की सिहरन भी दोनों की छुअन बन जा सकती है-और वे दोनों हाथ काँप रहे हैं। किसी दुर्बलता के कारण नहीं बल्कि

अपने कड़ेपन के कारण ही।

मैं हाथों के ऊपर थोड़ा और झुक गई। मुझे याद आया, बुढ़िया कहती थी, धूप निकल आए तो अच्छा है...लेकिन मरे हुए गोश्त को इससे क्या कि धूप है या नहीं है–सिवा कि इसके धूप होगी तो सड़न होगी?

क्या ये हाथ–ये समर्थ और कर्मठ हाथ, जिसमें एक स्वतन्त्र इच्छा और कारक शक्ति है, मेरे ही हाथ हैं? क्योंकि उन पर झुका हुआ जो व्यक्ति इतनी पास से उन्हें देख रहा है वह व्यक्ति 'मैं' नहीं है। कितनी पास हैं बुढ़िया की मुँदी हुई पलकें–क्या उनके नीचे जो आँखें छिपी हुई हैं वे बुढ़िया की ही हैं, या मेरी, या–

लेकिन वे आँखें अपलक खुली थीं और बुढ़िया एकटक मुझे देख रही थी। उसने ज़रा भी हिले-डुले बिना कहा : "मेरा तो खुद कई बार मन हुआ कि तुम से कहूँ, मेरा गला घोंट दो–कहने का साहस नहीं हुआ। लेकिन तुम रुक क्यों गईं?"

एक बड़ी लम्बी चीख़ मेरे मुँह से निकल गई और मैं दौड़कर अपने बिस्तर में घुस गई। फिर काफ़ी देर बाद मुझे लगा कि मैं रो रही हूँ। लेकिन मेरी आँखों में बिलकुल आँसू नहीं थे। सिर्फ़ ठठरी बेतरह काँप रही थी।...

न जाने कैसे सोई और कैसे जागी। जो हुआ था उसके बाद सवेरा कैसे हो सकता है, मैं नहीं सोच सकती थी! और बुढ़िया के सामने मैं कैसे जा सकती हूँ, यह तो सवाल भी मैं अपनी कल्पना के सामने नहीं ला पा रही थी। लेकिन जब मैंने बैठक में झाँका तो वहाँ कोई नहीं था। मैं दबे पाँव रसोई में गई। मैंने नाश्ता तैयार किया और वहीं खा भी लिया। फिर एक तश्त में क़हवा रखकर बुढ़िया के कमरे में गई। वह पलंग पर निश्चय पड़ी थी। मैं न जान सकी कि वह सोई है या जाग रही है। और शायद उसने जान-बूझकर ही आँखें नहीं खोलीं। मुझे इसमें सुविधा ही थी–मैंने तश्त पलंग के पास ही तिपाई पर रख दिया और बाहर चली आई।

दोपहर हो गई थी जब उसने दुर्बल स्वर में मुझे पुकारा। मैं उसके कमरे में गई और उसके सिरहाने खड़ी हो गई, जहाँ वह मुझे न देख सके–या कम-से-कम मुझे उससे आँखें न मिलानी पड़ें। लेकिन उसने ठोड़ी ऊँची करके और पलकें चढ़ाकर मेरी ओर देखते हुए कहा : "योके, थोड़ी देर मेरे पास आकर बैठ सकती हो? मुझे तुमसे बातें करनी हैं। और आज उठ नहीं पा रही हूँ।"

कहते हैं कि आसन्न मृत्यु की एक गन्ध होती है। हम इनसानों ने उसे पहचानने की शक्ति खो दी है, लेकिन जानवर पहचान सकते हैं और उसे पाकर बेचैन हो उठते हैं। यह भी सुना है कि कैंसर के रोगियों के अन्तिम दिनों में यह गन्ध इतनी

स्पष्ट होती है कि मनुष्य भी पहचान सकते हैं। क्या मेरी कल्पना ही थी कि मुझे लगा, बुढ़िया का कमरा उस विशेष मृत्यु-गन्ध से भरा हुआ है। क्या कल्पना में ही इतना बल था कि मुझे उबकाई-सी आने लगी? मैंने किसी तरह अपने को सँभाला और एक चौकी खींचकर उसके पास बैठ गई। आँखें मैं उससे नहीं मिला सकी, लेकिन मैंने किसी तरह कहा : "रात के लिए मुझे क्षमा कर दो। मैं पागल हो गई थी।"

बुढ़िया ने कहा : "क्षमा तो मुझे माँगनी है–तुम्हें ऐसी परिस्थिति में डालने के लिए। यह कुछ अच्छी स्थिति नहीं कि कोई कुछ करना चाहे और कर न सके।"

लेकिन मैंने तिलमिलाकर कहा : "लेकिन वह चाहना ही कितना ग़लत और भयानक है–"

"वह कुछ नहीं। भयानक होता तो चाहा कैसे जाता? लेकिन मैंने ही तुम्हें ऐसे संकट में डाला कि तुम्हें अपने भीतर ही दो हो जाना पड़े। सचमुच ही मैं ही अपराधी हूँ, और तुम्हें मुझे क्षमा करना होगा।"

मैं चुप रही। क्या कहती? वह भी काफ़ी देर तक चुप रही, फिर उसने कहा : "नहीं कर सकतीं क्षमा? इतना आश्वासन मैं और देती हूँ कि कल जैसा अवसर फिर नहीं आएगा। मैं ही मौक़ा नहीं दूँगी–नहीं दे सकूँगी। लेकिन मैं चाहती हूँ कि तुम मुझे क्षमा कर दो–इतना ही नहीं, मैं चाहती हूँ कि तुम अपने मुँह से कह सको कि तुमने कर दिया क्षमा। क्योंकि उससे तुम्हें भी आगे शान्ति मिलेगी।"

मैंने कहा : "अपराधी तो मैं हूँ, और मैं दुर्बल हूँ, जो कि दुगुना अपराध है और इसी की कुढ़न मुझे कुराह पर ठेलती है, जो कि और अपराध है।"

उसने कहा : "न न, योके, यह अपराध को ख़ाहमख़ाह ओढ़ना है। तुम जो अपने को स्वतन्त्र मानती हो वही सब कठिनाइयों की जड़ है। न तो हम अकेले हैं, न हम स्वतन्त्र हैं। बल्कि अकेले नहीं हैं और हो नहीं सकते, इसलिए स्वतन्त्र नहीं हैं; और इसीलिए चुनने या फ़ैसला करने का अधिकार हमारा नहीं है। मैंने तुम्हें बताया है कि मैं चाहती थी कि मैं अकेली मरूँ। लेकिन क्या वह निश्चय करना मेरे बस का था? क्या मैं अपनी मनपसन्द परिस्थिति चुन सकी? और तुम–क्या तुम स्वतन्त्र हो कि मुझे मरती हुई न देखो? ऐसी सब स्वतन्त्रताओं की कल्पनाएँ निरा अहंकार हैं–और उसी से स्वतन्त्रता को छोड़कर कोई दूसरी स्वतन्त्रता नहीं है।"

मैंने हिचकिचाते हुए कहा : "लेकिन तुम स्वतन्त्र हो, सेल्मा, मुझे तो लगता है कि तुम स्वतन्त्र हो! और शायद तुम्हारा यह कहना ठीक है कि मैं स्वतन्त्र नहीं हूँ। क्योंकि तुम्हारी इसी बात पर मुझमें कुढ़न होती है।"

बुढ़िया ने देर तक कोई जवाब नहीं दिया। पर जो कहा वह जवाब नहीं था,

यद्यपि कहा ऐसे ही ढंग से गया कि मेरी बात का जवाब दिया जा रहा हो। उसने कहा : "बहुत बड़ा वरदान है जवान होना!"

फिर काफ़ी देर तक उसने कुछ नहीं कहा तो मैंने पूछा : "लेकिन तुम तो कुछ बात करनेवाली थीं?"

"अरे, वह! मुझे तो माफ़ी ही माँगनी थी, वह मैंने माँग ली। तुमने दे दी यह तो तुमने अभी नहीं कहा, लेकिन मैं कहला लूँगी। कुछ और–"

वह फिर थोड़ी देर चुप रही। फिर एक लम्बी साँस लेकर बोली : "मैं थक जाती हूँ।"

मुझे ध्यान आया कि उसने दिन भर कुछ नहीं खाया है। पहले दिन भी लगभग कुछ नहीं खाया था बल्कि इधर कई दिनों से कुछ नहीं खा रही है। मैंने कहा : "पहले तुम्हारे लिए कुछ ले आऊँ–थोड़ा-सा गरम शोरबा या कहवा ही।"

उसने संक्षेप में कहा : "जितनी मेरी ज़रूरत है, मैं ले लेती हूँ–जितना सकती हूँ।"

बात ख़त्म नहीं हुई थी। लेकिन इसके बाद वह पलकें मूँदकर देर तक चुपचाप पड़ी रही तो मैंने बुलाना उचित नहीं समझा और चुपचाप उठ आई।

11 जनवरी :

इस काठघर में–लिखकर मैं देखती हूँ कि मैंने क़ब्रघर नहीं लिखा है, काठघर लिखा है–क्या मेरे भीतर कहीं कोई छिपी हुई आशा है?–अब पहले जैसा अँधेरा और झुटपुटे के बीच का-सा प्रकाश नहीं है। ऐसा प्रकाश है जो पहचाना जा सकता है, जो बड़े निर्मम भाव से चेहरे की रेखाएँ और उनकी सलवटों में छिपाना चाहनेवाली जीवन की बेशर्मी को उघाड़कर रख देता है। वह प्रकाश जिसमें किसी चीज़ की ओर देखते डर लगता है क्योंकि वह पलटकर वापस मेरी ओर देखती है और उस देखने ही में कैसी डरावनी हो आती है। यह मेज़, यह पलंग, यह आईने का चौखटा, यह आईने में मेरी परछाईं, ये मेरे अपने हाथ-पैर, ये मेरी उँगलियाँ और यह मेरी उँगलियों की गति। कैसी भयानक है पार्थिवता, स्थूलता, यह गतिमत्ता! मैं मुट्ठी बन्द करती और खोलती हूँ, और मुझे अपनी उँगलियों की गति से डर लगने लगता है। मुझे नहीं लगता कि मैं उनको चलाती हूँ–वे अपने आप चलती हैं, और कैसा आतंकित करनेवाला है यह विचार कि मेरी उँगलियाँ अपने आप मुझसे स्वतन्त्र एक अपने निरात्म मन से चलती हैं! और उससे भी कितना अधिक भयानक है यह मानना कि वे अपने आप नहीं चलतीं बल्कि मेरे द्वारा चलाई जाती हैं। क्योंकि तब क्या मैं भी वैसी ही निरात्म हूँ?

इस प्रकाश में सेल्मा की ओर देखना आसान नहीं है। लेकिन अच्छा ही है कि मुझे उसकी ओर देखना भी नहीं पड़ता, और उससे बोलना भी बहुत कम पड़ता है। वह कमरे से लगभग नहीं निकलती, पलंग से भी लगभग नहीं उठती; और जब उठना होता है तो मेरा सहारा लेने से इनकार करके मुझे कमरे से बाहर भेज देती है। रात में कभी सुनती हूँ कि वह उठी है, एक क़दम के काफ़ी देर बाद दूसरा घिसटता हुआ क़दम सुनाई पड़ता है। फिर तीसरा और फिर चौथा...मेरे भीतर एक सशंक प्रतीक्षा उमड़ आती है और मैं तने हुए स्नायुओं और सुई-सी एकाग्र श्रवण शक्ति से वह घिसटना सुनती रहती हूँ और क़दम गिनती रहती हूँ जब तक कि अन्त में पलंग की हलकी-सी चरमराहट के साथ एक चरम क्लान्ति का 'ऊँह!' न सुनने को मिल जाए-उस चरम क्लान्ति का, जो चरम उपलब्धि के साथ आती है-मानो जो कुछ करना चाहा गया था सब कर लिया गया, और कुछ करने को बाक़ी नहीं रहा। और तब एकाएक ऐसा लगता है कि जीवन पैरों के घिसटने के सिवा कुछ नहीं है, और उसके बीच-बीच जो मुझे अपना ध्यान आता है वह धोखा है; मैं नहीं हूँ और केवल पैरों का घिसटना है।...

12 जनवरी :

इस बिना कफ़न की क़ब्र से क्या वह पहले की ही अवस्था अच्छी नहीं थी? बर्फ़ के नीचे दबकर मर जाना भी मर जाना है। लेकिन वह दबकर मरना तो है-उसमें कार्य और कारण की संगति तो है! लेकिन यह बिना दबे, बिना बर्फ़ को छुए भी अहेतुक मर जाना-यह मानो हमारे जीवन के अनुभव का अपमान करता है। और हम मरने पर भी अनुभव का खंडन सहने को तैयार नहीं। शायद यह हमारे इस करुण विश्वास का-विश्वास की कामना का फल है कि अगर अनुभव है तो हम भी हैं, और अगर कोई अनुभव हमें हुआ है तो हमारे मर जाने पर भी वह नहीं मरता और एक धनात्मक उपलब्धि के रूप में बचा ही रह जाता है। इस करुण विश्वास के सहारे हम यह मान लेना चाहते हैं कि हमीं बचे रह जाते हैं। लेकिन सब झूठ है-कुछ नहीं बचता-हम नहीं बचते; बचने को रहे भी, यह भी नहीं कह सकते! मृत्यु-मृत्यु-मृत्यु-उसी की एकमात्र प्रतीक्षा, ऊपर बर्फ़ हो या न हो-और हाँ, कैंसर भी हो या न हो! क्या सेल्मा की प्रतीक्षा मेरी प्रतीक्षा से इसलिए कुछ भिन्न है कि उसे कैंसर है और मुझे नहीं है, या कि भिन्न इसी बात में है कि उसके पास कार्य-कारण की संगति का सबूत है, और मेरे पास वह भी नहीं है? क्या मैं ज़्यादा लाचार, ज़्यादा दयनीय-ज़्यादा मरी हुई नहीं हूँ? क्या मुझे ही ज़्यादा कैंसर नहीं है-वह कैंसर, जिसे हम ज़िन्दगी कहते हैं?

14 जनवरी :

धूप की एक पतली-सी किरण। नहीं, छत के रोशनदान के एक कोने से घुसकर फ़र्श पर गिरा हुआ धूप का एक छोटा-सा चकत्ता।

और हमारे ज़िन्दगी में-हमारे क़ब्र के प्रवास के इतिहास में एक घटना!

मैंने बिना सोचे एकाएक सेल्मा के कमरे में जाकर कहा : "सेल्मा, धूप! बड़े कमरे में फ़र्श पर धूप की एक बड़ी-सी थिगली है, देखोगी?"

बुढ़िया चुपचाप थोड़ी देर मेरी ओर देखती रही। फिर मानो मन-ही-मन तय करके इस सूचना पर उसे ज़रूर मुस्कराना चाहिए, वह किसी तरह मुस्करा दी। फिर उसने धीरे-धीरे गुनगुनाकर कुछ कहा, जो मुझे सुनाई नहीं दिया। और थोड़ी देर मैं यह भी नहीं सोच सकी कि वह मेरे सुनने के लिए कहा भी गया था या नहीं। थोड़ा झिझककर मैंने पूछा : "सेल्मा, मुझसे कुछ कहा है?" और तनिक उसकी ओर झुक गई।

वह बोली : "जाने दो, वह कुछ नहीं।"

मैंने फिर पूछा : "नहीं, ज़रूर-कोई किसी चीज़ की ज़रूरत हो तो-धूप देखना चाहोगी?"

वह कुछ ऐसे ढंग से मुस्कराई जैसे अपना अपराध पकड़े जाने पर बच्चा मुस्कराता है। "हाँ, वह मैं चाह सकती थी, पर मेरे बस का नहीं है।"

मैंने कहा : "मैं उठाकर ले चलूँ?"

"वह-नहीं हो सकेगा। तुमसे नहीं, मुझसे ही नहीं हो सकेगा।"

मैंने कहा : "अच्छा, मैं यहाँ से दिखा देती हूँ।" और बढ़कर मैंने बैठक की ओर के उसके कमरे का किवाड़ खोलकर परदा एक ओर सरका दिया। उतना काफ़ी नहीं था। मैंने पलंग को भी एक ओर खींच लिया। फिर उसके सिरहाने जाकर कहा : "मैं बाँह का सहारा देती हूँ, उठकर देख लो!" और बिना उत्तर की प्रतीक्षा किए अपना हाथ उसकी गरदन के नीचे डाल दिया।

वह इतनी हलकी थी कि उसे सहारा देकर उठाना ही नहीं, बिलकुल उठा लेना भी कोई बड़ा काम नहीं था। लेकिन मेरी बाँह का सहारा ज़रूरत से ज़्यादा न लेने की कोशिश में उसने उठने के लिए थोड़ा ज़ोर भी लगाया। क्षण-भर के लिए मेरा हाथ बालों के लच्छे को छूता रहा, उसके भार का अनुभव उसे नहीं हुआ। फिर एकाएक उसकी गरदन शिथिल हो गई और उसके सिर का भार मेरे हाथ पर आ रहा। उसने कहा : "नहीं, शुक्रिया, योके!"

मैंने हाथ खींच लिया और पल-भर उसके चेहरे की ओर देखती रही। मुझे लगा कि उस पर पसीने की बूँदें हैं-ठंडी बूँदें। उसने कहा : "शुक्रिया योके, धूप ने आज आना ही चुना है, पर मैं उसे देखना नहीं चुन सकती। उसे भी मेरा शुक्रिया दे दो।"

मैंने कुछ कहना चाहा, लेकिन मुझे कुछ सूझा ही नहीं कि क्या कहा जाए। और वह फिर बोली नहीं–आँखें मूँदे पड़ी रही। मैं चुपचाप उसके चेहरे की ओर देखती रही, पर मुझे ध्यान आया कि मुझे वहाँ कुछ करने को नहीं है और मेरे वहाँ खड़े होने का कोई मतलब नहीं है। मैंने उसके कमरे का परदा फिर गिरा दिया और बैठक में आकर उस छोटी होती हुई धूप की थिगली को देखने लगी। इतनी देर में ही उसका आकार बाँका-टेढ़ा होकर सिकुड़ गया था। और एकाएक मुझे लगा कि जिस थिगली को मैं देख रही हूँ वह धूप की नहीं है, फ़र्श पर पड़े हुए सेल्मा के चेहरे की है।

फ़र्श पर पड़ा हुआ चेहरा। शरीर से अलग चेहरा–निरा चेहरा, सनातन चेहरा। मैंने मानो ध्रुव सत्य के रूप में जान लिया, वह चेहरा ही सेल्मा है और सेल्मा ही धूप की वह थिगली है जो कभी भी मिट सकती है लेकिन फिर भी ज्यों-की-त्यों बनी रहती है क्योंकि उसका होना उसके न होने से अलग नहीं है।

सेल्मा का, सेल्मा के पास, कोई इतिहास नहीं है, केवल स्मृति है। सेल्मा भी इतिहास नहीं, स्मृति है, शुद्ध स्मृति। वह एक साथ यहाँ भी और अन्यत्र भी जीती है, आज भी और कल भी और सभी दिनों में एक साथ ही जीती है। और इसलिए वह अलग नहीं है, अकेली नहीं है।

और मैं–मैं यहाँ अभी इस क्षण में जीती हूँ–मुझमें स्मृति नहीं है। मुक्त मुझे होना चाहिए, लेकिन मैं इतिहास से क्षयग्रस्त हूँ और अकेली हूँ। मरना सेल्मा को है, मरेगी वह, लेकिन मर रही हूँ मैं, अकेली मैं...

कोई आधा घंटे बाद सेल्या ने पुकारा।

मेरे पास जाने पर बोली : "मेरी एक बिनती है।"

मैंने कहा : "कहो।"

उसने फिर कहा : "इसके लिए मैं माफ़ी चाहती हूँ। लेकिन तुम मुझे उठाकर धूप तक ले जा सकती हो। मैं चीखूँ भी तो भी न सुनना–एक बार–"

मैंने कहा : "लेकिन सेल्मा, धूप तो चली गई।"

वह थोड़ी देर चुप रही। फिर बोली : "यही ठीक है। या कि दूसरा कुछ भी बेठीक होता! जाने दो।"

मुझ पर एकाएक घनी उदासी छा गई। पहली बार–एकमात्र बार–मुझे लगा कि मेरे मन में बुढ़िया के प्रति करुणा उपजी है। लेकिन फिर एकाएक ही मन कड़ा हो आया। बुढ़िया कैसे कह सकती है यह ठीक ही है, या कि दूसरा कुछ बेठीक होता? यही बात तो बेठीक है–बुढ़िया ही बेठीक है!

एकाएक बुढ़िया ने कहा : "योके, मैं यह सब एक बार पहले देख चुकी हूँ। इसमें से गुज़र चुकी हूँ।"

बुढ़िया की बात मैं नहीं समझ सकी। लेकिन मैंने कुछ कहा नहीं। चुपचाप खड़ी रही। उसी ने फिर कहा : "वर्षों पहले यहाँ आने से पहले, जब मैं शहर में थी– यहाँ आए मुझे कोई अट्ठाईस वर्ष हो गए हैं–यह तो तुम्हारे जन्म से पहले की बात होगी–"

मेरे मुँह से निकल गया : "मेरे लिए तो वह दूसरी ही दुनिया की बात है।"

वह बोली : "मेरे लिए भी–दूसरी ही दुनिया की बात है–सुनोगी–तुम्हें समय है?"

मैंने कहा : "ज़रूर, मैं अभी आई–कुछ काम ठीक-ठाक कर आऊँ।"

लेकिन थोड़ी देर बाद दुबारा जब वहाँ गई तो मानो उसे मेरे आने का पता ही नहीं लगा। मैं काफ़ी देर तक उसके पास खड़ी रही, फिर एक चौकी खींचकर बैठ गई और फिर थोड़ी देर बाद चली आई।

दूसरी दुनिया की बात। दूसरी दुनिया की बात। दूसरी भी कोई दुनिया है? या कि दूसरी ही दुनिया है, और यह जो है वह नहीं है?

सेल्मा

बोल-चाल का मुहावरा जिस तेज़ी से बदलता है, बस्ती का रूप उससे कहीं अधिक तेज़ी से बदल रहा था। बातचीत में अभी तक क़स्बा ही कहते थे, लेकिन उसमें शहर के सब लक्षण आ चुके थे। बल्कि जिस हिस्से को किसी भी औचित्य के साथ क़स्बा कहा जा सकता वह उसके एक छोर पर पड़ गया था। उतने हिस्से का स्थापत्य कुछ अलग और पिछड़ा हुआ था। सड़कें इतनी तंग थीं कि उन्हें गलियाँ कहना ही ठीक था और वहाँ वाले वही कहते भी थे। वहाँ के लोगों के जीवन की गति भी धीमी ही थी और शायद उनके बोलने के ढंग की तरह उनकी जीवन-दृष्टि भी कुछ पुरानी और कुछ पिछड़ी हुई थी। कम-से-कम शहर में, यानी शहर के दूसरे हिस्से में, रहनेवाले लोग उसे पिछड़ा हुआ ही मानते थे और जब भी क़स्बे के लोगों की चर्चा करते थे तो उसमें एक व्यंग्य निहित होता था–बड़ा शहराती, छिपा हुआ व्यंग्य, लेकिन शहराती या छिपा हुआ होने के कारण कुछ कम तीखा नहीं।

क़स्बे के आगे सीधे-सपाट मैदान में बाग़ था। यह भी पुराना बाग़ था, पुरानी और सुस्त चाल से चलनेवाला बाग़, जिसमें हलकी-फुलकी, चुस्त और हर मौसम में रूप बदलनेवाली फूलों की क्यारियाँ बिलकुल नहीं थीं; पुरानी और सदाबहार हरियाली के बीच में जहाँ-तहाँ बहुत बड़े-बड़े, पुराने और बड़ी धीमी गति से बढ़नेवाले पेड़ थे।

बाग़ के पार नदी थी–या नदी किनारे की सड़क थी, क्योंकि सड़क ही बाग़ की मर्यादा बाँधती थी, सड़क के आगे फिर हरियाली का फैलाव था और उसके आगे नदी थी।

हरियाली का ढलाव नदी की ओर था; और हर साल बारिश होने पर सारी हरियाली डूब जाती थी और बाग़ की मर्यादा-रेखा खींचनेवाली सड़क, नदी की मर्यादा-रेखा बन जाती थी। लेकिन जब नदी उतर जाती थी और हरियाली के नीचे की मिट्टी फिर बँध जाती थी, तब बाग़ की सैर करनेवाले सड़क पार करके हरियाली की सैर करने भी ज़रूर आते थे और हरियाली पर टहलते हुए ही नदी के

पुल तक जाते थे। पुल था तो नदी का, पर नदी के साथ-साथ हरियाली को भी बाँधता था। धनुषाकार पुल दूर-दूर से दीखता था और हरियाली की सैर करने आनेवालों के क्षितिज का महत्त्वपूर्ण अंग था। सैर के अन्त में उन्हें प्यास ज़रूर लगती थी, और कभी-कभी भूख भी लग आती थी, जिसके शमन का प्रबन्ध पुल पर ही था। जहाँ से पुल की उठान शुरू होती थी वहाँ से, बल्कि उसके कुछ पहले सड़क की पटरी पर से ही, अस्थायी दुकानें शुरू हो जाती थीं। पहले झाबे या रेहड़ी वाले; फिर उनके बाद बड़ी रेहड़ियाँ आती थीं जिन पर दुकानदार के रहने की भी जगह बनी हुई हो; उसके बाद, धनुष के सबसे ऊँचे खंड पर, कुछ पक्की दुकानें थीं।

नदी में बाढ़ हर साल ही आती थी, लेकिन हर साल की बाढ़ सड़क को छूकर धीरे-धीरे उतर जाती थी। ऐसा कभी-कभी ही होता था कि वह और बढ़कर सड़क पर आ जाए। लेकिन जब वैसा होता था तो सड़क के साथ समूचा बाग़ भी पानी में डूब जाता था और पुल के छोर भी डूब जाते थे। बाग़ के बड़े-बड़े पेड़ मानो सीधे पानी में से उगकर पानी पर ही छाँव करते जान पड़ते थे, और पुल का भी मानो नदी से, या उसे पार करने की ज़रूरत से, कोई सम्बन्ध नहीं रहता था। मानो पातालवासी जलदेवता ने अपनी शक्ति देखने के लिए भुजा बढ़ाकर एक महाकाय धनुष पानी से ऊपर ठेल दिया हो, ऐसा ही वह तब लगने लगता था। उसकी लोहे और पत्थर और कंकरीट की चुनौती की ओर पीठ फेरकर क़स्बे के लोग ऊँचाई पर बसी हुई नई बस्ती की ओर चले जाते थे और पानी उतरने की प्रतीक्षा किया करते थे-जब मानव को जलदेवता द्वारा दी गई चुनौती का प्रतीक, फिर पलटकर जलदेवता पर मनुष्य की विजय का प्रतीक बन जाएगा, और पुल पर से लोगों का आना-जाना फिर सम्भव हो जाएगा-पुल पर खाने-पीने की तरह-तरह की चीज़ें फिर बिकने लगेंगी और आने-जानेवाले न केवल अपनी भूख-प्यास शान्त कर सकेंगे, बल्कि तफ़रीह के लिए घूमते हुए कंघी-रूमाल, फूल-गुलदस्ते भी ख़रीद सकेंगे। या कि सड़क के किनारे के फ़ोटोग्राफ़र से यादगार के लिए फ़ोटो भी खिंचवा सकेंगे।

सन् 1906 में जो बाढ़ आई उसे लोग अब भी याद करते हैं। यह कह देने से कि उस शहर या क़स्बे के लिए नदी की उस वर्ष की बाढ़ ने रेकॉर्ड स्थापित किया था, कुछ भी अनुमान नहीं हो सकता कि वह बाढ़ क्या चीज़ थी। बाढ़ के साथ भूकम्प भी हुआ था, जिससे नई बस्ती की सड़क में भी बड़ी-बड़ी दरारें पड़ गई थीं और क़स्बे के तो मकान ही गिर गए थे। लेकिन सबसे अधिक चौंकानेवाली जो बात हुई थी वह उस धनुषाकार पुल की दुर्घटना थी। पुल पर कुछ लोग इस वर्ष भी थे, जैसे कि हर वर्ष बाढ़ में रहते थे-बाढ़ दो-चार दिन में उतर ही जाती थी

और पक्की दुकानवालों को उसका कोई डर नहीं रहता था। इन दिनों के लिए सब सामान उनके पास रहता ही था। नावें भी बँधी रहती थीं जिनसे ज़रूरत पड़ने पर काम लिया जा सके। पर वास्तव में उनकी ज़रूरत कभी-कभी ही पड़ती, क्योंकि आम तौर पर बाढ़ में भी पैदल चलकर ही बाग़ को पार किया जा सकता था। बल्कि कभी-कभी नई बस्ती के कुछ मनचले लोग घुटने तक के रबड़ के बूट पहनकर इस तरह बाग़ पार करके आते भी थे। और भी शौक़ीन और सम्पन्न लोग नाव में बैठकर सीधे पुल तक पहुँचते थे, जो कि उन दिनों अच्छी-ख़ासी सैरगाह बन जाता था। बाढ़ के दिनों में पुल के ऊपरी हिस्से के चायघर में बैठकर चाय-पानी एक ख़ास बात समझी जाती थी और इसका प्रमाण रखने के लिए लोग-या कभी-कभी प्रेमी-युगल अपने साहस-कर्म की स्मृति बनाए रखने के लिए-वहीं के फ़ोटो भी खिंचवाते थे।

फ़ोटोग्राफ़र की दुकान में अधिक संख्या ऐसे ही चित्रों की थी जिनमें गलबहियाँ डाले या चाय का प्याला अथवा सिगरेट हाथ में लिए हुए लोग पानी से घिरे हुए बैठे या खड़े हैं।

लेकिन उस साल एकाएक सब बदल गया। पहली बाढ़ में ही पानी इतना चढ़ आया कि नावें रस्सियाँ तुड़ाकर बह गईं। पुल से आने-जाने का रास्ता भी बन्द हो गया और शहर की नावें बह जाने के कारण वहाँ से लोगों का आना भी असम्भव हो गया। सैलानी कोई नहीं आए। बल्कि बहते हुए जानवर या जानवरों की लाशें दुर्गन्ध की एक लकीर-सी खींचती हुई पुल के नीचे से निकल गईं।

फिर भूचाल के साथ आनेवाली दूसरी बाढ़ में और भी दुर्घटना यह हुई कि सारे पुल की नींव हिल गई। दोनों सिरे तो टूटकर बह ही गए, बीच का जो सबसे ऊँचा खंड बचा उसके खम्भे भी दरक गए और कुछ तो अपनी जगह से थोड़ा हट भी गए। कब तीव्र धारा का थप्पड़ उन्हें थोड़ा और सरकाकर, या अपनी रगड़ से सहारा देनेवाले निचले हिस्से को काटकर, अधर में टँगे हुए धनु-खंड को भी बहा ले जाएगा इसका कोई ठिकाना नहीं रहा। चारों ओर घहराता हुआ दुर्द्धर्ष अथाह पानी, आक्षितिज केवल पानी! बाग़ के बड़े-बड़े पेड़ भी अब उस पानी पर छाया नहीं डाल रहे थे, बल्कि उनके ऊपरी हिस्से स्वयं पानी की सतह पर छाया-से दीख रहे थे। कुछ तो उखड़कर बह भी गए थे। थोड़ी देर के लिए शायद एक-आध की जड़ें पुल के डूबे हुए छोर के साथ अटकी होंगी, लेकिन उसके बाद गँदले पानी और झाग का एक भँवर अपने पीछे खींचते हुए वे पेड़ आगे बह गए थे और इस घरघराहट और टूटन और प्रलयंकर विनाश के बीच में बेतुका-सा खड़ा रह गया था तीन खम्भों पर टँगा हुआ पुल का बीच का हिस्सा और उसके ऊपर की तीन-चार दुकानें और उनमें बसे हुए तीन-चार लोग।

सेल्मा डॉलबर्ग ने एक बार दुकान में से निकलकर पुल की मुँडेर तक आकर पानी की ओर देखा, और फिर आकाश की ओर, और फिर दुकान के अलग हिस्से में बने हुए काँच मढ़े बरामदे में जाकर ऊँचे मूढ़े पर बैठकर अनदेखती आँखों में मेज़ों और कुर्सियों के सूनेपन को ताकने लगी। चायघर में अकेली वह, पास की फ़ोटो की दुकान में फ़ोटोग्राफ़र, और दूसरे पास सूवेनिर रुमालों, खिलौना-आकार के चाय के प्यालों, और पुल की प्रतिकृतियों की दुकान में यान एकेलोफ़–प्रलय की मटमैली धारा के ऊपर टँगी हुई पुल–रूपी दुनिया में यही तीन प्राणी रह गए थे। हज़रत नूह की नाव मानो मस्तूल टूट जाने के बाद भटकती हुई कहीं अटक गई थी और अटककर अर्थहीन हो गई थी; और अर्थहीनता से थरथर काँपते हुए तीनों प्राणी उससे चिपके हुए साँस गिन रहे थे। नूह के बचाए हुए जानवरों से किसी बात में कम नहीं थे ये तीनों जानवर। क्योंकि जानवर ही थे वे–या कम–से–कम चायघर के बरामदे में बैठी हुई सेल्मा डॉलबर्ग की अनदेखती आँखों को ऐसा ही लग रहा था।

थोड़ी देर बाद उठकर उसने अपने खाने के लिए कुछ बनाना शुरू किया तो बाहर से यान एकेलोफ़ की आवाज़ आई :

"खाने को कुछ है?"

सेल्मा ने एक बार सिर से पैर तक यान को देखकर कहा :

'ईंधन की तो बहुत कमी है। कुछ बनाने में दुगुने दाम लगेंगे।"

यान थोड़ी देर एक–टक उसकी ओर देखता रहा। फिर बोला : "स्टोव तो मेरे पास है। अगर दुकान से कुछ कच्ची चीज़ भी मिल जाए–थोड़ा आटा या सूखा गोश्त ही मिल जाए तो भी काम चला लूँगा?"

"कितना क्या चाहिए?"

सामान लेने के लिए मुड़ते हुए सेल्मा ने कहा : "दाम तो तुरन्त दे दोगे न?"

यान ने थोड़े अचम्भे से कहा : "हाँ–आँ।" फिर थोड़ा रुककर बोला : "मैं कभी हिसाब बेबाक किए बिना भागा न होऊँ ऐसा तो नहीं कह सकता, लेकिन इस वक़्त तो तुम्हें इसका डर नहीं होना चाहिए!"

थोड़ी देर बाद सेल्मा ने एक बड़ा लिफ़ाफ़ा यान की ओर बढ़ाते हुए दाम बताए तो यान चौंक पड़ा। उसे लगा कि शायद सुनने में भूल हुई है। लेकिन जब सेल्मा ने अपनी बात दोहराई तब उसने चुपचाप पैसे निकालकर दे दिए और लिफ़ाफ़ा उठाकर चला गया। उसे याद नहीं था कि जीवन में पहले कभी वह बिना 'थैंक्स' कहे यों सौदा उठा ले गया है।

उस दिन फिर वह नहीं आया। सेल्मा ने इसकी सम्भावना की थी कि वह फिर आएगा, क्योंकि जो सौदा वह ले गया था वह अगले दिन तक के लिए काफ़ी नहीं

था। एक बार उसे फ़ोटोग्राफ़र का भी ध्यान आया था। लेकिन वह उसकी ओर नहीं आया। वह यान की अपेक्षा अधिक सम्पन्न भी था। असम्भव नहीं कि उसके यहाँ खाने-पीने का कुछ सामान हो। सेल्मा ने धीरे-धीरे सब परदे खींच दिए और भीतर कहीं खो गई।

लेकिन दूसरे दिन सवेरे ही फ़ोटोग्राफ़र ने आकर जानना चाहा कि सेल्मा के यहाँ से पीने का पानी मिल सकता है या नहीं।

सेल्मा ने विस्मय दिखाते हुए कहा : ''पानी? मैं तो समझती थी कि तुम्हारे यहाँ साफ़ पानी बराबर रहता होगा-फ़ोटोग्राफ़र का काम उसके बिना कैसे चल सकता है?''

मालूम हुआ कि पुल के काँपने से दवा की कुल शीशियाँ पानी के ड्रम में गिरकर टूट गई थीं और सारा संचित पानी दूषित हो गया था।

सेल्मा ने मानो मन-ही-मन परिस्थिति का मूल आँकते हुए कहा : ''पानी मेरे पास शायद चाय बनाने लायक़ भर होगा। मैंने अभी चाय भी नहीं बनाई है। कहो तो वही पानी तुम्हें दे दूँ। या कि यहीं एक प्याला चाय पी लो।''

फ़ोटोग्राफ़र ने कहा : ''नहीं, तब तुम्हें तकलीफ़ नहीं दूँगा। चाय तो नदी के पानी में भी बन सकती है-एक बार उबल जाए तब कोई डर तो नहीं रहेगा।'' और लौट गया।

समय नापने के कई तरीक़े हैं। एक घड़ी का है, जो शायद सबसे घटिया तरीक़ा है। क्योंकि उसका अनुभव से कम-से-कम सम्बन्ध है। दूसरा तरीक़ा दिन और रात का, सूर्योदय और सूर्यास्त का, प्रकाश और अँधेरे का और इनसे बँधी हुई अपनी भूख-प्यास, निद्रा-स्फूर्ति का है। यह यंत्र के समय को नहीं, अनुभव के समय को नापने का तरीक़ा है; इसलिए कुछ अधिक सच्चा और यथार्थ है।

फिर एक तरीक़ा है, घरघराते पानी में बहते हुए भँवरों को गिनकर और उनके ताल पर बहती हुई साँसों को गिनकर समय को नापने का तरीक़ा। यह और भी गहरे अनुभव का तरीक़ा है, क्योंकि यह समय के अनुभव को जीवन के अनुभव के निकटतर लाता है। समय और समय-मुक्त, काल और कालनिरपेक्ष, अनित्य और सनातन की सीमा-रेखा और क्या है-सिवा हमारी साँसों के और साँस की चेतना में होनेवाले जीवन-बोध के। साँस में ही जीवन-बोध हो, ऐसा नहीं है; क्योंकि साँस लेना तो अनवधान अवस्था की क्रिया है। साँस की बाधा ही जीवन-बोध है, क्योंकि उसी में हमारा चित्त पहचानता है कि कितनी व्यग्र ललक से हम जीवन को चिपट रहे हैं। इस प्रकार डर ही समय की चरम माप है-प्राणों का डर...

क्या सेल्मा अकेले ही इस माप-दंड से समय को नापती रही है? क्या यान और फ़ोटोग्राफ़र भी उसी नदी-प्रवाह से घिरे हुए उन्हीं भँवरों की ओर नहीं देख रहे हैं? क्या उसके पास कोई दूसरी माप है? नदी का प्रवाह और काल का प्रवाह पर्याय हैं; क्योंकि दोनों की पहचान डर की पहचान है। प्राणों के डर की...

यान, फ़ोटोग्राफ़र और सेल्मा के बीच एक दीवार-सी खिंच गई। कम-से-कम उन दोनों और सेल्मा के बीच तो खिंच ही गई; क्योंकि सेल्मा कभी-कभी खिड़की के काँच में से झाँककर देखती कि वे दोनों कुछ बातें कर रहे हैं, या कभी-कभी इशारों से एक-दूसरे को कुछ कह रहे हैं। दोनों ने इस बीच शायद दो-चार बार एक साथ चाय बनाकर भी पी, ऐसा उनकी हरकतों से सेल्मा ने अनुमान लगा लिया।

चौथे दिन यान फिर उसके पास कुछ ख़रीदने आया। यान को सामने पाकर उसे एकाएक लगा कि वह दीवार और भी ठोस हो गई है, और उसका मन यान के प्रति एकाएक कठोर हो आया। सहानुभूति उन सबकी परिस्थिति में अकल्पनीय हो, ऐसा उसे अब तक नहीं लगा था-इस बारे में कुछ सोचने की आवश्यकता ही उसे नहीं हुई थी। लेकिन जिस ढंग से यान से बात हुई-यानी यान ने जैसे बात शुरू की-उससे सेल्मा को एकाएक ऐसा लगा कि दुनिया का मतलब और कुछ नहीं है सिवा इसके कि एक वह है, और बाक़ी ऐसा सब है जो कि वह नहीं है, और जिसके साथ उसका केवल विरोध का सम्बन्ध है। यह विरोध ही एकमात्र ध्रुवता है जिसे उसे कसकर पकड़े रहना है, जिसे पकड़े रहने के अपने सामर्थ्य को उसे हर साधन से बढ़ाना है।

यान ने जेब में से पैसे निकाले और फिर कहा : ''यह तो काफ़ी नहीं है, मैं उधर से और ले आता हूँ-तब तक तुम सामान निकालकर रखो।''

सामान यानी थोड़ा-सा सूखा गोश्त, और डिब्बे का दूध। जब तक सेल्मा भीतर से यह निकालकर लाई तब तक यान दुबारा लौट आया था। उसने पैसे चुकाए और सामान लेकर चला गया।

दीवार फिर पहले-सी खड़ी हो गई। ठोस पर पारदर्शी दीवार, जिसमें से सेल्मा टूटे पुल की बाक़ी दुनिया की हरकतें देखती रही।

तीसरे पहर उधर वे दोनों फिर मिले। शायद उन्होंने चाय बनाई। और शायद चाय स्टोव पर नहीं बनाई गई, बल्कि यान ने अपने कुछ खिलौने जलाकर आग तैयार की। और शायद अच्छी नहीं बनी, क्योंकि उसको पीने वाले दोनों के चेहरे विकृत दिखे।

अगले दिन उसी काँच की दीवार के पार से फ़ोटोग्राफ़र का चेहरा देखकर सेल्मा को एकाएक लगा कि उसे दुबारा देखना ज़रूरी है। दुबारा देखने पर उसने

जाना कि वह चेहरा बिलकुल पीला पड़ गया है। फ़ोटोग्राफ़र ने टीन का डिब्बा लटकाकर नदी का पानी पिया और अपनी दुकान के भीतर लौट गया। थोड़ी देर बाद वह फिर उसी तरह निकला और एक डिब्बा पानी भरकर लौट गया; और सेल्मा को लगा कि इस बीच वह थोड़ा और पीला हो गया है।

तीसरे पहर उसने देखा कि यान भी फ़ोटोग्राफ़र की तरफ़ चला गया है और उसे रह-रहकर पानी पिला रहा है। फ़ोटोग्राफ़र पानी पीकर दुकान के भीतर कहीं अदृश्य हो जाता है लेकिन थोड़ी देर बाद ही फिर घिसटता हुआ आ जाता है।

तो ये लक्षण अच्छे नहीं हैं। फ़ोटोग्राफ़र शायद बीमार है। लेकिन बीमार है तो सेल्मा क्या कर सकती है? और जब वह देखती है कि यान ऐसी अनदेखती, अनपहचानती आँखों से उसके बरामदे की ओर देखता है और मुँह फे र लेता है, तब उसे लगता है कि न केवल वह कुछ कर नहीं सकती या करना चाहती भी नहीं, बल्कि अगर वह सकती या चाहती ही तो भी उस दूसरी दुनिया तक उसका पहुँचना न होता जिसमें वे दोनों हैं। वे दोनों हैं ही नहीं, एक भयानक दुःस्वप्न के अंग हैं; और दुःस्वप्न में देखे हुए लोगों तक जीते-जागते कोई कैसे पहुँच सकता है?

रात हो गई। अँधेरे में नदी की ओर काल की घरघराहट कहीं बाहर हो गई, और सेल्मा ने सब परदे खींचकर अपने को मानो अपनी ही ओट कर लिया। उसमें और इस बाहर में एक मौलिक विरोध है जिसे पकड़े रहना है; वही ध्रुव है और उसे पकड़े रहने का सामर्थ्य ही जीवन...

कभी-न-कभी यह बाढ़ उतरेगी ही, और तब वह टुटहा पुल शायद एक अतिरिक्त आकर्षण पा लेगा। सैलानी पुल पर हमेशा आते रहे, टूटे हुए पुल पर और भी अधिक आएँगे, क्योंकि अब तो वह एक कौतुक की चीज़ हो जाएगा। और उसका चायघर का कारोबार और भी चमक उठेगा। यों भी मुनाफ़ा होता ही रहा है। क्या कहावत है-कि कोई भी दुर्भाग्य ऐसा नहीं होता जिसमें किसी-न-किसी का लाभ भी न हो...

लेकिन घनी रात में कहीं वह एकाएक हड़बड़ाकर जागी और उठ बैठी। आँखों की और शिराओं की कसक कह रही थी कि अभी घोर रात है। लेकिन परदों की ओट से भी अंगारे-सा लाल उजाला मानो उसके अनुभव का खंडन कर रहा था। जल्दी से एक चादर कन्धों पर डालकर वह बरामदे तक आई, परदा हटाकर उसने बाहर झाँका और झाँकती रह गई।

फ़ोटोग्राफ़र की दुकान धू-धू जल रही थी।

इससे पहले कि सेल्मा कुछ सोच भी सके कि उसे क्या करना चाहिए, उसने देखा कि फ़ोटोग्राफ़र दुकान की ओट से निकलकर सामने की ओर आया और

कमर पर हाथ टेककर आगे की ओर देखने लगा। फिर एकाएक वह ठोड़ी उठाकर हँसा–सेल्मा हँसी सुन नहीं सकी, पर जो उन्मत्त अमानुषी भाव फ़ोटोग्राफ़र के चेहरे पर झलक आया था और जिस ढंग से उसका जीर्ण देह-पिंजर हिल उठा था, उससे यह अनुमान कठिन नहीं था कि वह हँस रहा है। यद्यपि उस अमानुषी विस्फोट को हँसी कहना भाषा के चलन के साथ अत्याचार करना ही है।

सेल्मा का जड़ित मोह एकाएक टूट गया। उसने झटके से दरवाज़ा खोला और बाहर बढ़ने को ही थी कि फिर एक बार ठिठक गई। उस पार यान भी बाहर निकल आया था और फ़ोटोग्राफ़र की ओर लपक रहा था। एकाएक फ़ोटोग्राफ़र ज़ोर से चीख़ा और धारा में कूद पड़ा। वह चीख़ सेल्मा सुन सकी। वह एकाएक प्रवाह के कारण कट गई, लेकिन जिस ढंग से कटी उससे यह सन्देह बना ही रह गया कि वह चीख़ एक पागल हँसी थी–एक पागल अट्टहास का आरम्भ, जो कि चीख़ के साथ छोटे-छोटे विस्फोटों में बँट जाता है,–या कि पानी ने ही एकाएक साँस को तोड़कर दो-तीन बुलबुलों में बाँट दिया था।

सेल्मा की टाँगें लड़खड़ाने लगीं और वह बरामदे की सीढ़ी पर बैठ गई। टाँगें न भी लड़खड़ाई होतीं तो भी वह आगे बढ़ सकती थी, यह नहीं कहा जा सकता था। यान धीरे-धीरे बढ़ रहा था, जहाँ से फोटोग्राफर कूदा था वहाँ पहुँचकर वह खड़ा होकर एकटक पानी को ताकता रहा। कुछ करने को नहीं था। फोटोग्राफर पुल के नीचे से होकर न जाने कितनी दूर चला गया होगा। हाँ, सचमुच न जाने कहाँ चला गया होगा! क्योंकि अब यह भी कहना शायद झूठ होगा कि वह बाढ़ में बह रहा होगा–बाढ़ भी उसके लिए उतनी सारहीन और सत्त्वहीन हो गई होगी जितनी कि उसकी अपने देह...

काफ़ी देर बाद यान ने एक बार मुड़कर सेल्मा के बरामदे की ओर देखा। देख लिया कि वह सीढ़ी पर बैठी है, और फिर मुँह फेर लिया। फिर वह धीरे-धीरे अपनी दुकान की ओर बढ़ने लगा, लेकिन चार-छह क़दम जाकर फिर मुड़कर फ़ोटोग्राफ़र की दुकान के पास ही बैठ गया और चुपचाप उसके जलने को देखने लगा। उस दुकान के जलने से किसी को कोई खतरा नहीं था, और अगर सेल्मा का अनुमान ठीक है कि गँदला पानी पीकर पेचिश से ही फ़ोटोग्राफ़र मरा–नहीं, मरा तो पानी में कूदकर, लेकिन उन्माद शायद उसी कारण हुआ–तो फिर दुकान का जल जाना एक तरह से ठीक ही है।

एकाएक सेल्मा को लगा कि यह बात उसके मुँह से निकलने ही वाली है। उसने होंठ काट लिए।

शायद यान को भी ठीक उसी समय यह लगा कि सेल्मा कुछ कहने वाली है। क्योंकि उसने मुड़कर स्थिर दृष्टि से क्षण भर उसकी ओर देखा। फिर मानो निश्चयात्मक भाव से गरदन मोड़कर पीठ सेल्मा की ओर कर ली। सेल्मा ने उठकर बड़े धड़ाके से दरवाज़ा बन्द किया और झटके से परदा खींचकर भीतर चली गई। अपने चायघर के भीतर, अपने ही भीतर, जहाँ न डूबता हुआ फ़ोटोग्राफ़र है, न घृणा करता हुआ यान। जहाँ आत्मविश्वास है और सुरक्षा है और भविष्य की अनुकूलता है। यह नहीं कि डर बिलकुल नहीं है, लेकिन उस डर की बात अभी सोचना ज़रूरी नहीं है। वह डर निरी देह का है, और देह का डर झुठलाया जा सकता है–तब तक जब तक कि वह भीतर नहीं पहुँचता। देह तो हमेशा ही अकेली है, और उसके लिए अकेलेपन का अलग से कोई मतलब नहीं है। और उसके भीतर जो है वह कभी भी अकेला नहीं है, क्योंकि वह तो समूचे का है। केवल जब वह भीतर वाला समूचे का नहीं रहता और अकेला अनुभव करता है–या जब देह अकेली नहीं रहती, समूह का खंड हो जाती है–तभी वह डर होता है जिसे झुठलाया नहीं जा सकता, जो छाती पर चढ़ बैठता है और मानो फेफड़ों में पंजा डालकर खँखोड़-खँखोड़कर साँस बाहर निकालता रहता है।

सेल्मा सोई नहीं। वह अंगारे सी लाल दहकती हुई रोशनी धीरे-धीरे काली पड़ी और फिर एक दूसरी तरह की पीली रोशनी में बदल गई; फिर कमरे के भीतर भी सब आकार स्पष्ट हो आए और दिन हो गया।

सेल्मा ने उठकर मुँह-हाथ धोया, अँगड़ाई लेकर अपने को बोध कराया कि उसका अंग-अंग दुखता होने पर भी शरीर अभी उसी का है और उसके वश में है। फिर उसने बहुत गहरी चाय बनाकर बिना दूध-चीनी के ही पी डाली। उसकी कड़वाहट से भी जब तसल्ली नहीं हुई तो भीगी पत्तियाँ भी प्याले में उँड़ेलकर उन्हें मुँह में भर लिया और मुँह के अन्दर इधर-उधर घुमाती रही। थोड़ी देर बाद वह घूँट उसने थूक लिया, और गालों के अन्दर जीभ फेरकर मानो अपने मुँह के कसैलेपन का स्वाद लेने लगी।

फिर आकर उसने बरामदे के परदे उठाकर एक खिड़की खोली। दूसरी खिड़कियाँ या दरवाज़े भी खोले, इसकी ज़रूरत उसे नहीं जान पड़ी, बल्कि अवचेतन रूप से शायद उसे यही ज़रूरी जान पड़ा कि दरवाज़ा न खोले।

यान को वह देखे, ऐसा कोई कौतूहल उसके मन में नहीं था। शायद यह कहना अधिक सच होगा कि यान उसे देखे यही वह नहीं चाहती थी, और उसे अपनी ओर देखते हुए पाए यह तो कदापि नहीं।

लेकिन उसकी आशंका निर्मूल थी। यान उधर नहीं देख रहा था। वह बाहर ही था, उसी जगह पर था, जहाँ उसे बैठा हुआ देखकर सेल्मा रात में भीतर गई थी, और उसकी पीठ उसी तरह सेल्मा की ओर थी।

लेकिन यह नहीं था कि वह रात भर वहीं वैसा ही बैठा रहा हो। वह शायद थोड़ी देर पहले ही वहाँ आकर बैठा था। सेल्मा ने बिना आहट किए एक चौकी खिड़की के पास रखी और उस पर बैठकर परदे की ओट से यान को देखने लगी।

थोड़ी देर बाद यान उठा और जल चुके घर के अंगारों की ओर बढ़कर झुका। सेल्मा ने देखा कि उन अंगारों पर एक टीन में कुछ पक रहा है। यान ने टीन के डिब्बे को हिलाया और फिर पहले-सा बैठ गया।

तो उस जले हुए घर की राख पर यान कुछ पका रहा है। एकाएक दुकान के जलने का रात में देखा हुआ वह दृश्य सेल्मा की आँखों के सामने साकार हो गया। मानो फोटोग्राफर की वह उन्मत्त मुद्रा उसने फिर देखी, वह पागल चीख़ फिर सुनी; और फिर पानी की बुड़बुड़ाहट और फिर वह एकस्वर घरघराहट, जिससे घिरे हुए उसे न जाने कितने दिन हो गए थे। एकाएक उसे उबकाई आने लगी। उसने परदा खींचकर दृश्य अपनी आँखों के आगे से हटा दिया और वहाँ से उठ गई। लेकिन दृश्य उसकी आँखों के आगे थोड़े ही था जो परदा खींचने से हट जाता! वह जिधर मुड़ी उधर भी वही दृश्य था-क्योंकि वह उसकी आँखों के सामने नहीं, आँखों के भीतर था। उसकी उबकाई ने एकाएक मतली का रूप ले लिया और वह बेचैन-सी भीतर दौड़ गई।

दिन छिपनेवाला था कि बरामदे की सीढ़ी पर सेल्मा ने आहट सुनी। तो यान आया है! दरवाज़ा उसने नहीं खोला, खिड़की तक आकर प्रश्न की मुद्रा में खड़ी हो गई।

यान ने बिना उसकी ओर देखते हुए और बिना भूमिका के पूछा : "गोश्त है?"

सेल्मा एकाएक तिलमिला गई, और अपने को वश में करते हुए बोली : "हाँ, है। दाम ले आओ।"

यान ने और भी संक्षिप्त भाव से कहा : "हैं।"

सेल्मा ने भीतर से लाकर एक हत्थे वाले तश्त में रखा हुआ गोश्त यान की ओर बढ़ाया।

यान ने पूछा : "कितने?"

सेल्मा ने दाम बताते हुए कहा : "इसी में रख दो।"

यान ने एक हाथ से गोश्त उठा लिया था और दूसरा जेब में डाला था। सेल्मा की बात सुनकर एकाएक उसने आँखें उठाकर सेल्मा के चेहरे की ओर देखा और फिर पूछा : "कितने?"

सेल्मा ने रुखाई से कहा : "सुना नहीं?"

यान ने हाथ जेब में से निकाला। उसकी मुट्ठी बँधी हुई थी। मुट्ठी भर सिक्के थे। एकाएक उसने मुट्ठी उठाकर सिक्के बड़ी ज़ोर से सेल्मा के मुँह पर दे मारे। बोला : "शायद कुछ कम है। लेकिन तुम चाहो तो गोश्त में से उतना कम करके दे सकती हो। पैसे मेरे पास और नहीं हैं।" और यह कहते-कहते उसने दूसरे हाथ का सामान वापस सेल्मा की ओर बढ़ा दिया।

सेल्मा की आँखें एकाएक अवश भाव से बन्द हो गई थीं। सारा इच्छा-बल लगाकर उसने आँखें खोलीं और दर्द को दबाते हुए हाथ बढ़ाकर सामान ले लिया। एक बार उसका मन हुआ था कि बाक़ी पैसे छोड़ दे। लेकिन इस तरह वह नहीं छोड़ेगी, कभी नहीं छोड़ेगी! विरोध-एकमात्र ध्रुव-जीवन का सहारा...

उसने सिक्के बीनकर इकट्ठे किए, भीतर गई और गोश्त लगभग आधा करके ले आई। बिना कुछ कहे उसने तश्त फिर यान की ओर बढ़ाया। यान ने गोश्त उठाया और मुड़ गया। क्षण भर बाद सेल्मा ने खिड़की ज़ोर से बन्द कर दी और तब हाथ से टटोलकर अपना चेहरा देखने लगी कि कहाँ-कहाँ सूजा है। एक चौड़ी लाल लकीर उसकी हथेली पर छप आई।

हार वह नहीं मानेगी, कभी नहीं मानेगी। अपमान से तो और भी नहीं! और यान कौन होता है उसका अपमान करनेवाला, या उस पर क्रोध करेनवाला? मुनाफ़ा वह करती है मुनाफ़ा सब करते हैं। यान क्या सूवेनिर के नाम पर तरह-तरह का निरर्थक कूड़ा बेचकर, मुनाफ़ा नहीं करता? दाम कम या ज़्यादा हो यह माँग पर निर्भर है। तबीयत पर निर्भर है। सैलानी लोग सिर्फ़ शौक़ के कारण मुँहमाँगे दाम देकर तरह-तरह की फ़िज़ूल चीज़ें ख़रीद लेते हैं। सभी जानते हैं कि दाम चीज़ का नहीं, शौक़ का है; तो इससे क्या यह व्यापार अनैतिक हो जाता है? दाम माँग का है, माँग विरोध की स्थिति से उत्पन्न होती है, विरोध ध्रुव है और उसे पकड़े ही रहना है...

...ज़रूरत भी शौक़ का दूसरा नाम है। दोनों ही माँगें हैं। अलग-अलग तरह की सही। शौक़ पर मुनाफ़ा-ज़रूरत पर मुनाफ़ा-हाँ, फ़र्क़ तो है-शौक़ के साथ लाचारी नहीं है जबकि ज़रूरत के साथ विकल्प नहीं है।

...लेकिन विकल्प क्या सचमुच नहीं है? और जोखिम क्या मैं नहीं उठा रही हूँ यहाँ रहकर? क्या मेरी ज़रूरत का सवाल नहीं है-और क्या मैं कम लाचार हूँ?

...फ़ोटोग्राफ़र पागल होकर मर गया तो मैं क्या कर सकती हूँ? मैं भी पागल नहीं हो गई, इसीलिए क्या मैं अपराधी हूँ?...

सेल्मा के पास तर्क की कमी नहीं थी। लेकिन कुछ था जो कि उसे कोस रहा था। वह भीतर जाकर बैठी थी; फिर बरामदे में आ गई और चौकियाँ इधर-उधर ठेल-ठालकर, सीधा रास्ता बनाकर तेज़ी से लौट-लौटकर बरामदे की लम्बाई नापने लगी। कब रात कितनी घनी हो गई, उसे कुछ पता नहीं लगा, और काल का प्रवाह ही नहीं, मानो नदी का प्रवाह भी कहीं पीछे रह गया। केवल बरामदे में उसके अपने पैरों की आहट ही उसकी एकमात्र साथिन रह गई।

कि सहसा वह बड़े ज़ोर से चौंकी। दरवाज़ा खटखटाया जा रहा था।

क्या करने आया है यान रात में? सेल्मा का दिल एकाएक ज़ोर से धड़कने लगा और वह एक कुरसी का हत्था पकड़कर खड़ी हो गई।

दरवाज़ा फिर खटखटाया गया। अब की बार ज़ोर से।

सेल्मा भीतर गई। एक नज़र चारों ओर दौड़ाकर उसने अँगीठी के पास रखी हुई लोहे की सलाख उठाई और फिर बरामदे में आ गई।

दरवाज़ा तीसरी बार खटखटाया गया। सेल्मा की पकड़ सलाख पर और कड़ी हो गई। उसे पीठ की ओट करते हुए उसने बाएँ हाथ से खिड़की की चिटकनी खोली और पूछा : "क्या है?"

यान ने कहा : "दरवाज़ा खोलो।"

"क्या काम है-इतनी देर रात को?"

यान ने मानो कुछ चौंकते हुए फिर कहा : "दरवाज़ा खोलो सेल्मा!" फिर थोड़ी देर रुककर कहा : "सेल्मा, मैं माफ़ी चाहता हूँ। गुस्से से मैं अवश हो गया था-उसके लिए शर्मिन्दा हूँ। मैंने सोचकर देखा है कि तुम्हारा दोष नहीं है।"

सेल्मा थोड़ी देर असमंजस में रही। क्या यह दरवाज़ा खुलवाने का ही ढोंग है? लेकिन फिर मुट्टी में पकड़ी हुई लोहे की छड़ से उसके लड़खड़ाते हुए आत्मविश्वास को टेक मिल गई और उसने दरवाज़ा खोल दिया।

यान ने भीतर आकर कहा : "तुमने मेरी जान लेनी चाही है लेकिन ले सकी नहीं-ले सकती नहीं। मैं चाहूँ तो तुम्हारी जान ले सकता हूँ-लेकिन मैं चाहता नहीं हूँ।"

थोड़ी देर दोनों चुप रहे। सेल्मा का दिल फिर धड़कने लगा था। लेकिन स्थिति उसकी समझ में नहीं आ रही थी, इसीलिए वह पूरी तरह डर भी नहीं पा रही थी। असमंजस में ही उसने अपने को सँभाल लिया और वह सतर्क भाव से यान की ओर देखती रही।

यान ने कहा : "मरेगा तो शायद हम दोनों में से कोई नहीं-तुम्हारी हरकत के बावजूद अभी तो नहीं लगता कि मैं मरनेवाला हूँ। लेकिन अगर सचमुच यह बाढ़ ऐसी ही इतने दिनों तक रही कि मैं भूखा मर जाऊँ, तो तुम बचकर कहाँ जाओगी?

और अगर पीछे ही मरोगी, तो तुम समझती हो कि वैसे अकेले मरने में कोई बड़ा सुख है? बल्कि अकेली तो तुम अब भी हो, जबकि मैं नहीं हूँ। और शायद मर ही चुकी हो–जबकि मैं अभी ज़िन्दा हूँ।''

यह कहकर यान ने आँखें उठाकर भरपूर सेल्मा की ओर देखा। सेल्मा ने चाहा कि उसकी बात का खंडन करे, लेकिन कुछ बोल न सकी–एकाएक हाथ ढीले होने से ही उसे ध्यान आया कि उसकी मुट्ठी में लोहे की सलाख है। उसने धीरे-धीरे एक ओर झुककर उसे दीवार के साथ टेक दिया और फिर सीधी हो गई। फिर उसने पूरा ज़ोर लगाकर किसी तरह कहा : ''तुम तो माफ़ी माँगने आए थे–यह क्या नए सिरे से अपमान नहीं कर रहे हो?''

यान ने कहा : ''तुम माफ़ी दे कैसे सकोगी? कोई भी जो अपनी बेचारगी नहीं देखता दूसरे को क्षमा नहीं कर सकता। मैं तो तुम्हारी मदद ही कर रहा हूँ।''

थोड़ी देर फिर सन्नाटा रहा–तरह-तरह के विचारों और भावनाओं के बोझ से टीसें मारता हुआ सन्नाटा।

फिर सेल्मा ने तनाव को शिथिल करने के लिए कहा : ''यह तुम्हारे हाथ में क्या है?''

यान बोला : ''यह–ओह!''

थोड़ी देर ठहरकर फिर उसने साभिप्राय कहा : ''यह लोहे की छड़ तो नहीं है। लेकिन यही देने तो मैं आया था–यह गोश्त मैंने पकाया है।''

सेल्मा ने अचकचाकर कहा : ''तो तुम क्या? जाओ खाओ।'' फिर मानो थोड़ा पसीजकर उसने जोड़ा : ''तुमने काफ़ी दाम देकर खरीदा है।''

''इसीलिए साझा करने आया हूँ। अपनी अन्तिम पूँजी देकर यह अन्तिम भोजन मैंने खरीदा है। इसे अकेला नहीं खा सकूँगा।''

यान थोड़ी देर चुप रहा। ''और इसे पकाना भी कुछ आसान नहीं था–फ़ोटोग्राफ़र की जली हुई दुकान की आँच पर ही यह पका है। इसे ज़रूर ही बहुत स्वादु होना चाहिए–मेरे जीवन के मोल यह ख़रीदा गया और फ़ोटोग्राफ़र के जीवन के मोल पक सका। लो–''

कहते-कहते उसने हाथ का दस्तेदार टीन सेल्मा के सामने चौकी पर रख दिया। तब सेल्मा को न जाने क्या हुआ कि वह यान को दुतकार कर बाहर निकाल देने के लिए आगे बढ़ी तो उसने कन्धे पर हाथ रखकर उसने जब कहा : ''यान, तुम मेरे सामने से चले जाओ!'' तब उसके स्वर में दुतकार ज़रा भी नहीं थी! न जाने क्यों वह खुद स्तम्भित हो गई। ऐसी स्तम्भित कि उसका हाथ यान के कन्धे पर धरा ही रह गया।

और यान ने कहा : "नहीं, यह अकेले तुम्हीं को नहीं दिए दे रहा हूँ, आधा ही तुम्हें दूँगा–क्योंकि अपमान करने नहीं आया, साझा करने ही आया हूँ। अपना हिस्सा निकाल लो और बाक़ी मुझे दे दो। मैं उधर जाकर खाऊँगा।"

सेल्मा का हाथ धीरे-धीरे यान के कन्धे से फिसलता हुआ गिर गया। यान की ओर देखते-देखते ही उसने दूसरे हाथ से कुरसी टटोली और एक क़दम पीछे हटकर उस पर बैठ गई। "नहीं, यान, तुम अकेले नहीं खाओगे। नहीं तो पहले मुझे इसके दाम लौटा देने होंगे।"

धीरे-धीरे एक बहुत सूक्ष्म व्यंग्यपूर्ण मुस्कान यान के चेहरे में झलक गई। थोड़ा रुककर उसने कहा : "ओह!"

सेल्मा आविष्ट-सी उठ खड़ी हुई। उस 'ओह' के व्यंग्य के तीखेपन ने एकाएक उसे फिर गहरे विद्रोह-भाव से भर दिया और उसी के बल से उसकी क्षण भर पहले की दुर्बलता दूर हो गई।

लेकिन एकाएक उसने कहा : "यान, तुम मुझसे विवाह करोगे?"

यान ने मानो चौंककर उसकी ओर ऐसे देखा जैसे कि उसने ठीक सुना नहीं। फिर जान लिया कि ठीक ही सुना है।

सेल्मा स्वयं भी ऐसे चौंकी मानो वह समझ नहीं सकी हो कि उसके मुँह से क्या निकल गया है। लेकिन फिर उसने भी पहचान लिया कि उसके मुख से वही निकला है जो कि उसने कहा है।

सन्नाटे में वह अनुत्तरित प्रश्न ही गूँजता रहा और पत्थर-सा जम गया। स्वयं ही नहीं जम गया बल्कि उन दोनों को भी उसने ऐसे शिलित कर दिया कि जब तक उत्तर देकर उसके जादू को काटा नहीं जाएगा तब तक कोई हिल नहीं सकेगा।

देर बाद यान ने कहा : "तुमसे विवाह? यानी तुम्हारी इस सब सड़ती हुई पाप की कमाई से विवाह? नहीं, मुझे नहीं चाहिए। तुम मेरे अन्तिम भोजन का अपना हिस्सा लो और मुझे छुट्टी दो।" क्षण भर रुककर फिर उसने कहा : "या कि हिस्सा भी न लो, सारा तुम्हीं रख लो।" और वह मुड़ा और फिर चला गया।

सेल्मा देर तक बैठी उस टीन को देखती रही। उस देखने-देखने में उसने दो-तीन जीवन जिए और मरे। मानो दूसरा कोई होकर दो-तीन बार वह जियी और मरी, और फिर मानो अपने आप में लौट आई, पराई और अनपहचानी होकर। और एक बार उसने कुछ ऐसे ही भाव से अपने हाथ-पैरों और अपने घुटनों की ओर देखा भी–मानो पूछ रही हो कि क्या ये उसी के हैं–कि क्या वह है?

हवा के झोंके से किवाड़ झूला और बन्द होकर फिर खुल गया। सेल्मा खिड़की बन्द करने के लिए उठी। खिड़की बन्द करके दरवाज़ा भी बन्द करने लगी; पर फिर दोनों दरवाज़े उसने पूरे खोल दिए। बरामदे से लौटकर भीतर गई। एक कागज़ पर उसने धीरे-धीरे यत्नपूर्वक सँवारकर कुछ लिखा और उसे तह करके जेब में डाला, फिर अलमारी में से खाने को कुछ और सामान निकालकर बरामदे में आई और चौकी पर रखा हुआ टीन भी उठाकर बाहर निकलकर यान की दुकान की ओर बढ़ गई।

यान दुकान के बाहर ही बैठा था और पानी की ओर देख रहा था। सेल्मा ने सब चीज़ें उसके सामने रखते हुए कहा : "तुम मुझे न्योता देने आए थे; वह मुझे स्वीकार है। मैं दो तश्तरियाँ भी लाई हूँ। एक में मेरे लिए परोस दो।"

यान थोड़ी देर उसकी ओर स्थिर दृष्टि से देखता रहा। क्षण भर सेल्मा को लगा कि वह इनकार कर देनेवाला है। फिर उसने चुपचाप तश्तरी उठाई और टीन में से गोश्त परोसने लगी। फिर उसने कहा : "यह क्या है?"

"यह मेरी ओर से भी है-इसका भी साझा होना चाहिए।"

थोड़ी झिझक के बाद यान ने कहा : "तो तुम्हीं परोस दो।"

सेल्मा अभी कुछ डाल ही रही थी कि उसने ठीक दिया : "बस-बस!"

सेल्मा ने पूछा : "यहीं बैठकर खा सकती हूँ?"

यान ने कुछ अस्पष्ट वक्रभाव से कहा : "पुल कोई मेरा थोड़े ही है?"

लेकिन थोड़ी देर बाद सेल्मा को भी लगा कि वह कुछ खा नहीं सकेगी-यान के पास बैठकर किसी तरह नहीं। अपनी तश्तरी उठाकर वह खड़ी हो गई और बोली : "मैं उधर ही ले जा रही हूँ-अभी नहीं खा सकूँगी।" और यान कुछ कह सके इससे पहले ही जल्दी से जेब से कागज़ निकालकर उसे यान के पास रखते हुए बोली : "और यह लो-यह तुम्हारे लिए लाई थी।"

"यह क्या है?"

"तुम मुझे न्योता देने आए थे पर अपमान करके चले आए। मैं अपमान करने नहीं आई, न करूँगी; पर अभी खा नहीं सकूँगी-किसी तरह नहीं!"

सेल्मा तेज़ी से बरामदे की ओर लौटी और तश्तरी चौकी पर रखकर उसने धड़ाके से दरवाज़ा बन्द कर लिया। तश्तरी उठाकर वह अन्दर गई और वहाँ जाकर उसने चौकी पर तश्तरी रख दी। एक बार कुरसी की ओर देखा कि बैठ जाए, लेकिन फिर बैठी नहीं, वहीं अनिश्चित खड़ी रही। क्योंकि एकाएक उसके आगे एक डगमगाता अँधेरा छा गया-भीतर कहीं बहुत गहरे से एक बुलबुला-सा उठकर उसके गले तक आकर फूट गया और वह फफककर रो उठी।

वही अन्त था। और कुछ पूछने को नहीं था। और कुछ बताने को भी नहीं था। जीवन के मोड़ होते हैं जिनके आगे ज़रूरी नहीं है कि रास्ता हो ही, कभी अन्धी गली भी होती है। सवेरा हुआ, शाम हुई, दूसरा दिन हुआ और फिर तीसरा दिन। सेल्मा न बाहर निकली, न उसने बरामदे में से बाहर झाँका, न उसने मन-ही-मन भी यह जिज्ञासा की कि यान क्या कर रहा होगा। या कि आगे क्या होगा। सब कुछ समाप्त हो चुका था; और उसने जान लिया था कि सब कुछ समाप्त हो गया है-स्वीकार कर लिया था कि यही समाप्ति है। यान ने उसका प्रत्याख्यान कर दिया था, और उसने अपनी सारी कमाई का-क्योंकि उस सबकी वसीयत वह यान के नाम लिखकर दे आई थी। और कहीं कुछ नहीं था! और कहीं कुछ नहीं था...। कोई जिज्ञासा नहीं थी...। कोई उत्तर नहीं था...कोई ध्रुवता नहीं बची थी क्योंकि कोई विरोध नहीं बचा था। बाहर बाढ़ नहीं थी, और काल का प्रवाह भी नहीं था। केवल एक टूटा हुआ अर्थहीन पुल-कहाँ से कहाँ तक और कब तक! एक टूटा हुआ अर्थहीन पुल जो कि वह स्वयं है-वह, सेल्मा, जो न कहीं से है, न कहीं तक है-जो है तो यह भी नहीं जानती कि कब तक है।

चौथे दिन जब फिर दरवाज़ा खटखटाया गया तो मानो उसने पहचाना कि वह इसी की प्रतीक्षा कर रही थी। लेकिन यान ने पुकारकर जो कहा उसकी प्रतीक्षा उसे नहीं थी।

"लोग आ रहे हैं-दूर एक नाव दीख रही है। बाढ़ उतर गई है-सेल्मा! बाहर आओ!"

लेकिन यह मानो समाचार नहीं था। पहेली थी। कौन-सी बाढ़? कौन लोग? कहाँ से आ रहे हैं? फिर भी यन्त्रचालित-सी सेल्मा ने बाहर जाकर दरवाज़े खोल दिए। और यान के संकेत पर दूर क्षितिज की ओर देखने लगी।

हाँ, नाव, बड़ी नाव, काली-सी नाव और उसमें झलकते हुए कई एक काले-काले सिर।...

सेल्मा यान के पास ही काफ़ी देर तक खड़ी रही। नाव इतनी पास आ गई थी कि उसके लोगों ने शायद उन दोनों को देख लिया था। नाव में से दो-तीन आदमी हाथ हिलाकर इशारा कर रहे थे। लेकिन इशारे का उत्तर देने का मानो सेल्मा को ध्यान ही नहीं हुआ; उसका बोध यहीं तक था कि अभी थोड़ी देर में यह सहायता की टोली उन तक पहुँच जाएगी और उनका उद्धार हो जाएगा-यानी उसका और यान का एक-दूसरे से उद्धार हो जाएगा।

उसने एकाएक यान की ओर मुड़कर कहा : "यान, अब तो मेरा कुछ नहीं है। अब मैं फिर पूछती हूँ, मुझे स्वीकार करोगे?"

यान ने एक बार उसकी ओर देखा। फिर जेब में हाथ डाला और सेल्मा का दिया हुआ काग़ज़ निकाला, यत्नपूर्वक उसे फाड़कर उसकी चिन्दियाँ कीं और उन्हें हवा में उड़ा दिया। इसके अतिरिक्त और कोई उत्तर उसने सेल्मा को नहीं दिया। फिर वह मानो पूरे एकाग्र मन से हाथ हिलाकर नाव वालों के इशारों का जवाब देने लगा।

इससे आगे जो कुछ हुआ, सब मानो स्वप्न में हुआ। स्वप्न में ही सेल्मा ने पहचाना कि उसे सहारा देकर नाव में उतारा गया है, कि उसके बाद यान भी उतरा है, कि वे दोनों भी नाव में बैठे हैं, और नाव पुल से हट रही है। स्वप्न में ही उसने देखा कि वह टूटा पुल उनसे दूर हटता हुआ आकाश का अंग बनता जा रहा है–उनके जीवन का अंग नहीं, केवल सूने आकाश का अंग।

पुल को देर तक देखने के बाद उसने सहसा मुड़कर यान की ओर देखा कि यान से आँखें मिलते ही अररा कर उसका स्वप्न टूट गया। सहसा एक अप्रत्याशित स्निग्ध मुस्कान यान के चेहरे पर खिल गई थी। धूप से भी अधिक खिली हुई, आकाश से भी अधिक गहरी, नदी से भी अधिक द्रव एक मुस्कान, जो केवल उन दोनों के बीच थी...जिसमें कहीं अस्वीकार नहीं था, प्रत्याख्यान नहीं था, विरोध नहीं था–पर ध्रुवता थी। एक अटल स्वीकारी ध्रुवता, जैसे अन्तहीन आकाश में बसा हुआ आलोक...

नहीं, अन्त वहाँ पुल पर नहीं था; अन्त यह था जो कि नया आरम्भ था–अन्धी गली वह नहीं थी, मोड़ का कोई सवाल ही नहीं था क्योंकि रास्ता ही नहीं था क्योंकि यह आरम्भ तो खुला आकाश था...जिसमें एक नया जीवन उपजा–एक नया अनुभव, एक नई गृहस्थी, तीन सन्तानें; सुख–दुख के साझे का एक जाल, जिसमें जीवन की अर्थवत्ता के न जाने कितने पंछी उन्होंने पकड़े...फिर वह दिन आया कि यान नहीं रहा; पर वह अर्थवत्ता नहीं मिटती, पाए हुए सारे अर्थ चाहे छिन जाएँ। जीवन सर्वदा ही वह अन्तिम कलेवा है जो जीवन देकर खरीदा गया है और जीवन जलाकर पकाया गया है और जिसका साझा करना ही होगा क्योंकि वह अकेले गले से उतारा ही नहीं जा सकता–अकेले वह भोगे भुगता ही नहीं। जीवन छोड़ ही देना होता है कि वह बना रहे और भर–भरकर मिलता रहे; सब आश्वासन छोड़ देने होते हैं कि ध्रुवता और निश्चय मिले। और इतर सब जिया और मरा जा चुका है, सबकी जड़ में अँधेरा और डर है; यही एक प्रत्यय है जो नए सिरे से जिया जाता है और जब जिया जाता है तब फिर मरा नहीं जाता, जो प्रकाश पर टिका है और जिसमें अकेलापन नहीं है...

खिड़की के बाहर बर्फ़ का विस्तार। वैसी ही सफ़ेद अछूती बर्फ़, जिसे क्वाँरी बर्फ़ कहते हैं। क्वाँरा, सफ़ेद, सूना, बेजान विस्तार। उस अछूती सफ़ेदी में कुछ ऐसा था जो कि झूठ था, या कि रह-रहकर योके को ही ऐसा भान हो आता था कि वह झूठ है। शायद वह बर्फ़ के विस्तार का झूठ नहीं था, क्योंकि, उसका सूनापन तो उतना ही नीरन्ध्र सच था जितना कि मृत्यु। शायद वह झूठेपन का बोध सेल्मा की कहानी के प्रति उसके विद्रोह का ही स्थानान्तरित रूप था।

लेकिन सेल्मा की कहानी के प्रति विरोध क्यों? क्या वह मानती है कि वह कहानी झूठ है? नहीं, ऐसा तो वह नहीं कह सकती। शायद कहानी जिस ढंग से कही गई–टुकड़ों-टुकड़ों में, और बीच-बीच के अन्तरालों में मानो मृत्यु की ठोस काली छाया के विराम-चिह्नों से युक्त-उसी से उसकी सच्चाई का बोध कुछ खंडित हो गया। कहानी में कुछ ऐसा सम्पूर्ण और अखंड और अबाध्य रूप से एक दिशा में बढ़नेवाला है कि उसका रुकना या हिस्सों में बँटना असम्भव है। या तो कहानी के विराम झूठ हैं, या फिर कहानी ही कैसे सच हो सकती है?

योके ने कहा था कि सेल्मा दूसरी दुनिया की बात कह रही है। दूसरी दुनिया क्या सच है? क्या उसका दूसरा होना ही झूठा होना नहीं है–उस परिस्थिति में जिसमें कि यह दुनिया, देश-काल का यह विशेष बिन्दु, जीवन का यह एक निःसंग जड़ित क्षण ही एकमात्र अनुभूत सच्चाई है? लेकिन यही तो सबसे बड़ा झूठ है, यही तो सबसे अधिक अग्राह्य है। यह दुनिया झूठ है, क्या इसलिए यह मान लें कि दूसरी दुनिया सच है? सपना झूठ है तो सपने में जो लोक देखा उसको सच मान लेना होगा? मोह की अवस्था में, झूठ में जो कल्पना की गई वह क्या और भी अधिक झूठ नहीं है–झूठ का भी झूठ नहीं है?

उखड़ती साँसों के अनेक अन्तरालों में सेल्मा थोड़ी-थोड़ी करके अपनी बात कह गई थी। यह उसका आत्मानुशासन ही था कि साँसों का उखड़ापन उखड़ा नहीं जान पड़ता था, केवल एक मौन जान पड़ता था। लेकिन इसी अनुशासन के कारण शायद उसकी बात में वह व्यथा-स्पन्दित सहजता नहीं रहती थी जो योके के लिए उसे सच बना सकती...।

एक बार तो कहानी सुनते-सुनते उसका यह विरोध-भाव एकाएक इतना प्रबल हो आया था कि उसने सेल्मा को टोक भी दिया था। "दुख और कष्ट की बात-लेकिन दुख और कष्ट सच कैसे हैं अगर उनका बोध ही नहीं है?"

सेल्मा थोड़ी देर चुप रही थी। फिर उसने कहा था : "यही तो मैं भी कहती हूँ–लेकिन दूसरी तरह से। बोध में से ही दर्द की सच्चाई है।" और थोड़ी देर रुककर : "और मृत्यु की भी।"

योके ने इससे आगे सुनना नहीं चाहा था, इतना भी सुनना नहीं चाहा था। वह झपटती हुई उठकर दूसरे कमरे में चली गई थी। लेकिन काम में अपने को उलझा नहीं सकी थी–काम कोई विशेष थे ही नहीं। फिर आकर दो–एक बार सेल्मा को देख गई थी और चली गई थी, और अन्त में फिर आकर उसके पास बैठ गई थी।

योके अपने से कहती : ''वह वहाँ सेल्मा है और यह यहाँ मैं हूँ। वह सेल्मा है, सेल्मा ही है, यह मैं नहीं जानती–क्योंकि यह भी नहीं जानती कि वह जीती है या मर चुकी है–वह ऐसी निश्चेष्ट निस्पन्द पड़ी है–लेकिन उसके चेहरे में कोई परिवर्तन नहीं आया है और उसकी आँखें बन्द हैं। सुना है–आँखें खुल जाती हैं...लेकिन मैं क्यों उसे देख रही हूँ? क्या अपने को यही बोध कराने के लिए मैं मरी नहीं हूँ? जीवन के अनुभव के लिए, अपने जीते होने का अनुभव करने के लिए, अपने मैं–पन को पहचानने के लिए? मैं–पन का बोध और जीवित–पन का बोध, दोनों का एक साथ अनुभव करने के लिए–दोनों को एक अनुभूति में ढालकर उस इकाई को भोगने के लिए?''

और प्रश्न को इस रूप में अपने सामने रखकर वह बेचैन होकर उठ खड़ी होती और इधर–उधर चक्कर काटने लगती। क्योंकि यहीं कहीं कुछ झूठ था–एक धोखा था–क्योंकि इन दो अलग–अलग अनुभवों का मेल किसी तरह भी इस एक अनुभूति के बराबर नहीं होता कि 'मैं जीवित हूँ।' 'मैं जीवित हूँ'–की अखंड अनुभूति तभी हो सकती है जब व्यक्ति उसके प्रति चेतन न हो। क्योंकि कोई भी, किसी प्रकार की भी आत्मचेतना अपने को अपनी अनुभूति से अलग कर देती है, तटस्थ कर देती है, साक्षी बना देती है; और जो साक्षी है वह भोक्ता कैसे है? जीवन की अनुभूति तभी हो सकती है जब अनुभव कर रहे होने का बोध न हो। और वहाँ बैठी हुई योके–उसे न केवल बराबर यह बोध था कि वह अनुभव कर रही है, वह चाहती थी कि वह अनुभव करे! और यह बोध, यह चाहना ही जीवन को झूठा किए देता था।...झूठ, झूठ, झूठ!

बर्फ़–उजली बर्फ़, धुँधली बर्फ़, काली बर्फ़–मानो काल का प्रवाह बर्फ़ की अलग–अलग रंग की झाईं है–उससे अलग समय की कोई सत्ता या सत्त्वमयता नहीं है। या फिर जैसे बाहर बर्फ़ की झाइयाँ हैं वैसे ही भीतर सेल्मा के चेहरे की झाइयाँ हैं–उजली, धुँधली, काली...यही दिनों का बीतना है, दिनों का और सभी का बीतना, जिस बीतने को योके अपनी अर्थहीन साँसों के साथ जी रही है।...

योके ने नहीं जाना कि सेल्मा कब मर गई। जानने का कोई प्रयास नहीं था। शायद स्वयं सेल्मा ने भी नहीं जाना–क्योंकि वह भी किसी एक बिन्दु पर नहीं था। योके

दूसरे कमरे में थी जब एकाएक उसने जाना, तर्कातीत गहरे और ध्रुव निश्चय से जाना कि सेल्मा मर चुकी है, उसे सहसा लगा कि कमरे की गन्ध बदल गई है–आसन्न मृत्यु की गन्ध उसने कई दिन से पहचान रखी थी, इतनी घनिष्ठता के साथ कि अब उसकी अनुभूति की धार भी कुंठित हो गई थी–पर अब उसे लगा कि यह गन्ध कुछ दूसरी है–मानो मृत्यु की सान पर चढ़कर उसका बोध तीखा हो आया था।

एकाएक इस बोध के थपेड़े से योके क्षण भर के लिए लड़खड़ा गई। फिर उसके भीतर तीव्र प्रतिक्रिया जागी कि उसे तुरन्त कुछ करना चाहिए, कि वह कुछ करेगी नहीं तो पागल हो जाएगी। उसने लपककर सेल्मा के कमरे का दरवाज़ा बन्द कर दिया और उसे पीठ से दबाती हुई खड़ी हो गई। वह मृत्यु को बन्द कर देगी उस कमरे में, मृत्यु-गन्ध को वहीं दफ़ना देगी–वह नहीं सह सकती उसे!

लेकिन वह काफ़ी नहीं था। वह मृत्यु-गन्ध मानो सर्वत्र भर रही थी। योके ने एक कम्बल और चादर से दरवाज़े के जोड़ और दरारें बन्द कर देने का यत्न किया, लेकिन उसे लगा कि ये कपड़े भी उसी गन्ध से बस गए हैं। उसकी मुट्ठियाँ बँध गईं। उसने ज़ोर से एक घूँसा कम्बल पर मारा; चोट न लगने से उसे सन्तोष नहीं हुआ और वह दोनों मुट्ठियों से दरवाज़े को पीटने लगी। एक कड़ुवा आक्रोश उसके भीतर उमड़ आया; न जाने कब पुरुषों के झगड़ों में सुनी हुई गालियाँ उस याद हो आईं और वह उन्माद की-सी अवस्था में ईश्वर का नाम ले-लेकर गालियों को दोहराने लगी और साथ-साथ दरवाज़े पर घूँसे मारने लगी।

व्यर्थ। सब व्यर्थ। वह मृत्यु-गन्ध नहीं दबती, न दबेगी, सब जगह फैली हुई है, सब कुछ में बसी हुई है। सब कुछ मरा हुआ है, सड़ रहा है, घिनौना है–बेपनाह है...

एकाएक योके को लगा कि वह गन्ध और कहीं से नहीं आ रही है, उसी में है–उसी की देह में से आ रही है। वह दरवाज़े से उठ गई और खिड़की के पास गई। फिर उसने एक गिलास उठाकर खिड़की के बाहर से उसमें बर्फ़ भरी और बर्फ़ की मुट्ठियाँ बाँधकर उससे अपने हाथ, अपनी बाँहें, अपना चेहरा रगड़ने लगी...व्यर्थ, वह गन्ध छूटती नहीं, वह योके में भीतर तक बस गई है। वह योके की अपनी गन्ध है–योके ही वह गन्ध है...उसने एक बार विमूढ़ भाव से अपने हाथ की ओर देखा, फिर गिलास को उठाकर सूँघा–उफ़, बर्फ़ भी मृत्यु-गन्ध से भरी हुई थी। या कि उसके स्पर्श से ही वह गन्ध बर्फ़ में भी बस गई है!

केवल मृत्यु की प्रतीक्षा–मरने की प्रतीक्षा, सड़ने और गन्धाने की प्रतीक्षा...वह गन्ध पहले ही सब जगह और सब कुछ में है और हम सर्वदा मृत्यु-गन्ध से गन्धाते रहते हैं।...

वह और मृत्यु-गन्ध-अकेली वह और सर्वत्र व्यापी हुई मृत्यु-गन्ध-गन्ध के साथ अकेली वह।

एक उन्मत्त अतिमानवी निश्चय से भरकर योके ने कम्बल और चादर उठाकर दरवाज़ा खोल दिया। वह सेल्मा को उठाकर ईश्वर के मुँह पर दे मारेगी-कहेगी कि लो अपनी सड़ी हुई, गन्धाती हुई मृत्यु, और छोड़ दो मुझे मेरे अकेलेपन के साथ! लेकिन दो क़दम आगे बढ़कर ही वह ठिठक गई, मानो लकवे से जड़ित हो गई। उसे लगा कि सेल्मा की खुली आँखें एकटक उसे देख रही हैं, जैसे उस दिन देख रही थीं जब सेल्मा ने पूछा था, "लेकिन तुम रुक क्यों गईं?"

योके सेल्मा के पलंग की ओर नहीं बढ़ सकी, ईश्वर के विरुद्ध ही उसका आक्रोश फिर प्रबल हो आया। थुड़ी है ईश्वर पर, जो उसे इतना अकेला करके भी अकेला नहीं छोड़ रहा है, जो एक लाश की आँखों में छेद करके उनके भीतर से मुझे झाँक रहा है, मुझ पर जासूसी करने आया है-थुड़ी है!

मुझे इतना अकेला करके...अकेला होना-मृत्यु के साथ अकेला होना-मृत्यु के सम्मुख अकेला होना-मृत्यु में अकेला होना-इस चरम अकेलेपन और स्वयं मृत्यु में क्या अन्तर है? क्या हुआ अगर ईश्वर चोरी से देख रहा है, उस अकेली मृत्यु को-क्या ईश्वर भी मरा हुआ नहीं है?

योके ने सहारा लेने को हाथ बढ़ाया। लेकिन किसी तरफ़ कोई सहारा नहीं था और पलंग की ओर बढ़ना सम्भव नहीं था। वह असहाय-सी वहीं फ़र्श पर बैठ गई।

वह थोड़ी देर की बात भी हो सकती है और घंटों की भी कि योके यों फ़र्श पर बैठी रही। अंगों की चुनचुनाहट ने उसे सचेत किया। वह किसी तरह उठकर खड़ी हुई और लड़खड़ाती हुई दरवाज़े की चौखट तक आई, वहाँ चौखटे के सहारे खड़ी होकर उसने सुन्न पड़ी टाँगों को सीधा किया और कुछ सँभलकर अपने पीछे दरवाज़ा धीरे-से बन्द कर दिया। न जाने क्यों उसका ध्यान कमरे में टँगे हुए बड़े शीशे की ओर गया-खिड़की इतनी देर तक खुली रहने से उस पर नमी जम गई थी और वह धुँधला होकर कोहरे की चादर-सा जान पड़ रहा था। योके ने हथेली से मलकर उसमें झाँकने लायक़ जगह बनाई; पहले अपनी परछाईं के पैरों की ओर देखा और फिर धीरे-धीरे नज़र उठाती हुई परछाईं की आँखों से आँखें मिलाईं और एकाएक मुड़ गई।

एक नए निश्चय से भरकर उसने सेल्मा के कमरे का दरवाज़ा खोला, कम्बल सेल्मा की देह पर उढ़ाया और उसी में लपेटकर देह को बाँहों से उठा लिया। क्षण भर उसे भ्रम हुआ कि उसने कम्बल सूना ही उठा लिया है। लेकिन पलंग पर कुछ नहीं था, सेल्मा का भार ही इतना रह गया होगा। दरवाज़े की ओर बढ़कर उसने कोहनी से ठेलकर उसे खोला और बाहर निकल आई।

नहीं, खोदने की कोई ज़रूरत नहीं थी–अभी वह प्रयत्न भी व्यर्थ था। अभी केवल बर्फ़; अनन्तर जब बर्फ़ पिघलेगी तब क़ब्र खोदकर दफ़नाना होगा, लेकिन अभी कुछ नहीं।...

योके ने लाश को वहीं बर्फ़ पर लिटा लिया, फिर अन्दर जाकर एक डोल ले आई और उसी से खोदकर बर्फ़ में खाई बनाने लगी। थोड़ी देर बाद उसने लाश को उसमें लिटा दिया और डोल भरकर बर्फ़ उठाई कि ठिठक गई।

क्या कोई प्रार्थना उसे याद है? क्या प्रार्थना का भाव भी उसके मन में है? क्या वह ईश्वर को जानती या मानती भी है, इससे अधिक कि उसका नाम लेकर थूके! ईश्वर एक अभ्यास है, और उसके नाम पर थूकना भी अभ्यास है...

"मुझे क्षमा कर दो!" उसे याद आया कि सेल्मा ने उससे कहा था। सेल्मा ने, जबकि कभी भी कोई भी परिस्थिति ऐसी आई थी जिसमें किसी को किसी से क्षमा माँगनी हो, तो वह सेल्मा से योके के क्षमा माँगने की ही थी।

योके ने किसी तरह कहा : "क्षमा करो, सेल्मा–" और बर्फ़ का डोल उस पर उलटा दिया। फिर वह तेज़ी से डोल भर-भरकर उस पर डालने लगी।

...क्या कहीं भी ईश्वर है, सिवा मानवों के बीच के इस परस्पर क्षमा-याचना के सम्बन्ध को छोड़कर? यह क्षमा तो अभ्यास नहीं है, याचना भी अभ्यास नहीं है; तब यह सच है और ईश्वर है तो कहीं गहरे में इसी में होगा...पर क्या क्षमा, कैसी क्षमा, किससे क्षमा? मैं जो हूँ वही हूँ; और सेल्मा–सेल्मा मर चुकी है–है ही नहीं। फिर भी क्षमा सेल्मा से, ईश्वर से नहीं जो कि बीमार है और गन्धाता है–मृत्यु-गन्धी ईश्वर...

लाश जब बिलकुल ओझल हो गई तो योके ने डोल रखकर पीठ सीधी की और एक बार मुड़कर घर की ओर देखा। घर अब भी बर्फ़ के भीतर की एक गुफ़ा मात्र था जिसके द्वार से निकलकर वह बाहर आई थी और जिसमें फिर लौट जाएगी–अब की बार अकेली। एकाएक सेल्मा के प्रति एक व्यापक करुणा का भाव उसके मन में उदित हो आया। सेल्मा थी, और अब नहीं है! बेचारी सेल्मा!

लेकिन एकाएक योके ने अपने को झटककर इस पिघलने के भाव को रोक दिया। करुणा ग़लत है, बचाव उसमें नहीं है। घृणा भी नरक का द्वार है तो दया भी नरक का द्वार है। मैं दया करके भी वहीं गिरूँगी जहाँ घृणा करके गिरती!...

एकाएक योके को उस मठवासी भिक्षु की बात याद आई जिसने साधना के लिए अपने को एकान्त कोठरी में बन्द कर लिया था; लेकिन एक दिन एकाएक मानो जागकर, अपने अकेलेपन को पहचान कर और अपने आपसे

डरकर अपनी कोठरी से सुरंग खोदना आरम्भ कर दिया था। सारा जीवन सुरंग खोदते-खोदते जब अन्त में एक दिन उसे खुली-सी जगह मिलती जान पड़ी और वह उसमें सिर डालकर ऊपर उठा-तो पहुँचा केवल उसी मठ की एक दूसरी एकान्त गुफ़ा में, जो कि उसी प्रकार बन्द थी जिस प्रकार उसकी अपनी कोठरी! अन्तर इतना ही था कि इस दूसरी कोठरी में एक पुराना लोटा और एक ठठरी भी पड़ी हुई थी-किसी दूसरे साधक की, जो उस एकान्त में मर गया था...

क्या इतनी ही है पुरुषार्थ की उपलब्धि-एक अकेली गुफ़ा से बढ़कर एक दूसरी गुफ़ा तक पहुँचना जिसके अकेलेपन को एक ठठरी दोहरा रही है?

सेल्मा ने कहा था : 'वरण की स्वतन्त्रता कहीं नहीं है, हम कुछ भी स्वेच्छा से नहीं चुनते हैं।' ईश्वर भी शायद स्वेच्छाचारी नहीं है-उसे भी सृष्टि करनी ही है क्योंकि उन्माद से बचने के लिए सृजन अनिवार्य है; वह सृष्टि नहीं करेगा तो पागल हो जाएगा।...

लेकिन यहाँ तो रचना की बात नहीं है। मृत्यु की बात है-मृत्यु, मृत्यु, मृत्यु...क्या उसमें भी कहीं रचना के लिए, सृष्टि के लिए गुंजाइश है? क्या यही रहस्य था जिसका कुछ आभास सेल्मा को मिला था-कि वरण की स्वतन्त्रता नहीं है लेकिन रचना फिर भी सम्भव है और उसमें ही मुक्ति है?

योके ने फिर एक डोल भरकर बर्फ़ उठाई और धीरे-धीरे सेल्मा की ओझल देह पर डाल दी। यह मानो अनावश्यक था, अतिरिक्त था; लेकिन इस अनावश्यक अतिरिक्तता ने ही उस मदफ़न को सम्पूर्णता थी-अन्तिम रूप दिया।

भीतर लौटने से पहले योके ने एक बार चारों ओर नज़र फिराकर देखा-कि बर्फ़ की क्षिति-रेखा पर, एक काले बिन्दु पर उसकी दीठ अटक गई।

वह बिन्दु हिल रहा है। पहाड़ की रीढ़ के पार से कोई आ रहा है। मानो किसी दूसरी दुनिया से एक नाम गूँजा-पॉल सोरेन। हाँ, पॉल ही है।

तो यह अन्त है। अजब बात है कि एक का मदफ़न और दूसरे का निस्तार एक साथ एक ही क्षण में होता है!

लेकिन किसका मदफ़न और किसका निस्तार? कौन मर रहा है और कौन मुक्त हो गया है?

एकाएक उसे दूर से एक पुकार सुनाई पड़ी। कैसी अकल्पनीय और अविश्वास्य है यह पुकार उस सन्नाटे में! पॉल चिल्ला रहा है-हाथ हिलाकर उसे अपनी पहचान और अपनी खुशी की पहचान कराना चाहता है-और पीछे प्रकट होते हुए तीन-चार और काले बिन्दुओं को प्रोत्साहन देकर तेज़ी से आगे बढ़ाना चाहता है...

पॉल सोरेन, योके का साथी और सह–साहसिक पॉल। लेकिन कौन है पॉल? कौन है यह अजनबी, जो इस तरह चिल्लाता हुआ इशारे करता हुआ उसकी ओर बढ़ रहा है।

कहीं वरण की स्वतन्त्रता नहीं है। हम अपने बन्धु का वरण नहीं कर सकते–और अपने अजनबी का भी नहीं–हम इतने भी स्वतन्त्र नहीं हैं कि अपना अजनबी भी चुन सकें...

अजनबी, अनपहचाना डर...क्या हम इतने भी स्वतन्त्र हैं कि अजनबी से पहचान कर लें?

योके

दुकान में काफ़ी भीड़ थी। कई दिन वह बन्द रही थी, आज भी खुली थी तो कोई भरोसा नहीं था कि कितनी देर तक खुली रहेगी। और इसका कौन ठिकाना था कि बन्द न भी हो तो थोड़ी देर में सब माल चुक न जाएगा? सब लोग सहमे-सहमे से थे, आतंक के वातावरण में प्रकट रूप से कोई ठेलम-ठेल नहीं हो रही थी। लेकिन यह भाँपना कठिन नहीं था कि सभी गाहकों के लिए उस दुकान में आना या सौदा खरीदने की कोशिश प्राण-रक्षा की दौड़ की ही एक मंज़िल थी। सभी जानते थे कि जो पिछड़ जाएगा वह मर जाएगा; आगे बढ़कर किसी तरह जो खरीदा जा सके, खरीद लेने में ही ख़ैरियत है।

दुकान गली में थी। उस गली में जर्मनों का आना-जाना नहीं था, लेकिन शहर पर उनका अधिकार होने के बाद से जो आतंक था उसकी लपट से वह गली भी बची नहीं थी। उसी आतंक के कारण दुकान जब बन्द होती थी तब बन्द होती थी और जब खुलती थी तब खुलती थी। उसी के कारण चीज़ों के दाम भी बहुत अधिक नहीं बढ़ते थे–माल जब चुक जाता था तब चुक जाता था। पिछवाड़े कहीं कभी लुक-छिपकर चोर-बाज़ारी होती भी हो तो सामने उसका कोई लक्षण नहीं था। यों चोर-बाज़ारी जितनी चौड़े में होती है उतनी लुक-छिपकर नहीं होती, यह सभी जानते हैं : गली में जोखिम ज़्यादा ही होता है!

भीड़ बहुत थी, लेकिन प्रतियोगी भाव के अलावा भी भीड़ में सब अकेले थे। बुझे हुए बन्द चेहरे, मानो घर की खिड़कियाँ ही बन्द न कर ली गई हों बल्कि परदे भी खींच दिए गए हों; दबी हुई भावनाहीन, पर निर्मम आवाज़ें, मानो जो माँगती हों उसे ज़ंजीर से बाँध लेना चाहती हों। अजनबी चेहरे, अजनबी आवाज़ें, अजनबी मुद्राएँ, और वह अजनबीपन केवल एक-दूसरे को दूर रखकर उससे बचने का ही नहीं है, बल्कि एक-दूसरे से सम्पर्क स्थापित करने की असमर्थता का भी है–जातियों और संस्कारों का अजनबीपन, जीवन के मूल्य का अजनबीपन।

काले, गोरे और भूरे चेहरे, काले, लाल, पीले, भूरे, गेहुँए, सुनहले और धौले बाल, रँगे-पुते और रूखे-खुड्डे चेहरे। चुन्नटदार, इस्तरी किए हुए और सलवट पड़े

कपड़े; चमकीले और कीच सने, चरमराते या फटफटाते या घिसटते हुए जूते। और चेहरों में, आँखों में, कपड़ों में, सिर से पैर तक हर रंग की हर क्रिया में निर्मम जीवैषणा का भाव–मानो वह दुकान सौदे–सुलुफ़ या रसद की दुकान नहीं है बल्कि जीवन की ही दुकान है।

जगन्नाथन् ने जैसे–तैसे कुछ सामान ख़रीद लिया था। एक बड़ा टुकड़ा पनीर का, कुछ मीठी टिकियाँ, थोड़ी सूखी रोटी। इन्हें अपने सामने रखे वह दीवार के साथ सजी हुई चीज़ों की ओर देख रहा था कि और क्या वह ले सकता है, कि एकाएक दुकान के पहले ही तने हुए वातावरण में एक नया तनाव आ गया। जगन्नाथन् ने भी मुड़कर उसी ओर देखा जिधर और कई लोग देखने लगे थे।

आगन्तुका के कपड़े कुछ अस्त–व्यस्त थे। लेकिन ध्यान उनकी ओर नहीं जाता था, ध्यान जाता था उसके चेहरे और उसकी आँखों की ओर, जो कि और भी अस्त–व्यस्त थीं–उसकी आँखों में मानो पतझर के मौसम की एक समूची वनखंडी बसी हुई थी। वह खुली–खुली आँखों से बिखरी हुई दृष्टि से चारों ओर देख रही थी। सभी को देखते हुए उसकी आँखें जगन्नाथन् तक पहुँचीं और उसे भी उसने सिर से पैर तक देख लिया। उस दृष्टि में कुछ था जिससे एक अशान्त, अस्वस्ति भाव जगन्नाथन् के भीतर उमड़ आया; लेकिन वह न उस दृष्टि को समझ सका न उसके प्रति होनेवाली अपनी प्रतिक्रिया को। यह अपने आप भी दुविधा का कारण होता, लेकिन इसके पीछे जगन्नाथन् ने अर्द्धचेतन मानस से यह भी पहचाना कि लोग आपस में कुछ कह रहे हैं, और जो कह रहे हैं उसका विषय यह आगन्तुका ही है। जगन्नाथन् सुन भी रहा है, पर मानो सुने हुए की कोई छाप भी उसके नाम पर नहीं पड़ रही है, केवल वह अस्वस्ति भाव फैलकर उसकी सारी चेतना पर छाया जा रहा है।

एकाएक आगन्तुका ने अपने निचले होंठ से चिपका हुआ सिगरेट अलग किया और जगन्नाथन् के ख़रीदे हुए पनीर में उसे रगड़कर बुझा दिया, फिर अनमने भाव से सिगरेट को पनीर में ही खोंसकर उसने जगन्नाथन् की ओर देखा।

जगन्नाथन् दंग रह गया। फिर धीरे–से पनीर का टुकड़ा उठाते हुए उसने हारे हुए स्वर से कहा : ''यह देखो तुमने क्या कर दिया है!''

आगन्तुका ने पनीर का टुकड़ा उसके हाथ से ले लिया और फिर उसे फ़र्श पर गिर जाने दिया। फिर वह एकाएक मुड़कर बाहर की ओर दौड़ी।

कुछ लोग हँस पड़े। पलभर विमूढ़–सा रहकर जगन्नाथन् भी अपना सामान उठाकर उसके पीछे लपका। पीछे से किसी ने आवाज़ कसी : ''फाँस लिया!''

एक दूसरी आवाज़ आई, उपहास से भरी हुई : "वह भी तो बड़ा उतावला जान पड़ रहा है। दिन-दहाड़े पीछा कर रहा है।"

बाहर निकलते हुए जगन्नाथन् की चेतना ने इन आवाज़ों को भी ग्रहण किया। कुछ देर पहले सुनी हुई बातें भी उभरकर उसकी चेतना में आ गईं। उसने जान लिया कि आगन्तुका वेश्या है।

क्या वह लौट जाए? पनीर तो नष्ट हो चुका है। उस स्त्री ने जो किया उसका कारण जानकर भी अब क्या होगा? और वह उसका पीछा कर उसे पकड़ भी पाएगा तो क्या करेगा?

लेकिन वह अपने आप रुक गई थी। वह बड़े ज़ोर से हाँफ रही थी और उसके चेहरे पर यह ज्ञान स्पष्ट लिखा हुआ था कि जिस गली में वह घुस आई है वह अन्धी गली है और अब वह बचकर नहीं भाग सकती–उसे अपना पीछा करनेवाले की ओर ही लौटना होगा। पास ही की सीढ़ी पर बैठ गई और सिकुड़ गई, जैसे मार खाने के लिए। जैसे कभी कुत्ता दुबककर बैठ जाता है, जब वह निश्चयपूर्वक जानता है कि वह बच नहीं सकेगा और उसे मार पड़ेगी ही।

जगन्नाथन् ने उसके पास पहुँचकर सधे हुए, मृदु स्वर में पूछा : "वह तुमने क्या किया–क्या लाचारी थी?"

"मुझे क्या मालूम था कि वह पनीर है?" स्वर उद्धत था। "मैं समझी कि यों ही रद्दी कुछ पड़ा होगा।"

इस बात का विश्वास करना कठिन था। फिर भी जगन्नाथन् ने कहा : "लेकिन जब मैंने तुम्हें दिखाया तब तुम इतना तो कह सकती थीं कि–तुम्हें खेद है? वह मेरा अगले तीन दिन का खाना था। मैं–मैं कोई अमीर नहीं हूँ।"

स्त्री ने तीखी दृष्टि से उसकी ओर देखा। कुछ बदले हुए स्वर में बोली : "ज़रूरी था।"

"क्या ज़रूरी था?" जगन्नाथन् को सन्देह हुआ कि कहीं यह स्त्री पागल तो नहीं है?

"ज़रूरी था। मुझे जाना है, मेरी पुकार हो गई है।"

जगन्नाथन् और भी उलझन में पड़ गया। स्त्री कहती गई : "लेकिन तुम तो मेरा पीछा कर रहे थे। तुम तो मुझे मारना चाहते थे–मारते क्यों नहीं? लो, यह मैं हूँ–मारो!"

जगन्नाथन् ने लज्जित स्वर में कहा : "नहीं, मैं नहीं चाहता था, मैं तो–मैं तो सिर्फ़–"

"या कि–या कि तुम भी इसीलिए–वे लोग जो कह रहे थे क्या ठीक कह रहे थे?"

थोड़ी देर जगन्नाथन् प्रश्न नहीं समझा। फिर बाढ़ की तरह उसका अर्थ स्पष्ट हो गया। वह बोला : "तुम ऐसा सोच भी कैसे सकती हो? मैं जीवन में कभी नहीं गया किसी-"

वह कहना चाहता था कि वह कभी वेश्या के पास नहीं गया। लेकिन 'वेश्या' शब्द पर उसकी वाणी अटक गई। उस स्त्री के सामने वह उस शब्द को ज़बान पर नहीं ला सका।

स्त्री ने स्थिर आँखों से उसकी ओर देखकर पूछा : "तब तुम तो सिर्फ़ क्या?"

"मैं, मैं-मैं तो-मैं नहीं जानता कि क्या!"

स्त्री थोड़ी देर एकटक उसकी ओर देखती रही और फिर खिलखिलाकर हँस पड़ी। फिर उतने ही अप्रत्याशित ढंग से वह हँसी ग़ायब हो गई और स्त्री का चेहरा पहले-सा हो आया। व्यथा की एक गहरी रेखा उस पर खिंच गई। स्त्री ने जेब में हाथ डालकर कुछ निकाला और जल्दी से मुँह में रख लिया। क्या दवा? या कोई नशा?...

"तुम्हारी तबीयत तो ठीक है?"

"अब ठीक हो जाएगी-अभी हो जाएगी।" स्त्री की बातें सुनकर जगन्नाथन् ने तय किया कि वह दवा नहीं थी, नशा ही था।

स्त्री का शरीर कुछ शिथिल हो आया। उसने उपरली सीढ़ी पर कोहनी टेककर पीठ दीवार के साथ लगा दी, फिर बाईं कलाई मोड़कर घड़ी की ओर देखा और शिथिल बाँहें अपनी गोद में गिर जाने दीं।

"क्या बजा है? मैं कुछ देख नहीं पा रही।" उसका स्वर भी बड़ा दुर्बल जान पड़ रहा था।

जगन्नाथन् ने घड़ी देखकर समय बता दिया।

"तुम्हारा नाम क्या है?"

जगन्नाथन् ने थोड़ा अचकचाते हुए कहा : "जगन्नाथन्!"

"ज-जगन्-ज-मैं सिर्फ़ नाथन् कहूँगी-छोटा भी है, अच्छा भी है। नाथन्, मुझे माफ़ कर दो। मैंने तुम्हें तकलीफ़ पहुँचाई है, लेकिन मेरे खिलाफ़ इस बात को याद मत रखना-पीछे याद मत करना। मैं मर रही हूँ।"

"क्यों-तुमने क्या किया है-क्या कर डाला है! अभी तुमने क्या खा लिया?"

"मैंने चुन लिया। मैंने स्वतन्त्रता को चुन लिया।" वह धीरे-धीरे बोली : "मैं बहुत खुश हूँ। मैंने कभी कुछ नहीं सुना। जब से मुझे याद है, कभी कुछ चुनने का मौक़ा मुझे नहीं मिला। लेकिन अब मैंने चुन लिया। जो चाहा वही चुन लिया। मैं खुश हूँ।" थोड़ा हाँफकर वह फिर बोली : "मैं जानती थी कि मैं किसी अच्छे

आदमी के पास मरूँ। क्योंकि मैं मरना नहीं चाहती थी–कभी नहीं चाहती थी!'' फिर थोड़ा रुककर उसने कहा : ''मुझे माफ़ कर दो, नाथन्! तुम ज़रूर मुझे माफ़ कर दोगे। तुम अच्छे आदमी हो। बताओ–अच्छे आदमी हो न?''

जगन्नाथन् ने सीधे होते हुए कहा : ''मैं डॉक्टर बुला लाऊँ?''

''नहीं–नहीं! अब कोई फ़ायदा नहीं है।'' उसने कहा : ''अब मुझे छोड़कर मत जाओ–यही तो मैंने चुना है!'' फिर मानो कुछ सोचकर उसने जोड़ दिया : ''लेकिन–हाँ, दूसरे लोग भी तो होंगे–लेकिन उनसे मैं अपने आप कह दूँगी। पर तुम जाओ नहीं!''

क्षीणतर होती हुई उस आवाज़ में भी अनुरोध की एक तीव्रता आ गई।

जगन्नाथन् वहाँ से जा नहीं सका। लेकिन वहीं मुड़कर उसने ज़ोर से आवाज़ लगाई : ''कोई है–मदद चाहिए–कोई है?'' फिर स्त्री की ओर उन्मुख होकर उसने पूछा : ''क्या कह दोगी?''

''कह दूँगी कि मैंने चुना, स्वेच्छा से चुना। सब कुछ कह दूँगी। सारी हरामी दुनिया को बता दूँगी कि एक बार मैंने अपने मन से जो चुना वही किया! हरामी–हरामी दुनिया! नाथन्–अच्छे आदमी–मुझे माफ़ कर दो!''

जगन्नाथन् बड़े असमंजस में था। एक बार मुड़ता कि सहायता के लिए दौड़े, फिर उस स्त्री की ओर देखता जिसका अनुरोध–शायद अन्तिम अनुरोध–था कि वह उसे छोड़कर न जाए। फिर उसे ध्यान आता है कि वह औरत शायद पूरे होश में भी नहीं है, जानती भी नहीं कि क्या कह रही है, और शायद इतना बोध भी नहीं रखती कि वह उसके पास खड़ा है। लेकिन अगर उसे बोध नहीं है तो जगन्नाथन् को तो है कि उसने क्या माँगा था! और शायद जगन्नाथन् का कर्त्तव्य यही है कि वह जो कुछ कह रही है उसका साक्षी हो–अगर वह प्रलाप भी है तो भी उसका साक्षी हो–क्योंकि शायद वही उस स्त्री के पास और कहने को रह गया है। और शायद वही कहना ही वह सार-वस्तु है जिसके लिए वह जैसा भी जीवन जियी है...

स्त्री फिर रुक-रुककर कुछ कहने लगी। ''कह दो–सारी हरामी दुनिया से कह दो, अन्त में मैं हारी नहीं–अन्त में मैंने जो चाहा सो किया–मरज़ी से किया। चुनकर किया। मैं–मरियम–ईसा की माँ–ईश्वर की माँ मरियम–जिसको जर्मनों ने वेश्या बनाया–''

जगन्नाथन् ने धीरे से पूछा : ''तुम्हारा नाम मरियम है?''

''हाँ, मेरा नाम मरियम। ईसा की माँ का नाम मरियम। चुनी हुई माँ। जो कभी मर नहीं सकती–जर्मनों की वेश्या। उससे पहले मेरा नाम योके था। वह मैंने नहीं चुना, पर अच्छा नाम है। लेकिन योके मर गई। मरियम कभी नहीं मरती।''

जगन्नाथन् ने मुड़कर देखा, गली की नुक्कड़ पर कुछ लोग आ गए थे। उसने समझा था कि मरियम को–योके को–इतना होश नहीं होगा कि उनका आना जाने, लेकिन उसने उन्हें देख लिया और किसी तरह हाथ उठाकर इशारे से बुलाया, दो-तीन आदमी दौड़े हुए पास आए और एक बार कौतूहल से जगन्नाथन् की ओर देखकर स्त्री की ओर झुक गए।

योके ने कहा : "मैंने अपने मन से चुना है। मैं मर रही हूँ–अपनी इच्छा से चुनकर मर रही हूँ, हरामी मौत।"

उसका स्वर कुछ और दुर्बल हो आया था। जगन्नाथन् को लगा कि उसका शरीर भी शिथिल पड़ रहा है और चेहरे की फ़ीकी होती हुई रंगत में एक हलकी-सी कलौंस आ गई है। उसे लगा कि योके की पीठ दीवार पर से एक ओर सरक रही है। जल्दी से घुटने टेककर बैठते हुए उसने एक बाँह से उसे सहारा देकर सँभाल लिया। मानो उसके स्पर्श को पहचानती हुई योके ने उसकी ओर तनिक-सा मुड़कर कहा : "मैंने कह दिया–सब हरामियों से कह दिया।" फिर थोड़ा रुककर उसने आयासपूर्वक कहा : "उससे भी कह दिया–उससे भी।"

इस 'उस' में कुछ ऐसा प्रबल आग्रह था कि जगन्नाथन् ने अवश प्रेरणा से पूछा : "उससे किससे?"

"पॉल से, उस अजनबी से।"

एकाएक सभी लोग चुप हो गए थे। सभी में कुछ होता है जो पहचान लेता है कि कोई महत्त्वपूर्ण घटना घटनेवाली है और उसके आसन्न प्रभाव के सामने क्षण-भर चुप हो जाता है। उस मौन में योके और जगन्नाथन् मानो बाक़ी सारी भीड़ से कुछ अलग हो गए थे। योके ने फिर कहा : "मैंने चुना। हम अजनबी नहीं चुनते, अच्छे आदमी चुनते हैं। मैंने आदमी चुना–अच्छा आदमी। उसमें मैं जियूँगी। नाथन्, मुझे माफ़ कर दो।"

जगन्नाथन् की बाँह कुछ औरं घिर आई और योके का सिर उसने अपने कन्धे पर टेक लिया।

योके ने कहा : "किया?"

जगन्नाथन् ने उसके कान के पास मुँह ले जाकर स्निग्ध भाव से पूछा : "क्या?" फिर एकाएक उसका प्रश्न समझकर जल्दी से कहा : "हाँ, योके! किया। माफ़ किया–पर माफ़ करने को कुछ है तो नहीं।"

योके ने बहुत ही धीमे, लगभग न सुने जा सकनेवाले स्वर में कहा : "मैंने भी किया। अच्छा आदमी। उसको भी–"

जगन्नाथन् ने पूछा : "पॉल को?"

एक क्षणिक दुविधा का-सा भाव योके के चेहरे पर आ गया। या कि बेहोशी से पहले के क्षण में उसका मन बहक रहा था? फिर उसने कुछ कहा जिसे जगन्नाथन्

ठीक-ठीक सुन नहीं पाया। इतना तो स्पष्ट ही था कि योके ने पॉल का नाम नहीं लिया था; कुछ और कहा था। क्या कहा था, यह जानने का अब कोई उपाय नहीं रहा था, लेकिन साक्षी जगन्नाथन् को एकाएक ध्रुव निश्चय हो आया कि योके ने कहा था : ''ईश्वर को।''

फिर वह एकान्त सहसा विलीन हो गया। जगन्नाथन् ने पहचाना कि वह भीड़ से घिरा हुआ है और उसकी बाँह योके की जड़ देह को सँभाले हुए है।

उसने अनदेखती हुई-सी आँखें लोगों पर टिकाकर कहा : ''वह गई।''

स्तब्ध भीड़ में केवल एक ही बूढ़े व्यक्ति को सूझा कि हाथ उठाकर रस्मी ढंग से क्रूस का चिह्न बना दे; वह चिह्न सूने आकाश में अजनबी-सा टँका रह गया।

●●●